前　言

随着信息技术发展更新速度的加快，现代教育技术的理论与实践都取得了长足的发展，各种新的学术成果和先进的技术越来越多地被应用于教育，极大丰富了现代教育技术的内涵。在这种情况下高等学校的现代教育技术课程从目标、内容到形式要进行相应的变革，让学生通过本课程的学习能学有所得、学以致用。基于此目的，结合对“现代教育技术”公共课教学改革的探索与实践，我们联合6所江苏高校长期从事现代教育技术教学和研究的专业教师编写本书。我们本着“新颖、实用”的原则编写本教材，力求做到视角新颖、体系独特、内容翔实、实践性强。本教材主要具有以下特点：

第一，弱化理论深度，强调实践指导。在理论内容的组织上，减少了纯理论的介绍，将理论融于实例之中，强调理论指导当前具体教学实践。

第二，突出应用特色，强化能力培养。在内容的选取上，围绕当前中小学对教师教育技术能力的要求，充分考虑现代教育技术的新发展，突出技术的教育应用。当前各种新技术应用在教材中均有体现，如电子白板的应用、教育云应用、移动技术应用等。

第三，优化教学资源，打造立体教材。在教材中加进了一系列的教学案例。每一个案例都有非常强的代表性和针对性。采用教材、光盘、网站的立体教材模式，有助于教师教学与学生的自主学习。

各单元编写分工如下：单元1（柏宏权），单元2（2.1王华英，2.2柏宏权，2.3李丽娟），单元3（3.1～3.4周静，3.5邱杨，3.6杨欢），单元4（4.1杨欢，4.2王延），单元5（5.1杨晓新，5.2蔡琦，5.3尤众喜），单元6（郭莉），单元7（柏宏权）。柏宏权担任主编并对全书进行统稿。

本书在策划编写过程中，南京师范大学沈书生教授，江苏教育学院高荣国教授，南京晓庄学院陈维维教授，扬州大学冯锐教授，张浩博士等对本书提出了很有见地的意见，科学出版社对本书的出版给予了大力支持和帮助，在此，向他们表示衷心的感谢。

本书参考了大量的国内外资料，其中主要来源已在参考文献目录中列出。在此向广大作者表示诚挚的谢意。由于编写水平有限，疏漏和谬误之处敬请广大读者和同行批评指正。

编　者

2013年5月

[illegible]

[illegible]

[illegible]

[illegible]

[illegible]

[illegible]

[illegible]

[illegible]

现代教育技术

主　编　柏宏权
副主编　郭　莉　丁卫泽
　　　　杨　欢　周　静

科学出版社
北　京

内 容 简 介

本书在吸取国内外教育技术最新研究成果的基础上，根据近几年的教学实践和中小学教师对教育技术能力要求的变化情况，以《中小学教师教育技术能力标准（试行）》为依据确定内容体系。全书共7个教学单元：现代教育技术与教师专业化发展、信息技术支持下的学习环境、多媒体素材的采集与制作、多媒体课件与专题网站的设计制作、网络技术平台的使用、信息化教学设计、信息化教学评价。

本书适合作为高等师范院校师范类专业和教育硕士的教育技术课程教材，也可作为从事教育技术相关人员、中小学及幼儿园老师的参考用书。

图书在版编目（CIP）数据

现代教育技术/柏宏权主编. —北京：科学出版社，2013

ISBN 978-7-03-038371-6

Ⅰ.①现… Ⅱ.①柏… Ⅲ.①教育技术学 Ⅳ.①G40-057

中国版本图书馆CIP数据核字（2013）第189890号

责任编辑：相 凌 / 责任校对：彭 涛

责任印制：张 伟 / 封面设计：华路天然工作室

科学出版社 出版

北京东黄城根北街16号

邮政编码：100717

http://www.sciencep.com

北京凌奇印刷有限责任公司 印刷

科学出版社发行 各地新华书店经销

*

2013年8月第 一 版 开本：787×1092 1/16

2022年8月第二十二次印刷 印张：15 3/4

字数：413 000

定价：47.00元

（如有印装质量问题，我社负责调换）

本书编委会

主　编　柏宏权

副主编　郭　莉　丁卫泽　杨　欢　周　静

编　者　（以姓氏拼音为序）

蔡　琦　李丽娟　邱　杨　王　延

王华英　杨晓新　尤众喜

主　审　李　艺　沈书生

目　　录

单元 1　现代教育技术与教师专业发展

学习目标

◎ 理解教育技术的概念。
◎ 了解我国教育技术的产生与发展。
◎ 了解教育技术的理论基础。
◎ 认识信息时代教师教育技术的能力要求。

1.1　认识现代教育技术

1.1.1　现代教育技术的概念

由于教育与信息技术发展水平的差异，教育技术在不同的国家经历了不同的发展阶段。一般来说，发达国家的教育技术是在视觉教育、视听教育、教育传播的基础上发展起来的。美国教育技术产生最早，发展脉络清晰完整，在世界上影响最大，其他国家，如日本、英国、加拿大等均借鉴了美国的教育技术理论模式，美国可作为教育技术发展历史的典型代表。美国教育技术的形成与发展可从三个方面追溯：一是视听教学运动推动了各类学习资源在教学中的运用；二是个别化教学促进了以学习者为中心的个性化教学的形成；三是教学系统方法的发展促进了教育技术理论核心——教学设计学科的诞生。这三个方面发展的起源不同，但逐渐融为一体，从“视觉教学—视听教学—视听传播—教育技术”这一发展轨迹，可以看出教育技术是通过不断吸收外来研究成果完善自己的理论体系的。

1. 视觉教育

最早使用视觉教育术语的是美国宾夕法尼亚州的一家出版公司。1906 年，它出版了一本介绍如何拍摄照片、如何制作和利用幻灯片的书，书名就是《视觉教育》。1923 年，美国教育协会建立了视觉教育分会。

2. 视听教育

20 世纪 30 年代后期，无线电广播、有声电影、录音机先后在教育中得到运用，人们感到“视觉教育”这个名称已经概括不了已有的实践，开始在文章中使用“视听教育”这一术语。1947 年，美国教育协会的视觉教育分会改名为视听教学分会。在诸多关于视听教育的研究中，堪称代表的是戴尔于 1946 年所著的《教学中的视听方法》。该书提出的“经验之塔”理论成为当时及后来视听教育的主要理论根据。

3. 视听传播

1960 年，美国的视听教育协会组成特别委员会，研讨什么是视听教育。1963 年 2 月，该委员会提出报告，建议将视听教育的名称改为视听传播，并对此做了详细的说明。另外，许多研讨视听教育的文章和著作，也都趋向于采用传播学作为视听教育的理论基础。

传播的概念和原理被引入视听教育领域后，人们从仅仅重视教具教材的使用，转变为关注教学信息怎样从发送者（教师等），经由各种渠道（媒体等），传递到接受者（学生）的整个传播过程。

4. 教育技术

由于媒体技术的发展和理论观念的拓展更新，国际教育界深感原有视听教育的名称不能代表该领域的实践和研究范畴，1970 年 6 月 25 日，美国视听教育协会改名为教育传播和技术协会（AECT）。1972 年，该协会将其实践和研究的领域正式定名为教育技术。

教育技术是在视听教育的理论与实践基础上，于 1970 年由美国教育技术委员会向美国国会递交的报告中首次提出的，后来经 1972 年、1977 年和 1994 年三次修改后形成了一个完整的概念。在现行的“教育技术”定义中，AECT 在 1994 年发布的有关“教育技术”的定义影响很大。我国对教育技术定义的讨论相当丰富，《中国电化教育》和《电化教育研究》杂志发表了国内重要学者对教育技术定义理解的论文。

AECT 1994 定义：教育技术是关于学习资源和学习过程的设计、开发、利用、管理和评价的理论和实践。

AECT 1994 定义将教育技术的研究对象表述为关于“学习过程”与“学习资源”的一系列理论与实践问题，改变了以往“教学过程”的提法，体现了现代教学观念从以教为中心转向以学为中心、从传授知识转向发展学生学习能力的重大转变。学习过程是学习者通过与信息、环境的相互作用获取知识和技能的认知过程，学习资源是学习过程中所要利用的各种信息和环境条件。新的教学理论要求学生由外部刺激的被动接受者转变为能积极进行信息处理的主动学习者，而教师要提供能帮助和促进学生学习的信息资源和学习环境，从 21 世纪社会发展和人类发展的需求出发，建造一个能支持全面学习、自主学习、协作学习、创造学习、终身学习的社会教育大系统。

AECT 2005 定义：教育技术是通过创造、使用、管理适当的技术性的过程和资源，促进学习和改善绩效的研究与符合道德规范的实践。

定义表明：

（1）教育技术有两大领域：“研究”和“符合道德规范的实践”。

（2）教育技术有双重目的：“促进学习”和“改善绩效”。由此看出，随着事业的发展，教育技术的目的已从“为了学习”扩展到进一步“促进学习”而不是“控制或强迫学习”，扩展到学习之外的“绩效”的改善方面，扩展到对学校教育与企事业人员培训的双重考虑，扩展到教学效果、企业效益与教育投入（成本）等多因素的整体评价。

（3）教育技术有三大范畴：创设、使用和管理。

（4）教育技术有两大对象：“过程”和“资源”。新定义中“过程”和“资源”之前有一个限定词——“适当的技术性”，这与 1994 年定义中的“学习过程”与“学习资源”有一定区别。

（5）教育技术的主要特征在于其技术性，表现为教育技术研究的重点是适当的技术性过程与技术性资源；表现为技术实践的“符合道德规范”性、技术工具与方法运用的先进性、技术使用效果的高绩效性。

1.1.2　我国教育技术的产生与发展

1. 我国教育技术的发展

我国的教育技术最早主要是音频和视频技术，以及其他技术手段在教育中的发展和应用，也就是我们通常所说的电化教育。以广播电视和卫星为主体的远程教育形式，促进了教学的组织、学习方式和教学方法的一些变革。20 世纪 80 年代中后期，计算机网络技术和通信技术的不断成熟和进步，带来了信息传播技术的迅猛发展，同时也使教育技术乃至教育方式产生了变革。

我国教育部继颁发了《关于加强高等学校教育技术工作的意见》之后，1999 年 6 月 13 日发布的《中共中央国务院关于深化教育改革全面推进素质教育的决定》为教育信息化和教学手段现代化的发展提出了更为明确的任务：大力提高教育技术手段的现代化水平和教育信息化程度。前教育部长陈至立曾强调指出："要深刻认识现代教育技术在教育教学中的重要地位及其应用的必要性和紧迫性；充分认识应用现代教育技术是现代科学技术和社会发展对教育的要求；是教育改革和发展的要求。"教育技术正从教育改革的边缘移向中心，教育技术在教育系统中的地位和作用进一步凸显。

2000 年 11 月 14 日，教育部印发了《教育部关于在中小学普及信息技术教育的通知》（教基［2000］33 号）、《教育部关于在中小学实施"校校通"工程的通知》（教基［2000］34 号），2003 年开展并实施了农村中小学现代远程教育工程。

2010 年 7 月，中共中央国务院印发了《国家中长期教育改革和发展规划纲要（2010～2020 年）》，提出从以下三个方面加快我国的教育信息化进程：

（1）加快教育信息基础设施建设。信息技术对教育的发展具有革命性的影响，必须予以高度重视。应把教育信息化纳入国家信息化发展整体战略，超前部署教育信息网络。到 2020 年，基本建成覆盖城乡各级各类学校的数字化教育服务体系，促进教育内容、教学手段和方法的现代化。充分利用优质资源和先进技术，创新运行机制和管理模式，整合现有资源，构建先进、高效、实用的数字化教育基础设施。加快终端设施普及，推进数字化校园建设，实现多种方式接入互联网。重点加强农村学校信息基础建设，缩小城乡数字化差距。加快中国教育和科研计算机网、中国教育卫星宽带传输网升级换代。制定教育信息化基本标准，促进信息系统互联互通。

（2）加强优质教育资源开发与应用。加强网络教学资源库建设，引进国际优质数字化教学资源，开发网络学习课程。建立数字图书馆和虚拟实验室，建立开放灵活的教育资源公共服务平台，促进优质教育资源普及共享。创新网络教学模式，开展高质量、高水平远程学历教育。继续推进农村中小学远程教育，使农村和边远地区师生能够享受优质教育资源。强化信息技术应用。提高教师应用信息技术水平，更新教学观念，改进教学方法，提高教学效果。鼓励学生利用信息手段主动学习、自主学习，增强运用信息技术分析解决问题的能力。加快全民信息技术的普及和应用。

（3）构建国家教育管理信息系统。制定学校基础信息管理要求，加快学校管理信息化进程，促进学校管理标准化、规范化。推进政府教育管理信息化，积累基础资料，掌握总体状况，加强动态监测，提高管理效率。整合各级各类教育管理资源，搭建国家教育管理公共服务平台，为宏观决策提供科学依据，为社会公众提供公共教育信息，不断提高教育管理现代化水平。

2. 教育技术与电化教育

“教育技术”名称来源于国外，现已在我国正式使用。“电化教育”是我国特有的名词，至今仍被广泛使用。从概念的本质上说，教育技术与电化教育是相同的，两者都具有应用科学属性，目的都是取得最好的教育效果，实现教育最优化。两者的特点、功能及分析、处理问题的方式也是相同或相近的，都是利用新的科技成果去开发新的学习资源，并采用新的教与学的理论、方法去控制教学过程。

但是从概念的涵盖面来看，教育技术的范围要比电化教育广泛得多。教育技术指的是所有的学习资源，包括与教育有关的一切可操作的要素；而电化教育所涉及的则主要是利用科技新成果发展起来的声、像教学媒体。因此，在处理问题的方法方面，教育技术主要采用了系统的方法，它所考虑的是整个教育的大系统，其研究对象涵盖所有的学习资源，包括与教育相关的一切可操作的因素。在具体实施过程中，它能运用于教育系统的不同层次，可以是教育规划方面的宏观问题，也可以是课程开发层次的问题，还可以是具体的课堂教学过程中的问题。而电化教育的研究范围要小一些，它重在对现代教育理论、设备、教材、教法、管理进行研究，重在对现代传播媒体在教育中的应用研究；其视角更多地集中在电子传播媒体的选择、组合和应用的小系统上。当然，电化教育有时也涉及较大范围的问题，不过更多的情况是大、中系统的其他因素作为不变条件，而主要去研究小系统的控制和变化效果。

如此看来，电化教育是教育技术的一部分，是教育技术发展到一定阶段的产物，是注重现代媒体的开发和利用的阶段性的教育技术，是狭义的教育技术。

因此，尽管“电化教育”这一名称在我国已有较长的历史和很广泛的群众基础，但是从全局和长远来看，用“教育技术”名称取代它，使电化教育朝着教育技术的方向发展，是我国电化教育发展的必由之路。

1.1.3 教育技术的理论基础

1. 学习理论

学习理论是揭示人类学习活动的本质和规律，解释和说明学习过程的心理机制，指导人类学习，特别是指导学生的学习和教师的课堂教学的心理学原理或学说。

与其他理论一样，学习理论具有特定的功能，主要包括：

(1) 学习理论要提供学习领域的知识，以及分析、探讨和从事学习研究的途径和方法，从而为教育工作者提供一个研究学习的框架，把注意力集中在最值得研究的问题上。

(2) 学习理论是对有关学习法则的大量知识加以概括，使其系统化和条理化，以便人们掌握。

(3) 学习理论要说明学习是怎样发生的，以及为什么有的学习有效，有的学习无效，即解释“为什么”要这样学习，从而为人们提供对学习的基本理解力。

在学习理论的发展过程中，由于人们的观点、视野和研究方法各不相同，因而形成了各种学习理论的流派。到目前为止还没有形成一种统一的、综合的、大家普遍认同的学习理论。但是，如果我们对学习理论的各种流派进行系统分析，就会发现这些理论流派实际上都在探讨学习的一些基本问题。实际上，它们为我们提供了探讨这些基本问题的不同视角，使我们有可能比较全面地理解学习的性质、学习的条件和学习的规律，从而为我们的教学理论和实践提供科学的基础。

影响教育技术的学习理论主要有三种，即行为主义、认知主义和建构主义，它们受不同的哲学思想支配。

行为主义学习理论可以用“刺激—反应—强化”来概括，认为学习的起因在于对外部刺激的反应，不去关心刺激引起的内部心理过程，认为学习与内部心理过程无关。根据这种观点，人类的学习过程被归结为被动地接受外界刺激的过程，教师的任务是向学生传授知识，学生的任务是接受和消化。

行为主义理论的主要代表有：巴甫洛夫经典的条件反射学说、华生（图 1-1-1）的行为主义、桑代克（图 1-1-2）的联结主义、斯金纳（图 1-1-3）的操作性条件反射学说等。

图 1-1-1　华生
（1878～1958）

图 1-1-2　桑代克
（1874～1949）

图 1-1-3　斯金纳
（1904～1990）

行为主义理论在斯金纳时期达到鼎盛状态，就在这一时期，认知主义学习理论与行为主义学习理论展开了激烈的争论，最终以认知主义学习理论占上风而告终。认知主义学习理论逐渐取代了行为主义，在教育教学实践中发挥指导作用。

认知主义学习理论的基本观点是：人的认识不是由外界刺激直接给予的，而是外界刺激和认知主体内部心理过程相互作用的结果。根据这种观点，学习过程被解释为每个人根据自己的态度、需要和兴趣，利用过去的知识与经验对当前工作的外界刺激（如教学内容）做出主动的、有选择的信息加工过程。教师的任务不是简单地向学生灌输知识，而是首先激发学生的学习兴趣和学习动机，然后将当前的教学内容与学生原有的认知结构有机地联系起来，学生不再被动地接受外界刺激，而是主动地对外界刺激提供的信息进行选择性加工。

认知主义学习理论的主要代表有：皮亚杰（图 1-1-4）提出的著名的认知结构说、布鲁纳（图 1-1-5）的认知结构学习理论、奥苏贝尔的认知结构同化学习理论、加涅的信息加工学习论等。

图 1-1-4　皮亚杰（1896～1980）

图 1-1-5　布鲁纳（1915～　）

建构主义学习理论认为，世界是客观存在的，但是对世界的理解和赋予意义却是由每个人自己决定的，学习者以自己的经验为基础建构现实，由于个体的经验以及对经验的信念不同，于是对外部世界的理解也不同。建构主义学习理论重视学生头脑中原有知识经验的作用，重视学习者在学习活动中的主观能动性。

建构主义学习理论是学习理论中行为主义发展到认知主义后的进一步发展。其创始人为皮亚杰、杜威。主要代表人物：皮亚杰、科恩伯格、斯滕伯格、卡茨、维果斯基、乔纳森。

2. 传播理论

用传播学理论来研究媒体与教学过程，探索媒体在教学过程中的作用机理，是教育技术学的一个传统研究途径，并由此诞生了教育传播学。

1）传播理论简介

传播一词译自英语 communication，也有人把它译成交流、沟通、传通、传意等，它来源于拉丁文 communicure，意思是共用或共享。现在一般将传播看作特定的个体或群体（即传播者）运用一定的媒体和形式向受传者进行信息传递和交流的一种社会活动。传播按其涉及的人员范围的大小及对象的不同又可依次分为四种类型：即人际传播、组织传播、大众传播和自我传播。

人们提出了各种各样的传播理论和模式，最主要的两种模式是工程学模式和心理学模式。其中工程学模式以香农-韦弗模式为代表。20 世纪 40 年代，数学家香农出于对电报通信问题的兴趣，提出了一个关于通信过程的数学模型。此模型最初是单向直线式的，不久，他与韦弗合作改进了模型，添加了反馈系统（图 1-1-6）。此模型后来被称为香农-韦弗模式，它在技术中的应用获得了巨大成功。

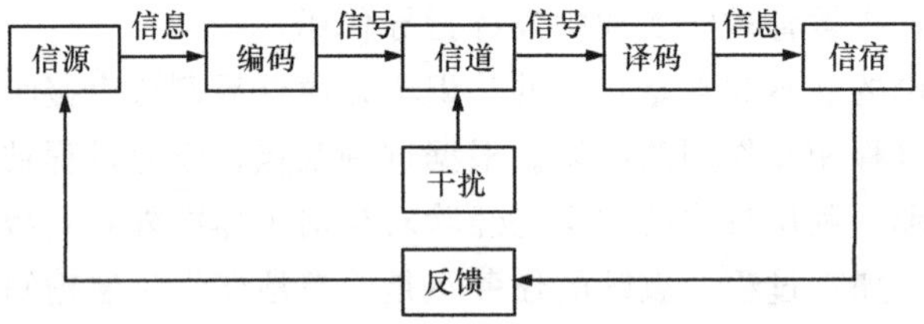

图 1-1-6　香农-韦弗模式

心理学模式关注的是信息源、接受者及传播产生的效果，尤其是传播对接受者产生的效果。

罗密佐斯基综合工程学模式和心理学模式的优点，形成了一个比较适用于教育的双向传播模式（图 1-1-7）。

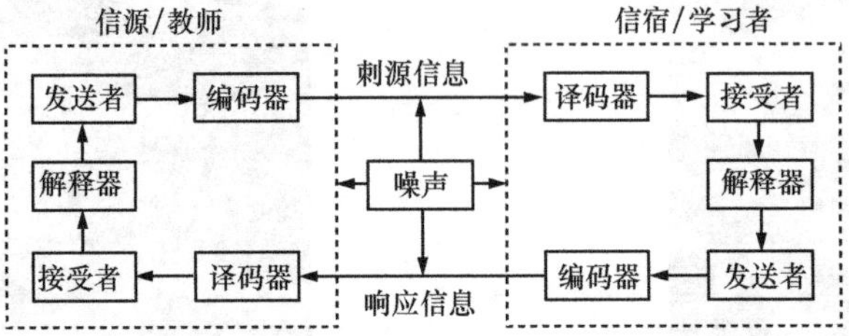

图 1-1-7　双向传播模式

2）传播理论在教学中的应用

许多研究者利用传播理论的概念及有关模型中的要素来解释教学过程，并提出了许多关于教学传播过程的理论模式，为教育传播学奠定了理论基础。这主要表现在以下几个方面。

（1）说明了教学过程所涉及的要素。美国政治学家拉斯韦尔提出了表述一般传播过程的五个基本元素——“5W”的直线性的传播模式，有人在此基础上发展成了“7W”模式(表1-1-1)。其中每个“W”都类同于教学过程中的一个相应要素，这些要素自然也成为教学设计关心、考虑和分析的重要因素。

表1-1-1　7W模式

who	谁	教师或其他信息源
says what	说什么	教学内容
in which channel	通过什么渠道	教学媒体
to whom	对谁	教学对象（即学生）
with what effect	产生什么效果	教学效果
why	为什么	教学目的
where	在什么情况下	教学环境

（2）指出了教学过程的双向性。早期的传播理论认为传播是单向的灌输过程。它认为受传者只是被动地接受信息，只能够接受传播者的意图。这种传播思想忽视了受传者的主动性和自主性，显然是一种片面的认识。奥斯古德和施拉姆提出的模式强调了传播者和受传者都是积极的传播主体。受传者不仅接受信息、解释信息，还对信息做出反应，说明传播是一种双向的互动过程，反馈机制使传播过程能够不断循环进行。教学信息的传播同样是通过师生双方的传播行为来实现的，所以教学过程的设计必须重视教与学两方面的分析和安排，并充分利用反馈信息，随时进行调整和控制，以达到预期的教学目标。

（3）确定了教学传播过程的基本阶段。教学传播过程是一个连续动态的过程，但为了研究方便，南国农、李运林将它分解为六个阶段（图1-1-8）。

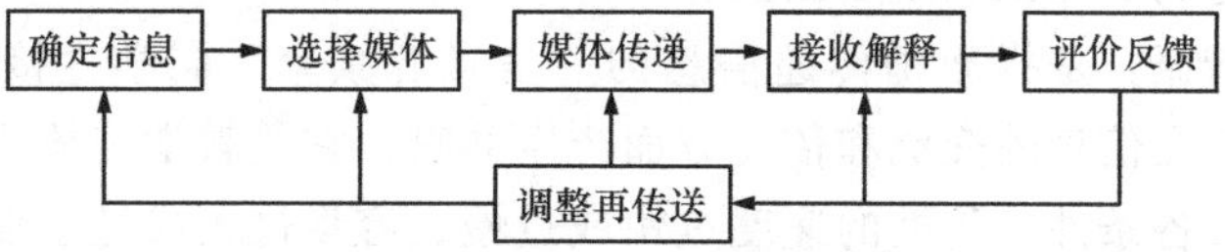

图1-1-8　教育传播过程的六个阶段

确定教学信息：教学传播过程的第一步是确定所要传递的教学信息。传递什么信息，要依据教学目的和课程的培养目标而定。一般来说，课程的文字教材是专家按照教学大纲精心编写的，通常都体现了要传递的教学信息。因此，在这一传播阶段，教师要认真钻研文字教材，对每单元的教学内容进行仔细分析，将内容分解成若干个知识点，并确定每个知识点要求达到的学习水平。

选择传播媒体：选择传递信息的媒体，实际上就是信息编码的活动。某种信息该用何类符号和信号的媒体去呈现和传递，是一个较为复杂的问题，需用一套原理做指导。如选择媒体要能准确地呈现信息内容；要符合学生的经验和知识水平，容易被接受和理解；要容易得到，需要付出的代价不大，而又能取得较好的传播效果。

媒体传递信息：这时首先要解决两个问题。一是信号要传至多远、多大范围。要根据信号的传递要求，应用好媒体，保证信号的传递质量。二是信息内容的先后传递顺序问题。在应用媒体之前，必须做好信息传递的结构设计，在媒体运作时，有步骤地按照设计方案传递信息。媒体传递信号时应尽量减少各种干扰，确保传递质量。

接收和解释信息：在这一阶段，学生接收信号并将它解释为信息意义，实际上就是信息译码的活动。学生首先通过各种感官接收经由各种媒体传来的信号，然后依据自身的经验和知识，将符号解释为信息意义，并将之储存在大脑中。

评价和反馈：学生接收信号、解释信息之后，增加了知识，发展了智力，但是否达到了预期的教学目的，需要进行评价。评价的方式和方法很多，可以观察学生的行为变化，也可以通过课堂提问、课后书面作业，以及其他阶段性的反馈信息来评价。

调整和再传递：通过将获得的反馈信息与预定的教学目的做比较，可以发现教学传播过程中的不足，以便调整教学信息、教学媒体和教学顺序，进行再次传递。如在课堂提问时发现问题，可即时进行调整；在课后作业中发现问题，可进行集体补习和个别辅导；在远距离教学中发现问题，可以增发辅导资料，或在一定范围内组织面授辅导。

(4) 揭示了教学传播过程的若干规律。随着传播学和教育学的不断融合，教学常被看作信息的传播过程，人们开始探索综合运用传播学和教育学的理论和方法来研究、揭示教育信息传播活动的过程与规律，以求得最优化的教育效果。

共识律：所谓共识，一方面指尊重学生已有的知识、技能水平和特点，建立传通关系；另一方面指教师根据教学目标、内容特点，通过各种方法和媒体为学生培养相关的知识技能，传授知识，以便使学生将已经具有的知识技能与即将学习的材料有意义地连接，从而达到传播的要求。在教学传播活动中，共同的知识技能基础是教师与学生之间得以交流和沟通的前提。教学信息的选择、组织和传递必须首先顾及学生已有的知识、技能水平和特点，并考虑到学生的发展潜能。由于教学传播过程的动态平衡特性和学生心智水平的不断发展，“共识”的状态总是相对的，总是按照“不共识—共识—不共识”的模式，循环反复地螺旋式上升。例如，在创设共识经验的过程中，教师必须将教学目标设定在学生的“最近发展区”内，即学生能达到的知识水平层面上。

谐振律：所谓谐振，是指教师传递信息的“信息源频率”同学生接受信息的“固有频率”相互接近，两者在信息的交流和传通方面产生共鸣。它是教学传播活动维持和发展，获得较优传播效果的必备条件。传播的速度过快或过慢、容量过大或过小都会破坏师生双方谐振的条件，从而造成传播过程中的滞阻现象。教师或信息源的传递速率和传递容量必须符合学生的认知速率和可接受水平。但仅凭这一点还不足以产生信息传播的谐振现象，教师还需要创设一种民主宽松、情感交融的传通氛围，即师生双方应该建立起合作关系；还需要时时注意收集和处理来自学生方面的反馈信息，以及时调控教学传播活动的进程。为了产生和维持谐振现象，各种信息符号系统、方式和方法还应当有节奏地交换使用。

选择律：任何教学传播活动都需要对教学的内容、方法和媒体等进行选择，这种选择是适应学生的身心特点、较好地达到教学目标的前提，它旨在以最佳的“代价与效果比”成功地实现目标，即最小代价原则。教育技术领域最为关注的是教学媒体的选择。一般来说，教师和学生对媒体的选择，总与可能获得的成效成正比，与所需付出的努力成反比。据此，选择媒体时就应考虑尽可能地降低需要付出的代价，提高媒体产生的功效。如果产生的功效相同，我们应该选择代价低的媒体；如果需付出的代价相同，我们应该选择功效大的媒体。

匹配律：所谓匹配，是指在一定的教学传播活动环境中，通过剖析学生、内容、目标、方法、媒体、环境等因素，使各种因素按照各自的特性，有机和谐地对应起来，使教学传播系统处于良好的循环运转状态之中。实现匹配的目的在于围绕既定的教学目标，使相关的各种要素特性组合起来，发挥教学系统的整体功能特性，因为每一要素都具有多重功能特性和意义。目标的特点规定各相关要素必须发挥与目标相关的功能，以便达成既定的目标。否则，这些相关要素会产生游离松散、功能相抵的现象。在教学传播活动中，必然要使用多种传播媒体，而各种媒体有各自不同的多重功能特性，只有对它们了解熟悉，扬长避短、合理组合、科学使用，才能使它们相得益彰。

3）教学传播中媒体的作用

当媒体应用于传递以教育教学为目的的信息时，称为教育传播媒体，它成为连接传播者与受传者之间的中介物。人们把它当做传递和取得信息的工具。

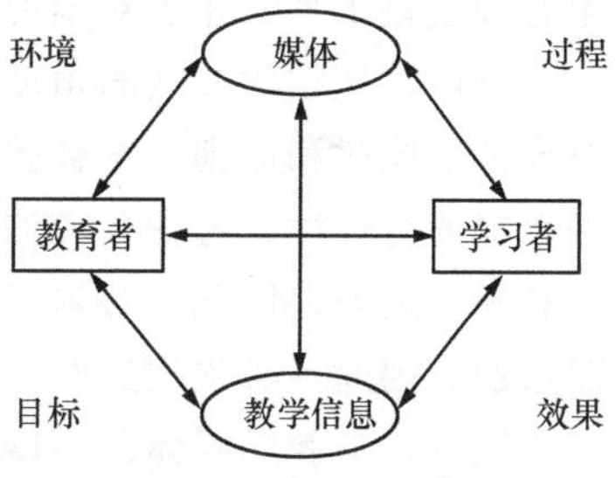

图 1-1-9　教育传播系统四元模型

在一般的教学理论研究中，教育者、学习者、学习材料为教学系统的构成要素，它们在教学环境中，带着一定的目标，经过适当的相互作用过程，产生一定的教学效果。为了方便后面讨论，我们将其称为教学系统的三元模型。在现代教育传播活动中，媒体起着相当大的作用，因此必须将媒体作为教学传播系统的要素之一，于是得到如图 1-1-9 所示的教育传播系统四元模型。四元模型实际上是由三元模型细化而来的，我们把学习材料看作媒体化的教学信息，把学习材料这一要素分成了“教学信息”（即内容）与作为内容载体的“媒体”两部分。这四个组元在适当的教学环境中相互作用，产生一定的教学效果。

4）传播过程的功能条件

教学系统各要素的组合和联系，构成了系统的结构。这种结构可能是静态的，也可能是动态的，静态的结构是没有多少功能可言的。只有当系统内各要素在信息传播和控制下发生相互作用，并产生动态过程时，才能形成系统的特有功能。在教学系统中产生的动态过程就是教学传播过程，它表现出一定的阶段性，须有一定的功能条件，受制于一定的基本规律。

教学系统的功能主要是通过系统内部的信息传递实现的，而欲使上述教学传播过程有效进行，教学系统本身必须具备下述几个条件。

其一，从教师的角度看。教师作为教学系统中的一个子系统，要求应该是高标准的，性能应该是优良的。在教学系统中教师起主导作用，因而必须深刻地了解学生要素、内容要素、方法要素和媒体要素，及其相互作用关系。教师实现其功能的条件主要有三个：一是在所传授的学科领域，教师与学生要有一定的知识水平的差距，因此要求教师不断学习和提高，掌握科学领域的前沿知识；二是要有一定的传授知识的手段和能力，如具有较好的语言表达能力和教学方法，能运用各种教学媒体和教学设施；三是要有一定的调节和控制教学活动的能力，包括对自身、对学生和对师生关系的调节和控制。总之，教学系统中的教师应该精通专业、熟悉教材、了解学生、具有端正的教学态度和良好的传播技能。

其二，从学生的角度看。学生的任务是完成教学系统所规定的学习任务，使德、智、体诸方面都得到相应的发展，这也是整个教学系统功能实现的首要标志。学生实现其功能的条件也有三个：一是学生要有明确的学习目的，能产生积极的学习态度和学习行为，使个人的学习需要与社会的需求统一；二是学生要有一定的学习能力，掌握一定的学习方法，作为学习的主体，他们的各种接受信息的通道必须畅通无阻，并有良好的心理准备状态；三是学生要有自控能力，能够调节自己的学习目的和学习行为，并与教师密切配合，充分利用来自各方面的反馈信息，修正学习方法，完成学习任务。

其三，从教学内容的角度看。教学内容应是在科学上已经经过检验的，被证明正确的东西，并根据社会的发展和时代的要求，不断加以更新。具有潜在发展意义的前沿知识，也应适当进入教学内容，并注意理论与实践的联系。教学内容的组织编排除了要符合学科本身的逻辑或知识结构，还要符合学生的认知特点，如注意由整体到部分、由一般到个别，不断分化；从已知到未知，使内容结构序列化；融会贯通，使教材内容纵横联系；具体形式符合学生心理成熟水平，体现对学习方法的指导，既要使学生能够接受，又要引导学生去探索。

其四，从教学方法的角度看。教学方法的选用要注意三个“符合”和三个“考虑”，即符合教学规律和原则、符合教学目的和任务、符合教学内容的特点；考虑学生的适应性、考虑教师的可行性、考虑环境的可能性。教学系统中可用的方法非常多，每一种方法都有其优点和不足之处，因此，必须根据具体情况合理选用教学方法。另外，各种教学方法总是相互渗透的，因此，必须把这些方法合理地结合起来，使它们起到相得益彰的作用。

其五，从教学媒体的角度看。教学媒体的选用要考虑到学习任务的因素、学生特点的因素、教学管理的因素和经济成本的因素。与教学方法一样，教学系统中可用的媒体也非常多，每一种媒体也都有各自的优点和不足之处，因此，同样必须根据情况合理选择和综合使用。不同的是，教学媒体能否在教学系统中发挥功能，还将受到媒体自身的特点及对其的使用等一些实践性因素的制约，如媒体资源的硬件、软件的现有储备或添置的可能性；媒体操作的复杂程序和学会操作的培训时间；媒体使用时功能的稳定性；多种媒体配合使用时的灵活性和增效性；媒体使用时对时间、空间等环境条件的特殊要求。

教学系统五个构成要素的功能条件保证了教学信息的正常传播。但是，其传播效果的好坏除了取决于系统中各个要素之间的功能强弱，还取决于各个要素之间的联系状况。也就是说，为了取得良好的传播效果，还需要使教学系统符合信息传播过程的规律或法则。

3. 视听教育理论

1）视听教学论——经验之塔

第一次世界大战后，随着幻灯、投影在教学中的应用，一场视觉教学运动在美国教育领域兴起，后来由于科技的进步，出现了有声电影和录音，这场运动便发展成为视听教学运动。

在此之前，学校教育实行的是“言语主义”的教学方式，这种教学方式忽视在语言符号与学生已有经验之间建立联系，在教学过程中“使用学生不甚理解的言辞”，导致学生不甚理解、死记硬背地学习。几个世纪以来，许多教育家希望克服这个弊端，捷克教育改革家夸美纽斯、瑞士教育家裴斯泰洛齐、德国教育家福禄贝尔等的著作都反映出这种思想，其哲学基础可归纳为：理性认识离不开感性认识，依赖于感性认识。学校教学，必须重视帮助学生积累丰富的、合乎实际的感性材料，克服形式主义和“言语主义”。这些教学思想正是视听教学理论的渊源。

1946 年，俄亥俄州立大学教育研究所课程研究室主任戴尔（Edgar Dale）在《教学中的视听方法》一书中提出了著名的以“经验之塔”为核心的视听教学论。戴尔认为，人的知识都来自于经验，由于我们的身体或思想介入活动的程度不同，便获得不同的经验。有的是运用自己的感官和肌肉进行具体的、直接的活动，获得直接的经验。有的是利用语言、符号等通过思维获得间接的、抽象的经验。戴尔把人们获得知识和技能的各种经验依照抽象程度分为 3 大类 10 个层次，用来说明学习经验从直接参与到图像替代、再到用抽象符号表示的逐步发展过程（如图 1-1-10 所示）。

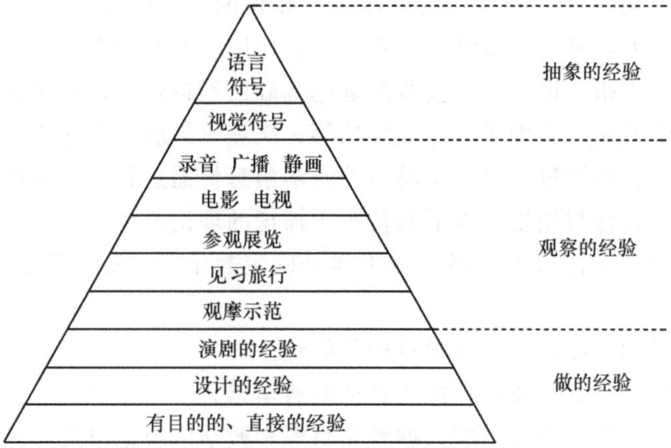

图 1-1-10　“经验之塔”模型

依心理学的概念划分，塔的底部——做的经验可称为实物直观；塔尖——抽象的经验可称为语言直观；塔的中部——观察的经验可称为模像直观。

实物直观由于其不易突出客观事物的本质特征，容易把学生的注意力引向事物的非本质方面，而且经常受到时间和空间的限制；而语言直观所反映的现实在完整性、稳定性、鲜明性和可靠性方面都不如知觉。模像直观则克服了两者的缺点：首先，它能通过视听手段有意识地突出事物的本质特征，减少学习的探索过程（在现代教育思想——探索学习、发现学习的指导下，它也可以通过有意识地控制所表现事物本质特征的出现频率来引导学生的探索学习）；其次，它能为学习者提供替代经验，有助于突破时空限制，解决教学中具体经验和抽象经验的矛盾，弥补各种直接经验的不足，替代学习经验的思想是教学媒体应用于教学过程的主要理论依据；再次，它能通过生动、直观的画面来促进学生的感知。因此，戴尔特别强调视听经验的重要性。

对以后的教育技术的发展来说，视听教学论的理论贡献在于把学习经验分为具体的和抽象的，提出学习应从生动的直观向抽象的思维发展，符合人类的认识规律。在这一点上，戴尔继承了夸美纽斯、裴斯泰洛齐、杜威等的教学思想。以“经验之塔”为代表的由具体向抽象过渡的学习经验中，视听教材处于较具体的一端，这构成了在教学中应用视听教材的理论依据。

“经验之塔”对教育技术学的发展起到了不可低估的指导和促进作用，至今还有一定的指导意义。但是，“经验之塔”也存在着局限性，表现在：视听教学论仅重视视听教材本身的作用，而忽略了视听教材的设计、开发、制作、评价及管理等方面。也就是说它强调孤立的媒体种类或技术，而忽略整个教学的计划过程。这就形成了媒体论的教育技术观。媒体论使人们将注意力集中于如何利用视听媒体特点使教学形象化、具体化，这在客观上妨碍了人们接受教育传播等新的思想。自戴尔提出“经验之塔”理论后，媒体论主宰了教育技术领域，直到 20 世纪 60 年代初期，其影响才逐渐让位于视听传播论。

2）视听传播论

进入20世纪50年代，随着语言实验室、电视、计算机等新的媒体进入教育领域，视听教学迅速发展，这些新技术所呈现的教学内容的形态无法以语言和非语言的标准即抽象和具体的标准来判断，许多教材的使用都以综合的形式进行，因而其中具体或抽象的程度也不一致。例如，教学电影同时使用图像（具体形象）和解说（词语符号）。在某些情况下，“真实”的图像反而对学习者感知主要学习内容起干扰作用。实践使人们认识到，在新的技术条件下，视听教学论作为指导这个领域实践的理论基础已不再合适，正是在这种情况下，传播理论被引入视听教学研究，实现了教育技术的第一次理论扩展，发展成为视听传播论。

根据视听传播论，教学过程是一个动态的教学信息传播过程，视听传播主要研究用于控制学习过程的讯息的设计与使用。以下是视听传播论的理论模型。

假定在某特定的教学情形下，第一步工作是确定教学的目标，那么，教学传播过程可分为：

第一步：明确教学目标，并使教学目标具体化。

第二步：根据教学目标的要求，选择合适的教学讯息——教学内容。

第三步：进行视听传播设计。即根据教学目标和教学内容把讯息、教师、教学媒体、教学方法和教学环境作为一个整体加以系统设计。

第四步：把视听传播设计的产物——教学系统投入教学情境中使用。这一过程是：呈现教学内容；学习者接受教材的刺激并做出反应；教师对学习者的反应进行评价。其中，学习者从接受刺激到做出反应，是一个内部的心理过程，模型从心理学的角度出发，将该心理过程视作学习—受传者系统，这样，学习理论和传播理论得到了有机的结合。

第五步：对评价获得的数据进行分析。通过对反馈信息的分析，可从三方面改进教学：改进教学设计、学习者特性分析及教学目标的修正。

从宏观上看，这个理论模型综合了学习理论、传播理论、系统理论的基本概念。传播过程的理论模型使广大教学研究者认识到教学传播是一个动态的过程，要提高教学效果，就应该把教学传播过程作为一个整体进行改进。用传播学这一基本观点来发展视听教学，就从根本上改变了整个理论构架，即由仅仅重视媒体使用的狭隘观念转为研究信息从发源（教师或教材）传递到接受者（学习者）的整个传播过程的观念，这无疑拓宽了视听教学领域。从传播这个全新的角度来认识这一领域，代表着一种解决教学问题的新思维，同时又吸取了传统视听教学论中的合理成分。它对教育技术理论发展的影响在于：对“过程”的研究代替了视听教学注重“物、感官、具体化”的研究，使教育技术理论由“媒体论”的教育技术观发展为“过程论”的教育技术观。

4. 多元智能理论

多元智能理论是由美国哈佛大学教育研究院的心理发展学家霍华德·加德纳在1983年提出的。加德纳研究脑部受创伤的病人，发现他们在学习能力上的差异，从而提出本理论。传统上，学校一直只强调学生在逻辑数学和语文（主要是读和写）两方面的发展，但这并不是人类智能的全部。不同的人会有不同的智能组合，如建筑师及雕塑家的空间感（空间智能）较强，运动员和芭蕾舞演员的体力（肢体运作智能）较强，公关人员的人际智能较强，作家的内省智能较强等。

加德纳认为过去对智力的定义过于狭窄，未能正确反映一个人的真实能力。他认为，人的智力应该是一个量度个人解题能力（ability to solve problems）的指标。根据这个定义，他在《心智的架构》(*Frames of Mind*, Gardner, 1983) 这本书里提出，人类的智能至少可以分为七个范畴（后来增加至八个）：语言（Verbal/Linguistic）、逻辑数学（Logical/Mathematical）、空间（Visual/Spatial）、肢体运作（Bodily/Kinesthetic）、音乐（Musical/Rhythmic）、人际关系（Inter-personal/Social）、内省（Intra-personal/Introspective）、自然探索（Naturalist，加德纳在1995年补充）。

另外，有其他学者从内省智能拆分出灵性智能（Spiritual Intelligence）。

1）语言智能

这种智能主要是指有效地运用口头语言及文字的能力，即指听说读写能力，表现为个人能够顺利而高效地利用语言描述事件、表达思想并与人交流的能力。这种智能在作家、演说家、记者、编辑、节目主持人、播音员、律师等职业上有更加突出的表现。

2）逻辑数学智能

从事与数字有关工作的人特别需要这种有效运用数字和推理的智能。他们学习时靠推理进行思考，喜欢提出问题并执行实验以寻求答案，寻找事物的规律及逻辑顺序，对科学的新发展有兴趣。他人的言谈及行为也是他们寻找逻辑缺陷的好地方，对可被测量、归类、分析的事物比较容易接受。

3）空间智能

空间智能强的人对色彩、线条、形状、形式、空间及它们之间关系的敏感度很高，感受、辨别、记忆、改变物体的空间关系并借此表达思想和情感的能力比较强，表现为对线条、形状、结构、色彩和空间关系的敏感及通过平面图形和立体造型将它们表现出来的能力。他们能准确地感觉视觉空间，并把所知觉到的表现出来。这类人在学习时是用意象及图像来思考的。

空间智能可以划分为形象的空间智能和抽象的空间智能两种能力。形象的空间智能为画家的特长，抽象的空间智能为几何学家的特长，建筑学家的形象及抽象的空间智能都很强。

4）肢体运作智能

善于运用整个身体来表达想法和感觉，以及运用双手灵巧地生产或改造事物的能力。这类人很难长时间坐着不动，喜欢动手创造东西，喜欢户外活动，与人谈话时常用手势或其他肢体语言。他们学习时通过身体感觉来思考。这种智能主要是指人调节身体运动及用巧妙的双手改变物体的技能，表现为能够较好地控制自己的身体，对事件能够做出恰当的身体反应及善于利用身体语言来表达自己的思想。运动员、舞蹈家、外科医生、手艺人都有这种智能优势。

5）音乐智能

音乐智能主要是指人敏感地感知音调、旋律、节奏和音色等的能力，表现为个人对音乐节奏、音调、音色和旋律的敏感以及通过作曲、演奏和歌唱等表达音乐的能力。这种智能在作曲家、指挥家、歌唱家、乐师、乐器制作者、音乐评论家等人身上都有出色的表现。

6）人际关系智能

人际关系智能是指能够有效地理解别人及其关系，以及与人交往的能力，包括四大要素：①组织能力，包括群体动员与协调能力；②协商能力，指仲裁与排解纷争的能力；③分析能力，指能够敏锐察知他人的情感动向与想法，易与他人建立密切关系的能力；④人际联系，指对他人表现出关心，善解人意，适于团体合作的能力。

7）内省智能

内省智能主要是指认识到自己的能力，正确把握自己的长处和短处，把握自己的情绪、意向、动机、欲望，对自己的生活有规划，能自尊、自律，会吸收他人的长处；会从各种回馈渠道中了解自己的优劣，常静思以规划自己的人生目标，爱独处，以深入自我的方式来思考；喜欢独立工作，有自我选择的空间。这种智能在优秀的政治家、哲学家、心理学家、教师等人员身上有出色的表现。

内省智能可以划分为两个层次：事件层次和价值层次。事件层次的内省指向对于事件成败的总结。价值层次的内省是将事件的成败和价值观联系起来自审。

8）自然探索智能

自然探索智能指能认识植物、动物和其他自然环境（如云和石头）的能力。自然智能强的人，在打猎、耕作、生物科学上的表现较为突出。

自然探索智能应当进一步归结为探索智能，包括对社会的探索和对自然的探索两个方面。

9）其他类型智能

人的智能还可以从其他角度进行分类：

(1) 记忆力：对事物的记忆力，包括短期和长期的记忆力，形象和抽象的记忆力等。

(2) 形象力：在记忆的基础上形成形象的能力，也可以说是感性认识能力。

(3) 抽象力：在形象的基础上形成抽象概念的能力，也可以说是理性认识能力。

(4) 信仰力：在形象和抽象思维的基础上形成对于人生和世界总的观念的能力。

(5) 创造力：形成新的形象、理论、信仰的能力。

1.2 信息时代教师教育技术能力要求

1. 教师学习教育技术的意义

进入信息时代，教育需要在教育观念、教学手段、教学内容等多方面进行改革，现代教育技术为变革教育教学方式、提高教学效果提供了可靠的理论基础与实践手段。在教学过程中运用现代教育技术优化教学过程、提高教学质量和效率，前提是教师必须掌握教育技术的理论、手段、方法和技巧，教师必须充分认识到学习现代教育技术的重要意义，必须掌握现代教育技术，以完成信息时代赋予教师的使命。

1）教育技术能力是当代教师的必备素质

(1) 国家政策。当前，各级各类学校教育信息化持续推进，现代教育技术环境建设逐步普及，特别是农村地区中小学，随着农村中小学现代远程教育工程的实施，对教师教育技术能力的要求越来越高，为此，教育部还启动实施了全国中小学教师教育技术能力建设计划，从2005年开始，组织部分省（自治区、直辖市）先行试点。在取得初步成功的基础上，从2006年开始在全国范围内推广，各省（自治区、直辖市）采取多种途径和方式，绝大多数中小学教师普遍接受不低于50学时的教育技术应用能力培训，并参加国家统一组织的教育技术能力水平考试。由此可以看出，教育技术能力是当代教师必须具备的专业素质。

(2) 教师的专业素质。作为一名专业的教师，一定要根据时代的发展提高自身的素质，一名优秀教师的专业素质应包括专业知识、专业技能和专业情意三个方面。教师专业知识包括广博的普通文化知识、足够的所教学科知识、扎实的教育学科知识及以上三个方面知识的沟通与融合；专业技能包括熟练的教学技巧、良好的教学能力；专业情意包括专业理想、专业情操、专业性向、专业自我。

在教师专业技能中的教学能力方面，优秀教师必须具有良好的教学能力，如教学设计的能力、教学实施的能力和学生学业检查评价的能力等。另外，还应具备现代教育技术能力，这是因为信息时代中以计算机为核心的新技术为教育变革提供了新的手段，未来教育必然是技术支持下的教育，教师在教育教学中运用教育技术手段可以让教学时间、地点更灵活，教学方式更多样，教学内容更丰富，教学互动更容易，教学交流更便捷。从而提高教师的教学效率。

2）现代教育技术是实现教师专业化发展的必然途径

从全体教师的角度来看，学习现代教育技术是实现教师专业化发展的必然途径。

(1) 教师专业化。教师专业化包括几层含义：第一，教师职业既包括学科专业性，又包括教育专业性，国家对教师任职既有规定的学历标准，又有必要的教育知识、教育能力和职业道德的要求；第二，国家有教师教育的专门机构、专门教育内容和措施；第三，国家有对教师资格和教师教育机构的认定制度和管理制度；第四，教师专业发展是一个持续不断的过程，教师专业化也是一个发展的概念，既是一种状态，又是一个不断深化的过程。

(2) 现代教育技术与教师专业化发展。教师具有参加进修或者其他培训的权利（《教师法》第七条），教师专业化发展是教师专业化的重要内涵。在信息时代，学习现代教育技术是实现教师专业化发展的必然途径，运用现代教育技术可以促进教师专业素质的全面发展，促进教师专业知识的更新，促进多形式的教师培养，促进专业能力评定的标准化，促进终身学习的实现，促进教师教育科研发展。

2004年12月，教育部颁布了《中小学教师教育技术能力标准（试行）》（教师[2004]9号），这一标准的推行使教师专业化的机制与政策保证更趋完善，教师应用教育技术的能力水平会与教师资格认证、职务晋升等挂钩，可见，学习现代教育技术，提高教育技术能力水平是促进教师专业能力发展的途径之一。

3）现代教育技术是中小学教师积极参与基础教育改革实践的必备工具

(1) 新课改对现代教育技术的要求。《基础教育课程改革纲要（试行）》（以下简称《纲要》）中明确规定，在小学至高中设置以信息技术教育等为主要内容的综合实践活动作为必修课程，并要求在课程的实施过程中加强信息技术教育，培养学生利用信息技术的意识和能力。《纲要》第十一条明确提出："大力推进信息技术在教学过程中的普遍应用，促进信息技术与学科课程的整合，逐步实现教学内容的呈现方式、学生的学习方式、教师的教学方式和师生互动方式的变革，充分发挥信息技术的优势，为学生的学习和发展提供丰富多彩的教育环境和有力的学习工具。"由此看来，在新一轮的基础教育课程改革中，现代教育技术不仅是一项非常重要的学习内容，还是一个非常重要而有用的教育教学工具，对教育改革具有巨大的支持作用。

(2) 现代教育技术对教育改革的支持作用。21世纪人类进入信息时代，原有的工业时代教育的方法、模式及内容已不适应新的时代要求，教育面临着严峻的挑战，只有对教育进行改革才有出路，现代教育技术对教育改革具有非常大的支持作用，主要体现在：

(1) 促进教育观念的转变。现代教育观包括素质教育观、终身教育观、情感教育观、四大支柱教育观等。现代教育技术依据的理论和应用的手段方法有利于促进上述教育思想的实现。

（2）促进教学模式和教学方法的变革。传统教学提供的教学模式基本上是教师—学生面对面的方式，主要采用讲授法。现代教育技术的应用使教学成为人—机—人系统，丰富了教学方法，如学生可以通过计算机进行自主学习、合作学习及远距离学习。

（3）促进教学内容和课程体系的变革。由于教学模式的变革，教学手段和方法的多样化，再加上信息时代知识更新速度的加快，教学内容和课程体系必须发生变革。

（4）促进教学环境的变革。传统课堂教学环境的不足是教学内容更新慢、教学方式单一、学生缺少实际观察和动手操作的训练机会。现代教育技术的应用产生了一系列现代化教学系统，有助于克服上述缺憾，如网络教室可以使学生随时从网上了解到最新的学科知识，视听阅览室可以实现个别化学习，多媒体综合电教室可以生动演示自然现象等。

2. 中小学教师教育技术能力标准解读

2004年12月，教育部印发了《中小学教师教育技术能力标准（试行）》（以下简称《标准》）。《标准》的研制和实施契合了基础教育信息化这一国际共识。它分别从“教学人员”、“管理人员”和“技术人员”等方面提出教育技术的能力要求并开展能力建设。

1）《标准》的地位与作用

《标准》是指导中小学教学人员、中小学管理人员、中小学技术支持人员教育技术培训与考核的基本依据。教育部根据此《标准》研究建立全国中小学教师教育技术培训、考试和认证体系。《标准》是各级培训机构统一遵照执行的培训内容和要求，是今后教师教学、管理、技术服务的行为准则。通过教师教育技术能力信息化进程的加快，推进全国教师教育网络联盟计划、教师教育技术能力建设计划，以适应教育随社会进步发展的需要。教育技术能力的发展不仅使教师教育教学的方法、过程、手段等方面发生根本性的转变，更重要的是尽快实现制度层面和教师教育体系的革命性变化；推动中小学教师教育技术培训与考核的健康发展。从而实现提高中小学教师教育技术能力水平、促进教师专业能力发展的目标。

2）《标准》适用的对象

“教学人员子标准”适用对象为中小学学科教师，其主要职责为教学环境的设计与管理、教学资源的设计与管理、教学活动的组织与开展；“管理人员子标准”适用对象为中小学教育教学管理人员，其主要职责为规划与决策、组织与应用、评估与发展、合作与交流；“技术人员子标准”适用对象为基础教育系统中从事技术支持的人员，其主要职责为辅助教学人员的教学工作、辅助管理人员的管理工作、维护和管理校内的资源、提供技术支持与服务。

3）教学人员标准的主要内容

教学人员教育技术能力标准由意识与态度、知识与技能、应用与创新以及社会责任四部分构成。具体参见拓展阅读部分。

拓展阅读

中小学教师教育技术能力标准（试行）

为提高中小学教师教育技术能力水平，促进教师专业能力发展，根据《中华人民共和国教师法》和《中小学教师继续教育规定》有关精神，特制定《中小学教师教育技术能力标准（试行）》。

本标准适用于中小学教学人员、中小学管理人员、中小学技术支持人员教育技术能力的培训与考核。

第一部分　教学人员教育技术能力标准

一、意识与态度

（一）重要性的认识

1. 能够认识到教育技术的有效应用对于推进教育信息化、促进教育改革和实施国家课程标准的重要作用。

2. 能够认识到教育技术能力是教师专业素质的必要组成部分。

3. 能够认识到教育技术的有效应用对于优化教学过程、培养创新型人才的重要作用。

（二）应用意识

1. 具有在教学中应用教育技术的意识。

2. 具有在教学中开展信息技术与课程整合、进行教学改革研究的意识。

3. 具有运用教育技术不断丰富学习资源的意识。

4. 具有关注新技术发展并尝试将新技术应用于教学的意识。

（三）评价与反思

1. 具有对教学资源的利用进行评价与反思的意识。

2. 具有对教学过程进行评价与反思的意识。

3. 具有对教学效果与效率进行评价与反思的意识。

（四）终身学习

1. 具有不断学习新知识和新技术以完善自身素质结构的意识与态度。

2. 具有利用教育技术进行终身学习以实现专业发展与个人发展的意识与态度。

二、知识与技能

（一）基本知识

1. 了解教育技术基本概念。

2. 理解教育技术的主要理论基础。

3. 掌握教育技术理论的基本内容。

4. 了解基本的教育技术研究方法。

（二）基本技能

1. 掌握信息检索、加工与利用的方法。

2. 掌握常见教学媒体选择与开发的方法。

3. 掌握教学系统设计的一般方法。

4. 掌握教学资源管理、教学过程管理和项目管理的方法。

5. 掌握教学媒体、教学资源、教学过程与教学效果的评价方法。

三、应用与创新

(一) 教学设计与实施

1. 能够正确地描述教学目标、分析教学内容，并能根据学生特点和教学条件设计有效的教学活动。

2. 积极开展信息技术与课程的整合，探索信息技术与课程整合的有效途径。

3. 能为学生提供各种运用技术进行实践的机会，并进行有针对性的指导。

4. 能应用技术开展对学生的评价和对教学过程的评价。

(二) 教学支持与管理

1. 能够收集、甄别、整合、应用与学科相关的教学资源以优化教学环境。

2. 能在教学中对教学资源进行有效管理。

3. 能在教学中对学习活动进行有效管理。

4. 能在教学中对教学过程进行有效管理。

(三) 科研与发展

1. 能结合学科教学进行教育技术应用的研究。

2. 能针对学科教学中教育技术应用的效果进行研究。

3. 能充分利用信息技术学习业务知识，发展自身的业务能力。

(四) 合作与交流

1. 能利用技术与学生就学习进行交流。

2. 能利用技术与家长就学生情况进行交流。

3. 能利用技术与同事在教学和科研方面广泛开展合作与交流。

4. 能利用技术与教育管理人员就教育管理工作进行沟通。

5. 能利用技术与技术人员在教学资源的设计、选择与开发等方面进行合作与交流。

6. 能利用技术与学科专家、教育技术专家就教育技术的应用进行交流与合作。

四、社会责任

(一) 公平利用

努力使不同性别、不同经济状况的学生在学习资源的利用上享有均等的机会。

(二) 有效应用

努力使不同背景、不同性格和能力的学生均能利用学习资源得到良好发展。

(三) 健康使用

促进学生正确地使用学习资源，以营造良好的学习环境。

(四) 规范行为

能向学生示范并传授与技术利用有关的法律法规知识和伦理道德观念。

第二部分　管理人员教育技术能力标准

一、意识与态度

(一) 重要性的认识

1. 能够认识到教育技术的有效应用对于推进教育信息化、促进教育改革和实施国家课程标准的重要作用。

2. 能够认识到教育技术能力是教师专业素质的必要组成部分。

3. 能够认识到教育技术的有效应用对于优化教学过程、培养创新型人才的重要作用。

(二) 应用意识

1. 具有推动在管理中应用教育技术的意识。

2. 具有推动在教学中开展信息技术与课程整合、促进教育教学改革研究的意识。

3. 具有支持教师运用教育技术不断丰富学习资源的意识。

4. 具有密切关注新技术的价值并不断挖掘其教育应用潜力的意识。

(三) 评价与反思

1. 具有促进对教学资源的利用进行评价与反思的意识。

2. 具有促进对教学过程进行评价与反思的意识。

3. 具有促进对教学效果与效率进行评价与反思的意识。

4. 具有对教学管理的效果进行评价与反思的意识。

(四) 终身学习

1. 具有不断学习新知识和新技术以提高自身管理水平的意识与态度。

2. 具有利用教育技术进行终身学习以实现管理能力与个人素质不断提高的意识与态度。

3. 具有利用教育技术为教师创造终身学习环境的意识与态度。

二、知识与技能

(一) 基本知识

1. 了解教育思想、观念和教育技术的发展趋势。

2. 了解教育技术的基本概念和应用范畴。

3. 了解教育技术的基本理论。

4. 掌握绩效技术、知识管理和课程开发的基本知识。

(二) 基本技能

1. 掌握信息检索、加工与利用的方法。

2. 掌握资源管理、过程管理和项目管理的方法。

3. 掌握教学媒体、教学资源、教学过程与教学效果的评价方法。

4. 掌握课程规划、设计、开发、实施与评价的方法。

三、应用与创新

(一) 决策与规划

1. 制定并实施教育技术应用计划以及应用技术来促进教育教学改革的条例与法规。

2. 能够根据地区特点和实际教育状况，宏观调配学习资源，规划和设计教育系统。

3. 能够有效应用信息技术和统计数据辅助决策过程。

(二) 组织与运用

1. 能组织与协调各种资源，保证教育技术应用计划的贯彻和执行。
2. 能组织与协调各种资源，促进信息化学习环境的创建。
3. 能组织与协调各种资源，支持信息化的教学活动。
4. 能运用技术辅助教学组织和教学实施。

(三) 评估与发展

1. 能使用多种方法对教师和管理人员的教育技术应用效果进行评价。
2. 能运用技术辅助对管理体制和运行机制进行评价。
3. 能采取多种措施推动技术体系的不断改进，支持技术的周期性更新。
4. 能充分利用技术手段为教师、学生和管理者的发展提供更多机会。
5. 能充分运用技术改善教育教学条件，并为教师提供教育技术培训的机会。

(四) 合作与交流

1. 能利用技术与教学人员就教学工作进行交流。
2. 能利用技术与技术人员就学习支持与服务进行交流。
3. 能利用技术与家长及学生就学生发展与成长进行交流。
4. 能利用技术与同事就管理工作进行合作与交流。

四、社会责任

(一) 公平利用

能够在管理制度上保障所有的教师和学生均能利用学习资源得到良好发展。

(二) 有效应用

1. 能够促进学习资源的应用潜能得到最大化的发挥。
2. 能够促进技术应用达到预期效果。

(三) 安全使用

1. 能确保技术环境的安全性。
2. 能提高技术应用的安全性。

(四) 规范行为

1. 努力加强信息道德的宣传与教育。
2. 努力规范技术应用的行为与言论。
3. 具有技术环境下知识产权保护的意识，并能够以实际行动维护这种知识产权。

第三部分　技术人员教育技术能力标准

一、意识与态度

(一) 重要性的认识

1. 能够认识到教育技术的有效应用对于推进教育信息化、促进教育改革和实施国家课程标准的重要作用。

2. 能够认识到教育技术应用能力是教师专业素质的重要组成部分。

3. 能够认识到教育技术的有效应用对于优化教学过程、培养创新型人才的重要作用。

（二）应用意识

1. 具有研究与推进信息技术与课程整合的意识。
2. 具有利用技术不断优化学习资源和学习环境的意识。
3. 具有积极辅助与支持教学人员和管理人员应用教育技术的意识。
4. 具有不断尝试应用新技术并探索其应用潜力的意识。

（三）评价与反思

1. 具有对技术及应用方案进行选择和评价的意识。
2. 具有对技术开发进行评价与反思的意识。
3. 具有对技术支持进行评价与反思的意识。
4. 具有对教学资源管理进行评价与反思的意识。

（四）终身学习

1. 具有积极学习新知识与新技术以提高业务水平的意识。
2. 具有利用教育技术进行终身学习以不断提高个人素质的意识。

二、知识与技能

（一）基本知识

1. 了解教育思想、观念和技术的发展趋势。
2. 了解教育技术的基本概念和应用范畴。
3. 掌握现代教学媒体特别是计算机与网络通信的原理与应用。

（二）基本技能

1. 掌握信息检索、加工与利用的方法。
2. 了解教学系统设计与开发的方法。
3. 掌握教学媒体的设计与开发的技术。
4. 掌握教学媒体的维护与管理的方法。
5. 掌握学习资源维护与管理的方法。
6. 掌握对教学媒体、学习资源的评价方法。

三、应用与创新

（一）设计与开发

1. 参与本单位教育信息化建设方案的整体规划与设计。
2. 能够设计与开发本单位的信息化学习环境。
3. 能够收集、整理已有学习资源并设计与开发符合教学需要的学习资源。

（二）应用与管理

1. 能够为教学人员的教学和科研工作提供技术支持与服务。
2. 能够为管理人员的管理和评估工作提供技术支持与服务。
3. 能够对学习资源与学习环境的使用进行有效的管理与维护。

（三）评估与发展

1. 能够对学习资源和学习环境的开发与应用效果进行评估，并提出发展建议。
2. 能够对自身的技术服务和管理工作进行评估，并反省自身的技术服务和业务水平。
3. 能够参与本校教师教育技术应用效果的评估工作，并提出发展建议。

4. 能够参与制定本校教师教育技术培训方案并实施。

(四) 合作与交流

1. 能利用技术与教师就教育技术在教学中的应用效果进行交流。
2. 能利用技术与管理人员进行交流。
3. 能利用技术与学生及家长进行交流。
4. 能利用技术与同行及技术专家进行交流。

四、社会责任

(一) 公平利用

能够通过有效的统筹安排保障所有的教师和学生均能利用学习资源得到良好发展。

(二) 有效应用

1. 能不断加强信息资源的管理。
2. 能不断提高教育技术应用的有效性。

(三) 安全使用

1. 努力提高技术应用环境的信息安全。
2. 能为教师和学生提供安全、可靠的技术服务。

(四) 规范行为

1. 努力加强技术环境下信息资源的规范管理。
2. 努力规范技术应用的行为方式。

应用与思考

通过本单元的学习，相信你已经对教育技术及其基本理论有了一些基本的认识，请进一步思考以下题目。

1. 说说你对教育技术的理解。
2. 你所接触到的教学中，哪些方面用到了教育技术？
3. 行为主义理论的主要观点是什么？
4. 建构主义是如何理解学习的？在建构主义理论指导下我们应如何开展教学？
5. 在你的学科领域内选一个教学主题，模拟一堂课，请列出你所需要的教育技术及其在教学过程中的作用。
6. 1913年，托马斯·爱迪生宣布："不久的将来，在学校中废弃书本……有可能利用电影来教授人类知识的每一个分支。在未来的10年里，我们的学校将会得到彻底的改造。"请谈谈你对这句话的认识。

单元2　信息技术支持下的学习环境

学习目标

◎ 了解信息化学习环境的内涵、组成要素及特点。
◎ 掌握演示型多媒体教学系统的使用方法。
◎ 了解多媒体网络教学系统功能及特点。
◎ 掌握电子白板的功能与使用方法。
◎ 了解校园网的基本结构与功能，并能利用校园网获取和发布相关信息。

2.1　认识信息化学习环境

多媒体、网络等新技术的出现和快速普及为人类提供了丰富的信息化学习环境，从而为资源共享和探索信息时代的学习方式奠定了物质基础。正是由于信息化学习环境对新时代人们的学习具有重大意义，所以信息化学习环境越来越受关注。

2.1.1　信息化学习环境的内涵

1. 学习环境

学习环境是一个正在走向成熟的概念，有许多不同的定义，这些不同的定义对学习环境的理解侧重点各有不同，认识水平也参差不齐，有些表述甚至略显混乱，但这些不同的定义从现阶段来看都有它得以存在的历史原因和背景，这些不同的定义为全面认识学习环境提供了多元的视角，也为进一步综合认识学习环境提供了可能。

1）场所观

“场所观”沿袭了早期“环境”概念中“场所”的思想。

美国教育技术学家克内克认为：学习环境是由学校建筑、课堂、图书馆、实验室、操场，以及家庭中的学习区域所组成的学习场所。

美国科罗拉多大学教学技术系教授、AECT 理论与研究部主任威尔森认为：学习环境是学习者在追求学习目标和问题解决的活动中，可以使用多样的工具和信息资源并相互合作和支持的场所。

同时，也有“场所”和“氛围”混合的说法：学习环境应该不但是指学习者可以在其中进行自由探索和自主学习的场所，而且是指学习者与教学材料、支持系统之间在进行交流的过程中所形成的氛围。

2）时空观

学习环境是学习活动所处的时空。由于学习活动的主体是学生，因而人们也常把学习环境说成学生所处的时空。

3）因素观

学习环境是与学习相关的一切因素。它包含的要素可以从两方面来讲，抽象的有学习观念、学习理论等，具体的包括信息、媒体、模式及人的因素（社会、教师、学习伙伴）等。

4）条件观

学习环境是学校教学活动所必需的各种客观条件和主观条件的综合。

“条件”和“场所”混合的观点认为：学习环境是指学生学习的条件和场所。

“条件”和“情况”混合的观点认为：学习环境是学习活动展开的过程中赖以持续的情况和条件。“情况”是学习活动的起点和某一时刻的状态，“条件”是学习活动继续进行的保证。

5）组合观

学习环境是学习资源和人际关系的一种动态的组合。其中既有丰富的学习资源，又有人际互动的因素。学习资源包括支持教学的教学媒体、教学材料及帮助学习者学习的认知工具、学习空间等。人际关系包括学生之间的人际交往和师生间充分的人际交往，学生不仅能得到教师的帮助和支持，而且学生之间也可以相互协作和支持。

6）系统观

学习环境是和学习系统有关的整个世界。学习系统包括学习者、学习工具、学习对象三要素。整个世界包括内部世界、外部世界，物质世界、精神世界。

7）建构主义的观点

学习环境是建构主义学习理论中的重要基本概念。建构主义的观点认为，学习者的知识是在一定情境下，借助于他人的帮助，如人与人之间的协作、交流、利用必要的信息等，通过意义的建构而获得的。因此，建构主义将学习环境概括为支持学习者进行建构性学习的各种学习资源（不仅仅是信息资源）的组合，理想的学习环境应当包括情境、协作、交流和意义建构四个部分。

从上述定义中可以发现“学习环境”与学习场所、学习条件、学习资源、学习工具甚至教师和学生等人员组成的人际环境都有密切关系。

2. 信息化学习环境

信息化学习环境可以简要地表述为在信息技术发展的今天形成的一种有利于教学顺利高效进行的一种新型的学习环境。

我国教育技术专家李克东教授在他的《数字化学习——信息技术与课程整合的核心》一文中提出：“所谓信息化学习环境，也就是数字化的学习环境。这种学习环境，经过数字化信息处理具有信息显示多媒体化、信息传输网络化、信息处理智能化和教学环境虚拟化的特征。”

2.1.2 信息化学习环境的组成要素

在当今信息时代背景下，信息化学习环境的组成要素已不仅仅是物理的物质概念，除传统意义下的信息资源、学习资源、认知工具、人类教师等要素外，物质之外的文化情景和任务情景环境的创设等非物质要素已开始备受关注，有些地方俗称学习策略、学习氛围、人际关系、任务情境为信息化学习环境中的软资源、软环境。

李克东教授认为信息化学习环境包括设施、资源、平台、通讯、工具五个部分。如图2-1-1所示。

1. 设施

信息化学习环境中的基础设施主要包括多媒体计算机、多媒体教室网络、校园网络、因特网、微格教室、语音室、电子阅览室等。这是进行信息化教学与学习的基础，是信息化进一步建设和发展的必要物质条件，其核心是计算机及计算机网络。

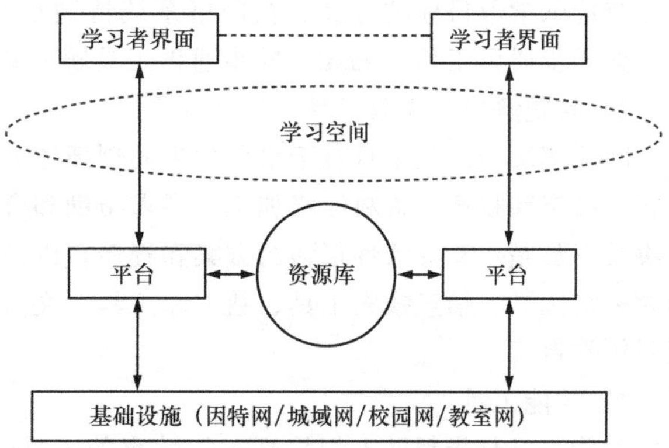

图 2-1-1　信息化学习环境构成要素

2. 资源

信息化学习资源是指经过数字化处理，可以在多媒体计算机上或网络环境下运行的、可被学习者利用的一切多媒体材料，信息化学习资源可以通过教师开发、学生创作、市场购买、网络下载等方式获取。信息化学习资源具有以下几个特点。

1）形式的多样性

信息化学习资源以多媒体的形式呈现，极大地丰富了信息内容的表现力，信息形式的多样性有助于人们知识结构的更新和重构。

2）获取的便捷性

信息化学习资源可通过网络随时随地方便地获取，突破了时间、空间等因素的制约。

3）信息的共享性

信息化学习资源和传统媒体信息相比可以突破信息载体复本数量的限制，比如一个全开放的因特网网页可供全世界所有因特网用户随时访问，实现充分的信息共享。

4）信息的时效性

信息化学习资源的时效性，在网络信息的时效性上体现得最为明显。网络媒体的信息传播速度及影响范围使得信息的时效性大大增强，而且网络信息增长速度快、更新频率高，这也是其他媒体信息不能企及的。

5）信息的交互性

信息化学习资源具备双向传递功能，这种双向交流既可以是同步方式，也可以是异步方式。用户在接受信息化学习资源后可以针对该信息即时或非即时向信源提供反馈。

6）内容的扩展性

信息化学习资源提供了非常丰富的学习资料，学生的学习内容从传统的教科书、教辅书扩展到多媒体学习软件、网络课程等多种形式，有实时的也有非实时的、有在线的也有与非在线的学习资源，极大地扩展了学习内容。

3. 平台和工具

信息化学习平台与工具主要有以下几种。

1）认知工具

认知工具是指可以帮助学习者提高各种思维能力的工具，如概念地图工具、几何画板、微型世界、虚拟实验工具、专家系统等。

2）交流工具

交流工具可以支持师生之间和学生之间实时和非实时的沟通，除了传递教学信息外，还有支持情感学习目标的意义。在网络系统特别是互联网上，有许多支持人际交流的软件工具，如异步通讯工具 E-mail，同步通讯工具聊天室、留言板、视频会议系统等。

3）问题解决与决策工具

问题解决与决策工具对于培养学生的创新能力具有重要意义，问题解决与决策一般包括问题的确定和权衡、资料搜集加工、寻求帮助和合作、得出研究结果。一般来讲，问题解决与决策工具是一套灵活性很强的方案和程序，以模板的形式出现，它需要综合许多工具，如问题表征工具、信息搜索工具、数据库工具、交流工具、标准参照工具、评估工具、在线答疑系统平台等。

4）效能工具

效能工具是指帮助人们提高工作效率的工具，典型的效能工具有字处理软件、制图工具、搜索引擎等。显然，让学生使用这些软件工具写作业、做课题设计、进行数据处理等，可以大大提高他们的学习效率，节省大量时间；教师也可以随时观察他们的学习过程，及时指导。当然很多支持学习的工具性软件并不只具备一方面的功能。例如数据库软件既可以作为效能工具，又可以作为认知工具。

5）支持评测工具

支持评测工具主要是用来给学习者提供测试以及评价依据的工具，如自主测验型、挑战型、游戏型工具等。

4. 通讯

通讯是实现远程协商讨论的保障，用来保证信息的传输流畅，主要包括各种网络传输介质、通讯设备以及邮政、通讯部门提供的各种服务等。网络传输介质主要有同轴电缆、双绞线、光纤等；通讯设备主要有手机、电话、传真机等信号发射与接收设备；邮政、通讯部门提供的服务主要有邮件的投递，通讯设备的维修与更新，通讯网络的建设、维护、更新与修复等。

2.1.3 信息化学习环境的特点

与传统学习环境相比，信息化学习环境凭借信息化技术提供的网络平台，为学生创造了一个良好的学习环境，在激发学生学习兴趣、调动学生主动性、培养学生综合能力方面都有独到的特点。以多媒体、网络技术为核心的信息化学习环境与传统学习环境相比，具有不可比拟的优势，主要体现在以下几方面。

1. 开放性

信息化学习环境利用多媒体技术和网络技术可以创设开放的学习环境，课程教学活动在技术的支撑下可以不受时间、空间等条件的约束，学生在信息化学习环境中可以搜集、整理各种外部、内部信息，纳入自己的认知体系，然后进一步发现问题和解决问题，整个学习成为学生主动发现、探索的开放过程。

2. 动态性

由于支撑信息化学习环境的多媒体、网络等技术发展迅猛，信息化学习环境与传统的相对比较静态的学习环境相比有明显的动态性。

3. 共享性

信息化学习环境可以为学习者提供各种学习资源，尤其是上传到网络上的学习资源，可以使全球的学习者一起使用，可实现最大范围的共享。

4. 丰富性

信息化学习环境可以方便地创设丰富多彩的学习情境，图文声并茂地呈现学习内容，学生甚至可以主动根据自己的喜好选择个性化的学习情境，丰富的学习情境容易激发学生强烈的求知欲望，使学生能够从情境中主动发现问题、进而深入探索问题，从而更好地提高学习效果。

5. 协作性

信息化学习环境中，多种通讯平台与工具的使用为学生、教师、专家等人员之间的远程交流与协作提供了极大的便利，使课堂内外不同人员之间多元有效的交流协作方式成为现实。作为学习主体的学生在信息化学习环境中可以及时把自己的探究结果与他人分享，在讨论交流中相互质疑，促进对问题更深层次的理解，充分调动思维能力和创新精神；在合作中共享学习成果，培养团结合作的精神。

2.1.4 信息化学习环境的建设

信息化学习环境的建设是教育信息化的基础，是需要长期建设与维护的系统工程。虽然由于信息化学习环境的复杂性和多样性，使得人们对它的理解各不相同，出现了大量不同层次、不同属性的信息化学习环境，但是要合理、有效地建设好信息化学习环境都需注意以下三个方面的建设。

1. 信息化学习环境的硬件建设

硬件建设是信息化学习环境的基础，主要包括多媒体教室、网络教室、教育网等的硬件基础设施建设。目前全国各地多数地方对教育基础设施都有很大的投入，很多学校的硬件建设基本满足了信息化环境的需求，如多媒体教室，基本上能实现多媒体的教学功能、播放录像，实时信息传送；网络教室，能实现网络资源共享和远距离教学等，最终实现信息资源的高度整合和广泛的传播。

2. 信息化学习环境的软件资源建设

要想顺利地进行信息化学习，必须有良好的软件环境做保障。软件资源包括各种应用软件平台：多媒体素材、多媒体课件及优秀教学案例、电子教案、题库、电子文献的积累和建设。教育信息化软件资源的建设，不应该追求资源的数据量和多媒体的形式，而应该尽量积累真正体现信息技术与课程教学目标有机整合的资源，开发能够满足学生自主学习、合作学习需要的数字化资源，软件环境要符合人性化要求，要有利于调动学习者的积极性，有利于教学效果的优化。

3. 良好的人文环境

信息化学习环境的建设归根到底是要具有一个良好的学习环境，这样学习者才能在其中充分发挥主动性，才能真正地实现素质教育，适应信息化社会的需要。然而，信息化学习环境的建设是一个系统的过程，需要我们以人为本，共同参与，创设出一个能激发学生学习兴趣，调动学生学习积极性的资源丰富、和谐、健康的信息化学习环境，这样才能保证信息化环境的有效运用。另外，我们也应该意识到信息化学习环境对学习者提出了更高要求，要求学习者有较强的自主学习能力，能够独立进行自我指导、自我监控，必须能够把握自己的学习方向。

2.2 多媒体教学环境的应用

2.2.1 演示型多媒体教学系统

1. 关于演示型多媒体教学系统

演示型多媒体教学系统主要包括多媒体计算机、多媒体投影机、视频展示台、音像媒体、音响设备、银幕等相关设备，且与校园网、闭路电视网相连（图 2-2-1）。

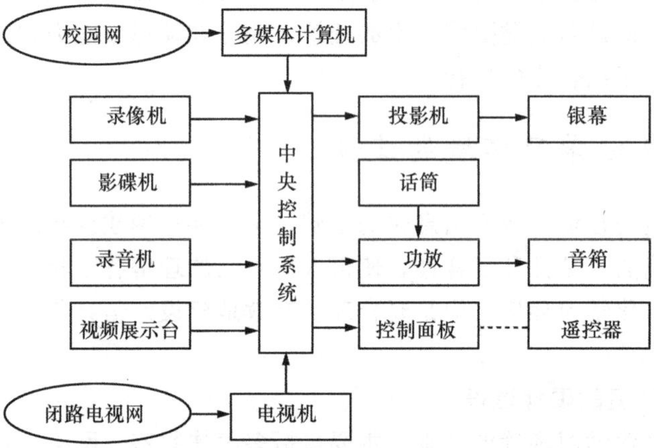

图 2-2-1 多媒体教学演示系统的组成

1）中央控制系统

中央控制系统采用系统集成的方法，集中管理控制整个演示型多媒体教学系统的全部媒体设备，将所有设备的操作整合其中。

不同类型的教学资源通过相应媒体传入中央控制系统，然后通过中央控制系统完成各种资源信号间的切换，实现对演示型多媒体教学系统内所有设备的全面控制。

常用的集成控制系统有以下几种控制方式：

（1）按键开关。中央控制系统用线路连接各种媒体设备，并把操作与控制的功能集中放置于一块控制面板上，通过控制面板上的按键开关进行控制。

（2）计算机软件。通过在计算机上安装控制软件，由鼠标进行操作控制。在计算机显示器已经安装触摸屏的情况下，还可通过触摸屏触摸控制。

（3）遥控器。通过遥控器控制演示型多媒体教学系统中的所有设备。

2）多媒体计算机

多媒体计算机是演示型多媒体教学系统的核心，它既是教学媒体，又是网络连接设备，可能还是中央控制系统的操作平台。由于演示型多媒体教学系统要适合不同课程的教学，多媒体计算机上的教学软件要兼顾不同课程需要，且多数时间处于多任务工作状态，故应尽量选取硬件配置高、工作稳定且可靠的计算机。

3）多媒体投影机

多媒体投影机是一种集视频信号与计算机信号相互转换为一体的大屏幕投影系统设备。演示型多媒体教学系统中，多媒体投影机承担着视频输出成像的重任，通过直接输入多媒体计算机和视频展示台等信号，能够获得清晰的画面。

4）视频展示台

视频展示台是一种实物图像采集设备，它可以把各种幻灯片、投影片、讲稿、图片、模型等实物资料通过视频摄像头转换为清晰、逼真的视频图像，然后再借助多媒体投影机显示在投影银幕上，有的视频展示台还可以连接显微镜。

视频展示台展示实物可全貌、可特写，且角度可变，操作控制方便，教师的讲稿和书本中的图片再也不需要绘制成投影幻灯片。视频展示台与多媒体投影机的配合，已逐渐取代传统的幻灯机和投影仪。

5）音像媒体

音像媒体包括电视机、录像机、影碟机、录音机等。音像媒体的视频信号由多媒体投影机投影到银幕上，音频信号则通过音响设备播放出去。

6）音响设备

音响设备包括话筒、功放、音箱等。演示型多媒体教学系统中使用音响设备的目的是在教学过程中输出保真度高的声音，使学生能够听清楚教师及多媒体计算机、电视机、录像机等媒体的声音。

2. 相关设备的使用

1）多媒体投影机的使用步骤

（1）将多媒体计算机或视频展示台音视频输出端与多媒体投影机的音视频输入端连接。

（2）打开多媒体投影机的镜头盖并放下银幕。

（3）将电源线连接 220V 交流电源。此时，多媒体投影机上的红色指示灯长亮。

（4）打开多媒体投影机的电源开关。开机时，绿灯闪烁说明仍处于启动状态，绿灯不再闪烁时，方可进行下一步操作。

（5）进行投影内容展示。

（6）使用过程中，若使用菜单中的某些功能后，画面效果不如先前，可以找到菜单中的“出厂设置”，按“确定”键恢复出厂设置。

（7）使用完毕，按下电源开关，多媒体投影机会提示是否确认关机，再按一下电源开关即可关闭多媒体投影机。关机时，待多媒体投影机的风扇不再转动、闪烁的绿灯变为橙色后，方可切断电源。

（8）正常关机后，如需再次启动，最好等投影机冷却 2～5 分钟后再进行。若在使用过程中，出现意外断电等导致投影机关闭的情况，但仍需启动投影机时，最好等投影机冷却 5～10分钟后再进行。

2）视频展示台的使用步骤

（1）将视频展示台音视频输出端与多媒体投影机的音视频输入端连接。

（2）打开视频展示台的顶盖及微型摄像机的镜头盖。

（3）将电源线连接 220V 交流电源，打开视频展示台的电源开关。

（4）展示一般非透明材料时，打开台灯开关。

（5）展示透明材料（幻灯片或投影片）时，打开底灯开关。

（6）将展示材料放在展示台上，旋转变焦环，在银幕上选择投影的尺寸。

（7）调整聚焦环，使影像最清晰。

（8）使用后，须按照与开机相反的顺序关闭视频展示台。

3. 设备常见故障及排除

投影机和视频展示台凭借其强大的演示投影功能，已经成为科研教育、商务洽谈及各种会议经常使用的设备。但投影机和视频展示台属于高档精密仪器设备，在操作过程中难免会出现各种问题，以下是一些常见故障及其排除方法，以供使用者参考。

1）多媒体投影机常见故障及其排除方法（表 2-2-1）

表 2-2-1 多媒体投影机常见故障及排除方法

现象	产生故障的原因	排除故障的方法
接通电源，按下遥控器开机按钮，投影机无反应	（1）外接电源插头、插座松脱 （2）外接电源连接线损坏 （3）遥控器电池耗尽 （4）投影机内部供电电路发生损坏 （5）投影机灯泡的灯丝烧毁或灯泡已超出使用寿命	（1）插紧插头或接好插头引线 （2）按照投影机规格要求，更换外接电源线 （3）更换遥控器电池 （4）重新更换新的投影机内部供电电源 （5）更换投影机灯泡
投影机的电源连接线、数据信号线等连接正确，投影机的灯泡和散热风扇正常运作，但没有计算机中的画面投影出来，或投影画面显示不完全	（1）不能显示画面，原因可能是与投影机连接的计算机外部视频端口未激活 （2）投影画面显示不完全，原因可能是投影机的显示分辨率与计算机的分辨率参数不符	（1）按下计算机的功能键和相应的组合键进行切换即可 （2）调整计算机的分辨率，使之与投影机的分辨率相同
在使用过程中，投影机突然自动关机	（1）投影机的外部电源被切断 （2）投影机内部热量过大，投影机自动关闭进入自我保护状态	（1）重新插好外部电源 （2）自动关机后约半小时，再按照开机顺序打开投影机，即可恢复正常工作
投影画面上出现横向或竖向滚动条纹	（1）屏幕短时间出现滚动条纹，原因可能是周围有信号杂波干扰 （2）计算机至投影机的信号连接线可能本身质量不佳，两端插头松动，插头内针脚虚焊、脱焊等 （3）电源插头线内部间接性断裂，地线和零线短路	（1）远离信号杂波干扰 （2）更换计算机和投影机之间的信号连接线 （3）确保电源内部线路完好，将零线和地线分接，且地线可靠接地
投影画面出现色斑	（1）投影机镜头上粘有灰尘或纸屑 （2）投影机 LCD 液晶部分烧坏	（1）可用清洁软布、擦镜头纸或专用麂皮小心擦拭 （2）请专业维修人员进行维修
投影画面模糊	（1）长期不用镜头盖，导致摄影机镜头灰尘堆积 （2）投影机设置菜单中的焦距调整被人为调乱 （3）灯泡使用时间已经达到其寿命极限 （4）液晶板老化 （5）信号线过长导致信号衰减引起影像质量下降	（1）可用清洁软布、擦镜头纸或专用麂皮小心擦拭 （2）重新调整合适的焦距 （3）及时更换新的灯泡，并重新设置新灯泡的使用时间 （4）请专业维修人员更换液晶板 （5）可在信号源后加装信号放大器，这样可以保证信号传输 20 米以上也不出现衰减现象

续表

现象	产生故障的原因	排除故障的方法
投影画面偏色，出现明显偏绿、偏红或者其他颜色的现象	(1) 投影机主菜单色彩控制参数的原始设置被人为调乱 (2) 摄影机内部传输某种颜色的连接线断裂，或者连接线存在弯曲或折断的插针 (3) 在连接线无问题的情况下，很可能是液晶板被损坏	(1) 用遥控器重新调节，恢复出厂默认状态 (2) 需要重新更换相应的连接线 (3) 请专业维修人员更换液晶板
投影画面失真	(1) 投影机主菜单屏幕调节功能设置被人为调乱 (2) 投影机悬挂或摆放的位置未与屏幕垂直 (3) 信号线上有弯曲或折断的插针	(1) 按下投影机遥控器或者投影机控制面板上的菜单按钮，并选择显示菜单下的全部重置命令 (2) 调整投影机的升降脚座，或者调整投影屏幕的位置高度，确保投影在屏幕上的图像呈矩形 (3) 需要重新更换显示信号线

2）视频展示台常见的故障及其排除方法（表2-2-2）

表2-2-2 视频展示台常见故障及排除方法

现象	产生故障的原因	排除故障的方法
无图像输出	(1) 显示设备电源插头、插座松脱 (2) 显示设备电源连接线损坏 (3) 视频展示台电源插头、插座松脱 (4) 视频展示台电源连接线损坏 (5) 视频信号线连接错误 (6) 镜头盖未打开 (7) INPUT SELECT方式未设置为CCD方式 (8) 伸缩杆未置于合适位置，摄像头未与工作台对象垂直 (9) CCD头损坏 (10) 视频输入通道损坏 (11) 视频输出通道损坏	(1) 插紧显示设备电源插头或接好插头引线 (2) 按照显示设备电源要求，更换外接电源线 (3) 插紧视频展示台电源插头或接好插头引线 (4) 按照视频展示台电源要求，更换外接电源线 (5) 正确连接视频展示台视频信号线 (6) 把镜头盖打开 (7) INPUT SELECT设置为CCD方式或想要的输入方式 (8) 把伸缩杆调整至合适位置，摄像头与工作台对象垂直 (9)～(11) 送至维修处请专业维修人员修理
无法聚焦	(1) 聚焦模式为手动聚焦模式 (2) 近摄镜未附在CCD摄像头上 (3) 伸缩杆未置于合适位置 (4) 投影材料本身不清晰 (5) 镜片有污点或灰尘 (6) 视频展示台的控制系统有问题	(1) 将聚焦模式调整为自动聚焦模式 (2) 将近摄镜附在CCD摄像头上 (3) 将伸缩杆调至合适位置，摄像头与工作台对象垂直 (4) 换为清晰的投影材料 (5) 用镜头纸将镜头擦拭干净 (6) 送至维修处请专业维修人员修理

续表

现象	产生故障的原因	排除故障的方法
没有声音	(1) 音频线连接不正确 (2) 音频放大器及摄像头信号/外接音视频信号不正确 (3) 音量调节旋钮在最低位置 (4) 连线接触不好 (5) 视频展示台控制系统故障	(1) 把音频线正确连接 (2) 输入选择开关 (INPUT SELECT) 设置为你想要的音视频 (3) 把音量调节旋钮调高 (4) 多插拔几次，使接触面磨合，接触良好 (5) 送至维修处请专业维修人员修理
遥控器不工作	(1) 电池没有电或电量不足 (2) 遥控器发射口及展台主机的接收口太脏 (3) 遥控器损坏 (4) 视频展示台的控制系统损坏	(1) 更换电池 (2) 用清洁液擦拭遥控器发射口及展示台主机的接收口 (3) 维修或更换遥控器 (4) 把视频展示台送至维修处请专业维修人员修理

2.2.2 多媒体网络教学系统

1. 关于多媒体网络教学系统

网络多媒体教室是指利用网络技术和多媒体技术将多台多媒体计算机及相关的网络设备互联成一个小型局域网，形成具备教学功能的教室，它集计算机机房、语音室、视听室、多媒体演示室等功能于一体。

网络多媒体教室作为一种理想的教学环境越来越得到师生的认可，其强大的教学功能离不开多媒体网络教学系统。多媒体网络教学系统是为了开展网络多媒体教学，在计算机网络系统基础上提供的控制系统。

多媒体网络教学系统通过在教师机和学生机上增加相应的软硬件控制进行教学，其核心技术是音视频信号及控制信号的传输。按照信号传输方式的不同，可以将网络多媒体教学系统分为三种类型：

(1) 基于软件的多媒体网络教学系统。它在计算机局域网的基础上，利用专门软件进行教学控制和数据传输，无须添加额外的硬件设备，是目前多媒体网络教学系统的发展方向。

(2) 基于硬件的多媒体网络教学系统。该方式需要给教师机和学生机安装不同的多媒体传输卡，在各计算机之间铺设多媒体线路以传输音视频、控制信号，还需要配置专门的控制面板用于教学控制。

(3) 软硬结合型的多媒体网络教学系统。软硬件结合型介于上述两者之间，其特点是把音视频信号和教学控制信号分开传输。其中，音视频信号通过专门的硬件（如影音传输卡）传输，其他信息通过软件传输。

无论哪种方式的多媒体网络教学系统，都是教师利用网络进行教学的有利工具，通常都包含以下功能（图 2-2-2）。

1）网络教学

(1) 广播教学。广播教学可将教师机的屏幕操作、语音等信息通过网络同步播放给全体、群组或单个学生机。可全屏广播或窗口广播，窗口广播允许学生边观看，边练习。

(2) 语音教学。教师端通过耳麦进行语音授课，教师的声音可以实时地传给全体、群组

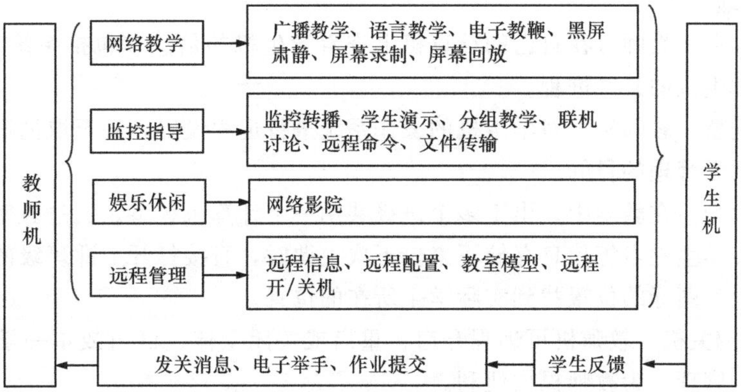

图 2-2-2　多媒体网络教学系统

或单个学生机。学生机可利用语音录制功能，将教师语音教学的内容录制下来，便于课后复习和讨论。

（3）电子教鞭，也叫作“电子白板”，功能如同传统教室中的黑板。教师机可通过它提供的各种工具，随时画图、插入图片或对问题进行批注圈点等，以加强教学效果。

（4）黑屏肃静。教师授课时，如果希望学生集中精力听讲而不去观看自己的计算机屏幕画面，可使用此功能将学生机的鼠标和键盘锁定，使屏幕呈黑色。

（5）屏幕录制。教师机可使用此功能将教学时的屏幕操作、语音录制下来，以供学生反复学习或供其他教师参考使用，可以在广播教学的同时进行屏幕录制。

（6）屏幕回放。屏幕回放可将屏幕录制的画面及语音呈现出来，并广播给全体、群组或单个学生机。教师机可以选择以全屏或窗口的方式进行播放。

2）监控指导

（1）监控转播。监控功能就是可以在教师机屏幕上看到全体、群组或单个学生机的操作情况。教师在进行监控时，可随时将某一学生的屏幕内容进行转播。

（2）学生演示。授课过程中，教师需要指定一名学生向其他学生做演示时，可以通过此功能允许指定的学生机通过网络操控教师机，并将操作过程广播给其他学生机，教师机可随时中断该学生机的操作。

（3）分组教学，是教师将目前班级中的学生根据需要分成几组，在每组中选择一位学生作为主动方，并将该组的教学控制权限交给他，由他组织其他学生进行学习、讨论、娱乐等。

（4）联机讨论。在教室中便可享受网络模拟的超级 BBS，可以进行文字、语音、图片的交流，一切实时呈现。语音交流时，同时只能有一台计算机发言。

（5）远程命令。教师机可以发送命令启动全体、群组或单个学生机上的各种应用程序。

（6）文件传输。教师机将指定的文件或带有子目录的文件夹传送到学生机指定的目录中，不必四处奔波。

3）娱乐休闲

网络影院。课堂上需要影片辅助教学或课间娱乐时，教师可以使用此功能向全体、群组或单一学生机播放影像和声音，实现多媒体视听教学。

4）远程管理

（1）远程信息。教师可在自己的计算机上查看学生机的信息（包括系统基本信息），并可以远程终止学生机的某些进程。

（2）远程配置。教师机可对学生机的操作系统进行远程设置，甚至取消操作系统的某些功能，以达到教学管理的目的。

（3）教室模型。在教学中，由于多个班级共用一个计算机教室，通过教室模型，教师可以将教室布局、学生姓名等信息存储下来。下次上课时，直接打开上课班级的教室模型，即可由工作区中学生图标的位置找到实际学生所在的位置。

（4）远程开/关机。教师机可远程开启、重启或关闭全体、群组或单一学生机。此功能可用于机房统一管理，为教师提供便利。

5）学生反馈

（1）发送消息。发送消息是学生机一个非常有用的功能。在上课的时候，学生可以向教师发送消息。

（2）电子举手。在教学过程中，当学生需要举手发言时，学生机可利用此功能向教师发送信号，教师机上便会显示学生举手信息，既形象又方便，模拟了普通教室的功能。

（3）作业提交。课堂作业有助于监督学生对课堂知识的掌握情况，作业提交实现了学生机向教师机提交完成作业的功能。

2. 多媒体网络教学系统的使用

随着网络技术的发展，多媒体网络教学系统越来越多，而且功能齐全，操作方便，如南京远志公司的 LanStar 多媒体网络教学系统，包含影音广播、教学辅导、教学监控、系统管理四大工具群，单击相关的功能按钮，就可以根据提示进行相应的操作。下面以 LanStar VC xp 多媒体教学网络系统 3.1 版本讲解“Flash 遮罩动画”为例介绍多媒体网络教学系统的使用，教学过程主要包括知识讲解、操作演示、学生练习、讨论交流和作业提交五个环节。

第一步：启动 LanStar VC xp 多媒体教学网络系统 3.1。启动教师机后，双击 LanStar VC xp 图标打开程序，LanStar 界面如图 2-2-3 所示。

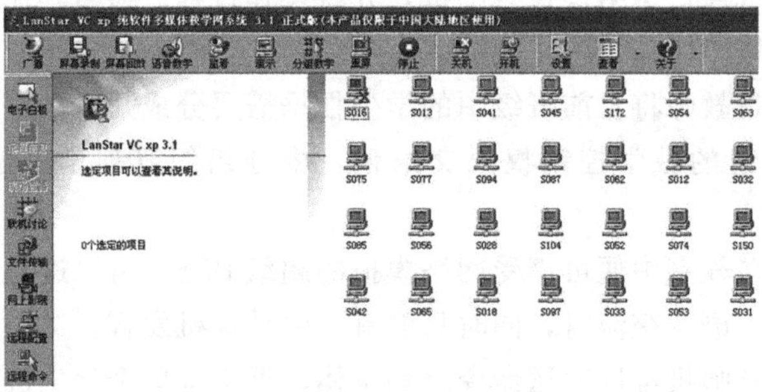

图 2-2-3 LanStar 主界面

第二步：选择接受语音教学的学生，单击主功能按钮区【语音教学】按钮，如图 2-2-4 所示，向所选学生讲解 Flash 中遮罩层的相关知识。讲解结束后，按【停止】按钮结束语音教学。

第三步：选中接收广播教学的学生机图标，单击【广播】按钮，如图 2-2-5 所示，向所选学生广播遮罩层动画的操作。操作完成后，按【停止】按钮结束广播教学。

图 2-2-4　LanStar 进行语音教学

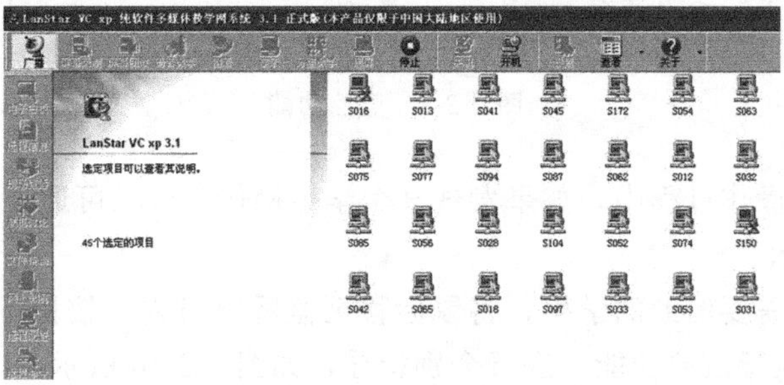

图 2-2-5　LanStar 进行广播教学

第四步：知识点广播讲解完成后，选择需要接收文件的学生机图标，单击【文件传输】按钮，分发本节知识点用到的素材及任务要求，如图 2-2-6 所示。在【目标目录】中设定学生接收文件的目录，单击【传输】按钮将要传送的文件传送给学生。

第五步：选择接收远程命令的学生机图标，单击【远程命令】按钮，弹出远程命令窗口，新增 Flash 程序执行命令，如图 2-2-7 所示，单击【运行】按钮，对所选学生机执行 Flash 程序启动命令。

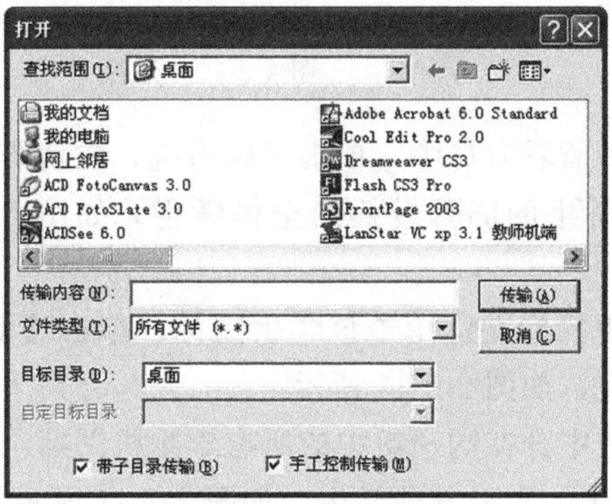

图 2-2-6　文件传输

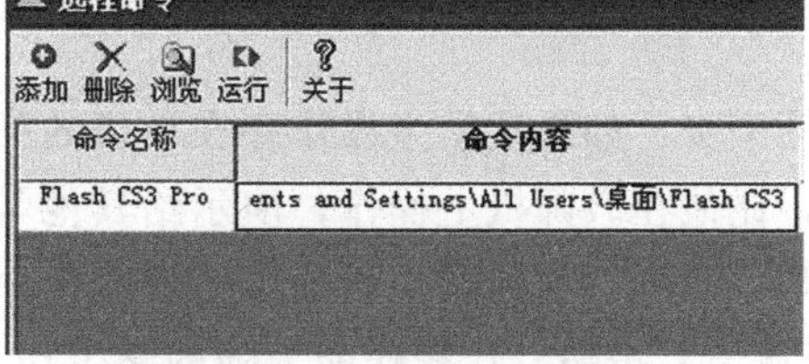

图 2-2-7　远程命令

第六步：学生机接收到 Flash 程序启动命令后，会自动打开 Flash 程序。学生开始执行操作过程，此时，教师选择要监看的学生图标，单击【监控】按钮，监看学生的操作过程，如图 2-2-8 所示。

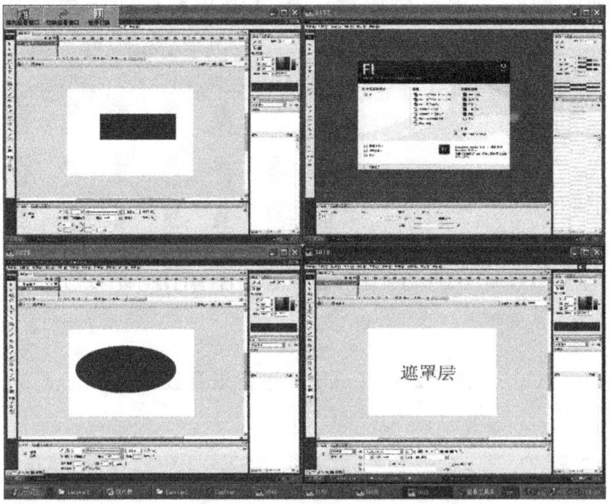

图 2-2-8　监控功能

第七步：在学生操作过程中，如果发现某个学生操作有误，可通过语音教学功能提示其纠正，如图 2-2-9 所示。

第八步：对个别需要辅助的学生，将鼠标移至监看窗口内，按鼠标右键激活功能菜单，选择【开始遥控】，执行遥控功能，进行个别指导，如图 2-2-10 所示。

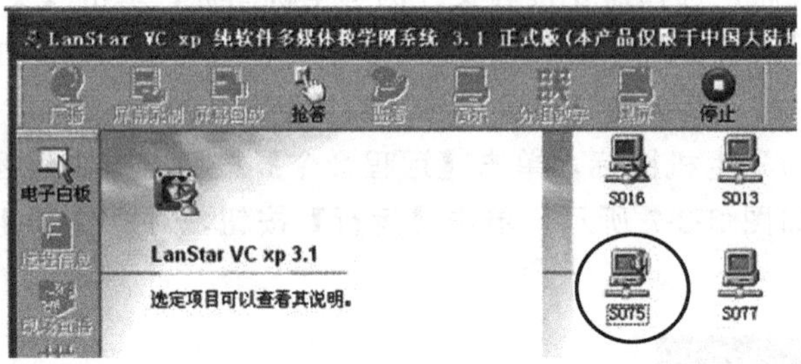

图 2-2-9　语音提示

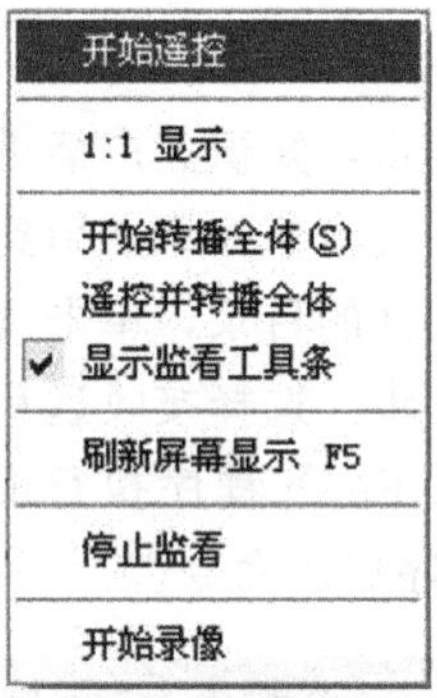

图 2-2-10　遥控

第九步：如果某学生操作得很好，将鼠标移到监看窗口中，单击鼠标右键，在功能菜单中选择【开始转播全体】，可执行转播功能将该学生的屏幕转播给全体学生，如图 2-2-11 所示。

第十步：如果某学生操作存在典型的问题，用鼠标左键单击该学生图标。单击【演示】按钮，让他在教师机上操作，演示给其他学生观看，如图 2-2-12 所示。

第十一步：根据学生情况，分成几个小组，选中分在同一组中的所有学生机图标，单击【分组教学】按钮，让操作能力强的学生作为主动方，帮助其他学生，如图 2-2-13 所示。

第十二步：选择需要联机讨论的学生图标，单击【联机讨论】按钮，让学生进行讨论，交流经验，如图 2-2-14 所示。

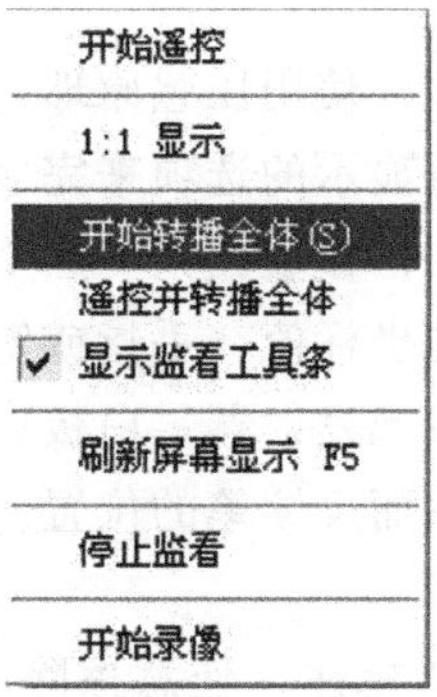

图 2-2-11　转播

图 2-2-12　操纵提示

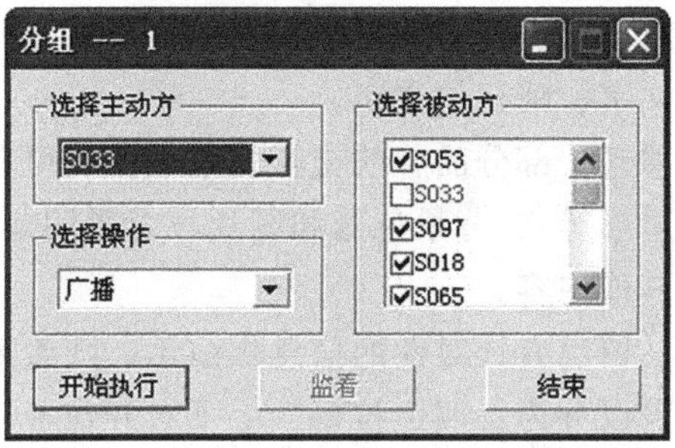

图 2-2-13　分组

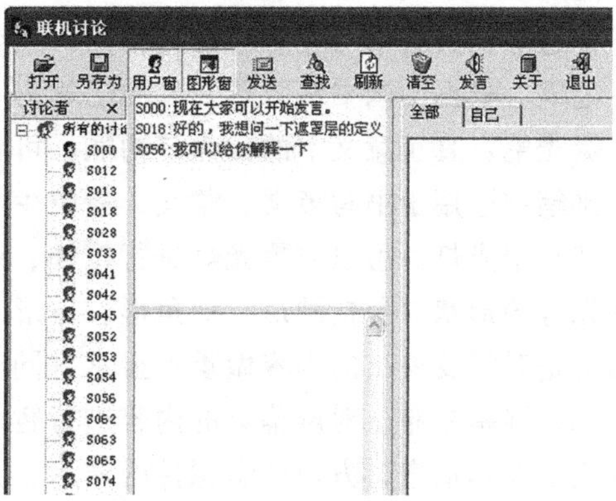

图 2-2-14　联机讨论

第十三步：学生右击学生机 LanStar 图标，选择【作业提交】，如图 2-2-15 所示，选择自己的作业，如图 2-2-16 所示，上传作业。

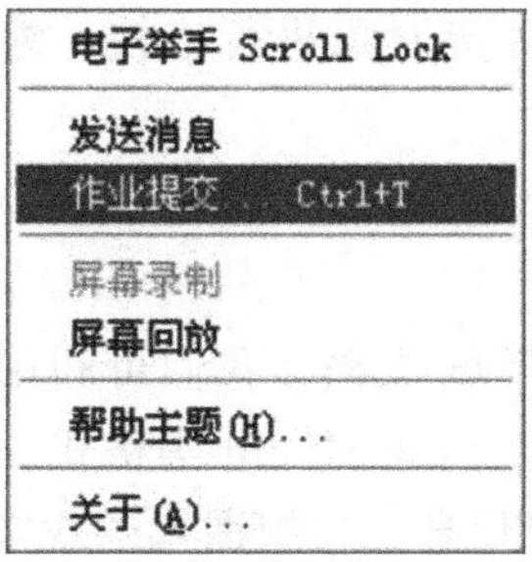

图 2-2-15　作业提交

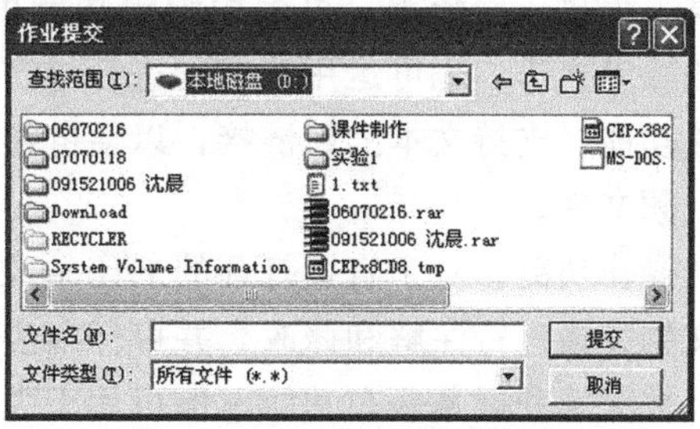

图 2-2-16　上传附件

2.2.3　电子白板

电子白板是汇集尖端电子技术、软件技术等多种高科技手段研发的新型教学媒体。电子白板之所以能够迅速进入课堂、深入教学，是因为它有很强的交互性，能够以其数字化的交互性技术优势，更加充分、有效地体现教师主导、学生主体的地位和作用，更好地实现教育促进学生发展的最终目标。

1. 电子白板的工作原理

电子白板的工作原理分为压感原理和激光跟踪原理两种。使用压感原理的触摸式白板相当于计算机的一个触摸屏，是一种用手指或笔触及屏幕上所显示的选项来完成指定的工作的人机互动式输入设备。这种电子白板内部有两层感压膜，当白板表面某一点受到压力时，两层膜在这点上造成短路，电子白板的控制器检测出受压点的坐标值（手指或笔触及的位置），送入计算机。使用激光跟踪原理的白板上端两侧各有一个激光发射器。白板启动后，激光发射器发出激光扫射白板表面，特制笔具有感应激光功能，从而反馈笔的位置。

2. 电子白板的常用功能

（1）书写功能。利用电子笔可在电子白板上随意书写、标注，任意擦除，更有普通笔、毛笔、荧光笔、排笔等多种书写、标注的笔形选择，可随意调整笔的粗细和颜色，书写不同大小的文字和不同粗细的线条。

普通笔：具有书写整齐平滑的特点，适合字母、数字书写，也适用于圈、画。

毛笔：根据中国书法特点开发的毛笔书写效果，适用于田字格方块字的书写。

荧光笔：真正意义上的荧光笔功能，可自由更改其透明度，适用于标注、突出重点。

排笔：适用于书写英文、蒙文、新疆少数民族文字、阿拉伯文字。

（2）聚光灯。可以对聚光灯进行拉伸、缩放和移动，部分品牌的交互式电子白板可以选择聚光灯的形状（包括圆形、三角形、方形、五角星形等）、背景色彩和图片、背景明暗度。目的就是对需要突出的内容做重点显示，同时屏蔽其他内容。

（3）屏幕幕布。对屏幕上的内容进行暂时遮蔽，留出有针对性的信息供演示，随着幕布展开逐步显露信息，方便教学课件的演示。方向上可以分为：四边拉幕、上下对开拉幕、左右对开拉幕。部分品牌的电子白板可对拉幕的背景色彩和图片、背景明暗度等进行修改、记忆和恢复设置。

（4）放大镜，可以随意将选定区域进行放大或缩小，使重点看得更清楚。

（5）编辑功能，可以对每一个对象进行编辑，包括复制、粘贴、删除、组合、锁定、图层调整、平移、缩放、旋转等。可运用编辑功能可对图片等对象进行拖拽、缩放调整、复制、粘贴、删除等操作；也可运用此功能进行排序等操作。

（6）链接功能，支持文本的超链接，以便链接到其他页面或应用程序，可以使用超链接添加声音和视频文件。

（7）文档操作功能。对于直接打开的 Office 文档及 PDF 文档，我们可利用画图功能或标注功能对文档直接进行注解和修改，并可保存为 Word、PowerPoint 等格式。

聚光灯、放大镜和屏幕幕布功能不但可用于强调重要信息、组织课堂游戏方面，更可激发学生的学习兴趣；书写功能首先符合教师的板书书写需要，其笔形、粗细、颜色的多样性又使教师的板书变得更加清晰；编辑功能满足了单个图片、文档或对象的多变需求；链接功能等极大地丰富了课堂，同时保证了教学环节的连贯性。

3. 电子白板的应用案例

1）英语字母教学

【学科】小学英语

【教学设计】

英语字母教学作为英语学习的基础，是小学英语教学中的重要一环。学好 26 个字母对以后的单词学习起着至关重要的作用。

（1）字母发音教学。字母发音直接影响学生单词的发音，而且学生错误的发音一旦形成就很难再纠正。交互式电子白板的链接功能可将相关的教学视频直接插入，可以配合教师的讲解示范。

（2）字母读音归类教学。把字母按读音进行分类是字母发音教学的一个重要任务，也是学生觉得有一定难度的教学内容。为了使学生能更好地掌握，很多教师都采用“字母分家”的游戏方法，按照五个元音字母、/e/和特殊的 R 将 26 个字母进行分类记忆。

A：H、J、K

E：B、C、D、G、P、T、V、(Z)

/e/：F、L、M、N、S、X、Z

O

I：Y

U：Q、W

R

在进行书写的过程中，可以使用画图功能。画图功能能增添多种几何图形绘画及颜色填充，提供多种几何图形、直线类型，并可随意改变线形、线宽、颜色、透明度等。这样教师的书写便可凸显个性化的色彩。

在学生进行“字母分家”的游戏过程中，如遇到不同的意见或像字母“Z”有两个发音的情况时，教师可使用编辑功能，将有争议的字母对象进行复制、粘贴、删除、平移、缩放等，使学生最终形成清晰准确的概念。

（3）字母书写教学。字母的书写过程要逐步进行，教师一般使用的方法为：先观察形状，再观察笔顺、占格情况，然后书空，有条件的进行描红，最后达到仿写。

在交互式电子白板上进行板书时，教师可使用画图功能，用不同的颜色、粗细线形进行板书示范，让学生仔细观察字母的笔画和笔顺。回放功能，可将所有书写和标注的过程进行自动记录、回放、存储、打印和发送电子邮件，还支持页面的回放功能。使用此功能，可帮助学生再次复习、记忆英文字母的正确笔顺。

字母的占格同样是字母书写教学中的一个教学难点，尤其是当英文字母的大小写混在一起的时候，学生很容易混淆。交互式电子白板有强大的库功能，包括开放式的图库管理中心、模板管理中心、页面管理中心，可自由插入图片、课件、模板，内容非常丰富，涉及领域非常广，其内容可任意添加或删除、导出及分支导入。其中模板管理中心就有英语的四线格模板，教师可导入此模板进行字母占格的示范教学，还可以请学生到讲台前板书练习。这样就免去了教师要在黑板上画格，板书后擦黑板，空间不够了还要再画格的烦琐劳动。

字母操练活动为帮助学生对字母进行巩固记忆，教师经常进行一些游戏活动。下面请看在交互式电子白板环境下，一些常见游戏活动的实施案例。

①“What's missing?”游戏。在学过几个字母以后，把这几个字母从图库中导出或直接在页面上进行书写，程序将把这一对象单独记忆。先让学生再次认读、复习，然后任意删除一个字母或将该字母移入图库，教师问：“What's missing?”让学生说出消失的字母。

②“左邻右舍”游戏。教师导出或直接书写一个字母，让学生思考它的“左邻右舍”，请学生代表把自己想到的答案字母写在相应的位置上，其余的学生一起认读这几个字母，巩固记忆字母顺序。教师还可使用画图功能，改变学生书写出的字母颜色、线形粗细，学生普遍感到十分神奇有趣而乐于参与。

③“连点”游戏。请学生按照字母顺序连线最终形成一幅图画，这是训练学生掌握26个字母顺序的好办法。但是，很多教师由于条件所限，例如：要将所需材料进行复印且材料无法再次使用比较浪费，或者找到的游戏是某教学辅助课件中的程序，不适宜全班操练等情况而几乎不使用这个活动。利用交互式电子白板，可以在注解模式下，打开找到的活动素材，例如：游戏程序的截图。再选择适合的粗细线形及颜色就可以使全班同学参与游戏活动，如果连错了可以使用电子板擦进行清除；而且可以多次重复巩固却不必担心浪费纸张。

2）三角形和教学

【学科】小学数学

【教学设计】

传统课堂的处理方式是：师生共同把钝角三角形、锐角三角形、直角三角形用剪、拼、量、算、折等方法进行研究。学生在实际操作中确实感受到自己手中的这三种三角形的内角和是180度，但对“任意三角形内角和都一定是180度”这一认识并不深刻，甚至有学生怀疑。

使用电子白板后，课堂中，教师可以随时提供可任意变形且各角度数不断显示变化的三角形课件，让学生亲手在电子白板上拖拉出不同类型的三角形，随着拖拽，三角形各内角度数不断变化，学生在拖动过程中观察、交流、体验。教师此时和学生面对面地用语言、眼神、手势等方式互动，把自己也作为一名学习者，一起度量，一起操作，提高学生的学习兴趣和热情。随着不断拖拽三角形的顶点，三角形的形状不断变化，三个角的大小也不断变化，而三角形的内角和始终不变，仍是180度。学生恍然大悟：原来自己研究的三角形的内角和是180度，任意三角形的内角和都是180度。这样的教学方式，学生兴趣盎然，课堂气氛活跃，学生对此知识点也有了深刻的印象，更促进学生知识内化的过程。

【小结】以上是交互式电子白板运用于课堂教学的两个案例，要使得电子白板在课堂教学中有更加精彩的应用，还要靠老师的亲自实践与摸索。但是毋庸置疑的是，电子白板呈现了一个巨大清晰的显示、控制、书写屏幕，教与学的过程更加轻松有趣，同时激发了学生的参与积极性，还可以提高学生的自主学习能力。

2.3 校园网的使用

在Internet以惊人的速度席卷全球之际，校园网成为计算机网络中的一个重要组成部分。校园网是Internet技术在学校中的一个典型应用，是一个特殊的Internet。校园网把分布在校园不同地点的多台电脑连接，按照网络协议相互通信，以共享软件、硬件和数据资源。提供丰富的教育教学信息和资源是校园网的生命力。它改变了传统的教学模式和落后的教学技术，适应了新世纪素质教育的需要。

校园网是学校信息化环境中的一项重要的基础设施，是教育信息化建设的重要组成部分，是广大师生顺利接受现代远程教育的依托网络，是全面实现素质教育的重要手段，是教育技术装备现代化的主要体现，也是教育现代化的重要标志之一。

2.3.1 校园网系统结构

1. 校园网基本概念

所谓校园网通常是指利用网络设备、通信介质和相关技术，以及各类系统软件和应用软件构成的，为学校的教学和管理服务的一个集成应用系统。

校园网是内联网（Intranet）的一个典型应用，内联网即将因特网技术应用于局域网连接的企业或事业单位内部的计算机网，简单来说，Intranet＝Internet＋LAN。因特网发展迅猛，已连接几乎全世界所有国家和地区，为用户带来了极大便利，但同时其安全性差、难以管理的弱点也日益严重；局域网范围较小，一般只局限于一个单位、一座办公楼、一间实验室等，易于维护和管理，安全保密性好，但不同局域网有多种通信协议，用户也有多种操作系统及应用软件，造成局域网之间难以共享和交换信息。内联网（Intranet）则正是取二者之长的产物，它利用因特网技术连接企事业单位内部的多个局域网，构成企业局域网或广域网，基于因特网的 TCP/IP 协议，使用 WWW 浏览器，采用防止外界入侵的安全措施，为企事业内部服务，同时接入因特网，获取因特网上提供的大量信息资源和网络服务，向世界统一发布信息。

2. 校园网体系结构

校园网无论是从技术和功能上讲，还是从软件开发和应用上看，其发展都是极其迅速的。发展到现在已经历了以下三个阶段：

第一阶段即硬件平台阶段。校园网只是一个硬件平台，主要是硬件资源的共享与集中管理。

第二阶段是软件平台阶段。在硬件平台基础上开发各类教育教学相关软件，构成教学软件平台，方便教学。

第三阶段也就是现阶段，信息化校园的形成阶段。广大一线教师以及从事教育技术工作及研究的相关人员在软、硬件平台基础上，积极进行基于校园网的教育教学模式研究，基于良好的校园网硬件平台与软件平台，开发基于校园网的教育教学新模式，推进教育现代化，打造新型信息化校园。

经过三个阶段的发展，校园网建设逐步完善，形成了比较稳定的结构。从下往上，校园网系统结构可以分为四个层次：校园网硬件平台层、校园网系统软件平台层、教育资源层、教学模式层。

校园网硬件平台层：校园网硬件平台主要包括网络互连设备、PC 机与服务器及网络操作系统，是校园网的基础。

校园网系统软件平台层：主要包括为学校的教育、教学应用开发的各种软件平台。其主要任务是为学校的教学和管理服务。如教师在线备课平台、教务管理系统平台、视频点播系统平台等。

教育资源层：为教育教学应用制作的各种教学软件和建立的各种教育教学资源库。如课件、视频资源库等，建立在应用系统软件平台之上。

教学模式层：根据网络结构、学校专业结构、学生层次结构、教师层次结构等研究教学模式和教学应用模式，对校园网的教育、教学应用进行教育系统设计，确保校园网为学校教育、教学服务的目标得以实现。教育、教学模式层是以下面各层为基础，反过来又指导下面各层的建设。

3. 校园网硬件环境

1）校园网的组成

校园网是由主干网络和子网络两个层次组成的综合体系，二者构成了校园网的物质基础。校园网的硬件体系包括网络中的计算机和网络互连设备及传输介质等。

（1）网络中的计算机。

校园网中，计算机是最基本的组成单元，用于处理和存储网上资源、实现网络通信与管理。按照功能的不同可以分为服务器和工作站。

服务器（server）。服务器是网络中可提供某种网络服务的计算机。一般具有较大的容量和较高的性能。根据其在网络中所执行的任务不同可分为：文件服务器、Web 服务器、数据库服务器、视频服务器、邮件服务器、域名服务器等。规模较小的校园网常常把 Web 服务、文件服务、数据库服务等集于一台服务器上。

工作站（workstation）。工作站即网络中的个人计算机，在校园网中，工作站指教师及管理部门办公计算机、学生机房以及多媒体教室的学生计算机等。

（2）网络互联设备。

集线器（hub）。集线器是计算机网络中连接多个计算机或其他设备的连接设备。如图 2-3-1所示。具有信号放大和中转的功能，把一个端口接收的信号向所有端口分发，作为网络传输介质间的中央节点，它克服了介质单一通道的缺陷。有些集线器还可以通过软件对端口进行配置和管理。

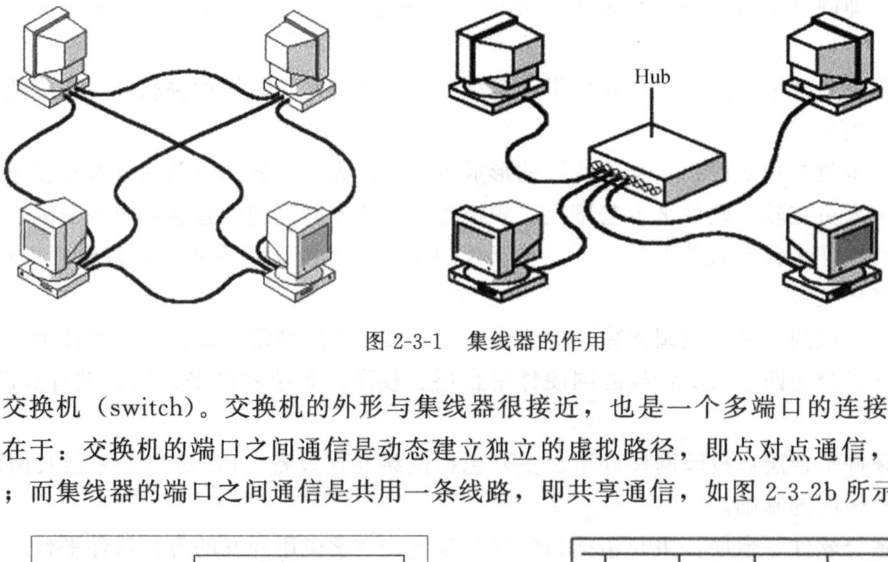

图 2-3-1 集线器的作用

交换机（switch）。交换机的外形与集线器很接近，也是一个多端口的连接设备，主要区别在于：交换机的端口之间通信是动态建立独立的虚拟路径，即点对点通信，如图 2-3-2a 所示；而集线器的端口之间通信是共用一条线路，即共享通信，如图 2-3-2b 所示。

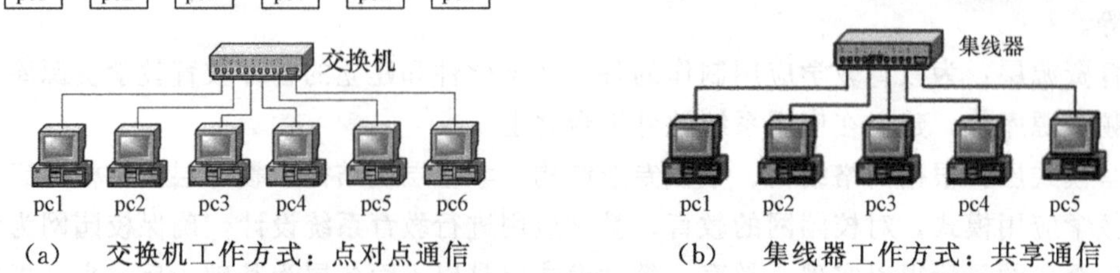

（a） 交换机工作方式：点对点通信 （b） 集线器工作方式：共享通信

图 2-3-2 交换机与集线器的工作方式

交换机的数据传送速率通常比集线器快得多，部分交换机还具有路由功能，可负责局域网与Internet的连接，如图2-3-3所示。交换机具有简单化、低价、高性能和高端口密集等特点，采用了分段技术，即为了提高网络总带宽，将一个网络分割成几个小网段，可以在不改变网络现有环境的情况下，提高网络性能。使用交换机，网络管理员可以更为灵活地管理网络。

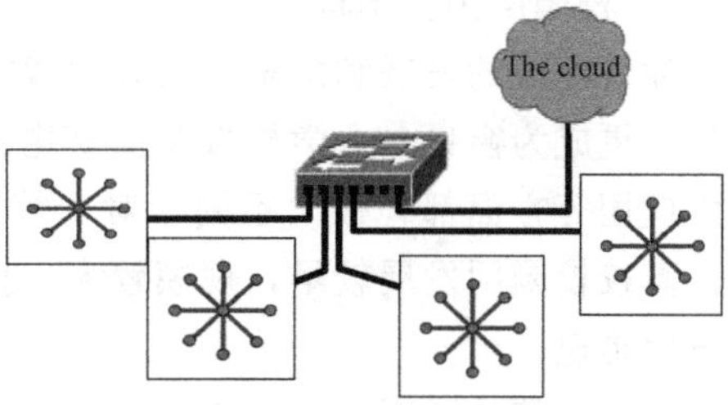

图 2-3-3　交换机的功能示意图

路由器（Router）。一般来说，异种网络互连或多个子网互联都采用路由器来完成。简单来说，路由器就像一台带有两个或多个网卡的计算机，它用于连接多个局域网或者逻辑子网。常见的路由器如图2-3-4所示。通常路由器有两大典型功能，即数据通道功能和控制功能，数据通道功能一般由硬件来完成，控制功能一般用软件来实现。

图 2-3-4　常见的路由器

网关（Gateway）。网关是网络连接设备的重要组成部分，它不仅具有路由的功能，而且能对两个网络段中使用不同传输协议的数据进行互相翻译转换，从而使不同的网络之间能进行互联。网关一般是一台专用的计算机，该机器上配置有实现网关功能的软件，这些软件具有网络协议转换、数据格式转换等功能。

防火墙（Firewall）。防火墙是指一种将内部网和公众访问网（如Internet）分开的硬件或软件技术。

（3）网络传输介质。

双绞线（Twisted Pair）。双绞线是目前局域网中使用最多的传输介质，由4对扭在一起且相互绝缘的铜导线组成。其中导线的直径为1mm左右，每对铜导线互相绞扭可以减少对临近线对的电子干扰。双绞线具有成本低、易安装、灵活等优点，但抗干扰能力弱且随导线长度增加衰减较快，不宜长距离传输，在当前的技术下，传输数据的距离一般限定在100米范围内。

光纤（Fiber）。光纤即光导纤维，是一种利用光在玻璃或塑料制成的纤维中的全反射原理而实现的光传导工具。用于网络连接的光纤由封装在隔开的鞘中的两根光纤组成，每一根光纤都被反射包层、塑料涂层、增强材料和外部封套所包裹。光纤数据传输速率大，可达10000Mbps以上；衰减极小，抗电磁干扰能力很强，传输距离远，最大距离可达70千米。但价格高，安装复杂。

无线局域网（Wireless LAN）。无线局域网是指利用射频技术所构成的局域网络，是相当便利的数据传输系统，它使用户摆脱网线的制约，达到“信息随身化、便利走天下”的理想境界。近年来从家庭到企业，无线局域网技术应用越来越广泛，随着学生使用笔记本电脑的普及，无线局域网被广泛应用在校园中，如教学楼、图书馆等地。

2）校园网拓扑结构

随着经济的发展和国家科教兴国战略的实施，校园网络建设已逐步成为学校的基础建设项目，更成为衡量一个学校教育信息化、现代化的重要标志。高等院校和中小学校因管理和教学应用等方面都有很大不同，对于校园网的需求也不一样，因此其校园网建设也各具特色。高校校园网发展较早，规模较大，技术较为成熟。中小学校园网相对规模较小，但近年来发展迅速。

（1）高校校园网。

目前高校校园网采用主干网和功能子网互连的多层次结构。主干网主要采用千兆以太技术和 ATM 技术两种；局域子网一般使用交换式以太网技术。

一般来说，高校校园网规模较大，网络节点通常有几千个；校园主干网覆盖范围大，主干带宽要求高；子网分割较多，且各子网的独立性较强；一般采用接入中国教育和科研计算机网 CERNET 的方式连入 Internet。高校校园网的结构示意图如图 2-3-5 所示。

例如：如图 2-3-6 所示，某高校校园网整个网络分为核心、汇聚、接入、出口四层，在核心层与汇聚层之间、核心层与出口层之间都采用双归属的方式进行组网，确保网络的安全、稳定，核心采用万兆核心交换机 S8512 两台，出口采用 2 台 NE20 路由器。区域汇聚采用 S6500，小汇聚层采用 S3552，接入层采用 E 系列交换机。

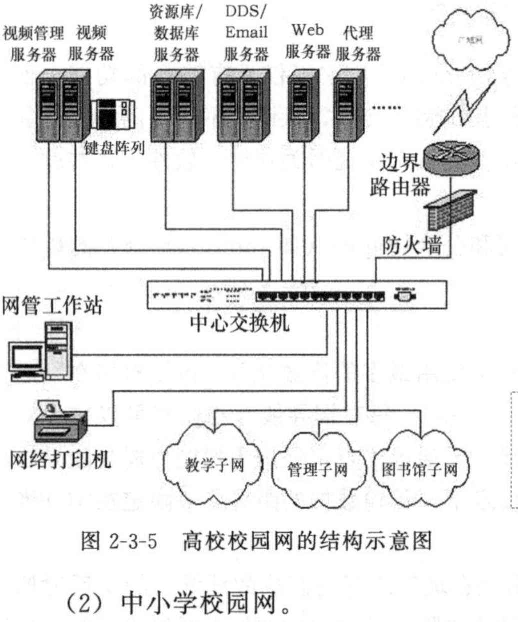

图 2-3-5　高校校园网的结构示意图

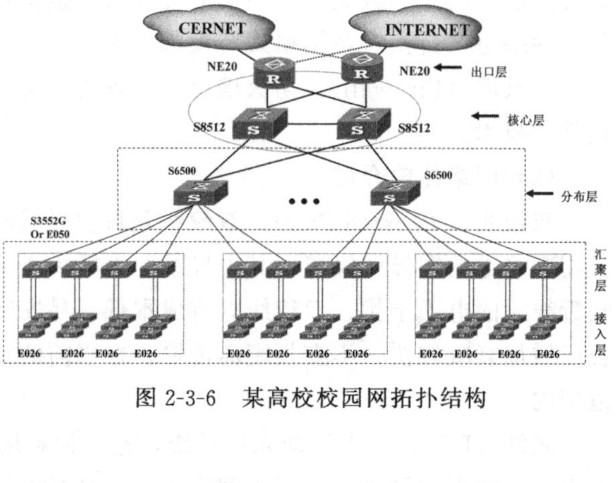

图 2-3-6　某高校校园网拓扑结构

（2）中小学校园网。

与大学校园网相比，中小学校园网的规模比较小，网络节点通常有几百个，所以大多采用单中心交换节点的星型拓扑结构，包括主干网和工作组子网（如教学子网、管理子网等）两个层次，如图 2-3-7 所示。主干网大多选用千兆以太网组网技术，工作组子网多采用快速以太网技术。

另外，部分高校和附属中小学形成互联，构成一个校园网，更方便资源共享和信息交流。如图 2-3-8 所示即为某高校及其附属中学的校园网结构。

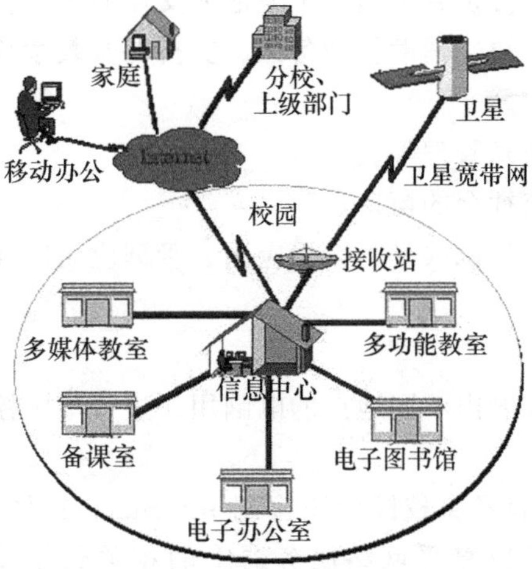

图 2-3-7 中小学校园网的结构示意图

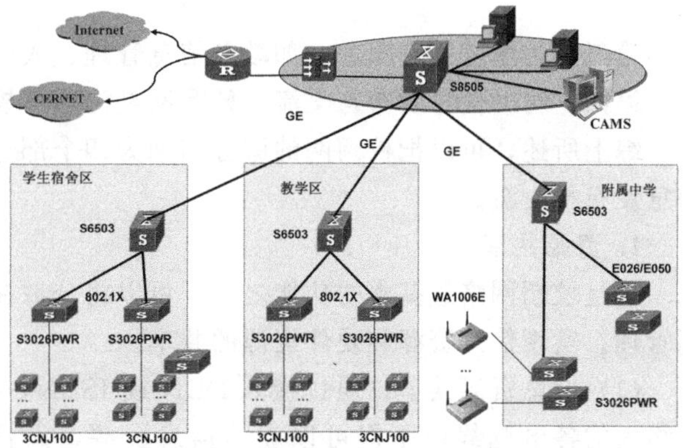

图 2-3-8 某高校及其附属中学校园网结构

4. 校园网软件环境

校园网硬件基础建设是校园网的物质基础，但要发挥校园网在教学、管理等工作中的巨大作用，软件环境的建设至关重要。在校园网硬件平台上运行的软件主要分为两类：网络操作系统和网络应用软件。

1）网络操作系统

在校园网环境中，常用的网络操作系统主要有 Windows Server、UNIX、Linux 等。Windows Server 在保持 Windows 优美用户界面的同时实现了强大的多任务和存储管理能力，具有工作站和小型机上的操作系统所具有的强大功能、高性能的管理工具，对于习惯了 Windows 桌面的用户来说，操作简单、容易上手，因此在校园网平台上应用较为普遍。UNIX 是一个多用户多任务的操作系统，可以运行在从 PC 到超级计算机在内的非常广泛的服务器平台上，支持网络文件系统，并提供数据库应用，基于 UNIX 系统的计算机厂家拥有功能强大、升级方便的服务器系列，其强大的处理功能和良好稳定性以及完善的技术支持是大型网络服务器的优先选择。

Linux 是一套自由传播且免费使用的类 UNIX 操作系统，以高效性和灵活性著称，能够在 PC 计算机上实现全部的 UNIX 特性，具有多用户、多任务的能力。Linux 发展迅速，以其开放性、良好的用户界面、丰富的网络功能及稳定可靠的系统安全性在网络操作系统领域备受赞誉。

2）网络应用软件

网络应用软件是校园网的重要组成部分，是校园网发挥教学、管理功能的核心，通常是教学科研、学校管理等相关的事务处理或资源共享平台，例如，教务管理、学生信息管理、在线备课等多种教学应用平台。可由学校相关部门通过市场调查采购成熟的产品，或者联合教育应用软件公司共同开发，也可以由学校教师及管理人员自行组织开发。

2.3.2 校园网功能

校园网功能是校园信息化环境的重要指标，应为学校领导及管理人员、全校师生提供优质服务。校园网的功能作用主要体现在以下四个方面：

第一，为学生的学习活动服务，它既是学习资源的提供者也是学生与他人交流的工具。

第二，为教师的教学和教科研服务，如提供教学资源、辅助教师备课、支持课堂教学活动等。

第三，为学校管理服务，如教务信息管理、人事信息管理等。

第四，对外信息发布与交流。校园网是沟通学校与社会的窗口。

综上所述，可以把校园网的服务归纳为四个部分：资源共享、教学应用、管理应用以及信息发布与交流。

1. 资源共享

这是校园网络最基本的功能之一，可以将分散在校园内不同地点的电脑用户进行集中控制管理。实现信息资源和硬件资源的共享。

(1) 信息资源共享。通过接入 DDN 或 ISDN，很容易将校园网连接到 Internet，这样，网络内的各电脑终端不但可以互通信息资源，而且可以享受网络服务器上的相关数据及 Internet 网上取之不尽、用之不竭的巨大信息资源，校园网在教学活动中的作用也将成倍地增强。

(2) 硬件资源共享。校园网络中的硬件资源集中管理，可以很方便实现共享，如打印机、扫描仪等。网络中的服务器可以彼此互为后备机，分担网络访问负担，如校园门户网站的 Web 服务器，可由两台以上服务器共同承担，一旦其中一台出现故障，其任务可由其余服务器暂为代理，而当网络中的某台服务器负担过重时，又可将新的任务转交给网络中较空闲的服务器完成，实现负载平衡。

2. 教学应用

利用先进的技术设备和多媒体的教学手段，可以进行图、文、声并茂的多媒体教学，形象生动直观地进行教学讲解，增强学生的学习兴趣和理解能力，从而提高教学质量和学生素质，促进教育水平的提高，这些都是以往的教学手段不能达到的。校园网络不但可以在校内进行网络教学，还很容易同外界大型网络连接，形成更大范围的网络交互学习环境。可以利用大量现成的教学软件，提供一个良好的教学环境，提供更为广泛的教学内容，扩大学生与外界的联系，开阔视野，增进交流。校园网可以向全校师生提供高速方便的信息交流和资源共享，向科研人员提供与校外及国外同行进行信息交流合作的研究平台及服务。各级各类学校还可以借助校园网发展远程教育，克服地域和学校规模的限制。

3. 管理应用

校园网应具有教务、行政和总务管理功能。统一管理学校资源，实现办公自动化，增强各部门协调能力，提高工作效率。

4. 信息发布与交流

依托校园网的学校门户网站，可以向外界发布信息，展示校园形象及文化。一方面为学生家长了解学校动态新闻提供了良好的平台；另一方面也便于潜在家长了解学校、及时获取相关招生信息等。高校校园网站往往会提供多种语言版本，向中外相关人士全方位介绍学校。

2.3.3 校园网的主要应用模式

1. 校园门户网站

校园门户网站是依托校园网络建立的管理和应用平台。它既承载着信息发布、对外交流等功能，同时也集合了教务管理、设备管理、在线备课、校园论坛等多种应用，为师生管理和使用校内资源提供统一入口。

校园门户网站是学校的综合信息窗口，向外界全方位展示学校。同时也是全校师生交流、资源共享的平台。高等院校校园网站一般包括学校简介、学校新闻、招生信息、机构设置、科研管理等，中小学校园网根据其学校特色，一般形式较为灵活，包括学校简介、招生招聘、校园及班级新闻、教学研究、论坛等信息及服务。

图 2-3-9 所示为南京市白云园小学的校园网门户网站，除了校园快讯、班队工作室、校务后勤等介绍校园及班级新闻与事务的常规栏目之外，还有“白云语层”即校园论坛，以及“生本教学”“泛在学习”“启发潜能教育”等栏目，主要呈现白云园“生本教育”的特色和相关教学研究内容。

图 2-3-9 南京白云园小学校园门户网站

2. 内部管理软件平台

为了便于管理校内资源，同时保证安全性，很多校园网采用内部管理软件平台，由专人使用内部账号，且需要在固定范围内（一般是校园 IP 范围内）才能够登陆此平台。一方面对校内资源特别是硬件设备进行集中登记管理，便于资源共享和设备及时维修；另一方面由专人使用内部账号进行管理，保证了校内资源不被破坏和恶意使用。但为了师生使用方便和快速获取设备状态信息，一般在校园网站上提供报修平台入口，以便于师生及时进行报修登记。

3. 网络教学支持平台

网络教学支持平台是学校开展网络教学活动的支撑系统，它可以包括网络备课、网络授课、网上课程学习、网上练习、在线考试、虚拟实验室、网络教学评价、作业递交与批改、课程辅导答疑、师生交流、教学管理等模块。

目前高校所采用的网络教学支持平台大致有三类。第一类是跟公司合作，加入教育联盟，使用统一的教学平台。例如，中国数字大学城，仅江苏省加入数字大学城的高校就有

127 所，它集合了网络课程、在线作业提交与批改、在线讨论、在线测试、成绩统计等多种功能，其作业批改功能较为强大，可以设置作业提交方式、限定作业字数、是否允许复制粘贴等，并有直接批注、附件批改多种批改方式，深受高校教师欢迎。第二类是采用开放源码平台自行构建，如 Moodle 平台。这种构建方式教师自主性更高，但需要教师学习配置步骤，对部分教师来讲有一定难度。第三类是学校组织技术人员或相关教师自行开发构建校内平台，再在全校内推广使用。此类平台一般面向本校教师，比较符合学校实际情况和需求，特色明显，后期维修和培训较为容易。但开发难度较大，难以达到较高的技术水平。且主要为本校使用，不太适宜推广，也不太方便学校之间共享。

4. 数字图书馆

数字图书馆，一般是指以数字化格式存储海量的多媒体信息，并能对这些信息资源进行高效的操作、管理，具有网络环境下多种电子技术工具和服务手段，能为用户高效、方便地提供数字化信息服务的机构。美国国家自然科学基金会 1997 年提出关于数字图书馆的定义则称："数字图书馆是一个环境，它将收藏、服务和人带到一起以支持数据、信息乃至知识的全部流程，包括创建、传播、使用以及保存的全过程。"这个概念将数字图书馆定义为"环境"，对数字图书馆的理解不再拘泥于"信息数字化、服务网络化、资源规模化"的狭义范围，而是全方位的，涉及资源、用户与服务、软硬件支撑环境、人力资源、管理模式等多方面。

随着网络环境和数字信息资源日益普及，数字图书馆已经得到长足发展，初步成为人们获取文献的主流渠道。全文即查即得、全文传递、跨库检索、开放链接、虚拟咨询等初步成为信息服务的常态。数字图书馆正在实现"在任何时间、任何地点获得任何文献"的梦想。同时，数字化图书馆将网络教育的课程与资源进行整合，超越传统网络教育服务方式，成为远程学习中心。

学校的数字图书馆尤其是高校数字图书馆在传统图书馆的基础上产生，既与传统图书馆相辅相成，在时间、空间上又超越了传统图书馆的服务范围，正在逐步成为校园系统中信息资源、信息管理和用户信息服务的核心。它整合了丰富的、高质量的数字资源和服务，是一个全方位支持教学、科研，对知识进行组织、传播、使用和保存的数字化环境。

基于校园网的数字图书馆主要有以下特征。

(1) 依托校园网络，与校园信息化环境整合在一起，构成一个全方位的、高效的教学科研环境。具备一定的辅助研究能力，向全校师生的教学科研工作提供优质的信息资源服务。

(2) 海量的数字资源。包括电子期刊、电子图书、馆藏实体书的数字化资源，以及图片、音视频等多媒体资源等。

(3) 多元化服务。如检索服务、多媒体服务、个性化服务、学科导航、在线用户培训、资源调度等，还包括书目查询、借阅、续借、预约等传统服务。

(4) 符合国际数字图书馆标准规范，可与其他数字图书馆联合，提供最大程度的资源共享。

5. 教学资源库

资源共享是校园网的一大功能，它既包括网络资源的共享，也包括教师自制资源的共享。随着网络资源的极大丰富，以及教师多媒体教学的广泛普及，各类文本、音视频、图片等素材、各类教学电子课件增长迅速，各个学校开始构建教学资源库，为各类学习内容提供高效的存储管理，为使用者提供方便快捷的存取功能，同时对网络进行筛选过滤，获取对教学有利用价值的资料，有效地为教师教学提供强大的支持和更好的教学、管理服务。

常见教学资源库一般以素材类型分类，例如：优秀教案库、案例素材库、相关试题库、专业图片库、专业视频动画库等。基础教育领域则通常以学科分类，例如：语文教学资源库、中学地理资源库等。

高校及各级中小学自制教学资源库目前大多是内部专用，部分地区实现了区域内共享。要更好地达到资源共建共享，可借助一些教学资源库服务平台，如中国远程教育网等，是以创建精品资源和进行网络教学为核心，面向海量资源处理，集资源分布式存储、资源管理、资源评价、知识管理为一体的资源管理平台。能够实现资源的快速上传、检索、归档并运用到教学中。

拓展阅读

1. 中小学交互式电子白板学科教学大赛平台 http://iwb.webcet.cn
2. 中小学教育教学网 http://www.k12.com.cn

应用与思考

1. 说出多媒体教学系统的组成。
2. 演示多媒体投影机的操作过程。
3. 演示视频展示台的操作过程。
4. 说出多媒体投影机和视频展示台的常见故障及排除方法。
5. 说出多媒体网络教学系统的概念及功能。
6. 使用多媒体网络教学系统进行多媒体网络教学过程操作。

教师端操作包括：广播、屏幕录制、语音教学、监控、黑屏、分发作业。

学生端操作包括：电子举手、发送消息、作业提交。

7. 电子白板的功能有哪些？如何利用电子白板开展教学？
8. 简述校园网的主要设备与基本功能。

单元3　多媒体素材的采集与制作

学习目标

◎ 能够使用搜索引擎高效获取多媒体学习资源。
◎ 掌握获取文本、图像、音频、视频、动画资源的方法。
◎ 能够开发与处理文本、图像、音频、视频、动画资源。

3.1　如何高效获取多媒体学习资源

3.1.1　搜索引擎的基本知识

随着因特网的迅猛发展、网络信息的增加，普通网络用户要在浩如烟海的信息海洋里查找自己所需的信息资源极为困难，信息用户在感受“信息爆炸”带来的巨大震撼和惊喜之余，无不感到专业性搜索网站的重要性和必要性。目前，搜索引擎技术已成为计算机工业界和学术界争相研究、开发的对象。

1. 搜索引擎的概念及发展历史

1）搜索引擎的定义

搜索引擎（search engines）是指在互联网中能够主动搜索信息、组织信息并能提供查询服务的一种信息服务系统，它是人们使用 Internet 信息资源的重要工具，是人们获取网络信息资源的重要渠道。搜索引擎主要通过网络搜索软件或网站登录方式将互联网上大量网站的页面信息收集到本地，对各种信息资源分门别类地进行标引、建库，并对信息进行理解、提取、组织和处理，从而起到信息导航的作用，对用户提出的各种查询请求做出响应，提供用户所需要的信息地址。搜索引擎提供的导航服务已经成为互联网上非常重要的网络服务，因此搜索引擎也被称为“网络门户”。

2）搜索引擎的发展历史

1990 年，加拿大麦吉尔大学计算机学院的师生开发的 Archie（Archie FAQ），被公认为现代搜索引擎的鼻祖。当时 World Wide Web 还未出现，人们通过 FTP 共享交流资源。Archie 能定期搜集并分析 FTP 服务器上的文件名信息，提供查找分别在各个 FTP 主机中的文件。用户必须输入精确的文件名进行搜索，Archie 告诉用户哪个 FTP 服务器能下载该文件。

虽然 Archie 搜集的信息资源不是网页（HTML 文件），但和搜索引擎的基本工作方式是一样的：自动搜集信息资源、建立索引、提供检索服务。由于 Archie 深受用户欢迎，受其启发，1993 年，美国内华达大学开发了一个与 Archie 非常相似的搜索工具，这个搜索工具既能够检索文件也能够检索网页。

1994 年 4 月，斯坦福大学的两名博士生——大卫·费罗和美籍华人杨致远共同创办了超级目录索引雅虎（Yahoo!），并成功地使搜索引擎的概念深入人心，从此搜索引擎进入了高速发展时期。

1995年，一种新的搜索引擎形式——“元搜索引擎”（A Meta Search Engine）出现了。用户只需提交一次搜索请求，由元搜索引擎负责转换处理后，提交给多个预先选定的独立搜索引擎，并将各独立搜索引擎返回的所有查询结果集中起来处理后再返给用户。元搜索引擎的概念听起来很先进，但搜索效果始终不理想，所以没有哪个元搜索引擎有过强势地位。

1998年，斯坦福大学的两位博士生拉里·佩吉和赛尔吉·布林开发出了现在世界上最大的搜索引擎Google。1999年2月，Google完成了从Alpha版到Beta版的蜕变。Google公司则把1998年9月27日当做自己的生日。Google以网页级别（PageRank）为基础，判断网页的重要性，使得搜索结果的相关性大大增强。Google公司的奇客（Geek）文化氛围、不作恶（Don't be evil）的理念，为Google赢得了极高的口碑和品牌美誉。2006年4月，Google宣布其中文名称为“谷歌”，这是Google在非英语国家起的第一个名字。

1997年10月29日，北大天网正式在CERNET上向广大Internet用户提供Web信息导航服务，它是由北大计算机系网络与分布式系统研究室开发的国家“九五”重点科技攻关项目“中文编码和分布式中英文信息发现”的研究成果，受到学术界广泛好评。

2000年1月，两位北大校友——前Infoseek资深工程师李彦宏与加州大学伯克利分校博士后徐勇在北京中关村创立了百度（Baidu）公司。2001年8月发布Baidu.com搜索引擎Beta版（此前Baidu只为其他门户网站提供搜索引擎），2001年10月22日正式发布Baidu搜索引擎，专注于中文搜索。如今百度已经成为全球十大网站之一。“有问题百度一下”已经成为中国网络流行语之一。

2002年，中国搜索（原慧聪搜索）正式进入中文搜索引擎市场。在一年多的时间里，就发展为全球著名的中文搜索引擎服务商，为新浪、搜狐、网易、TOM等知名门户网站提供搜索引擎技术。慧聪搜索引擎的优势是从人工审核网站信息源和设置禁查词两个方面入手，有效地过滤了不良信息，降低了垃圾信息的含量。在互联网实时新闻搜索方面，慧聪也实现了网络新闻的实时检索。

2. 搜索引擎的分类

根据搜索引擎提取数据的方法，可将搜索引擎系统分为以下三大类。

1）目录式搜索引擎（Search Index/Directory）

在万维网出现早期，信息检索通常由人工发现信息，依靠编辑人员的知识进行甄别，并在此基础上进行分类。用户可以在这个分类结构中进行浏览，这就是目录式搜索引擎。目录索引，顾名思义就是将网站分门别类地存放在相应的目录中，因此用户在查询信息时，可选择关键词搜索，也可按分类目录逐层查找。如以关键词搜索，返回的结果跟搜索引擎一样，也是根据信息关联程度排列网站，只不过其中人为因素要多一些。如果按分层目录查找，某一目录中网站的排名则是由标题字母的先后顺序决定（也有例外）。早期的雅虎、搜狐就使用这种方式。该类搜索引擎因为加入了人的智能，所以信息准确性较高，且导航质量高。缺点就是数据量有限，更新不及时，人工维护成本高。

2）全文搜索引擎（Full Text Search Engine）

全文搜索引擎是针对万维网所有网页进行全文检索的搜索引擎，是名副其实的搜索引擎，国外具代表性的有Google、Fast/AllTheWeb、AltaVista、Inktomi、Teoma、WiseNut等，国内著名的有百度（Baidu）。它们都是通过从互联网上提取的各个网站的信息（以网页文字为主）而建立的数据库中，检索与用户查询条件匹配的相关记录，然后按一定的排列顺序将结果返给用户，因此它们是真正的搜索引擎。

根据搜索结果来源，全文搜索引擎又可细分为两种，一种拥有自己的检索程序（Indexer），俗称“蜘蛛”（Spider）程序或“机器人”（Robot）程序，并自建网页数据库，搜索结果直接从自身的数据库中调用，如上面提到的7家引擎；另一种则是租用其他引擎的数据库，并按自定的格式排列搜索结果，如Lycos引擎。

全文搜索引擎信息量大，更新及时，并且无须人工干预。但由于返回信息过多，无关信息多，用户需从结果中进行筛选。其代表是百度、Google等第二代商用搜索引擎。

3）元搜索引擎（Meta Search Engine）

元搜索引擎没有自己的数据，而是将用户的查询请求同时向多个搜索引擎递交。将返回的结果进行重复排除和重新排列等处理后，作为自己的结果返给用户。著名的元搜索引擎有InfoSpace、Dogpile、Vivisimo等，中文元搜索引擎中具代表性的有搜星搜索引擎。在搜索结果排列方面，有的直接按来源引擎排列搜索结果，如Dogpile；有的则按自定的规则将结果重新排列组合，如Vivisimo。

元搜索引擎的优点是返回结果的信息量更大、更全，查全率较高，解决了单个搜索引擎覆盖范围相对狭窄的局限。但是它也有局限性，例如，多数元搜索引擎只能访问少数几个搜索引擎，并且通常不支持这些搜索引擎的高级搜索功能。

除上述三大类搜索引擎外，还有以下几种非主流形式：集合式搜索引擎、门户搜索引擎、免费链接列表。

3. 全球几大搜索引擎简介

1）百度 http://www.baidu.com/

百度是全球最大的中文搜索引擎，拥有全球最大的中文网页库。百度的名称，来自于“众里寻她千百度”的灵感，象征着百度对中文信息检索技术执著地追求，寄托着百度对自身技术的信心。

百度在中国各地和美国均设有服务器，搜索范围涵盖了中国大陆、中国香港、中国台湾、中国澳门、新加坡等华语地区以及北美、欧洲的部分站点。

百度搜索引擎具有准确性高、查全率高、更新快及服务稳定的特点。

2）谷歌 http://www.google.com/

Google是由英文单词“googol”变化而来。“googol”是美国数学家爱德华·卡斯纳的侄子创造的一个词，表示1后边带有100个零的数字。Googol是一个非常大的数字，宇宙中没有什么物质的数量可以达到1个Googol——无论是星星、尘埃，还是原子。Google使用这个词代表公司想征服网上无穷无尽资料的雄心。

目前，Google拥有全球最领先的搜索引擎技术，被公认为全球最大的搜索引擎，在全球范围内拥有无数用户。Google搜索速度极快，网页数量在搜索引擎中名列前茅，支持多达132种语言，搜索结果准确率极高，具有独到的图片搜索功能和强大的新闻组搜索功能。

3）雅虎 http://www.yahoo.com.cn/

Yahoo是一个以分类目录、网站检索为主，附带网页全文检索的搜索引擎，是互联网上最早的网页分类提供网站。目前，雅虎在世界各地相继建立了24个国际站点，除了英文、中文以外，还有日、韩、法、德、意、西班牙、丹麦等10余种语言版本，但各版本的内容互不相同，可以说，每个版本都是一个不同的、相对独立的搜索引擎。雅虎英文版除主站外，还有多个地区分站，如亚洲站“Yahoo in Asia”、加拿大站“Yahoo! Canada”等，这些分站以收录这一地区的英文网站为主，也可视为独立的搜索引擎。雅虎中文版共开设了四个网站：雅虎中文 gb. chinese. yahoo. com（简体），chinese. yahoo. com（繁体）；雅虎中国 cn. yahoo. com（简体）；雅虎台湾 tw. yahoo. com（繁体）。

4）搜狐搜索 http://www. sogou. com/

2004 年 8 月 3 日，搜狐正式推出全新独立域名专业搜索网站“搜狗”，成为全球首家第三代中文互动式搜索引擎服务提供商。提供全球网页、新闻、商品、分类网站等搜索服务。以电脑与用户在互动提示下进行搜索为主要特征。

5）中国搜索 http://www. zhongsou. com/

中国搜索拥有全球领先的中文搜索引擎技术，现在已被新浪、搜狐、网易、TOM 四大门户，以及 1400 多家联盟成员网站所采用。每天有数千万次的搜索服务是通过中搜的技术实现的。与一般的搜索引擎相比，中国搜索具有网页覆盖率高，数据更新快，支持中文模糊查询，强大的个性化查询、智能查询、内容相关性分析，便利的专业信息查询等优势，被公认为第三代智能搜索引擎的代表。

3.1.2 学习资源的分类

学习资源是指在学校教学过程中，支持教与学的所有资源，即一切可以被师生开发和利用的、在教与学过程中使用的物质、能量和信息，包括各种学习材料、媒体设备、教学环境以及人力资源等。

根据不同的分类标准，学习资源有不同的划分方法。

1. 按学习资源的表现形态划分，学习资源可以分为硬件资源和软件资源

硬件资源是指学习过程中所需的机器、设施、场所等看得见、摸得着的物化设备。

软件资源是指各种媒体化的学习材料和支持学习活动的工具性软件。媒体化学习材料如计算机辅助教学程序、教学音像带、教学投影片、电子讲稿。学习的工具性软件，可划分为认知工具、交流工具、问题解决与决策工具、效能工具。

2. 按学习资源的来源划分，学习资源可以分为设计的资源和可利用的资源（AECT’77 定义）

所谓设计的资源是指为教学目的而专门预备的资源，如教室、教科书、教学软件等。

所谓可利用的资源是指那些本来并非为教学专门设计，但被发现可用来为教学服务的资源，如软件工具、百科全书以及多种多样的网上信息资源等。

3. 按教学资源所涉及的人与物的关系划分，学习资源可以分为人力资源与非人力资源

人力资源是指在学习过程中促进学习者学习的人。教师是最主要的人力资源。

非人力资源主要是指由教育信息、学习媒体以及学习场所构成的资源。

目前，随着互联网的迅猛发展，Internet 中的学习资源是极其丰富的。主要表现为素材类学习资源（如文字类素材、图形类素材、音频类素材、视频类素材、动画类素材等），多媒体课件，主题学习网页（WebQuest），专题学习网站，网络课程等。本书将在后续章节中详细介绍这些资源。

3.1.3 利用搜索引擎获取学习资源

1. 使用搜索引擎的一般方法

1）选用合适的搜索方式

学习者日常信息需求大致可分为两种，一种是寻找参考资料，另一种是查询产品或服务。对前一种需求来说，由于目标非常具体，因此全文搜索引擎自然成了最佳选择，匹配搜索条件的范围也较大。相反，如要找的是某种产品或服务，只需要目录索引就可以了，因为在搜索引擎中的目录索引中，对网站的业务范围进行精练概括，不会出现全文搜索引擎那些杂乱的信息。

2）确定关键词

要在搜索引擎上搜索信息必须输入关键词，确定关键词时需要掌握以下原则：

（1）表述准确。搜索引擎会严格按照用户提交的关键词去搜索，因此，关键词表述准确是获得良好搜索结果的必要前提。

（2）关键词与主题要关联，且关键词要简练。

目前的搜索引擎还不能很好地处理自然语言，因此，在提交搜索请求时，用户需要把自己的想法提炼成简单的、与希望找到的信息内容主题关联的关键词，减少一些无关的限定词。

例如，要查找初中语文课本中范仲淹的《岳阳楼记》翻译成现代文的有关信息，从字面上可以提出“初中”、“语文”、“范仲淹”、“岳阳楼记”、“现代文”等关键词。再进一步分析，《岳阳楼记》是名人名篇，在很多的文学资料中都会出现，不光是在初中语文课本中出现，因此“初中”、“语文”这两个关键词对搜索限制较多，应去掉。另外，在杂志和书籍中，古文翻译成现代文一般标注“译文”两字，“现代文”是口语，在资料中出现的次数不多，因此将关键词“现代文”改为“译文”，而“范仲淹”、“岳阳楼记”这两个关键词是必备的，经过提炼后，选择“范仲淹”、“岳阳楼记”、“译文”这三个关键词，就能准确地搜索到需要的条目。

3）打开搜索引擎网站，输入关键词，查看搜索结果

确定关键词后，就可以打开搜索引擎网站，如百度、Google、Yahoo 等，在搜索框中输入关键词，点击搜索按钮，就可以看到搜索结果以网页链接的方式显示出来，单击相应的链接，就可以打开与关键词相关的网页。

2. 使用搜索引擎的一些技巧

用一般方法进行搜索时，有时发现内容太杂乱。为了使搜索结果更精确，就需要掌握一些搜索的高级技巧。下面以百度搜索引擎为例说明使用搜索引擎的技巧。

1）用好逻辑运算符

搜索引擎基本上都支持附加逻辑命令查询，常用的有“＋”和“－”，或与之相对应的逻辑命令“AND”和“NOT”。“＋”（AND）用于在搜索中指定涵盖某项内容，而“－”（NOT）则用来从结果中排除某项内容。

比如，以“电脑游戏　冒险”（在大部分的搜索引擎中，用半角空格代替“＋”）为关键词，搜索结果就会出现包含“电脑游戏”和“冒险”这两个关键词的条目。但若使用“电脑游戏－冒险”这一关键字，搜索结果就是包含“电脑游戏”但不包含“冒险”的条目。如图 3-1-1、图 3-1-2 所示。

图 3-1-1　逻辑“＋”的搜索结果

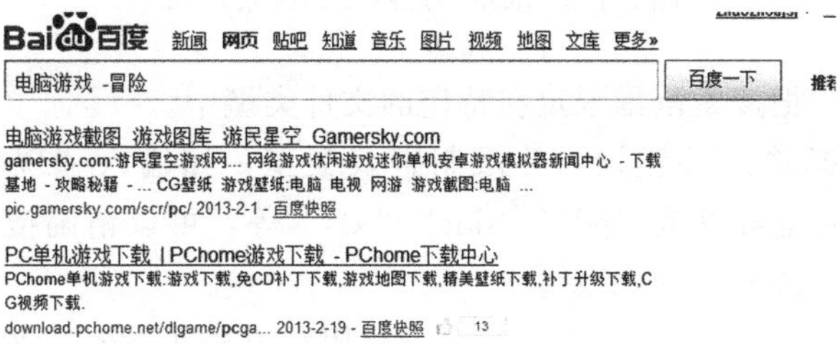

图 3-1-2　逻辑“－”的搜索结果

在中文搜索中，搜索引擎都支持中文词汇自动拆分，如输入关键词“电脑冒险游戏”，搜索引擎会把关键词拆分成“电脑游戏”“冒险”等关键词，效果等同于关键词“电脑游戏＋冒险”。

2）掌握搜索引擎的一些特定语法

（1）用“intitle”把搜索范围限定在网页标题中。

网页标题通常是对网页内容提纲挈领的归纳，用“intitle：”把查询内容的关键部分连起来，可以把查询内容范围限定在网页标题中。

例如，使用关键词“写真 intitle：张曼玉”，就可以搜到网页标题中包含“张曼玉”、网页内容包含“写真”的网页，如图 3-1-3 所示。

图 3-1-3　限定网页标题的搜索结果

（2）用“site”把搜索范围限定在特定网站中。

在查询内容的后面加上“site：站点域名”就可以把搜索范围限定在这个站点中，提高查询效率。

例如，使用关键词“QQ site：skycn. com”进行搜索，就可以在 skycn. com 网站搜索到 QQ 软件，返回的结果要精确得多（注意“site:”后面的站点域名不带“http://”，“site”：和站点域名之间不带空格），如图 3-1-4 所示。

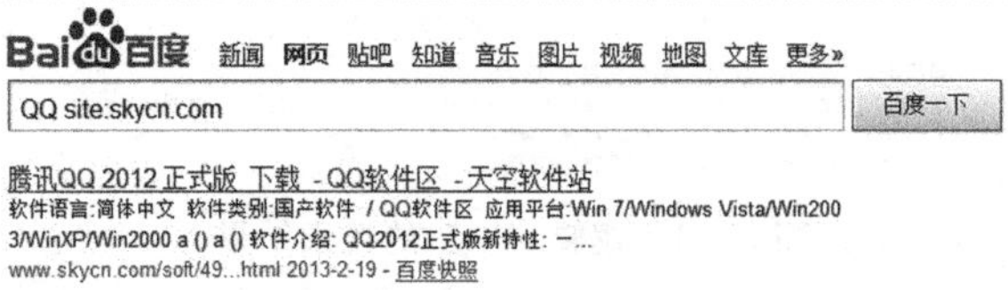

图 3-1-4　限定特定网站的搜索结果

（3）用“filetype”把搜索范围限定在特定的文件类型中。

在百度首页中选择输入关键词，并限制查找类型，如输入“现代教育技术 filetype：ppt”，“filetype:”后面也可以是“pdf”“doc”“xls”等，可以精确搜索到特定类型的与搜索关键词相关的文件，如图 3-1-5 所示。

图 3-1-5　限定文件类型的搜索

3）用双引号和书名号进行精确匹配搜索

如果输入的关键词较长，搜索引擎会将关键词拆分。如输入“上海科技大学”，搜索引擎会拆分成“上海”、“科技”、“大学”等关键词后进行搜索，精确度低。如果把搜索词加上双引号（半角英文字符），搜索引擎就不会将关键词拆分了，返回的结果也较精确。百度和 Google 都支持这个指令。

书名号是百度独有的一个特殊查询语法。给关键词加上书名号，有两个特殊功能，一是书名号会出现在搜索结果中；二是被书名号扩起来的内容，不会被拆分。书名号在某些情况下特别有效果，例如，输入关键词“手机”，搜索引擎给出的结果是通讯工具手机，而使用“《手机》”，返回结果就是小说或电影《手机》。

4）利用拼音和错别字提示修正关键词

只要输入关键词的汉语拼音，搜索引擎就可以将最符合要求的对应汉字显示出来。例如，输入“jiaoxuesheji”，百度在搜索框的下方提示“您要找的是不是：教学设计”，而 Google 则在搜索框中就出现“教学设计”的条目，只要选择相应的条目就可以修正关键词，如图 3-1-6、图 3-1-7 所示。

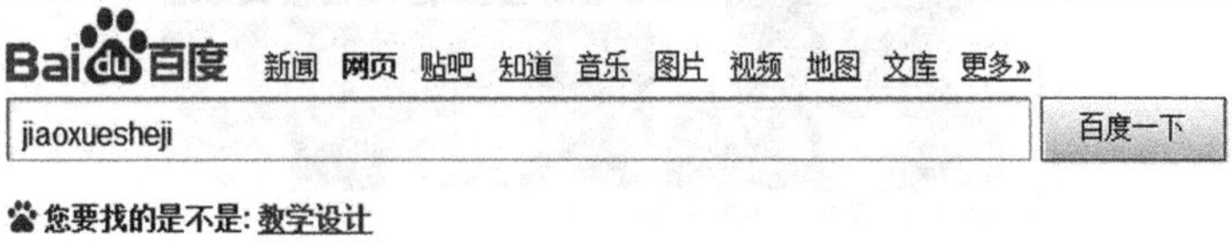

图 3-1-6　百度的关键词提示

由于汉字输入法的局限性，搜索时经常会输入一些错别字。如想搜索“多媒体课件”，而在搜索框中输入的是“多媒体课间”，百度会在搜索框的下方提示“您要找的是不是：多媒体课件”。通过提示，修正关键词后再进行搜索，就可以搜索到需要的结果，如图3-1-8所示。

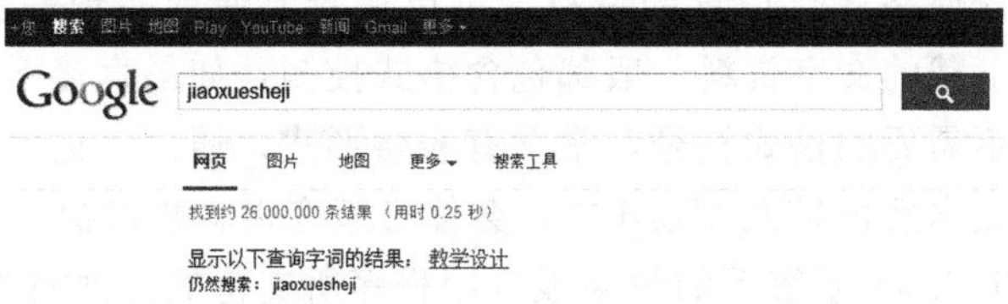

图 3-1-7　Google 的关键词提示

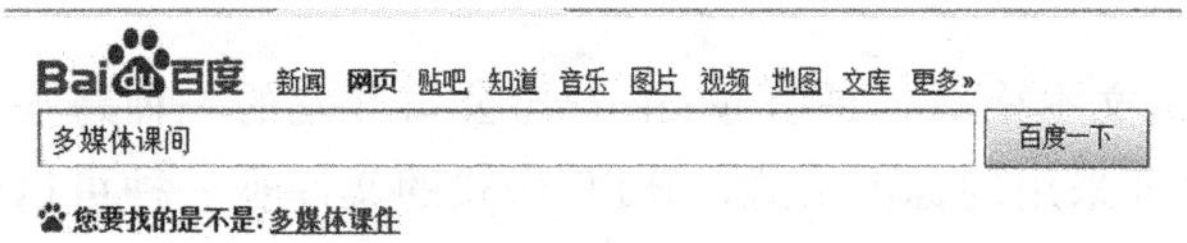

图 3-1-8　关键词修正

5）使用多种搜索引擎进行交叉搜索，取长补短

百度、Google、Yahoo 都是常用的搜索引擎，它们都收集互联网绝大部分信息，由于数据库的容量和编排方式的差别，不可能每个搜索引擎都面面俱到，所以如果在某个搜索引擎中没有找到合适的结果，就可以用其他搜索引擎试试，查漏补缺，取长补短。

3.2　如何获取与处理文本资源

3.2.1　文本文件的基础知识

1. 文本的概念

文本是最基本也是最常用的素材，如一篇文章、一段程序、一个文件都可用文本描述。它通常以字、句子、段落、节、章为单位，记录自然现象、表述思想感情、传达某种信息。人们在阅读时，通常是一字一句、一行一页地按顺序浏览。

文本是文字、字母、数字和各种功能符号的集合。文本素材中汉字采用 GB 码统一编码和存储，英文字母和符号使用 ASCII 码编码和存储。在现实生活中，人们对事情的讲述、逻辑的推理、数学公式的表述等都主要用文字和数字准确地表达。在多媒体应用系统中，虽然有图形、声音、视频影像等多种媒体形式，但是对于一些复杂而抽象的事件，文本表达却有不可替代的独到之处。

2. 常用文本文件的格式

目前流行的文字处理软件种类繁多，不同的软件生成的文件格式各不相同。当使用不同的文本编辑软件编辑文本时，系统通常会采用默认的文本文件格式保存文档。如字处理软件 Microsoft Word XP/2003 的默认文档格式为 DOC，该软件还支持其他一些流行的文本文件格式，如 TXT、RTF 等。常用文本文件的格式主要有：

（1）TXT：是纯 ASCII 码文本文件，纯文本文件除了换行和回车外，不包括任何格式化的信息，即文件里没有任何有关文字字体、大小、颜色、位置等格式化信息。Windows 系统的“记事本”就是支持 TXT 文本编辑和存储的文字工具程序。所有的文字编辑软件和多媒体集成工具软件均可直接使用 TXT 文本格式文件。

利用纯文本不含任何格式化信息的特点，可以比较方便地实现一些图形表格文字的转换，例如，从网页上下载的文字资料一般都包含格式控制，如果直接下载到 Word 等字处理环境中，会带有一些不需要的格式符号，常含有表格形式，通过“记事本”等工具，将下载的文本资料转换为纯文本后再导入 Word 中，会使排版变得轻松快捷。

（2）WRI：是 Windows 系统下的写字板应用程序所支持的文件格式。

（3）DOC：是由 Microsoft Word 生成的，也有一部分是由 Word Perfect 生成的。2007 版之后为 DOCX。DOCX 格式的文件本质上是一个 ZIP 文件，因此它比 DOC 文件占用空间更小。

（4）RTF：也称富文本格式，是由 Microsoft 公司开发的一种跨平台文件格式，同时也是微软公司的 WordPad 采用的标准格式。RTF 格式的文件是一种可以包含文字、图片和热字（超文本）等多种媒体的文档，有很好的兼容性，使用 Windows“附件”中的“写字板”就能打开并进行编辑。若要查看 TRF 格式文件的源代码，只要使用“记事本”打开即可。

（5）WPS：是由著名的国产软件 WPS（Word Processing System）生成的。它是金山中文字处理软件的格式，其中包含特有的换行和排版信息，称为格式化文本，通常只在 WPS 编辑软件中使用。

3.2.2 利用新技术获取文本素材

文本采集主要可分为两种方式：键盘编码输入和自然输入。键盘编码输入是根据文字的读音或文字的基本结构将文字编成与之对应的数字代码或字母代码输入计算机，这是一种最主要的文本获取手段。自然输入则是通过构建 OCR 文字识别系统和语音识别系统等新技术实现的，这是文字输入的最理想和快捷的方式。

1. 光学字符识别（Optical Character Recognition）技术

光学字符识别技术，简称 OCR 技术，是通过扫描仪等光学输入方式将各种票据、报刊、书籍、文稿及其他印刷品的文字转化为图像信息，再用 OCR 软件将图像中的文字识别出来，并转换为文本格式文件的技术。OCR 技术要求把要输入的文稿首先通过扫描仪转化为图像后才能识别，所以扫描仪是 OCR 技术中必需的配置。被扫描的原稿印刷质量越高，识别的准确率就越高，一般最好是印刷体的文字，比如图书、杂志等。如果原稿的纸张较薄，那么扫描时纸张背面的图形、文字可能透射过来，干扰最后的识别效果。对于一般文本，通常从最终识别率、识别速度、版面理解正确率及版面还原满意度四个方面评测 OCR 技术；而对于表格及票据，通常以识别率或整张通过率及识别速度为测定 OCR 技术的实用标准。

OCR 技术可应用于银行票据、大量文字资料、档案卷宗、文案的录入和处理领域，适合于银行、税务等需要大量票据表格自动扫描识别及长期存储的行业。目前 OCR 软件种类比较多，清华 TH-OCR、汉王 OCR、尚书 OCR、蒙恬识别王、丹青中英文辨识软件等都具有较高的声誉。专业的 OCR 中，清华 TH-OCR2003 和尚书七号 OCR 都具有自动识别宋、仿宋、楷、黑、圆、魏碑、隶书、行楷等百余种中文简繁字体，具有英文、数字、表格、图片混排稿件的强大功能。目前，市场上销售的扫描仪基本都附带 OCR 软件，如果用户发现扫描仪配置的 OCR 识别性能较弱，可以考虑采用其他功能强大的支持 OCR 文字识别的软件识别扫描仪扫描的图像文稿。

下面以中晶科技的扫描仪 Microtek ScanMaker 4100 和尚书七号 OCR 识别软件为例，

构建一个扫描、文字识别系统。利用该系统扫描文字图像并将文字图像转换为电子文档的操作过程如下：

（1）按照扫描仪的说明书，将计算机和扫描仪连接好，并安装相应的驱动程序、图像扫描程序 Microtek ScanWizard 5 和尚书七号 OCR 软件。

（2）双击 Windows 桌面上的“尚书七号 OCR”快捷方式图标，启动尚书七号 OCR 程序，如图 3-2-1 所示。

与其他高档品牌的扫描仪一样，Microtek ScanMaker 4100 扫描仪在其配置的图像扫描程序 Microtek ScanWizard 5 中，本身也包含了直接对文字稿件的 OCR 识别功能，但由于文档识别率较低，因此采用了与扫描仪匹配的第三方 OCR 文字识别软件。

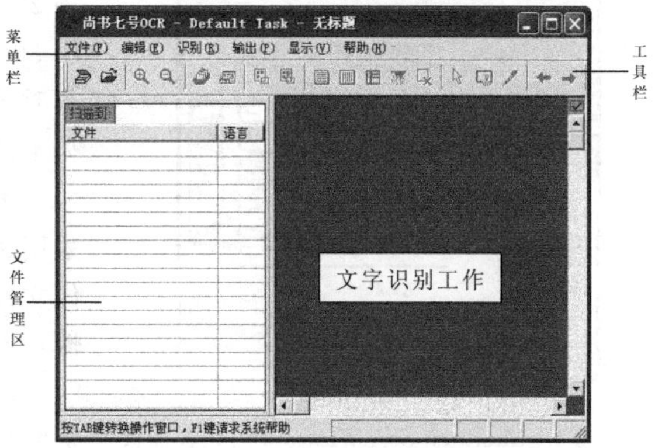

图 3-2-1　尚书七号 OCR 系统窗口

（3）打开菜单栏上【文件】菜单，执行“选择扫描仪…”命令，打开图 3-2-2 所示的“选择来源”对话框，选定对应扫描仪型号的驱动程序选项。再选择【文件】菜单，执行“系统配置…”命令，打开图 3-2-3 所示的“设置系统参数”对话框，并在“获取新图像”面板上选择识别语言为“中文简体”，按下【确定】按钮，配置完成。

注意：选择的识别语言要根据被识别的文字图像上的文字内容而定，如果为纯英文，则应选择英文识别。

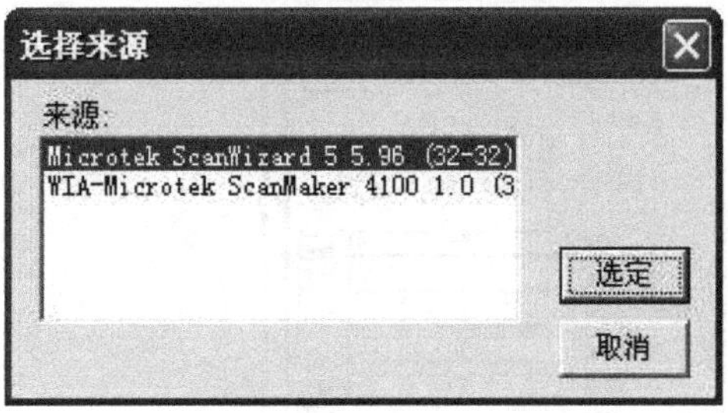

图 3-2-2　扫描图像的来源

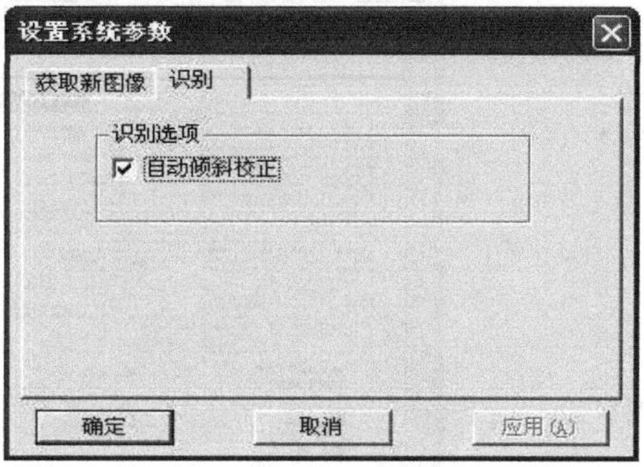

图 3-2-3　设置系统参数

（4）将要扫描的印刷体文字稿件平放在扫描仪玻璃上。在放置扫描原稿时，被扫描的文字材料一定要摆放在扫描起始线正中，并且文稿的一角应对齐基点，以最大限度地减小由于光学透镜导致的失真，这样有助于提高 OCR 软件识别率。同时还要注意扫描仪玻璃的洁净并保护其不受损害。

（5）单击尚书 OCR 程序窗口中工具栏上的“扫描”按钮【】，启动扫描程序 Microtek ScanWizard 5，在图 3-2-4 所示的“设置”面板中，依次设定扫描分辨率为

300dpi、扫描图像色彩模式为黑白二色、阈值可设定其范围为 80～130，阈值稍有变化会影响 OCR 的识别结果。

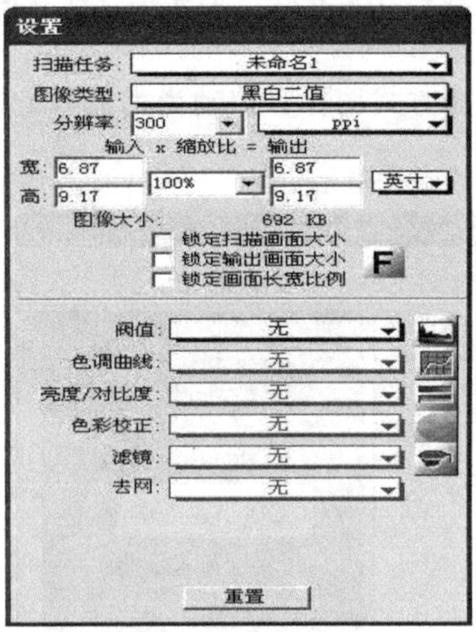

图 3-2-4 Microtek ScanWizard 5 的设置面板

应该注意：分辨率的设置是文字识别的重要前提，但不是扫描分辨率设得越高识别正确率就越高。通常，要求设置分辨率的大小和文字大小成反比关系。一、二、三号字的文章段，推荐使用 200dpi；四、小四、五号字的文章段，推荐使用 300dpi；文字原稿的扫描识别，设置扫描分辨率时千万不要超过扫描仪的光学分辨率，否则会得不偿失。

为了便于后面识别文本图像，最好不要大量采用灰度、彩色扫描模式扫描文件，因为彩色图像文件占用大量的内存和 CPU，操作速度会很慢；而且背景图案会影响处理效果。

(6) 单击扫描程序窗口中工具栏上的【预览】按钮，扫描仪开始工作。屏幕上扫描程序窗口的图像显示区将显示出纸介文稿上的文字图像，单击其工具栏上的“选区”按钮【 】，并通过拖曳鼠标，在文字图像中框选出要扫描的文字图像区域，如图 3-2-5 所示。然后点击工具栏上的【预扫】按钮，执行图像的预扫描。

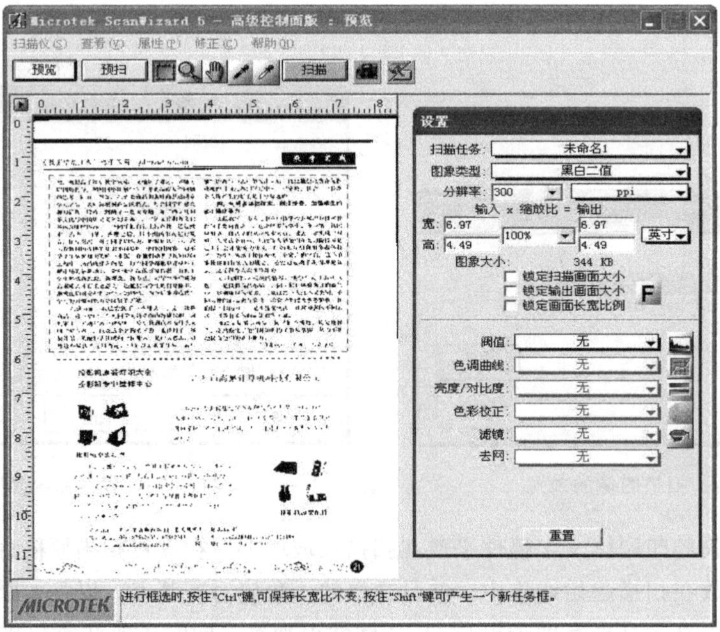

图 3-2-5 扫描程序 Microtek ScanWizard 5 的主窗口

在对原稿扫描时，如果选用了灰度或 RGB 彩色模式，为了提高文字识别率，可调整原图像的亮度、对比度，使扫描文件黑白分明；调整原图像暗调和高光，丰富原图像的亮度层次，使扫描图像更加清晰。

（7）在设定了合适的扫描参数并对原图像做了相关调整后，即可正式执行扫描操作，单击【扫描】按钮，扫描仪立即启动，并显示扫描进程，扫描得到的文字图像将直接传送到尚书七号 OCR 系统的图像处理界面窗口中。

（8）单击尚书七号 OCR 程序窗口工具栏上的缩放按钮【】和【】，可以调整图像处理窗口中文字图像的大小。然后，依次选择【识别】菜单中的“图像反白”和“自动倾斜校正”命令对文字图像进行处理。再单击其工具栏上的“版面分析”按钮【】，对文字图像按类别进行分析。以上调整完成后，单击工具栏上的“识别”按钮【】或执行【识别】菜单中的“开始识别”命令，系统即对所选图像进行版面识别，结果如图 3-2-6 所示。

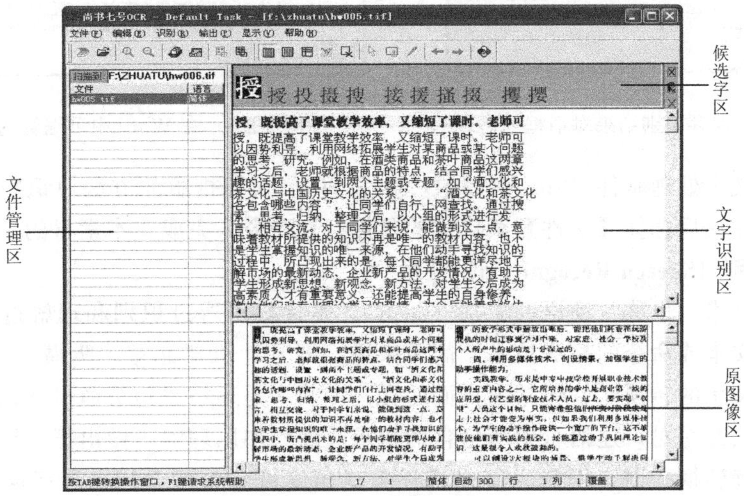

图 3-2-6 文字图像识别结果

如果被识别的扫描图像中存在图文、表格混排情况，一定要进行版面分析。尚书 OCR 能够对表格进行自动识别，但在识别时与其他文字版块区分划开，才会得到整个页面的识别。尚书 OCR 识别属性分为“横排正文”、“竖排正文”及“表格”，因此可以先执行手动版面分析，通过鼠标拖曳框出表格对象，然后完成整个页面的高效识别。

（9）识别转换完成后，要进行文字校对，检查识别转换是否有误，如果有错，可通过校对栏，选择当前字的候选字替换识别有误的字；在文本编辑区内还可以进行字符编辑，可完成退格、删除、撤销等操作；可以输入特殊符号，只要单击尚书七号 OCR 程序工具栏上的“符号表”按钮【】，打开特殊符号表窗口，选择所需的特殊符号，即可将符号插入当前位置。

（10）校对检查完成后，选择【输出】菜单中的“到指定格式文件”命令，在打开的“保存识别结果”对话框中（图 3-2-7），输入保存的文件名；选择文件要存储的路径和文件类型（尚书七号 OCR 的识别结果可以保存成＊.RTF、＊.TXT、＊.HTML 以及＊.XLS 四种格式的文件）；再选择“输出到外部编辑器”复选框，以便系统在保存文件的同时调入相应的文字处理程序（如 Word、WPS）打开保存的文本文件（图 3-2-8），单击【保存】按钮，文字识别结果即被保存到指定位置。

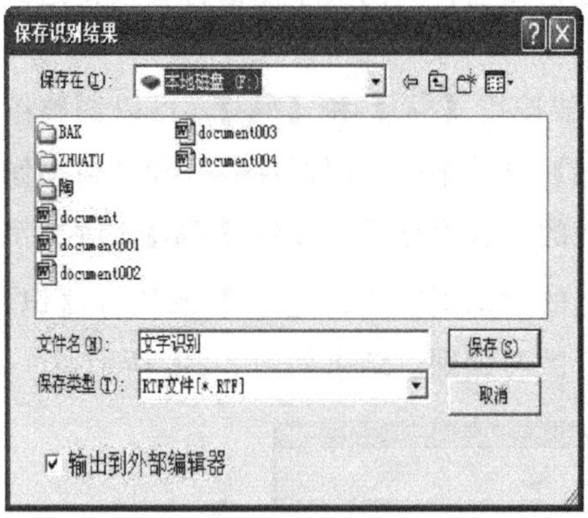

图 3-2-7 保存识别结果对话框

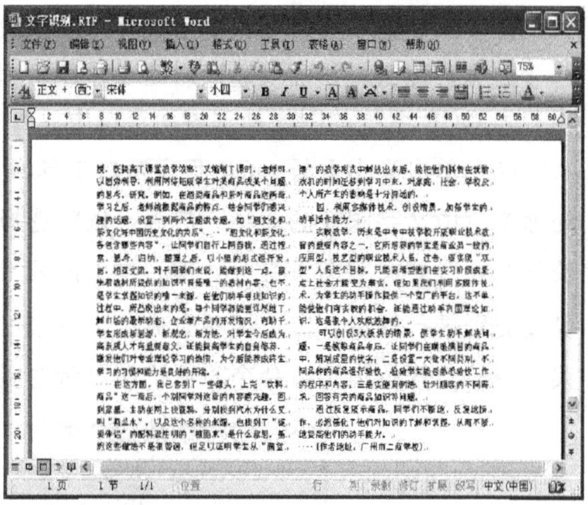

图 3-2-8 在 Word 中可编辑的文字识别

在打开的文字处理软件 Word 窗口中，可用 Word 文档排版的方法对识别结果文档进行格式化编辑，完成后选择【文件】菜单中的【保存】命令，完成文本素材的采集和处理。

2. 语音识别（Speech Recognition）技术

语音识别技术，也称自动语音识别（ASR），是让机器通过识别和理解过程把语音信号转变为相应的文本或命令的高级技术。简单来说，即是让机器能够“听懂”不同人说的话，实现从声音到文字的转换。它包括两方面的含义：其一是逐字逐句听懂口述语言并转化成书面语言文字；其二是对口述语言中所包含的要求或询问加以理解，做出正确反应，而不拘泥于所有词的正确转换。语音识别系统从讲述方式角度可分为孤立词、连接词和连续语音三种。从服务对象的角度可分为特定人与非特定人，即系统只针对一个用户或可用于任意用户。

作为智能计算机研究的主导方向和人机语音通信的关键技术，语音识别技术一直受到各国科学界的广泛关注。语音识别技术的研究始于 20 世纪 50 年代，在 60 年代中期作为重要的课题展开。随着一系列新的算法的引入、语言模型的建立等，语音识别研究有了飞跃性的进展。

20 世纪 80 年代末、90 年代初，语音识别进入发展高潮，其主要标志是 IBM、苹果、微软、美国电话电报和日本电报电话（NTT）等著名公司都为语音识别系统的研究和开发投以巨资。

20 世纪 90 年代后期，语音识别开始出现商用化系统。以 IBM Via Voice 和 Dragon Dictation 为代表的几个听写机系统使“语音识别”一时声名远扬，引起了社会的广泛关注。同时，一些公司和大学，如美国电话电报公司和麻省理工学院（MIT）等，将语音识别技术应用在有限词汇的无人值守电话服务类特定任务中。

2002 年以后为技术和应用的平稳发展期。以 IBM 和 Dragon 公司产品为代表的听写机投放市场后的经历表明，这类试图代替键盘输入的系统，在使用时受环境或讲话习惯、口音等因素的影响很大，同时与输入内容高度关联，因此目前还无法满足实用要求。无人值守类有限词汇的识别任务也是如此。人们发现语音识别技术要实现成熟的商业运作，还要经历一段艰难的路程，且必须在很多方面取得突破性进展。

如今，随着消费类电子产品的普及，嵌入式语音处理技术发展迅速。基于语音识别芯片的嵌入式产品也越来越多，如 Sensory 公司的 RSC 系列语音识别芯片、Infineon 公司的 Unispeech 和 Unilite 语音芯片等，这些芯片在嵌入式硬件开发中得到了广泛的应用。在软件方面，目前比较成功的语音识别软件有 Nuance、IBM 的 Viavoice 和 Microsoft 的 SAPI 以及开源软件 HTK，这些软件都是面向非特定人、大词汇量的连续语音识别系统。语音识别技术将为网上会议、商业管理、医药卫生、教育培训等各个领域带来极大的便利，其应用和经济、社会效益前景良好。

3. 手写识别（Hand Writing Recognition）技术

手写识别属于文字识别和模式识别范畴，是指将在手写设备上书写时产生的有序轨迹信息转化为汉字内码的过程，实际上是手写轨迹的坐标序列到汉字的内码的一个映射过程，是人机交互最自然、最方便的手段之一。

文字识别从识别过程来说分成脱机识别（off-line）和联机识别（on-line）两大类，从识别对象来说又分成手写体识别和印刷体识别两大类，我们常说的手写识别是指联机手写体识别。

联机手写识别输入法中，计算机之所以能感受到手写的笔画顺序，达到识别文字的目的，是因为手写板结构中使用的电阻或电磁感应方式，将专用笔在运动中的坐标输入计算机，计算机中的文字识别软件根据采集到笔迹之间的位置关系和时间关系信息识别出书写的文字，并把相应的文字显示在文字录入窗口。

目前市场上销售的手写板产品众多，从构成原理来分，主要有电阻式手写板和感应式手写板两类，电阻式手写板一般是中、低档产品，而感应式手写板的识别率一般较高，是目前的高端产品。从外观结构来分也有两类：一类是有连线的有线笔；另一类是无线笔，无线笔很受用户喜爱，是手写板发展的方向。从不同品牌来分，有汉王公司的汉王笔、北大方正的如意笔、摩托罗拉公司的慧笔、台湾蒙恬公司的蒙恬笔、清华紫光笔等。图 3-2-9 和图 3-2-10是常见的两款手写笔实物图。

图 3-2-9　汉王笔

图 3-2-10　蒙恬笔

联机手写识别输入的优点是，不用专门学习训练，即写即得，并且识别率较高，其录入速度取决于书写速度。缺点是不同的字体和潦草的字迹会严重影响识别系统的识别率。手写录入实际上是在 OCR（光识别技术）基础上发展的文字录入方法。目前，随着智能手机、掌上电脑等移动信息工具的普及，手写识别技术也进入了规模应用时代。

3.3 如何获取与处理数字图像资源

3.3.1 数字图像基础知识

“图像”一词主要来自西方艺术史译著，通常指 image、icon、picture 和它们的衍生词，也指人对视觉感知的物质再现。根据图像空间坐标和幅度（色彩和亮度）的连续性，图像可以分为模拟图像和数字图像两种。模拟图像是空间坐标和幅度都连续发生变化的图像，是一个以连续形式存储的数据结构，如我们用传统相机拍摄的照片就是模拟图像。而数字图像（或称数码图像）是由模拟图像数字化得到的、以像素为基本元素的、可以用数字计算机或数字电路存储和处理的图像，如数码相机拍摄的照片就是数字图像的一种。将一幅图像转化为一个数字文件，是实现计算机图像处理的前提和基础。

1. 数字图像的获取

数字图像有两个主要获取途径：一是利用现有的数字图像，如购买数字图像库、网络下载等；二是自己制作数字图像，如屏幕捕捉、数码照相机拍摄、扫描仪扫描等方法。

（1）数字图像库是为满足高质量的数字图像使用需求，由从事美术、计算机图像处理的专业人员制作，以光盘的形式存储，正式出版发行的，可以购买使用。现有的数字图像库图像种类几乎应有尽有，如山水鸟石、花鸟鱼虫、动物世界、风土人情、边框水纹、墙纸图案等。在使用购买的数字图像资源库时，要注意：一是要考虑版权问题；二是这些图像的内容要服务于要表达的主题思想。

（2）网络下载是使用数字图像的主要来源之一。要想在网络上获得数字图像资源，首先要在网页中搜索到所需要的数字图像资源。搜索数字图像最常用的方法是利用搜索引擎，在搜索引擎中使用关键词检索。下载网页上的图片，通常可以使用两种方法：一是把鼠标移到需下载图像上，在图像上出现的快捷工具栏中，点击【】按钮，打开【保存图片】对话框，选择一个保存位置，单击【保存】按钮，就可以将这幅图像保存在本地计算机上了；二是用鼠标右键单击该图像，在弹出的快捷菜单中选择【图片另存为（S）…】，同样会打开“保存图片”对话框，选择一个保存位置，单击【保存】按钮，就可以将这幅图像保存在本地计算机上了。

（3）屏幕图像捕捉是指有选择地截取电脑屏幕上显示的画面。屏幕捕捉图像有多种方法，常用的有两种：一种是利用 Windows 系统的剪贴板；另一种是使用专门的截图软件。在没有专门的截图软件的情况下，可以直接利用 Windows 系统中的剪贴板进行抓图。屏幕抓图方法是按下 PrintScreen（PrtSc）键，将当前屏幕上的内容复制到剪贴板上，然后在图像处理软件中采用粘贴的方法，将抓取的屏幕图像粘贴过来。如果只将当前屏幕上的活动窗口界面复制到剪贴板上，则按“Alt”键＋“PrintScreen”（PrtSc）键进行拷屏。除了上述方法外，还可以使用各种截图软件，如 SnagIt、HyperSnap-DX、屏幕捕快等。

（4）数码相机是一种能够进行拍摄，并通过内部数字图像处理电路把拍摄到的景物转换为数字图像格式存放的照相机。数码相机可以与计算机、电视机或者打印机直接相连，对拍摄的数字图像进行即时处理或输出。这种方法方便、快捷、操作简单，因此它是多媒体课件制作中图像素材获取的重要途径。

（5）扫描仪：对平面图像而言，最常用的设备是扫描仪，它可以将各种照片、平面图画、幻灯片、艺术作品等变换成不同质量的数字图像。扫描仪一般通过一个专用的扫描仪接口卡与电脑相连，不同的扫描仪配有不同的扫描仪驱动程序，通过软件驱动程序使电脑能识别扫描仪并与之建立通信联系。扫描仪一般都配有相应的扫描应用软件，用户通过软件设置扫描时的工作参数，控制扫描仪的工作。同时，扫描软件还可以对图像进行预处理。通过扫描仪生成的数字图像可按不同的文件格式存储起来。

2. 数字图像文件存储方式

数字化图像数据有两种存储方式：位图存储（Bitmap）和矢量存储（Vector）。我们通常以图像分辨率（即像素点数）和颜色数来描述数字图像，如一张分辨率为 640×480，16 位色的数字图片，就由 65536（2^{16}）种颜色的 307200（640×480）个像素点组成。

（1）位图图像（点阵图）。数码相机拍摄的照片、扫描仪扫描的图片，屏幕抓取的图像等都属于位图。位图在技术上称为栅格图像，它由网格上的点组成（实际上是许许多多的小矩形块），这些点称为像素。每个像素点记录了图像相应的颜色信息，Photoshop 就是通过修改像素点来处理图像的。单位面积的位图图像包含的像素越多，分辨率越高，显示越清晰，文件所占的空间也就越大。反之，图像就越模糊，所占的空间也越小。当图像放大到一定程度时，就会出现锯齿一样的边缘。

（2）矢量图像，也称为面向对象的图像或绘图图像，在数学上定义为一系列由线连接的点。矢量文件中的图形元素称为对象，每个对象都是一个自成一体的实体，它具有颜色、形状、轮廓、大小和屏幕位置等属性。即矢量图像存储的是图像信息的轮廓部分，而不是图像的每一个像素点。如一个圆形图案只要存储圆心的坐标位置和半径长度，以及圆的边线和内部的颜色即可。该存储方式的缺点是经常耗费大量的时间做一些复杂的分析演算工作，图像的显示速度较慢；其优点是图像缩放不会失真，图像的存储空间也小得多。这些特征使基于矢量的程序特别适用于图例和三维建模，因为它们通常要求能创建和操作单个对象。基于矢量的绘图同分辨率无关。这意味着它们可以按最高分辨率显示到输出设备上。

3. 常用数字图像文件的格式

1）BMP 格式

BMP（Bitmap）文件格式，又称为位图文件格式，是 Windows 中的标准图像文件格式，在 Windows 环境下运行的所有图像处理软件都支持这种格式。

BMP 格式图像文件的特点是不进行压缩处理，具有极其丰富的色彩，图像信息丰富，能逼真表现真实世界。因此，BMP 格式的图像文件的尺寸比其他格式的图像文件大得多，不适宜在网络上传输。BMP 格式的文件在多媒体课件中，主要用于教学情境创设、表达教学内容和提高课件的视觉效果等。

2）GIF 格式

图形交换格式（Graphics Interchange Format，GIF）是在各种平台的各种图形处理软件上均能够处理的、经过压缩的一种图像文件格式。

GIF 格式的图像文件的特点是压缩比高，磁盘空间占用较少，适宜网络传输，所以这种图像广泛应用在网络教学中。GIF 格式图像文件的不足是最多只能处理 256 种色彩，图像存在一定的失真，适合在对图像质量要求不高的多媒体课件中使用。

3）JPEG/JPG 格式

JPEG/JPG 格式是 JPEG 联合图像专家组标准的产物。由于其高效的压缩效率和标准化要求，目前已广泛用于彩色传真、静止图像、电话会议、印刷及新闻图片的传送上。

JPEG/JPG 格式图像的优点是有非常高的压缩比率，适合在网络中传播；使用 24 位色彩深度使图像保持真彩；技术成熟，已经得到所有主流浏览器的支持。其缺点是压缩算法是有损压缩，会造成图像画面少量失真；不支持任何透明方式。这种格式的图像文件是多媒体课件和主题学习网站中最常用的一种数字图像文件。

4）PNG 格式

PNG（Portable Network Graphics）图像文件格式是 Macromedia 公司的 Fireworks 软件的默认图像文件格式，适用于色彩丰富复杂、图像画面要求高的情况，比如作品展示等。大部分绘图软件和浏览器都支持 PNG 图像浏览。

PNG 是目前保证最不失真的图像格式，它汲取了 GIF 和 JPEG 二者的优点：第一，存储形式丰富，兼有 GIF 和 JPEG 的色彩模式；第二，能把图像文件压缩到极限以利于网络传输，但又能保留所有与图像品质有关的信息；第三，显示速度很快，只需下载 1/64 的图像信息就可以显示出低分辨率的预览图像；第四，PNG 支持透明图像的制作。PNG 的缺点是不支持动画应用效果。

5）PSD 格式

PSD（Photoshop Document）是著名的 Adobe 公司的图像处理软件 Photoshop 的专用格式。这种格式可以存储 Photoshop 中所有的图层、通道、参考线、注解和颜色模式等信息。在保存图像时，若图像中包含层，则一般都用 PSD 格式保存。PSD 格式在保存时会将文件压缩，以减少占用磁盘空间，但 PSD 格式所包含图像数据信息较多（如图层、通道、剪辑路径、参考线等），因此比其他格式的图像文件还是要大得多。由于 Photoshop 软件的应用越来越广泛，所以这个格式也逐渐流行起来。

3.3.2 摄影的基础知识

利用数码相机可以直接拍摄获取数字化图像素材，但是要拍好照片，一定要先掌握基本的摄影知识。

1. 正确持机

数码照相机相对于传统照相机而言，对拍摄稳定性的要求更高。这是因为电子元件存储信息需要一段额外的时间，通常称为“时滞”。在拍摄过程中，最重要的是要拿稳相机。无论其他的摄影要素和技术掌握得多好，只要拍摄的一瞬间有震动，照片的质量一定会因影像模糊而大大降低。

2. 光线的运用

1）光线的性质

光线可以分为直射光和散射光两种。在晴天，阳光没有经过任何遮挡直接射到被摄者身上，受光的一面就会产生明亮的影调，不直接受光的一面则会形成明显的阴影，这种光线称为直射光。在直射光下，受光面及不受光面会有明显的反差，因此容易产生立体感。当太阳被薄云遮挡时，阳光仍会穿透白云扩散，这时所产生的照明反差将会降低，非常适于人像摄影。

在阴天，阳光被云层遮挡，不能直接射向被摄对象，只能透过中间介质或经反射照射到被摄对象上，光会产生散射作用，这类光线称为散射光。由于散射光所形成的受光面及阴影面不明显，明暗反差较弱，光影的变化也较柔顺，因此产生的效果比较平淡柔和。

2）光线投射的不同方向

拍摄同一个景物，运用不同方向投射来的光线会产生不同的效果。

（1）顺光。顺光时被摄对象绝大部分直接受光，阴影面积不大，对象的影调比较明朗。这种光线形成的明暗反差较弱，因此立体感较弱。

（2）侧光。来自照相机左侧或右侧的光线叫做侧光。它会使被摄对象的一半受光，而另一半则处于阴影中，有利于表现对象的起伏状态。由于“侧光”照明使对象的阴影面积增大，因此画面的影调不亮不暗，明暗参半，不及顺光的那样明快，但亦不会太阴沉。立体形态表现会较好。

（3）逆光。逆光时被摄对象绝大部分处在阴影之中。因光线对比较弱，所以立体感较弱，影调也比较阴沉。逆光可以用来勾画物体的侧影和轮廓，还可以突现物体的质感和形状，清楚地展示对象的线条。在晴天使用逆光更会创造出一种强烈的反差。

（4）顶光。顶光常会在被摄对象上造成浓重的阴影，若用于人像摄影，则人脸部的鼻下、眼眶、颚下等处会形成浓黑的阴影。

（5）底光。底光在日常生活中较少见，故有怪异和戏剧性的效果，在一般摄影场合应用较少。

3）光线的反差

反差指被摄对象上“最亮”与“最暗”的色调关系。“反差强”即光线在主体身上呈现的最亮部位与最暗部位的差别大，且由最亮到最暗的转换过程中变化非常剧烈，对比度强烈；“反差弱”，则表示最亮部位与最暗部位的差别不大，由最亮到最暗的转换过程中变化非常柔顺，色调丰富。

3. 摄影构图

构图是在照片有限的空间内处理人、景、物的关系，并将三者安排在画面中最佳的位置以形成画面特定结构的过程。构图最主要的目的是强调及突出主题景物，同时把烦琐的、次要的东西恰当地安排为陪衬。摄影构图的基本模式如图3-3-1所示。

4. 光圈、快门、对焦、景深

数码相机与传统相机一样，用来控制曝光量的就是光圈与快门，光圈是光线通过镜头的口径，口径越大，在单位时间内，所能投射的光线越多；“快门”就是光线通过镜头的时间，时间越短，曝光量越小。光圈值用“f”表示，通常光圈的刻度为1.4、2、2.8、4、5.6、8、11、16、22……，光圈级数f越大，表示镜头的口径越小。f值是将镜头的焦距距离与光圈的口径（孔的大小）所除而得的数字，因此数值越大，口径就越小。而每一级的光圈级数之间的单位进光量都是相差两倍，但目前有的数码相机，并未按以上级数设置光圈，而是按f2.8、f5.6、f11……这时，其上下级的进光量，就不仅仅差两倍。

光圈与快门都可以控制曝光量，它们的组合是控制曝光量的主要因素，并互相影响。如果将光圈收小一级（如由f/4收小至f/5.6）、将快门速度调慢一倍（如由1/60减至1/30），它们的曝光量是一样的。当然，光圈除了用来调节曝光量外，最重要的就是控制画面“景深”的大小。所谓景深，就是当焦距对准某一点时，其前后都仍可清晰的范围。景深越长，能清晰呈现的范围越大；反之，景深小，则前景或背景会变得模糊。

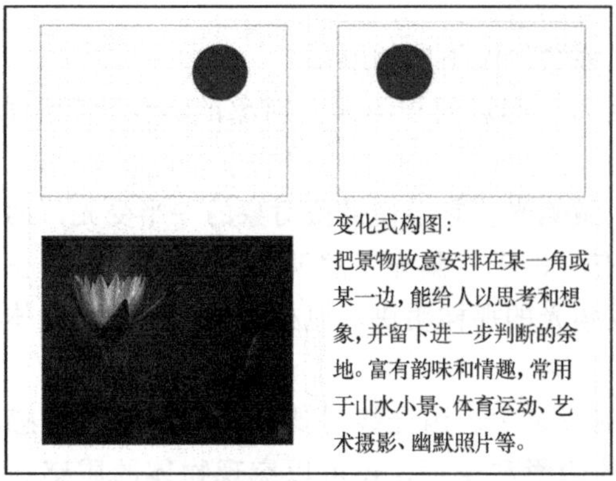

构图 1

构图 2

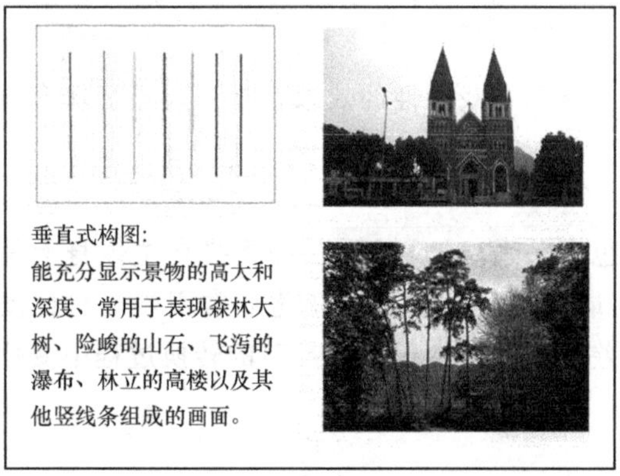

构图 3

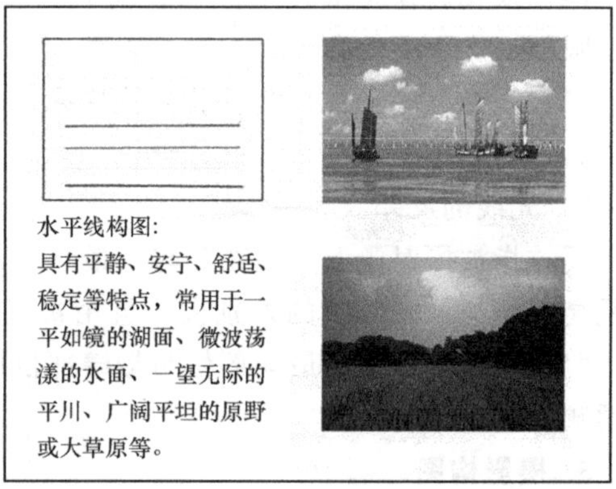

构图 4

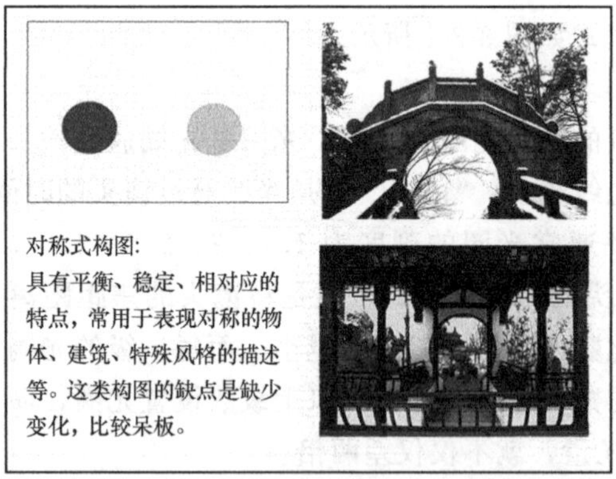

构图 5

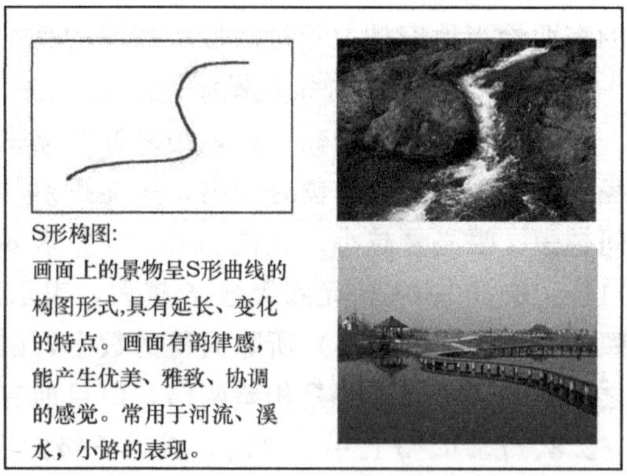

构图 6

图 3-3-1 摄影构图

拍摄时，若希望主体的前后景物都非常清晰，可尽量将光圈向小的方向调节，比如 $f/16$、$f/22$；反之，若希望对焦的物体清晰，虚化前后的其他景物，就尽量将光圈开大，比如 $f/2.8$、$f/2$，甚至 $f/1.4$。除了注意光圈对景深的控制作用最大之外，还有另外两个因素对景深的大小发生作用：一是所用镜头焦距的长短；二是拍摄距离的远近。

3.3.3 数字图像处理

用数码相机、扫描仪、抓图软件等获取的图片只是原始的素材，往往不能满足最终的使用目的和要求，这就需要对原始的素材图片进行有目的的加工处理。Photoshop 是目前广泛应用的图片处理软件。

1. Photoshop 简介

Photoshop 是 Adobe 公司开发的一个跨平台的平面图像处理软件，广泛地应用于宣传画册、产品包装、多媒体软件开发等与图片处理相关的领域，目前最新版本是 PhotoshopCS6。PhotoshopCS6 的主界面如图 3-3-2 所示，包括菜单栏、工具选项栏、工具栏、控制面板、工作区和状态栏等部分。

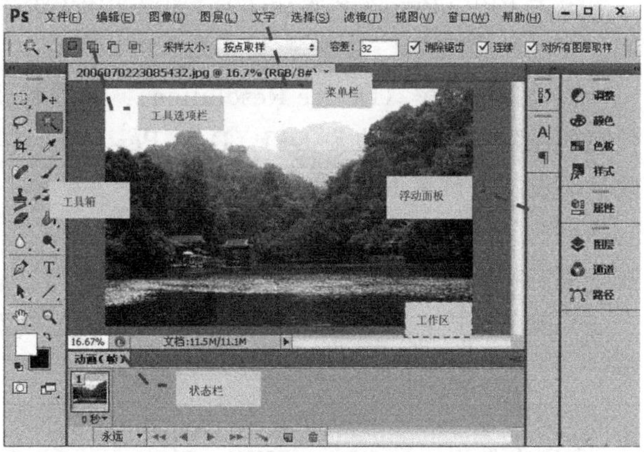

图 3-3-2 PhotoshopCS6 的主界面

其中，工具栏包含各种图片处理工具，如图 3-3-3 所示。

将鼠标放在工具上会显示该工具的名称。另外，按钮下面都有三角，表示该工具下还有其他隐藏工具。用鼠标左键按住该工具不放，即可弹出其下隐藏的工具列表，如图 3-3-4 所示。

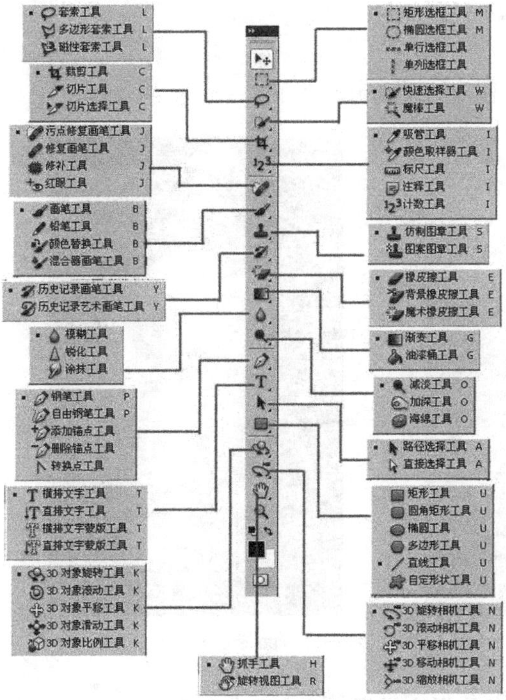

图 3-3-3 工具栏

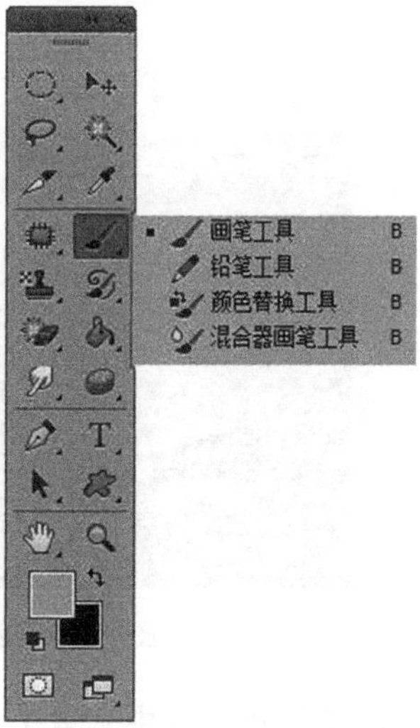

图 3-3-4 隐藏工具

2. 基本概念

（1）像素：是组成图像的最基本单元，它是一个小的方形的颜色块。一幅图像是由若干个这样的像素点以矩阵的方式排列而成的。

（2）图像分辨率：即单位面积内像素的多少。分辨率越高、像素越多，图像的信息量越大。

单位为 PPI（Pixels Per Inch），如 300PPI 表示该图像每平方英寸含有 300×300 个像素。

（3）设备分辨率（Device Resolution）：又称输出分辨率，指的是各类输出设备每英寸所代表的像素点数，单位为 DPI（Dots Per Inch）。与图像分辨率不同的是，图像分辨率可更改，而设备分辨率不可更改。

（4）位分辨率（Bit Resolution）：又称位深或颜色深度，用来衡量每个像素存储的颜色位数，决定在图像中存放多少颜色信息。所谓“位”，实际上是指“2”的平方次数。

（5）颜色模式：用于显示和打印图像的颜色模型。常用的有 RGB、CMYK、LAB、灰度等。

（6）文件格式：Photoshop 默认的文件格式为 PSD；网页上常用的有 PNG、JPEG、GIF；印刷中常用的为 EPS、TIFF。Photoshop 几乎支持所有的图像格式。

（7）图层：图层是 Photoshop 中非常重要的概念，没有图层就无法对图像进行合成操作。使用图层可以在不影响图像中其他图素的情况下处理某一图素。可以将图层想象成一张张叠起来的醋酸纸。如果图层上没有图像，就可以一直看到底下的图层。通过更改图层的顺序和属性，可以改变图像的合成。

3. 简单图片处理

1）图片合成

（1）打开两张图片素材，如图 3-3-5、图 3-3-6 所示。

图 3-3-5 素材 1

图 3-3-6 素材 2

（2）在工具箱中选中套索工具，并在工具栏中设置“5 个羽化值”，如图 3-3-7 所示。

图 3-3-7

(3) 将图 3-3-6 中的人物选中，如图 3-3-8 所示。

(4) 将图 3-3-8 选取的范围，拷贝到图 3-3-5 里，调整到合适的位置及大小，最后把图片保存，如图 3-3-9 所示。

图 3-3-8

图 3-3-9

2) 图片色彩调整

(1) 图片背景去色。

选择菜单【图像】→【调整】→【去色】，可以将彩色图像做去色处理，如图 3-3-10 所示。

图 3-3-10　调整前后的图片

操作步骤如下：

①用磁性套索工具，设置荷花选区；

②对调选区（选择“反选”），选取背景；

③选择菜单【图像】→【调整】→【去色】，可将背景去色。

（2）图片着色。

选择菜单【图像】→【调整】→【色彩平衡】，可以将黑白图像做着色处理，如图 3-3-11所示。

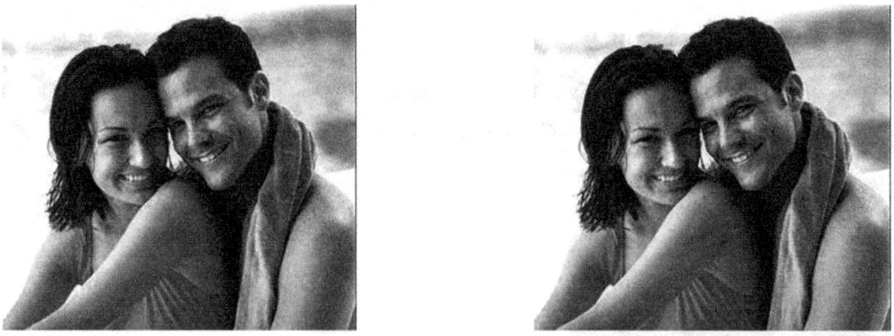

图 3-3-11 调整前后的图片

操作步骤如下：

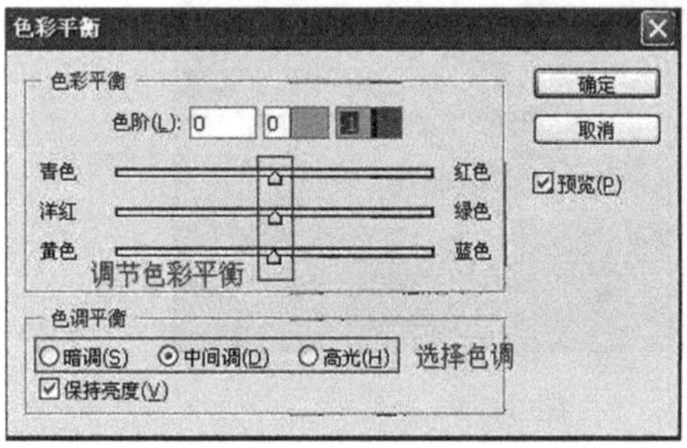

图 3-3-12

①打开黑白图像，用套索工具或磁性套索工具，选择属性中的【】（添加到选区）按钮，选中衣服选区；

②选择菜单【图像】→【调整】→【色彩平衡】命令，在“色彩平衡”对话框中，对中间调和高光进行调整，调节适当颜色，如图 3-3-12所示；

③用同样的方法给皮肤上颜色；

④选择“套索工具”，选中整个人物，按 Ctrl+Shift+I 键将图反选，将羽化半径值设置为 5，然后用色彩平衡调节背景的颜色。

（3）图片颜色替换。

选择菜单【图像】→【调整】→【替换颜色】，可以对原始图片进行颜色替换，如图 3-3-13所示。

图 3-3-13 调整前后的图片

操作步骤如下：

①打开原始素材，选中菜单中的【图像】→【调整】→【替换颜色】；

②将颜色容差调整至 200；

③使用吸管在需要替换的颜色上单击；

④在下面的替换选项面板的“色相”中改变想要的颜色，适当改变饱和度。

3）图片裁剪

图片裁剪就是将图片四周没有用的部分去掉，只留下中间有用的部分，它并不是简单地删除图片内容，所以裁切后图片的尺寸将变小。

操作方法：选用【裁剪工具】在图片中选取一个矩形区域，然后按 Enter 键即可。

4. 综合实例

1）将相片变手工素描

素材及效果图如图 3-3-14 所示。

图 1 原始素材

图 2 效果图

图 3-3-14 素材及效果图

操作步骤如下：

(1) 打开图 3-3-14 所示的原始素材（若为彩色照片，需先进行去色处理）；

(2) 复制图层，得到一个副本图层，按下快捷键 Ctrl+I，将副本图层转换成反相；

(3) 将副本图层的叠加下拉菜单选为“颜色减淡”，这时图片会亮得几乎什么都看不见；

(4) 选择菜单【滤镜】→【模糊】→【高斯模糊】，模糊半径值可根据需要的素描线条粗细设置，即可获得图 3-3-14 的效果图。

2）制作“倒影”效果

素材及效果图如图 3-3-15 所示。

素材 1

素材 2

素材 3

图 3-3-15 素材及效果图

操作步骤如下：

（1）打开两幅小狗的图片；

（2）切换到素材 2，使用磁性套索工具选中小狗，然后按下 Ctrl＋C 组合键，将选区中的图像复制到剪切板；

（3）切换到素材 1，按 Ctrl＋V 组合键，把在素材 2 中选中的小狗复制到新图层中，将新图层命名为 dog2；

（4）选择菜单【编辑】→【自由变换】，对 dog2 层进行大小变换；

（5）使用移动工具调整 dog2 的位置，使之和素材 1 中的小狗并排站在水边；

（6）将 dog2 层拖动到图层面板上的【创建新图层】按钮，复制 dog2 层。将复制出来的图层命名为 reflection；

（7）确认当前层为 reflection 层，选择菜单【编辑】→【变换】→【垂直翻转】，对该层图像进行垂直翻转；

（8）使用移动工具移动翻转后的 reflection 层，使它处于 dog2 的映像位置；

（9）选择菜单【滤镜】→【模糊】→【高斯模糊】，对 reflection 层进行高斯模糊，模糊半径 Radius 为 2pixels；

（10）此时倒影效果已制作完毕，合并图层。

3.4 如何获取与处理声音资源

3.4.1 声音的基础知识

1. 声音的三要素

从心理概念上说，人耳对声音的主观感觉有响度、音调和音色三个参数，称为声音的三要素。

1）响度

人耳对声音强弱的主观感受称为响度。响度是听觉的基础，正常人听觉的强度范围为 0～140dB（也有人认为是－5～130dB）。固然，超出人耳的可听频率范围（即频域）的声音，即使响度再大，人耳也听不出来（即响度为零）。响度不仅决定于声音的物理强度，而且与声音的频率也有一定关系。在强度相等时，1000～4000Hz 的声音人耳听起来最响。在此范围之外，随着频率的降低或升高，响度越来越弱，当降至 20Hz 以下或升至 20kHz 以上时，则很难听到。

2）音调

音调又称音高，表示人耳对声音调子高低的主观感受。客观上音调大小主要取决于声波基频的高低，频率高则音调高，反之则低，单位用赫兹（Hz）表示。人耳对频率的感觉范围是 20～20000Hz。音乐的声音可在此范围内自由表现。语言的范围非常窄，男子一般为 80～10000Hz，女子一般为 100～12000Hz，通常男子比女子的声音频率低，儿童比成年人的声音频率高。另外，人耳对音高的感觉还会受到声波振幅（即响度）的影响，通常情况下响度增大时人耳对音调的听感降低。

3）音色

人耳在主观感觉上区别相同响度和音调的两类不同声音的主观特性称为音色，即声音的特色。音色决定于谐音的多少和强度。谐音的多少和强度千变万化，形成各种各样的音色。根据音色我们能分辨出各种乐器，因为乐器都有各自的音色。同样，每个人的声音都各有特色，听声音就知道是谁在讲话。

2. 声音的数字化

声音本身是一种具有振幅和频率的波，通过麦克风可以把声音转化为模拟电信号，称为模拟音频信号。模拟音频电信号要送入计算机，则需要经过“模拟/数字（A/D）”转换电路转变成数字音频信号，计算机才能对其进行识别、处理和存储。图 3-4-1 是音频信号的数字化过程。

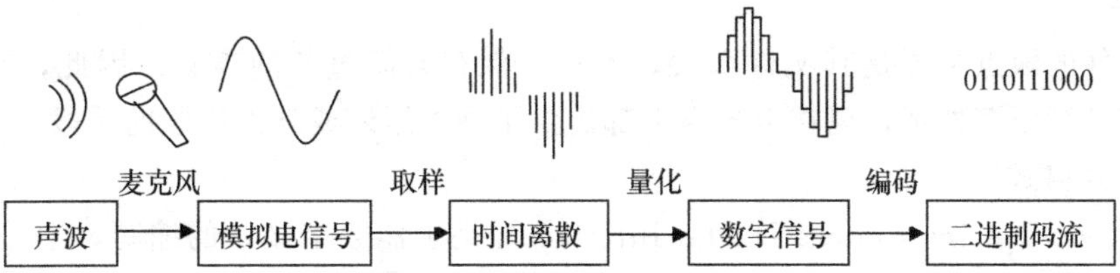

图 3-4-1 声音信号的数字化过程

为了更好地理解和使用数字音频文件、正确地设置声音文件的参数，下面介绍几个相关的概念。

1）采样频率

采样频率是指在模数变换过程中每秒对模拟信号进行采样的次数，如每秒采样 4 万次，就称为采样频频率 40kHz。采样频率越高，声音的还原就越真实自然。在当今的主流采集卡上，采样频率一般分为 22.05kHz、44.1kHz、48kHz 三个等级，22.05kHz 只能达到 FM 广播的声音品质，44.1kHz 是理论上的 CD 音质界限，48kHz 则更加精确一些。对于高于 48kHz 的采样频率人耳已无法辨别出来了，所以在电脑上没有多少使用价值。

2）采样位数

采样位数表示存储、记录声音振幅所使用的二进制位数，它决定了声音的动态范围。不同的采样位数决定了不同的音质，采样后的数据位数越多，数字化精度就越高，音质就越好，需存储的数据量也就越大。

我们知道，声音音质可用信噪比（S/N）确定，信噪比（S/N）越大，音质就越好，而信噪比（S/N）＝采样位数 6dB（分贝），这样，8 位数字系统的信噪比（S/N）＝8×6dB＝48dB，而 16 位数字系统的信噪比（S/N）＝16×6dB＝96dB。所以采样位数越大，音质效果就越好。市场上常见的 16 位声卡和 32 位声卡指的就是采样位数是 16 位和 32 位，而准 16 位声卡是指采集声音时是用 8 位采样位数，但可播放 16 位采样位数的 CD 唱片。CD 唱片的采样位数为 16 位。

3）通道数（声道数）

通道数指一个记录产生一个波形（单声道）或两个波形（双声道立体声）。对于单声道，一次只能产生一个声波信号，立体声能够同时记录或播放两个声道的信号，故能够提供比单声道更好的效果，但其存储容量是单声道的两倍。CD 唱片基本都是采用双声道进行声音录放的。

声音文件的每秒数据量的大小是：（采样频率×采样位数×声道数）/8＝字节数/秒

例如：我们所听的 CD 唱片的采样频率为 44.1kHz，采样位数为 16 位、双声道，则 1

小时数据量为：

$$(44.1\times16\times2\times60\times60)/8=635040\text{kB}$$

所以，一张650MB的CD-R空白光盘可存放65～70分钟的声音或音乐。

3. 常用的数字音频文件格式

1）WAVE格式（波形文件）

波形文件扩展名为WAV，它保存的是利用声卡对自然界中实际声音进行采集并数字化后的数据。波形文件是Windows中使用的标准数字声音文件，因此可以被其他Windows应用程序调用，例如，在Word、PowerPoint、Authorware等软件中都可以嵌入波形文件。

波形文件的缺点主要是其文件太大，不适合保存时间过长的声音。因此，在实际应用中，要对其进行压缩处理，现在很多声卡都提供了硬件压缩或软件压缩的手段。

2）MIDI格式

MIDI（Musical Instrument Digital Interface）是乐器数字接口的缩写，它是1983年由YAMAHA、ROLAND等公司联合制定的一种数字音乐的国际标准，扩展名为MID。MIDI音乐的记录方式与波形音乐不同，它记录的不是波形的数字编码信号，而是按MIDI规范记录下音符、旋律、乐器等信息，即它是对音乐的符号表示。

MIDI文件数据量非常小，而且音质非常好。缺点是缺乏重现真实、自然声音的能力。另外，MIDI文件只能记录MIDI规范所规定的有限的几种乐器的组合，而且受音频适配卡芯片性能的限制难以产生真实的音乐效果。

3）MP3格式

MP3是MPEG Audio Layer3的简称，它采用了高比率的数字压缩技术，压缩比率达到12∶1，经过MP3编码软件编码的音乐，在音质上与高保真的CD唱片没有什么差别。一张650MB的空白光盘能存储十几个小时的声音文件，也就是说每分钟MP3声音文件只有1MB大小，这样每首歌的大小只有几兆字节，一张MP3空白光盘可容纳十几张CD唱片的歌曲。借助MP3播放软件对MP3文件进行实时解压缩（解码），把还原后的声音信号输出给扬声器，MP3的声音就播放出来了。

4）CD格式

CD格式是唱片采用的格式，又叫“红皮书”格式，其扩展名为CDA。该文件记录的是波形流。缺点是无法编辑，文件长度太大。

5）WMA格式

WMA的全称是Windows Media Audio，是微软力推的一种音频格式。WMA格式是以减少数据流量但保持音质的方法达到更高的压缩率，其压缩率一般可以达到1∶18，生成的文件大小只有相应MP3文件的一半。

6）RealAudio格式

RealAudio格式文件，其扩展名为RA，是Real Networks公司开发的一种新型流式音频（Streaming Audio）文件格式。它包含在RealMedia中，主要用于在低速的广域网上实时传输音频信息。支持RealAudio格式的文件有*.RA、*.RM、*.RAM。

3.4.2 利用音频处理软件 Cool Edit Pro 处理声音素材

1. Cool Edit Pro 简介

Cool Edit Pro 是一个集声音录制、混音合成、编辑处理于一体的数字音频软件。它可以将电脑模拟成一座全功能的录音棚，使用户几乎不增加其他投资，就可以制作出专业而美妙的音乐。不少人把 Cool Edit 形容为音频“绘画”程序。我们可以用它“绘”制声音，如音调、歌曲的一部分、弦乐、颤音、噪声或调整静音等；还可以用它为我们的作品增色，如放大、降低噪声、压缩、扩展、回声、失真、延迟等；它支持同时处理多个文件，我们可以轻松地在几个文件中进行剪切、粘贴、合并、重叠声音的操作。另外，该软件带有 CD 播放器，使用它可以生成噪声、低音、静音、电话信号等声音。它还有很多其他功能，如支持可选的插件；崩溃恢复；支持多文件；自动静音检测和删除；自动节拍查找；录制等。另外，它也可以在 AIF、AU、MP3、SAM、VOC、VOX、WAV 等文件格式之间进行转换，并且能够保存为 RealAudio 格式。

2. 音频文件的处理

1）录音

（1）将耳麦的麦克风和耳机插头分别插入电脑的 MIC（一般为粉红色）和监听（一般为绿色）插孔；

（2）调节音量，包括总音量及麦克音量。对着麦克风以正式录音的音量演唱，检查音量电平指示表，调整音量大小至最佳（最大不超过音频电平红区）；

（3）单击菜单【文件】→【新建】，出现新建文件对话框，选择适当的录音声道(Channels)、分辨率（Resolution）和采样频率（Sample Rate）。一般“采样率”选“44100”，“声道”选“立体声”，“采样精度”选“16 位”，这是用于 CD 音量的设置，效果不错，如图 3-4-2 所示.

（4）单击 Cool Edit Pro 主窗口左下部的红色【录音】按钮，开始录音；

注意：开始录音时先不要出声，空录十几秒环境噪音，然后再进行录制。

（5）录音完毕，单击 Cool Edit Pro 主窗口左下部的【停止】按钮。Cool Edit Pro 窗口中将出现刚录制文件的波形图。单击【播放】按钮可以试听。

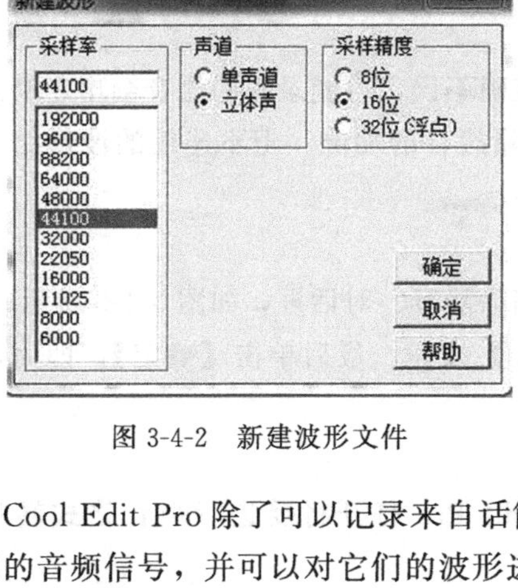

图 3-4-2 新建波形文件

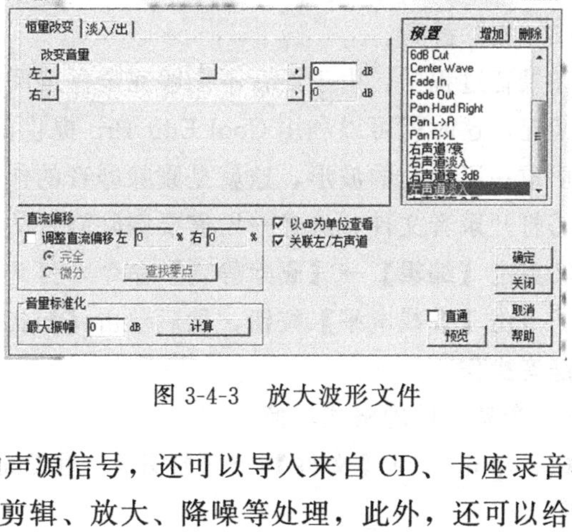

图 3-4-3 放大波形文件

Cool Edit Pro 除了可以记录来自话筒的声源信号，还可以导入来自 CD、卡座录音机等声源的音频信号，并可以对它们的波形进行剪辑、放大、降噪等处理，此外，还可以给它们添加立体环绕、淡入淡出、3D 回响等奇妙的声音特效。

2）录音的处理

（1）波形放大。

①双击人声所在音轨，进入单轨编辑状态；

②点击主菜单栏【效果】→【波形振幅】→【渐变】，打开波形放大效果器，适当增加音量值（如图 3-4-3 所示）；

③回到原编辑界面，试听效果。

当然，随着声音波形的放大，会产生噪音，那就要对音频文件做降噪处理。

（2）降噪处理。

①把音频信号放大，放大后的波形能帮助我们更准确地进行定位和选择；

②噪音采样，在人声空挡处先选取一小段杂音波形，取样的这段噪音一般要长一些，否则不能包含足够多的噪音样本，不过要保证是“干净”的噪音，也就是说应该是纯的环境噪音；

③点击主菜单栏的【效果】→【噪音消除】→【降噪器】打开降噪器，进入降噪器处理界面，如图 3-4-4 所示，点击【噪音采样】按钮，几秒后出现噪音样本的图样，然后点击右下方的【关闭】按钮，即可返回波形编辑界面。

④点击【保存采样】键保存采样，最后点击【确定】关闭降噪器，如图 3-4-5 所示。

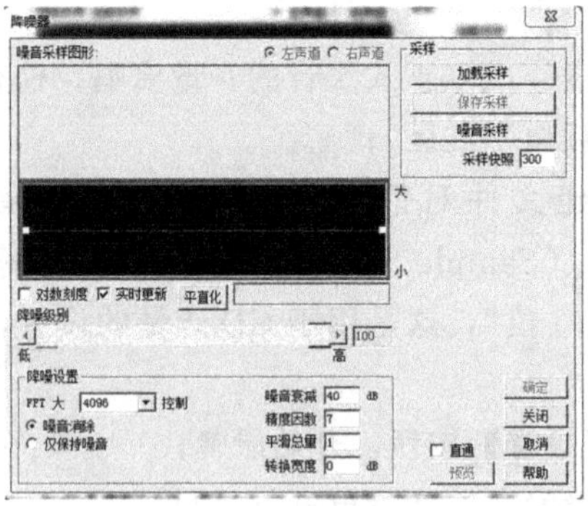

图 3-4-4 噪音采样

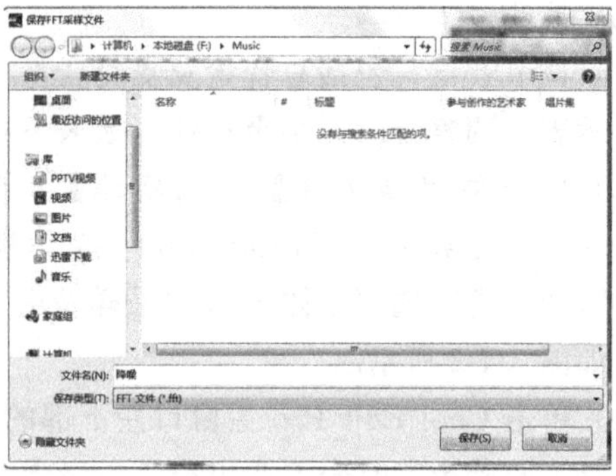

图 3-4-5 保存采样

⑤回到处于波形编辑界面的人声文件，打开降噪器，点击【加载采样】加载之前保存的噪音采样进行降噪处理。点【确定】降噪前，可先点预览试听一下降噪后的效果。

（3）删除静音。

在录音过程中，由于语音不能够完全保证阅读准确不误，可能录制的语音会出现断断续续的情况，这时就可以利用 Cool Edit Pro 提供的删除静音的功能，把不连续的波形结合起来，形成一段连续的波形，这就是删除静音的作用。

①打开录音文件，选择一段需要删除静音的波形；

②点击【编辑】→【删除静音】命令，打开“删除静音”对话框，如图 3-4-6 所示；

③点击【查找电平】按钮，然后单击【扫描静音】按钮，最后单击【确定】，即完成了删除静音操作。

3）音频文件的格式转换

（1）单击菜单【文件】→【打开】，用 Cool Edit Pro 打开将要进行声音格式转换的文件；

（2）单击菜单【文件】→【另存为】，用 Cool Edit Pro 打开“另存波形为”对话框，如图 3-4-7 所示；

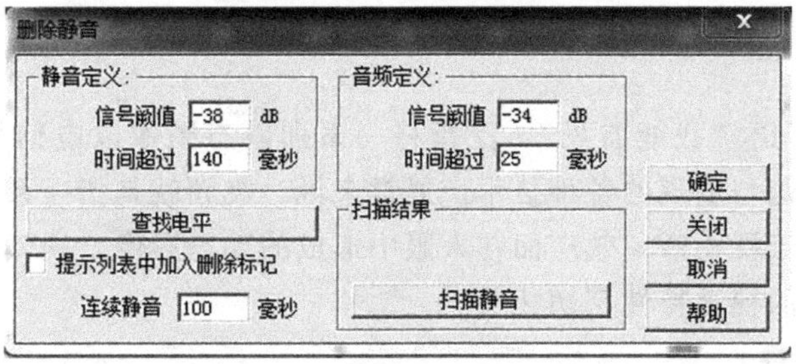

图 3-4-6　“删除静音”对话框

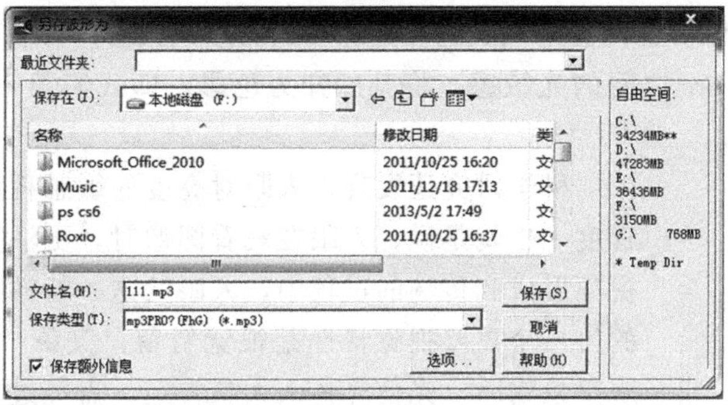

图 3-4-7　“另存波形为”对话框

（3）选择合适的目标文件类型，点击【保存】即可。

4）从数字视频中提取音频

Cool Edit Pro 不但提供了从 CD 音乐光盘中提取音乐的命令，也提供了从数字视频文件中提取音频的命令。可提取的视频文件格式有 *.avi、*.mpg、*.wmv、*.dat 等。

（1）运行 Cool Edit Pro，选择【文件】→【从视频文件中提取】命令，弹出如图 3-4-8 所示的“选择视频文件”对话框；

（2）选择要提取的视频文件，点击【打开】按钮；

（3）打开之后，就开始提取音频，提取过程中会显示估计剩余的转换时间和转换的百分比；

（4）提取结束后，将音频文件保存即可。

图 3-4-8　“选择视频文件”对话框

3.5　如何获取与编辑视频资源

如今，无论是课堂教学还是网络学习，视频资源都已成为教学资源的重要组成部分。视频资源所呈现的内容形象逼真、真实生动，能够帮助学生构建学习情境，激发学习兴趣，提高学习效果。通过一定的技术手段获取视频资源后还要进行编辑加工，使其符合实际教学的需求，才能达到促进教学的目的。

3.5.1 视频基础知识

“视频”源于拉丁语“我能看见”，泛指将一系列静态图像以电信号方式加以捕捉、记录、处理、存储、传送与重现的各种技术。通常来说，视频就是指一系列静态图像按照一定的速率连续播放，由于视觉暂留效应而在人眼中形成的动态影像。视频的产生不仅和物理设备有关，而且和人眼的视觉特性密切相关。

1. 人眼的视觉特性

据研究统计，人类大脑获取全部信息的 70%以上来自视觉。人眼能够看见物体，是对物体发出或反射的光的感知结果。外界光线进入结构复杂的眼球后在视网膜上形成影像，然后经由视觉神经将影像信息传输给大脑进行处理，从而形成人对外界物体的视觉感知。人眼仅对波长在 380～780nm 之间的光敏感，将其感知为色彩，即我们熟知的七色光（红、橙、黄、绿、蓝、靛、紫）。

图 3-5-1 走马灯

科学研究还发现，人眼对亮度的敏感程度高于对色彩的敏感程度。也就是说，人眼在观看图像时，更注重亮度而非色彩。在视频形成和传输的过程中，人眼的这一特性已被充分利用。人眼的另一个重要视觉特性是视觉暂留，又称“余晖效应”。人眼在观察景物时，光信号传入大脑神经，需经过一段短暂的时间。光的作用结束后，视觉形象并不会立即消失，这种残留的视觉称为“后像”，视觉的这一现象则被称为“视觉暂留”。视觉暂留现象首先被中国人发现，走马灯便是历史记载中最早的视觉暂留运用。我国宋朝时已有走马灯，当时称“马骑灯”（如图 3-5-1 所示）。人眼的视觉暂留效果是动画、视频等视觉媒体形成的重要依据。

2. 视频的基本概念

视频信号的产生是一个复杂的过程，可简单理解为：光学镜头将可见光汇聚到影像传感器（如 CCD 或 CMOS）上，光信号就转变为电信号，此信号经过放大、调制等处理后就成为可被播出或记录的视频信号。它们最终可通过多种传输手段被传送到电视机、电脑或手机上。

1）模拟信号和数字信号

视频信号既可以用模拟信号表示，也可以用数字信号表示。模拟信号是指用连续的物理量表示的信息。自然界中的信息都是以模拟信号的方式存在的，如图像、声音、温度等。与模拟信号的连续性不同，数字信号是离散性的、不连续的，用一定方式的编码表示，如二进制码。数字信号相对于模拟信号来讲，具有抗干扰能力强、便于处理和共享等特点。目前，与视频相关的设备或处理系统都采用数字信号。

2）帧和场

我们已经知道，当一系列静态图片以一定的速率呈现在人眼前时，就在人眼中形成了动态影像。我们把每幅静止的图片称为帧，每秒显示的图片数量称为帧速率，单位是帧/秒（fps）。要在视觉上形成平滑连续的动态效果，帧速率一般不小于 10fps，否则会产生跳动。

在标准电视机中，视频画面是由电子束在整个荧光屏的内部扫描得到的。扫描总是从屏幕的左上角开始，水平向前行进，同时扫描点也以较慢的速率向下移动。当扫描点到达屏幕右侧边缘时，扫描点快速返回左侧，重新开始下一行的扫描。场的概念就来源于电视扫描。电视扫描分为隔行扫描和逐行扫描。把每一帧图像通过两场扫描完成则是隔行扫描。两场扫描中，第一场（奇数场）只扫描奇数行，依次扫描1、3、5……而第二场（偶数场）只扫描偶数行，依次扫描2、4、6……最终两场合并为一帧完整的图像。由于视觉暂留效应，人眼将会看到平滑的运动而不是闪动的半帧半帧的图像。隔行扫描技术在传送信号带宽不够的情况下起了很大作用。逐行扫描相对于隔行扫描是一种先进的扫描方式，它是指显示屏显示图像进行扫描时，从屏幕左上角的第一行开始逐行进行，整个图像扫描一次完成。隔行扫描和逐行扫描的显示效果主要区别在稳定性上。前者造成两幅图像显示的时间间隔比较大，从而导致图像画面闪烁较大；后者克服了隔行扫描的缺点，画面平滑自然无闪烁。在电视的标准显示模式中，i表示隔行扫描，p表示逐行扫描。

3）电视制式

目前，全世界所使用的电视信号技术标准（即电视制式）并不统一。通用的电视制式主要有三种，分别是PAL、NTSC、SECAM。中国和大部分欧洲国家使用PAL制，美国、加拿大和日本等国家使用NTSC制，俄罗斯和法国等国家使用SECAM制。

NTSC制式是由美国国家电视系统委员会（National Television System Committee）在1953年制定的彩色电视标准。该制式的供电频率为60Hz，帧速率为29.97帧/秒，扫描线为525行（实际可视480行），采用隔行扫描方式。

为了克服NTSC制式的缺陷，1962年前联邦德国在NTSC制式技术的基础上制定出一个新的彩色电视标准，即PAL（Phase Alteration Line，逐行倒相）制式。该制式的供电频率为50Hz，帧速率为25帧/秒，扫描线为625行（实际可视576行），采用隔行扫描方式。特点是对相位失真不敏感，图像彩色误差较小，与黑白电视的兼容也好。

1966年，又一个彩色电视标准SECAM制式在法国研制成功。SECAM是法文Sequentiel Couleur A Memoire缩写，意为“按顺序传送彩色与存储”。”该制式与PAL制式一样，其供电频率为50Hz，帧速率为25帧/秒，扫描线为625行（实际可视576行），采用隔行扫描方式。特点是不怕干扰，彩色效果好，但兼容性差。

4）分辨率和宽高比

分辨率是用来描述图像细节分辨能力的指标。视频的图像质量不仅取决于帧速率，还与每一帧图像的分辨率有重要关系。分辨率越高，视频的图像质量越好。

传统模拟视频的图像分辨率主要以每帧画面水平扫描线的数量来衡量，称为垂直分辨率。如前面提到的，NTSC制式每帧图像扫描525行，PAL制式每帧图像扫描625行。后者的分辨率略高于前者，因而视频图像更清晰。

在数字视频中，分辨率通常被表示为水平和垂直方向上的像素数量，如640×480、720×576等。像素，即图像元素，是图像显示的基本单位。图像的像素数量取决于录像和显示设备，它在很大程度上决定了图像质量的好坏。根据分辨率的不同，我们将数字电视视频分为标准清晰度电视（Standard Definition TV，SDTV）和高清晰度电视（High Definition TV，HDTV），即我们通常所说的标清（SD）和高清（HD）。所谓标清，具体地说，是指分辨率为720×576（PAL制式）或720×480（NTSC制式）的标准清晰度视频画面，如普通的电视节目或DVD视频。而高清通常是指分辨率为1280×720或1980×1080的高清晰度视频画面，如高清电视节目或蓝光（Blu-ray）DVD。

视频中宽高比的概念包括帧宽高比和像素宽高比两个方面。前者是指视频画面的宽高比，常见的比例有标清视频的4∶3和高清视频的16∶9。此外，一些电影画面具有更宽的比例，如1.85∶1或2.35∶1。后者是指每个像素的宽高比，不同视频格式的像素宽高比是不同的。计算机使用方形像素显示画面，其像素宽高比是1∶1。而电视视频基本使用矩形像素，例如，PAL制式的标清视频的像素宽高比为1.07∶1。如果在方形像素显示模式中显示矩形像素视频画面，会带来变形的问题，这时就需要对视频的像素进行矫正处理。

5）视频色彩系统

为了在视频图像中表示各种色彩，人们通常将色彩划分为若干分量，形成一定的色彩体系，这就是视频色彩系统，也称视频色彩模式或色彩空间，是描述视频影像色彩的方式。我们知道，自然界中任何一种色彩都可以由红（R）、绿（G）、蓝（B）三原色按不同的比例混合而成。

在视频中，常用的色彩模式有RGB和YUV（PAL制式和SECAM制式）或YIQ（NTSC制式）两种。RGB模式运用于计算机和彩色电视的显示器，每种色彩使用R、G、B三个变量表示。为了与黑白电视视频显示系统兼容，需要将RGB模式转换为YUV或YIQ模式。如果使用RGB模式，黑白电视系统则无法显示图像。YUV或YIQ模式最重要的特点是色彩信号中的亮度信号和色度信号是分离的。在现代彩色电视系统中，通常采用三管彩色摄像机或彩色CCD摄像机进行取像，然后把取得的彩色图像信号经分色、分别放大校正后得到RGB信号。再经过矩阵变换电路得到亮度信号Y和两个色差信号R－Y（即U或I）、B－Y（即V或Q），最后发送端将亮度和色差三个信号分别进行编码，用同一信道发送出去。使用YUV或YIQ模式的好处在于：当使用黑白电视系统时，只需接收Y信号（即亮度信号）即可显像；当使用彩色电视系统时，只需将YUV或YIQ信号转换为RGB信号即可。

对于数字视频来说，色彩显示还涉及一个重要概念——色彩深度。色彩深度是指每个像素点可以显示的色彩信息的多少，它用位数（2的n次方）来表示，位数越高（n值越大），视频画面的色彩表现力就越强。如计算机通常使用8位/通道的R、G、B三个通道来存储和传输色彩信息。那么，计算机使用的色彩深度是24位，如果再加上一个8位的透明通道，就是32位。也就是说，计算机可以显示的色彩信息可以达到1670万种以上（2的24或32次方）。

6）视频压缩

所谓视频压缩是指运用一定的压缩技术去除冗余信息以减少原始视频的数据量。实际上，原始视频的数据量是非常大的。例如，未经压缩的电视视频数据可高达216Mb/s（27MB/s），也就是说，视频系统每秒要处理216Mb（27MB）数据，这对于视频系统（特别是硬件设备）来说负担太大。如果仅仅靠扩大存储器容量、增加信号通道传输速率的方法来处理视频数据量过大的问题是不经济的，所以采用数据压缩是有效的解决办法。压缩后的视频数据量减少，便于存储、编辑和传输，从而减轻视频处理系统的负担。

以上谈到了视频压缩的必要性，那它具有可行性吗？从信息论的观点来看，信源的数据量是信息量和冗余量之和。那么，视频数据压缩就有两种情况。第一，减少冗余就可以减少数据量而不减少信息量，这通常称为无损压缩。视频数据之间有很高的相关性，很多数据具有相同或相似的特征，这些就是冗余信息。视频压缩可以通过减少这些冗余信息减少视频数据量。第二，减少冗余就减少了信息量，但其引起的失真并不妨碍信息的获取和实际应用，这通常称为有损压缩。人眼的视觉特性不仅与视频的产生有很大的关系，还影响视频数据的压缩。人眼对视频图像的观察是非均匀和非线性的，它并不能感知画面中所有的变化。例如，前面提到人眼对色度的感知较亮度而言是不敏感的。因此，图像在某种色度上一定范围内的变化是不易被人眼察觉的。视频压缩技术可利用这一特点来减少数据量。以上两个方面说明视频数据压缩具有很大的可行性。

视频压缩的目标是在尽可能保证视频图像质量的前提下减少视频数据量。那么，怎样才能进行有效的视频压缩呢？典型的数据压缩方式有两种：帧内压缩和帧间压缩。帧内压缩，又称空间压缩，是把单帧画面内相近区域内的相似信息进行归类，用描述其相关性的方式取代记录每一个像素的显示信息，去除了对于人眼来说不重要的冗余信息。帧间压缩，又称时间压缩，它是根据视频图像相邻帧之间的相关性，即相邻两帧变化很小因而具有冗余信息这一特点描述视频两帧之间的变化部分，并将相对稳定的部分作为背景，从而减少数据量，达到压缩的目的。

7）视频格式

事实上，视频压缩的方式具体来说就是视频编码方式。有些编码方式可以保证较高的视频图像品质，但数据量较大。有些则相反。越是先进的编码方式，其运算就越复杂，视频压缩也就越有效，即视频图像品质高，数据量小。在实际运用中，应根据需要选择视频编码方式。例如，当视频作为重要资料保存时，应优先选择高品质的编码方式；当用于视频会议或手机视频通话等用途的时候，因为受限于实时通信要求或较少的运算资源，所以可优先选择数据量较小的编码方式。运用不同的视频编码方式，就会得到不同的视频格式。下面介绍一些常见的数字视频格式。

（1）AVI是音频视频交错（Audio Video Interleaved）的英文缩写。这种视频格式由微软公司于1992年推出，在视频领域可以说是历史最悠久的格式之一。在AVI文件中，视频图像和声音数据是以交织方式存储的，并独立于硬件设备。AVI格式的视频文件的优点是图像质量好，可以跨多个平台使用，缺点是体积过于庞大。

（2）DV的英文全称是Digital Video Format，是由索尼、松下、JVC等多家厂商联合提出的一种家用数字视频格式。这种视频格式的文件扩展名一般是avi，所以我们习惯性地称它为DV-AVI格式。通过IEEE 1394端口并使用视音频采集软件，可将由磁带数字摄录机录制在磁带上的视音频信息传输到电脑，以DV-AVI格式的文件进行存储并进行编辑。在教学应用中，一般以DV-AVI格式存储视频原始素材，用于今后随时编辑符合各种需求的其他教学视频。

（3）MPEG不是一个单一的文件格式，而是一个系列的编码方式，包含多个视频格式。这个系列编码方式由国际标准化组织和国际电工委员会下属的“动态图像专家组”（Moving Picture Experts Group，MPEG）制定，它采用了帧间压缩的方式，去除前后图像中的冗余部分，从而达到压缩的目的。

MPEG-1格式制定于1991年，它是针对1.5Mbps以下数据传输率的数字视频图像和声音进行编码的标准。使用MPEG-1的压缩算法，可以把一部120分钟长的电影压缩到1.2 GB左右大小。常见的VCD视频光盘中的DAT文件采用的就是MPEG-1编码，它提供了相当于早期家用录像系统（VHS）的影音品质。

MPEG-2 格式于 1994 年发布，其编码算法基本与 MPEG-1 相同，追求在大流量下更高质量的视频图像和声音效果。它能提供的传输率为 3 ～ 10Mbps。使用 MPEG-2 压缩算法，可以把一部 120 分钟长的电影压缩到 4 ～ 8 GB 大小。常见的 DVD 视频光盘中的 VOB 文件采用的就是 MPEG-2 编码。此外，MPEG-2 还用于广播电视，使之成为广播级标准清晰度电视和高清电视（HDTV）的标准。

MPEG-3 格式起初为 HDTV 制定，但由于快速发展的 MPEG-2 已适用于 HDTV，导致 MPEG-3 夭折。

MPEG-4 格式发布于 1998 年，与 MPEG-2 不同，其压缩比更大，编码效率更高。和其他视频格式相比，在相同的视音频传输率下，它具有更高的视听质量。它所追求的是以最少的数据量获得最佳的图像与声音质量。这使得在低带宽的通道传输较高质量的视音频信息成为可能。

（4）RM（Real Media）是由 RealNetworks 公司制定的一种流媒体视音频格式。与其他流媒体格式的文件一样，它也具有体积小而视频质量较高的特点。可以使用 RealPlayer 或 RealOne Player 等符合 RealMedia 技术规范的网络视音频资源在不必事先完全下载的情况下以“边下边播”的方式进行在线播放。此外，RealMedia 还可以根据不同的网络传输速率制定不同的压缩比率，从而实现在低速率的网络上进行影像数据实时传送和播放。RM 是流媒体技术的开端，为在线影视的推广做出了贡献。之后出现的 RMVB 格式，是一种由 RM 视频格式升级延伸出的新视频格式，它的先进之处在于 RMVB 视频格式打破了原先 RM 格式的平均压缩采样的方式，在保证平均压缩比的基础上合理利用比特率资源，即静止和动作场面少的画面场景采用较低的编码速率，将留出的更多的带宽空间用于快速运动的画面场景。这样既保证了静止画面质量，同时，大幅度地提高了运动图像的画面质量，从而在图像质量和文件大小之间达到了较好的平衡。目前，RMVB 格式已成为最流行的视频格式之一。

（5）WMV（Windows Media Video）是微软公司开发的一种流媒体格式。它算法先进，压缩码率高，体积小，视频图像质量较高。由于可直接在 Windows 系统自带的播放器 Windows Media Player 中播放，因此它已成为常见的网络视频格式之一。

（6）MOV 是苹果公司开发的一种视音频文件格式，可在苹果 Mac 系统的 QuickTime 播放器中播放。随着苹果各类电子产品的普及，MOV 格式已越来越被人们熟知。其特点是跨平台性，即不仅能支持 Mac 系统，同样也能支持 Windows 系统。与 WMV 一样，它也是一种流媒体格式。

（7）FLV 是 Flash Video 的简称，它是近年来出现在网络上的一种新的视频流媒体格式。它是基于 Flash MX 的，可以看做一种 Flash 动画，特点是观看的速度非常快，在网络状态良好的情况下，几乎没有缓冲。FLV 压缩与转换非常方便，适合做短片。FLV 格式的优点是解决了网页上常见的 ASF 格式、WMV 格式、RM 格式的视频采用专门软件播放以及这些格式的视频在播放时占用一定缓冲容量等问题。只要浏览器里安装了 Flash Player 播放器，就可以播放 FLV 格式的视频。

3. 获取与加工视频资源的简单方法

1）获取视频资源的方法

除了购买专门的视频资源外，获取视频资源最简便的方法就是网络下载。网络上存在大量视频，其中不乏与各类教学相关的优秀资源。在使用购买的和从网络下载的视频资源时，除考虑这些数字视频资源是否能够符合教学需求外，还需要考虑版权问题。网络下载视频资源的方式有以下几种。

（1）根据网页上提供的下载链接，使用迅雷、快车等网络下载工具直接下载。此外，某些视频资源网站，如优酷网、土豆网等，可注册登录后安装并使用它们提供的专用下载软件进行视频资源的下载。

（2）有些网络视频在播放后甚至是播放时就已经默认缓存到计算机的某个文件夹中了，如常见的“Temporary Internet Files”文件夹。通过点击 IE 浏览器上的【工具】→【Internet 选项】→【常规】→【浏览历史记录】→【设置】→【查看文件】按钮，能打开 Temporary Internet Files 文件夹，从中可以直接查找到刚刚缓存的视频文件。

（3）很多在线观看的视频不提供视频资源的下载，这就需要找到该视频资源在网络上的真实地址，并将此地址复制粘贴至下载工具（如迅雷）的下载任务地址栏中即可下载保存。通过专业的视频地址获取软件，如维棠、网络嗅探等，可获得网络视频的真实地址。此外，某些网络视频在播放时可在其画面上右击鼠标，在弹出的快捷菜单中选择“属性”查看视频文件的地址。

2）加工视频资源的方法

无论是购买的还是网络下载的视频资源都不一定完全符合教学的需要，需要进行截取、合并和格式转换等简单的加工处理才可以使用。

（1）视频截取。

在教学中，特别是在制作课件时，往往只需要视频的一部分，这就需要对视频进行截取处理。很多视频播放软件都提供了视频截取功能，操作也很方便。下面以大家都很熟悉的“QQ 影音”为例，介绍视频截取的操作。

启动“QQ 影音”软件，点击软件界面中央的【 】按钮，打开需要被截取的视频。

点击软件界面右下角的【 】按钮，打开“影音工具箱”（图 3-5-2）。

点击【 】按钮，打开“视频/音频截取”功能界面（图 3-5-3）。

图 3-5-2 影音工具箱

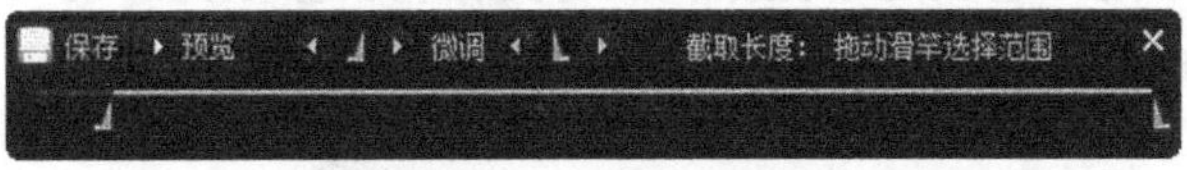

图 3-5-3 视频/音频截取功能界面

拖动入点图标【 】和出点图标【 】，并点击微调按钮【 】和【 】以精确控制入点和出点的时间位置，确定需要截取的片段。

点击【预览】按钮，预览截取的视频片段。

确定截取无误后，点击【保存】按钮，打开保存对话框（图 3-5-4）。

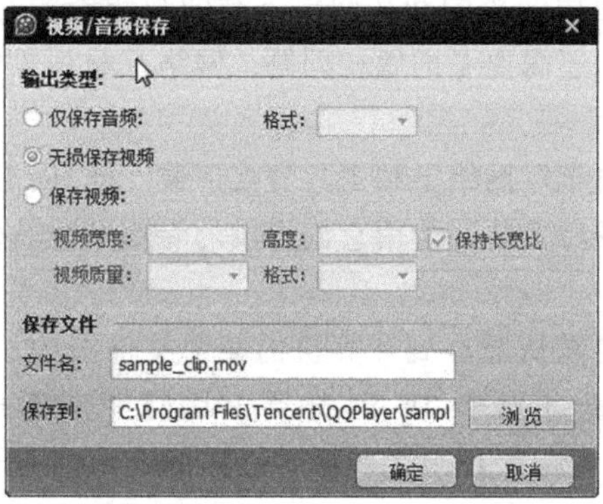

图 3-5-4　保存对话框

在“输出类型”区域里选择所截取的片段需要保存的视频类型，在“保存文件”区域里设置文件名和存储位置后点击【确定】按钮，即开始截取操作。

截取完成后，在软件界面显示“保存成功!”的提示信息，点击【▶】按钮，播放截取的视频片段。

(2) 视频合并。

在教学中有时需要将若干视频片段拼接成一个整体使用。视频的合并拼接处理，既可以使用“视频合并专家”等体积小巧且操作简易的视频合并软件，也可以使用 Premiere 这样的专业视频编辑软件，但操作上后者较前者要烦琐。

(3) 格式转换。

由于不同的多媒体课件开发软件对视频素材格式的要求不同，因此有时需要将获取的视频资源进行格式转换。格式工厂、魔影工厂都是大家熟悉的视频格式转换软件，其操作十分简单，目标格式类型多，转换速度也较快。如果需要进行高质量的转换，就需要用到 Procoder、TmpGEnc 这样的专业视频转换软件，其操作也十分方便。

3.5.2 摄像基础知识

随着数字摄像机的普及，个人自主拍摄已成为视频资源的重要来源。熟悉摄像机及其使用要领，才能正确操作摄像机以获取有用的视频资源。

1. 摄像机的基本构成

摄像机是光电转换的工具。无论是什么样的摄像机，基本功能都一样，即将镜头能看到的光学图像转换成相应的视频画面。具体来说，摄像机将光学图像转换成电子信号，然后再通过电视接收器将它转换成可视的屏幕图像。

为了实现以上功能，摄像机（通常指数字摄录一体机）就必须具备四个基本组成部分：镜头、光电转换系统、寻像器和录像系统。

1) 镜头

镜头是摄像机的眼睛，它决定了摄像机能看见什么。摄像机的镜头主要是由一组光学透镜和机械调节部件组成的。在镜头的内部是一组成像透镜，通过其透视放大，摄像机获得清晰的像。

2) 光电转换系统

光电转换系统是将通过镜头进入摄像机内部的光信号转换为电信号的装置，由分光装置和成像装置两部分组成。分光装置的作用是将通过镜头的光分离成三原色的三束光线分别进行处理以提高成像质量。成像装置，即影像传感器，就是我们通常所说的 CCD 或 CMOS。它是一种特殊的半导体材料，可以根据光的强弱积累相应比例的电荷，并将各个像素积累的电荷在视频时序的控制下，经滤波、放大处理后，形成视频信号输出。

3）寻像器

寻像器实际上是摄像机上的一个微型监视器。从镜头进来的光信号经光电转换系统处理形成视频信号后由寻像器还原成视频图像。摄像人员通过寻像器观察所拍摄视频画面的内容，监看视频画面聚焦、亮度、色彩等效果，还可以观看由录像机回放的视频图像。此外，寻像器还可以显示摄像机的工作状态、功能设置和警告等信息。

4）录像系统

摄像机上的录像系统实际就是一台便携式录像机。它将光电转换系统输出的视频信号记录存储在一定的介质上，如磁带、硬盘、光盘等。磁带录像系统是将视频信号以线性方式记录在磁带上的，可利用录像系统的快进或快退功能搜索任意片段在寻像器里进行回放。硬盘或光盘录像系统在记录视频信号时，每录像一次就记录一个视频文件。例如，摄像机在某个场景中拍摄了 10 个镜头，那么在硬盘或光盘上就记录了 10 个视频文件。

2. 摄像机的基本设置

在正式拍摄之前，要根据实际的拍摄环境和拍摄要求对摄像机的各项功能进行设置，只有这样才能保证摄像机记录下符合需求的视频画面。

1）聚焦设置

所谓聚焦，是指摄像机依据与拍摄对象的距离，调节镜头组的间距，以得到清晰的影像。专业摄像机通过调节镜头上的聚焦环实现手动聚焦。家用摄像机大多采用自动对焦系统实现对焦。当被摄对象处于运动状态或光线不足时，自动对焦往往容易出现偏差。另外，因为自动对焦采用中心对焦的方式，所以无法选择对焦区域。

2）滤色片设置

摄像机的滤色片包括滤光片和色温片两种。滤光片根据光照条件的不同，分档次减弱进入摄像机光线的强度。在拍摄过程中，当光线过于强烈时，就需要选用档次合适的滤光片衰减光线。色温是光的一种属性。光色偏蓝时，色温较高；光色偏红时，色温较低。通过设置色温片使外界光线的色温与摄像机的标准色温（3200k）保持一致，从而准确地还原色彩。

3）黑白平衡设置

为了使摄像机能够准确地还原黑白和彩色图像，要对摄像机的黑、白平衡进行设置，使摄像机在工作过程中始终保持黑平衡和白平衡。黑平衡是为了让摄像机在工作状态但没有光照的情况下能够显示纯黑画面所进行的设置。打开黑平衡开关，镜头光圈自动关闭，几秒钟后黑平衡就自动调好了。一般情况下，黑平衡很少需要调节，只有当画面黑色不纯时才需要重新设置。为正确还原彩色图像，摄像机还要进行白平衡的设置。实际上，白平衡设置就是让摄像机“认白”，为显示彩色信息提供参照信号。家用摄像机上白平衡大多是自动设定的，不需要调节，但往往不够准确。专业摄像机手动进行白平衡设置时，先要选择合适的滤色片，然后将镜头对准拍摄场景中一定光照条件下的白色物体，并使之尽量充满整个画面，打开白平衡开关，几秒钟后白平衡就设置好了。

4）光圈设置

光圈是控制摄像机镜头进光量的装置。光圈变大，进光多，画面变亮；光圈变小，进光少，画面变暗。在拍摄场景或物体光照比较均匀、明暗反差不大的情况下，一般使用自动光圈。相反，则宜用手动光圈。否则，光圈的调整跟不上画面明暗程度的变化，使画面曝光不准确。

5）增益设置

增益设置是指对摄像机输出视频信号电平高低的设置，一般设有0dB、＋9dB和＋18dB三档设置。数值越大，增益越大。增益的大小会影响画面的亮度与清晰度。正常光照情况下，增益设置为0dB，视频画面信噪比高，清晰度好；在低照度情况下，如果开大光圈画面仍较暗，则需要设置较高档次增益以满足画面亮度需求，但此时由于视频信号输出的电平增高，电流增大，生成较多噪波，导致画面信噪比降低，清晰度变差。

6）音频设置

摄像机的音频设置也很重要，特别是对于对同期声要求较高的视频来说更是如此。家用摄像机一般采用内置话筒收声，无须过多设置。专业摄像机一般采用收声效果较高的外接话筒。声音电平的高低可通过菜单设定或机身外部旋钮来调节。摄像机音频输入一般分为话筒输入和线路输入两种。前者用于话筒直接收声，后者用于调音台的音频信号输入。当摄像机有多个音频输入时，要选择相应的声音记录轨道，以便于后期处理。

3. 拍摄基本要领

要确保画面拍摄完美，除了要对摄像机进行正确设置以外，还要掌握一定的技术要领，即稳、平、准、匀。

1）稳

所谓“稳”，是指拍摄时画面要保持稳定。画面稳定，消除不必要的晃动，这是拍摄的最基本要求。为此，拍摄时应尽量借助一定的器械稳定住摄像机。如使用三脚架进行固定机位的拍摄，利用轨道车进行移动镜头的拍摄。大型节目拍摄时所使用的摇臂是为了满足摄像机进行大范围和垂直方向上运动拍摄时稳定的需要。在没有稳定设备的情况下，手持摄像机拍摄时应尽量保持稳定，可寻找可依靠的墙面、树干等保持身体的稳定。肩扛摄像机拍摄时，两脚分开站立，与肩同宽，保持呼吸轻而均匀。此外，利用广角镜头拍摄也可提高画面稳定性。

2）平

所谓“平”，是指拍摄时如无特殊需要，画面要保持水平，不能倾斜。这也是正常拍摄的基本要求。一般情况下，倾斜的画面让人看了会不舒服。特别是在画面中有明显的水平线（如地平线、海平线）时，如果拍摄不注意水平，就会导致画面出现非常明显的倾斜，让人难以接受。因此，拍摄时注意水平问题十分重要。手持或肩扛拍摄时，可以寻像器的横竖边框为参考，判断画面是否水平；使用三脚架等设备时，可借助其上的水平仪校准画面的水平。

3）准

所谓“准”，是指对拍摄对象和范围的选择、运动摄像时的画面落幅、景深设定和调焦等操作要准确。拍摄时，要根据创作意图准确选择拍摄对象和范围。拍摄运动物体时，要对其动势有准确判断，这样才能跟得上、跟得准。进行推、拉、摇、移等运动拍摄时，画面的落幅要准确，否则会导致画面构图失败，影响含义的准确表达。景深是指画面中景物纵深的清晰范围。拍摄时应根据画面内容表现的需要，准确控制画面的景深。调焦准确才能保证拍摄画面的清晰。自动调焦往往不够及时、准确。因此，平时要多加练习，培养调焦时手感的准确性。

4）匀

所谓“匀”，是指运动摄像时速度要均匀，方向变化要平稳、流畅，不能太突然。例如，变焦拍摄时，无论是用电动开关还是手动调节，应控制好手部力量，尽量保持速度均匀，不能时快时慢、断断续续。摇镜头拍摄时，要控制好身体的转动幅度和速度，保持平稳。如使用三脚架，要事先调试好阻尼，避免摇动时不够流畅。此外，镜头运动的节奏既要符合人的视觉规律，也要符合画面内容表达的需要。

3.5.3　使用非线性编辑软件编辑视频资源

获取视频资源后，需要进行加工处理，才能符合教学的需要。运用专门的视频编辑系统可对视频资源进行较复杂的编辑处理。

1. 非线性编辑与非线性编辑系统

以往的视频编辑大都用线性编辑系统。线性的意思是指按一定顺序的、连续的。线性编辑是指按时间顺序对视频素材中的镜头从头至尾依次录制到磁带上，重新组成连续画面的完整的影视节目。素材的存储和编辑操作都是按照既定的顺序进行的，因此编辑之前要做好计划和方案。否则，对编辑结果进行修改是比较烦琐的。

现在视频编辑绝大多数都采用非线性编辑的方式。它采用计算机作为操作平台，依托于盘基介质，编辑中可随机且反复访问和添加任何素材，并可任意对素材进行加长、缩短、删除等操作，并可进行任意组接，无须按照特定的顺序进行编辑。非线性编辑的特点是：数字化的视音频信号不易损失；非线性化的编辑方式使编辑工作更加灵活、方便，且效率更高；以计算机为操作平台，视音频素材来源更加广泛，更具多样性，联网后视音频资源即可共享。

非线性编辑系统是能够对视音频素材进行处理的计算机系统，它的结构通常由硬件和软件两部分组成。

1）硬件结构

非线性编辑系统的硬件结构主要是由计算机硬件系统、视音频处理卡和一些外围设备构成。计算机硬件系统是非线性编辑系统硬件结构的中心，它决定了整个编辑系统中硬件和软件的运行状态，负责数据的存储和传输。计算机硬件系统主要由中央处理器（CPU）、内存、硬盘和总线等构成。CPU是计算机的心脏，直接影响着计算机硬件系统的整体性能。字长大小、主频高低和高速缓存的数量决定着CPU性能的好坏。内存是计算机中数据交换的场所，其容量大小和运行速度影响着数据处理的速度。视音频素材数据量巨大，因此，大容量、高转速的硬盘是必需的。总线是计算机内部与外部设备之间信号传输的公共通道，其带宽也影响着计算机系统的运行速度。

视音频处理卡是非线性编辑系统进行数据处理的核心部件，一般由数模转换单元、特技切换单元和压缩与解压缩单元三个部分组成。它主要负责视音频信息的采集、压缩与解压缩、视音频回放、实时特技生成等数据处理工作。利用视频处理卡处理视音频数据基本上不占用计算机本身的资源，较好地保证了整个系统在高速运行下的稳定性。

此外，非线性编辑系统还需要一些外围设备支持视音频信号的输入输出和监看监听，如录像机、DVD、监视器、音箱、调音台等。

值得一提的是，目前随着信息技术特别是图形处理器（GPU）技术的不断发展，计算机图形处理的能力越来越强。另外，随着视音频信号存储介质的去磁带化趋势越来越明显，视音频处理卡被替代逐渐成为可能。具有高速计算能力的CPU和具有成熟编解码技术、高质量视频图像处理能力的GPU相结合，使非线性编辑系统摆脱了对视音频处理卡这一专用硬件的依赖，利用通用的硬件系统资源，实现了视音频高性能的编辑和处理。用户也更乐于接受高质量且更为简化的、更易维护的非线性编辑系统——一台普通的高性能计算机。

2）软件结构

进行非线性编辑，不仅要有可靠的硬件系统支持，还需要稳定的计算机操作系统和界面友好、方便实用的非线性编辑软件，以便于操作。对于非线性编辑系统的用户来说，他们并不直接与硬件系统接触，而是通过对非线性编辑软件的操作来获得编辑的结果。

计算机操作系统是运行在计算机硬件平台上的软件系统，监管计算机各个硬件部分，管理各种运算资源，支撑各个软件的运行环境和用户操作环境，是整个计算机系统的核心，也是保证非线性编辑系统正常运行的关键。早期 60% 的非线性编辑系统建立在苹果公司 Macintosh 计算机 Mac OS 系统的操作平台之上，而目前较高档次的非线性编辑系统大多运行在 Windows NT 操作系统平台上。对于以 SGI 工作站为硬件平台更加高端的非线性编辑系统来说，UNIX 是最流行的操作系统。

非线性编辑软件是用户对视音频素材进行非线性编辑操作的软件，是连接用户与非线性编辑系统的桥梁。它运行于计算机的软、硬件系统之上，是非线性编辑系统的核心。目前，非线性编辑软件主要分为两大类。一类是非线性编辑系统的厂商针对其硬件板卡特点开发的专用软件，也叫板卡软件。它的开发与设计充分考虑了与视音频板卡的匹配问题，使非线性编辑系统的操作运行更加稳定，实时性更好。另一类是由非线性编辑系统厂商或视音频处理卡制造商以外的其他软件公司开发的软件，也叫第三方软件。它与视音频板卡无关，可安装在任何一个符合其运行要求的计算机系统上进行编辑操作。它使非线性编辑系统减少了对硬件的依赖，突破了视音频板卡的诸多限制，充分利用计算机本身的硬件资源，功能更加强大。

2. 非线性编辑软件的使用

目前，非线性编辑软件种类繁多，功能十分强大，在实时特技效果生成和多层画面合成能力方面表现都很出色。Adobe 公司的 Premiere Pro 软件是目前最为流行的非线性编辑软件之一，其操作简便，功能强大，已成为非线性编辑软件中的标准。它既可以用于苹果的 MAC 平台，也可以用于微软的 Windows 平台。下面以 Premiere Pro 软件的基本操作流程为例简单介绍一下非线性编辑软件的使用方法。

1）新建或打开项目

项目是非线性编辑软件为记录所有编辑工作信息所创建的文件，其中包含了所有的素材信息和剪辑信息。启动 Premiere Pro，在出现的欢迎界面（图 3-5-5）中点击【New Project】按钮可新建一个项目，开始新的编辑工作；点击【Open Project】按钮可打开已有项目，继续进行编辑工作。新建项目时，在弹出的“New Project”对话框中可以为该项目文件指定存储位置并命名，点击【OK】按钮即完成设置（图 3-5-6）。在紧接着弹出的“New Sequence”对话框中可选择需要的编辑模式（图 3-5-7）。常用的编辑模式有普通的 DV 模式（DV-PAL 和 DV-NTSC）和高清模式（HDV）。此外，选择“Settings”选项卡，可根据需要进行自定义模式设置（图 3-5-8）。设置完成后，点击【OK】按钮即进入编辑界面（图 3-5-9）。

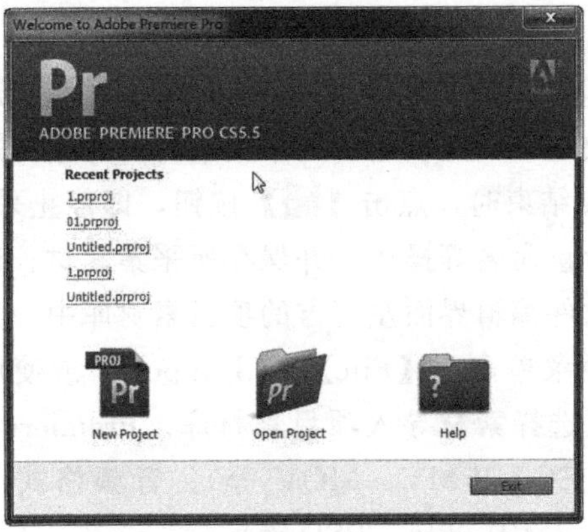

图 3-5-5　Premiere Pro 的启动界面

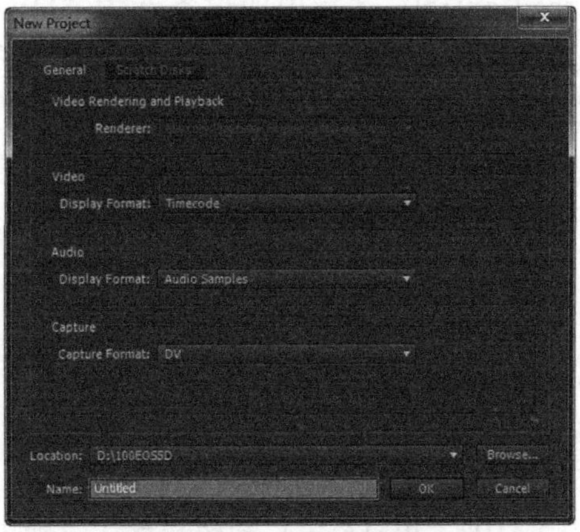

图 3-5-6　新建项目对话框

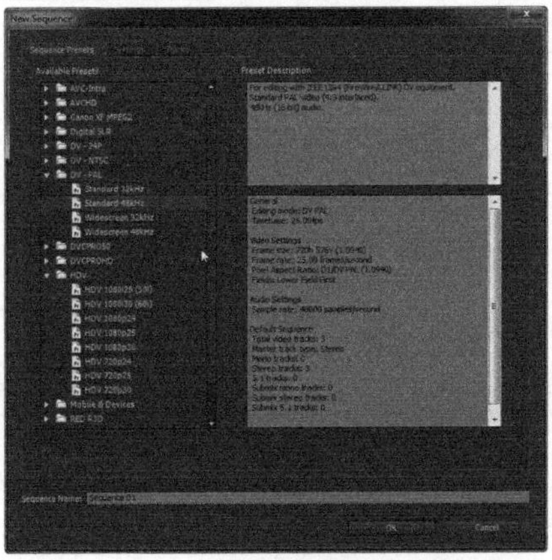

图 3-5-7　选择编辑模式

图 3-5-8　自定义模式设置

图 3-5-9　编辑视频主界面

2）采集或导入素材

创建项目后，还需要采集或导入视音频素材才能进行编辑。将磁带数字摄录机设置到回放状态并用 IEEE1394 线与计算机上的相应接口连接。点击编辑软件界面上的【File】→【Capture】或使用快捷键 F5，打开采集对话框（图 3-5-10）。点击“Settings”选项卡，将

"Device Control"区域中的设备选为"DV/HDV Device Control"，在"Capture Location"区域中为采集的素材指定在计算机中保存的位置。点击"Logging"选项卡，在"Set up"区域中根据需要选择采集素材的类型。通过点击采集窗口下方的【▶】、【】、【】等按钮可以控制数字摄录机中磁带的播放、快进和快退，以此确定需要采集素材的开始时间位置。点击【】按钮，即开始采集素材。采集需要结束时，点击【】按钮，即停止采集，并弹出素材保存对话框，在此可对采集的素材进行重命名等操作。并保存所采集素材。待采集完成后，素材存放在指定位置的同时会出现在软件编辑界面左上方的项目素材库中。如要使用计算机中已有的素材，则需要导入素材。使用菜单命令【File】→【Import】或使用快捷键Ctrl+I，打开导入对话框（图3-5-11），即可选择素材导入项目素材库。Premiere Pro可以导入的素材类型有视频格式（如AVI、MPEG、WMV、MOV等）、音频格式（如WAV、MP3、WMA等）和图片格式（如JEPG，BMP，TIF，PSD等）。

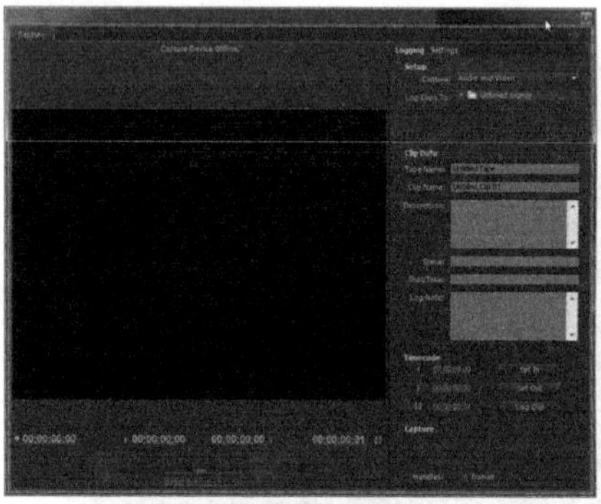

图3-5-10 采集对话框

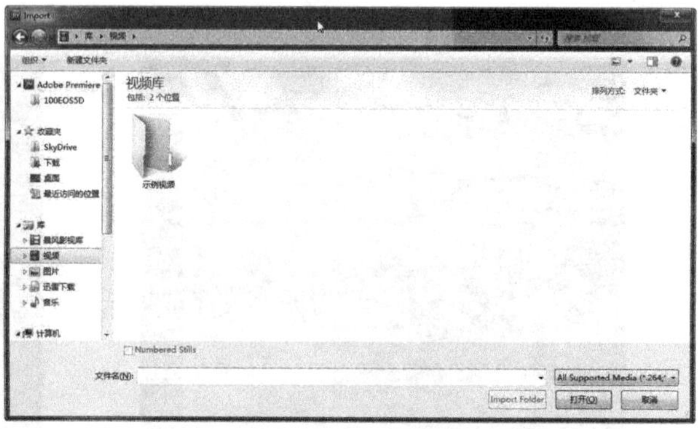

图3-5-11 导入素材

3）视音频素材剪辑

导入编辑需要使用的素材后，就可以开始剪辑了。鼠标左键双击素材，即可使素材在"Source"面板的窗口中显示。单击窗口下方的【▶】按钮即可播放预览素材，也可拖动播放指针【】来快速预览素材。点击窗口下方的【】和【】按钮，可确定所需要素材片段的开始点和结束点。单击窗口中的画面并按住鼠标左键不松开，将素材片段拖动至时间线窗口后松开鼠标左键，素材即被添加至时间线序列的视音频轨道上。依此操作，可把所有需要的素材片段添加至时间线。用鼠标拖动时间线上的素材片段可任意调整其位置并把它们组接在一起。

4）添加字幕

在编辑视频的过程中，往往需要添加字幕。使用菜单命令【Title】→【New Title】，并选择一种字幕类型。在随后弹出的"New Title"对话框（图3-5-12）中设置字幕的规格（一般与项目设置相同）并输入名称，单击【OK】按钮，弹出"Title Designer"面板（图3-5-13），即可创建字幕。点击面板左上方的【T】按钮后在字幕创建区域按住鼠标左键拖动可创建一水平文本框，即可在其中输入文字。如要对所创建字幕进行诸如字体、大小、颜色等属性的调整，可在对话框右侧的"Title Properties"面板中选择相应属性进行设置，也可以在对话框下方的"Title Style"选项卡中直接选择一种风格的字体。字幕创建完毕后，关闭"Title Designer"面板。在保存项目时，字幕作为项目的一部分会被一并保存。

5）添加视频转场效果

缺省状态下，时间线序列上两个相邻素材片段之间的转换采用的是硬切的方式，没有任何过渡。Premiere Pro 为镜头间的转换提供了丰富的转场效果。点击编辑界面右下方“Effects”选项卡，展开“Video Transitions”文件夹（如图 3-5-14）。点击选中所需转场效果，将其拖至两个素材片段的衔接处，即完成转场效果的添加。如需做调整，可选中添加至素材上的转场效果，并在“Effect Controls”选项卡中做相应的设置（如图 3-5-15）。

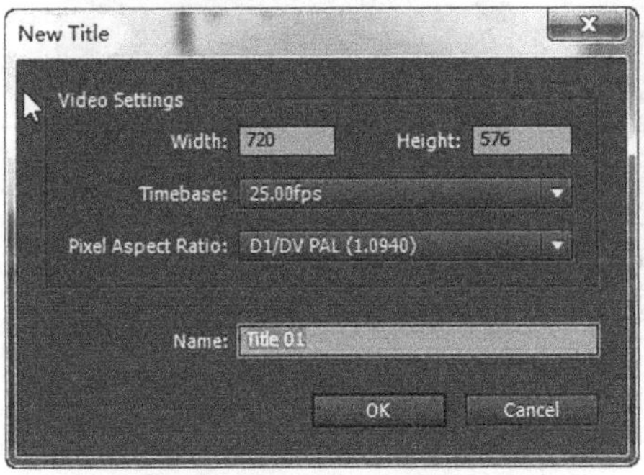

图 3-5-12　新建字幕

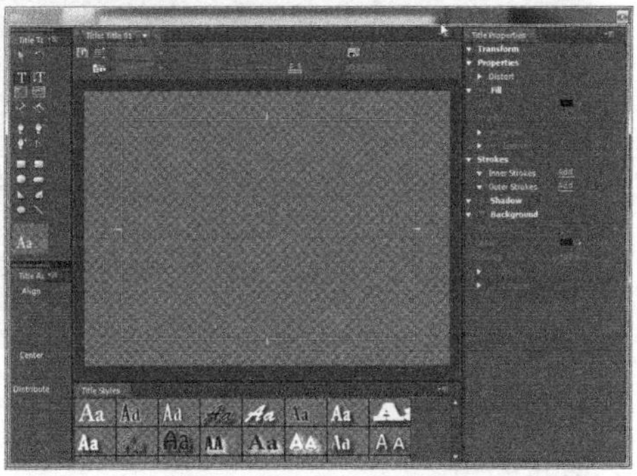

图 3-5-13　创建字幕

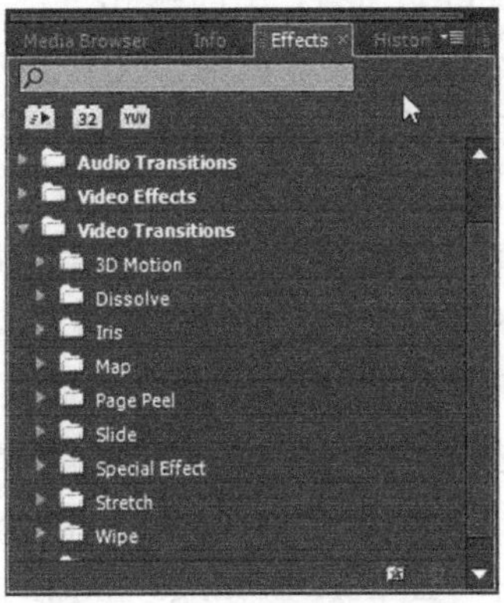

图 3-5-14　选择转场效果

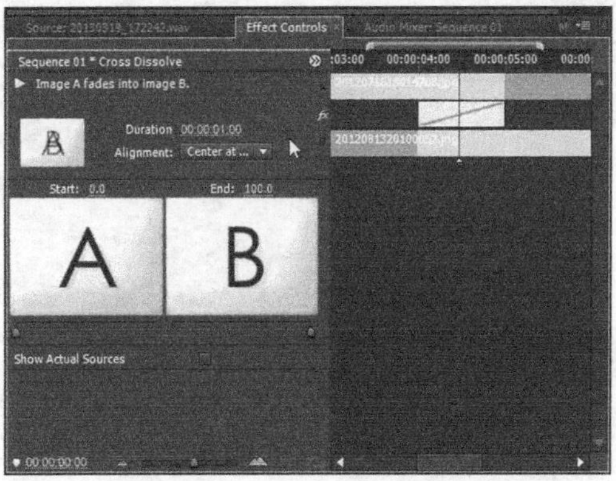

图 3-5-15　设置转场效果

6）添加视音频特效

Premiere Pro 中提供了大量的视频和音频特效，以增强视音频素材的视听效果。每个视频素材片段都有包括位置、比例、旋转和透明度等基本属性，可在“Effect Controls”选项卡中做相应的设置（图 3-5-16），从而形成相应的视频效果。音频素材也可在“Effect Controls”选项卡中做音量大小的设置（图 3-5-17）。除了基本的效果属性，还可为视音频素材添加其他效果。点击编辑界面右下方的“Effects”选项卡，展开“Video Effects”或“Audio Effects”文件夹（图 3-5-18），点击选中所需视频或音频效果，将其拖至序列中的素材片段上，即完成视频或音频特效的添加。如需调整，可选中已添加视

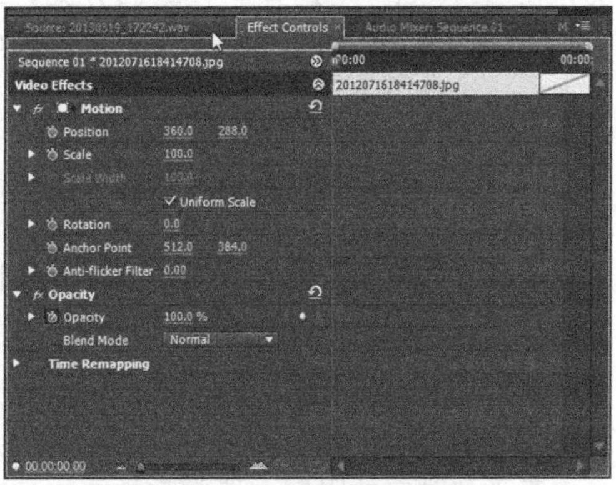

图 3-5-16　设置音视频特效

音频效果的素材，并在“Effect Controls”选项卡中做相应的设置。

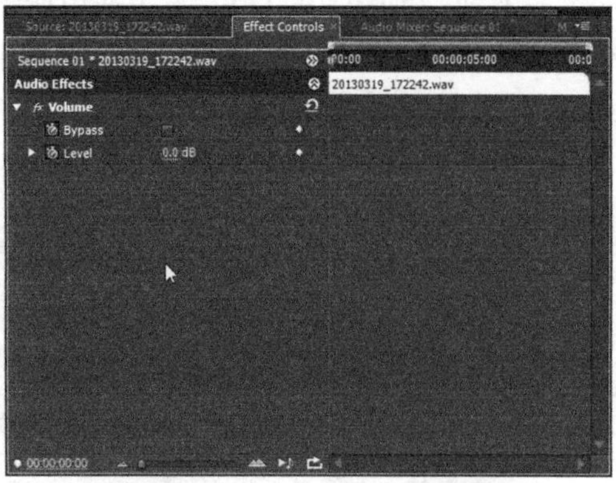

图 3-5-17　设置音量大小

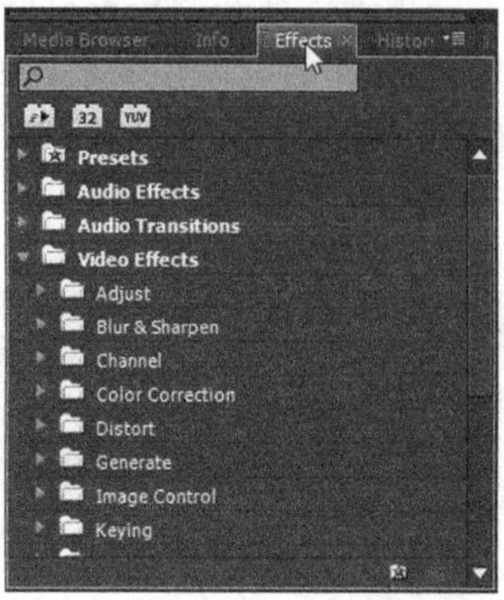

图 3-5-18　选择音频或视频效果

7）节目输出

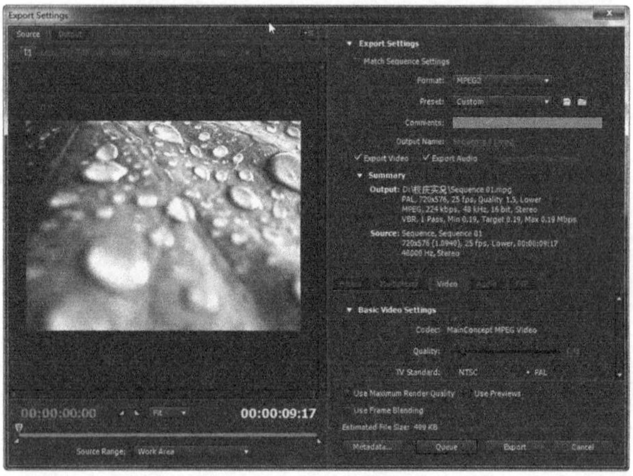

图 3-5-19　输出设置

当完成对视音频素材的编辑后，就可以进行节目输出了。Premiere Pro 提供了多种输出文件类型以适应不同需要。使用菜单命令【File】→【Export】，在弹出的子菜单中，可选择不同的输出方案。其中，最为常用的便是“Adobe Media Encoder”，它可根据应用需要输出不同文件格式。选中时间线窗口，使用菜单命令【File】→【Export】→【Media】，打开“Export Settings”对话框进行输出设置（图 3-5-19）。在“Format”中选择需要的文件格式，并根据应用情况，在“Preset”中选择一种编码方案，或在对话框右下方的各设置栏中进行自定义设置。在“Output Name”中设置输出文件的存储位置和名称。完成设置后，点击【OK】按钮，即开始节目输出工作。

3.5.4　视频资源在教学中的应用

直观形象的视频资源在教学中发挥着独特的作用，合理地利用视频资源，能够有效促进学生的学习。视频资源在实际教学中应用的主要有构建情境、教学补充、技能示范和个别化学习四种方式。

1. 构建情境

由于受到时空的限制，课堂教学往往是缺乏情境支撑的，这导致了教学的枯燥与难以理解。视频资源以其生动的形象再现各种真实的场景、活动和事件，为学生呈现一个现象或引发一个问题，向学生展示了探究问题的真实来源或所学知识在实际中运用的方式，使学生的学习有了真实的动机，也促进了他们对知识的理解。美国温特贝尔特大学认知与技术小组为数学教学所设计的贾斯伯系列录像就是利用视频资源构建学习情境的典型案例。该系列录像共有12个历险故事，每个故事约17分钟。故事结尾提出各种与数学相关的问题，而用于解决问题的相关数据镶嵌在故事中。学生通过观看录像，从中获取有用信息，用以解决提出的问题。这些录像就是一种视频资源，它们为学生提供了有意义的情境，使学生真正地运用所学知识解决实际问题。

2. 教学补充

在进行课堂教学时，视频资源可作为教学的有益补充。教师利用视频资源可以较真实全面地向学生展示事物发生和发展的变化过程，并反映其细节；可以补充表现难以用其他形式表达清楚的知识重点、难点；可以以直观的形式为学生讲解较抽象的概念，如思想意识或情感等；还可以克服时空的限制向学生展示他们不熟悉的事物或无法亲身经历的事件。值得注意的是，课堂教学中教师的讲解和与学生的交流互动是最重要的。因此，视频资源作为教学的一种补充，切不可喧宾夺主。

3. 技能示范

视频资源可提供标准的行为或操作规范，供学生观摩效仿。如体育课上的运动技能，或实验课上的操作，视频资源可以完整地展示其过程，还可以将细节加以放大，以突出动作要领或操作技巧。学生可以反复观摩，促进记忆。视频资源作为技能示范的手段，可有效避免因教师个人教学失误而导致的对学生的误导，在扩大教学规模的同时也保证了教学质量。

4. 个别化学习

视频资源不仅可以满足大规模集体教学的需要，也适合于学生自主的个别化学习。面对丰富的教学信息，学生可自主选择感兴趣的学习内容，确定学习目标，制订符合自己实际情况的学习计划。但需要注意的是，利用视频资源自学是一种单向的信息获取，缺乏有效的反馈指导和实践经验。因此，要取得良好的学习效果还需要丰富学习形式，如接受专业指导、参与交流和实践等。

3.6 如何设计与制作动画资源

动画能够生动形象地表现信息，动态地展现事物运动现象及过程，使课堂教学声画并茂。本节在简要介绍动画基础知识的前提下，主要讲解利用二维动画集成软件Flash制作动画资源的方法与技巧。

3.6.1 了解动画的基本知识

1. 动画的原理

动画的基本原理与电影、电视一样，都是利用人眼的视觉暂留特性。利用这一特性，当每秒播放的画面超过一定数量时，眼睛就无法感觉到播放中的停顿，人们将会看到流畅的动画播放效果。

动画制作就是将多幅画面连续播放产生动画效果。

2. 动画的定义

国际动画协会（ASIFA）于1980年在南斯拉夫的Zegreb会议中对“动画”（Animation）一词做出定义：“动画艺术是指除真实动作或方法外，使用各种技术创作活动影像，亦即是以人工的方式创造动态影像。”

现代动画理论将“动画”定义为“利用逐格拍摄或制作连续放映而成的影片或视觉艺术”，主要指的是通过传统动画手段或者现代计算机技术制作出来的连续运动的影像。

简单地说，所谓动画就是在短时间内播放连续动作序列的画面，利用视觉暂留而形成的连续影像。

3. Flash 软件与 Flash 动画

Flash 是一款集矢量图形编辑和交互式二维动画制作的专业软件，能够将矢量图、位图、音频、视频、动画和脚本语言有机地结合在一起，制作出新奇美观、交互灵活、文件极小、画质极高的各种动画作品。它提供了强大的动画制作功能：绘图与编辑工具、时间轴与层功能、帧编辑功能、矢量图形编辑、位图与矢量图的转换、脚本语言等。swf 格式是 Flash 软件制作的动画格式。

Flash 创建动画序列的基本方法有两种：逐帧动画和补间动画。

1）逐帧动画

逐帧动画，也叫“帧帧动画”，由其制作特征而得名，是指在时间轴中逐帧放置不同的内容，使其连续播放而形成的动画。在制作过程中，由于需要更改每一个关键帧中的内容，Flash 也需要保存每个关键帧的值，因此逐帧动画创作工作量较大，文件体积也较大。但逐帧动画有其特有的优势，是 Flash 动画表现复杂动作时最有效的方式。

2）补间动画

补间动画是 Flash 软件特有的动画制作方式。在制作一个对象的补间动画时，只需要在时间轴上指定起始帧和结束帧（即前后两个关键帧），Flash 软件可以根据两个关键帧之间的对象差别和两帧之间的普通帧数量，自动生成两帧之间过渡的动画效果。与逐帧动画相比，补间动画可以有效地节省文件存储空间，减少工作量。补间动画又分为动作补间动画和形状补间动画。

（1）动作补间动画。动作补间动画是指先在起始帧定义对象的属性，如位置、大小、颜色、透明度、旋转、倾斜等，然后在结束帧改变某些属性，Flash 将自动完成两帧之间的动画过渡（如图 3-6-1 所示）。

（2）形状补间动画。形状补间动画是指在两个关键帧之间制作出变形的效果，即在一个关键帧上绘制一个形状，然后在另一个关键帧上改变该形状的属性或绘制另一个形状等，Flash 将自动根据二者之间帧的值或形状来创建动画。它可以实现两个或多个形状之间颜色、形状、大小、位置的相互变化（如图 3-6-2 所示）。与动作补间动画一样，制作者只需要定义起始和结束两个关键帧，中间的动画由 Flash 自动生成。在实际制作过程中，由于逐帧动画和补间动画各具优势，所以常常需要将两者配合使用才能创建出更加丰富多彩的动画效果。

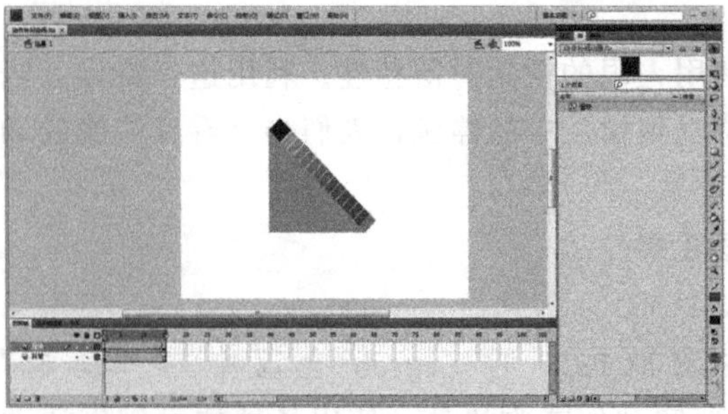

图 3-6-1　动作补间动画

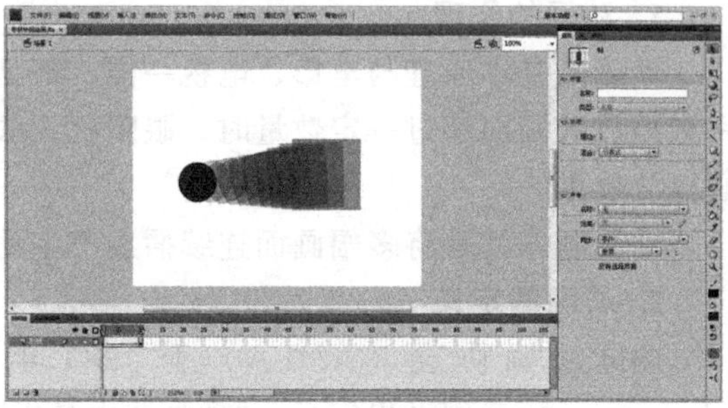

图 3-6-2　形状补间动画

4. 获取网络 Flash 动画的方法

当浏览器自带 Flash 下载插件或 Flash 动画所在网页提供下载链接的时候可直接下载，若没有，可尝试采用下列方法进行下载。

1）临时文件查找法

在网络上浏览 Flash 动画后，该文件其实已经下载到本地计算机硬盘中，只需找到它并复制到相应的文件夹中即可。以 IE 浏览器为例，操作步骤为：

（1）打开网页，找到网页上的 Flash 动画。

（2）单击 IE 菜单【工具】→【Internet 选项】，打开【Internet 选项】窗口。选择【常规】选项卡中【浏览历史记录】模块，单击【设置】按钮。在弹出的【设置】对话框中单击【查看文件】按钮，即可打开【Internet 临时文件夹】(Temporary Internet Files)。

（3）将【Internet 临时文件夹】中的文件以“详细信息”的方式显示，并按照“上次访问时间”进行排序。

（4）拖动【Internet 临时文件夹】窗口的滚动条查找类型为“.swf”的文件即可找到所需的 Flash 资源。

2）查找地址下载法

（1）找到 swf 文件的地址。

网页中 Flash 动画带有全屏欣赏功能时，单击【全屏欣赏】，该动画文件名便会显示在浏览器的地址栏中。若无全屏欣赏功能，可在网页中右键单击鼠标，在弹出的菜单中选择【查看源文件】。在包含源代码记事本中单击菜单【编辑】→【查找】（快捷键“Ctrl + F”），在弹出的对话框中输入“.swf”，即可查找到 swf 格式动画文件地址，注意看是绝对地址还是相对地址。如果是相对地址，需要变成绝对地址。

（2）复制整个地址，打开下载软件（如迅雷、快车等），新建下载，粘贴链接地址即可。

3）借助 Flash 下载工具法

找到网页中的 Flash 动画，使用 Flash 下载工具进行下载（如 Flash Catcher 等）。以 IE 浏览器下 Flash Catcher 软件为例，该软件安装后会成为 IE 浏览器的一个插件。只要把鼠标移到页面空白处，右键单击鼠标，在弹出的菜单中点击【Save Flash With Flash Catcher】按钮，找到想要保存的 Flash 文件，即可将当前 Flash 动画保存到本地硬盘中。

提示：有些商业网站对其网站上的 Flash 动画进行了加密设置，这种情况下利用上述方法则不能下载 Flash 文件。

3.6.2　绘制立体几何图形

我们来绘制几个简单的几何图形，体验一下 Flash 绘图工具的用法。

（1）启动 Adobe Flash CS4，新建一个 Flash 文档，然后完成下面的操作。

（2）双击【时间轴】面板上“图层 1”，将“图层 1”改名为“立方体”。选择【工具栏】上矩形工具【】，笔触颜色为“黑色”，填充颜色为“#CCCCCC”，按下键盘上的“Shift”键，在【舞台】上绘制一个正方形，构成立方体的一个面，如图 3-6-3 所示。

（3）选择【工具栏】上线条工具【】，笔触颜色为“黑色”，绘制出立方体的第五条边，如图 3-6-4 所示。

（4）选择上面绘制的第五条边，复制出另外的三条边，调整位置后如图 3-6-5 所示。

图 3-6-3　绘制一个正方形

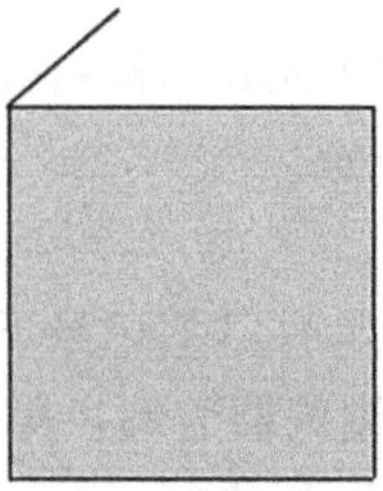

图 3-6-4　绘制线条

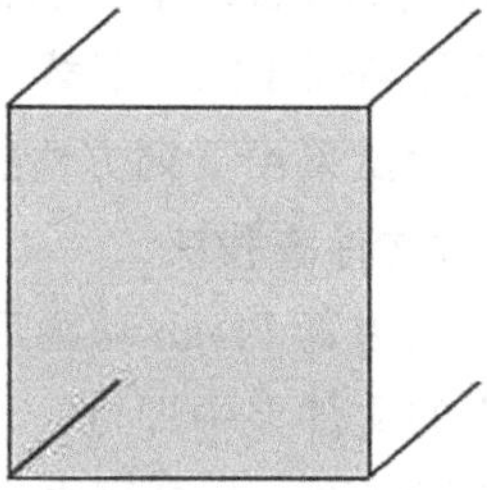

图 3-6-5　复制线条

（5）分别复制正方形的上、下、左、右四条边，调整位置，形成立方体的最后四条边。选择立方体不可视区域的三条边，在【属性】面板【填充和笔触】选项卡将线条的【样式】调整为“虚线”，效果如图 3-6-6 所示。

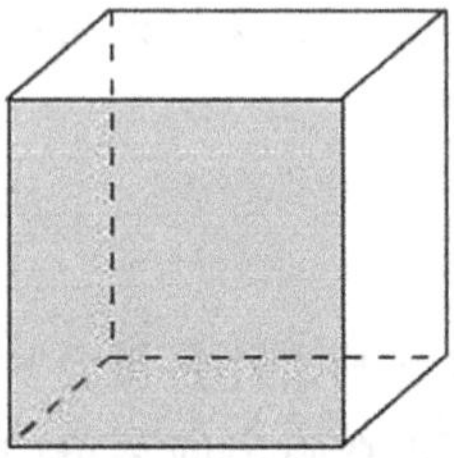

图 3-6-6　复制并调整线条

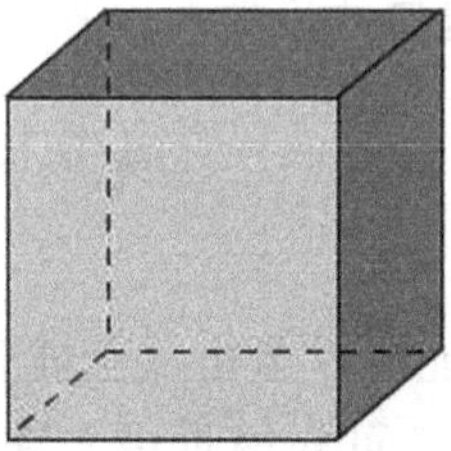

图 3-6-7　填充立方体的颜色

图 3-6-8　锁定图层

（6）选择【工具栏】上颜料桶工具【】，填充颜色为“＃999999”，填充立方体的上面和右面，效果如图 3-6-7 所示。单击【时间轴】面板“立方体”层名称右边的【锁定或解除锁定图层】栏，将该图层锁定，效果如图 3-6-8 所示。一个立方体就画好了。

提示：“颜料桶工具”主要是对某一区域进行单色、渐变色或位图的填充，不能用于线条，如需改变线条的颜色可借助“墨水瓶工具”。选择“颜料桶工具”后，可以在【属性】面板和【工具栏】下方“选项”窗口进行相应的填充设置。

（7）新建一个图层，改名为“圆锥”。选择【工具栏】上线条工具【＼】，在立方体右侧绘制两条交叉的线条。选择椭圆工具【】，笔触颜色为“黑色”，填充颜色设置为“无”，绘制圆锥的底面，如图 3-6-9 所示。

（8）选择【工具栏】上颜料桶工具【】，将圆锥的侧面填充为“＃CCCCCC”，将圆锥的底面填充为“＃999999”，如图 3-6-10 所示，单击【时间轴】面板“圆锥”层名称右边的“锁定或解除锁定图层”栏，将该图层锁定。

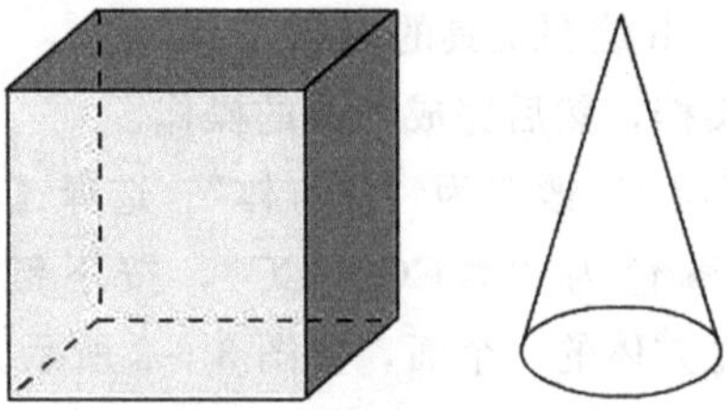

图 3-6-9　绘制圆锥的轮廓

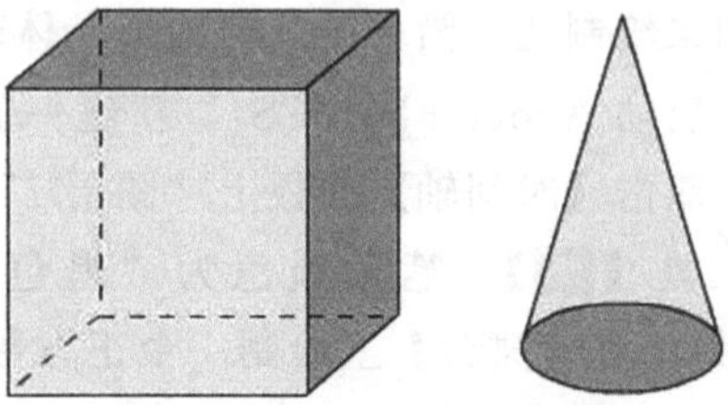

图 3-6-10　圆锥填充颜色

（9）新建一个图层，改名为“圆柱”。选择【工具栏】上矩形工具【】和椭圆工具

【】，在圆锥右侧绘制如图 3-6-11 所示的图形。

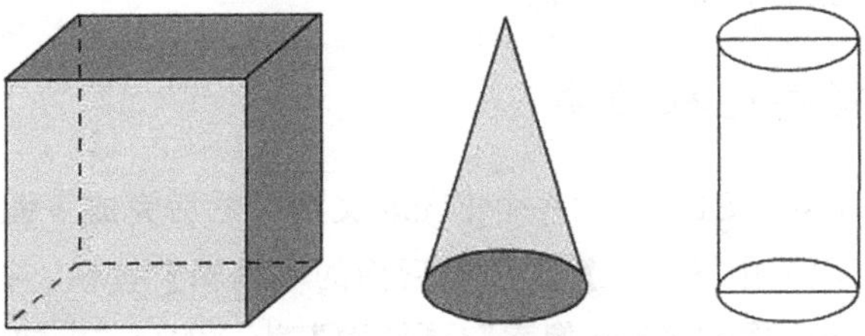

图 3-6-11　绘制图形

（10）删除矩形的上下两条边，并利用【属性】面板调整圆柱上底面不可视边框为“虚线”，如图 3-6-12 所示。

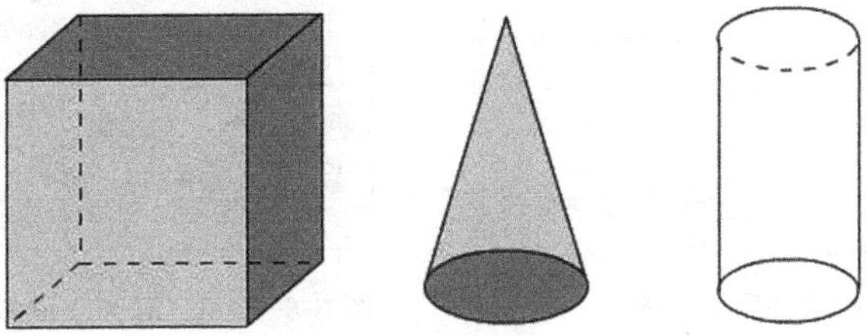

图 3-6-12　调整圆柱轮廓

（11）选择【工具栏】上颜料桶工具【】，将圆柱的侧面填充为“＃CCCCCC”，将圆柱的下底面填充为“＃999999”，如图 3-6-13 所示，锁定该图层。

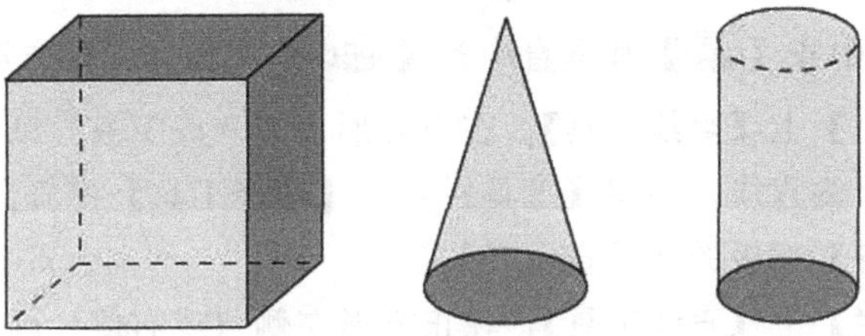

图 3-6-13　给圆柱填充颜色

（12）新建一个图层，改名为“文字”，选择【工具栏】上文本工具【】，颜色为“黑色”，输入标题和说明文字，如图 3-6-14 所示。

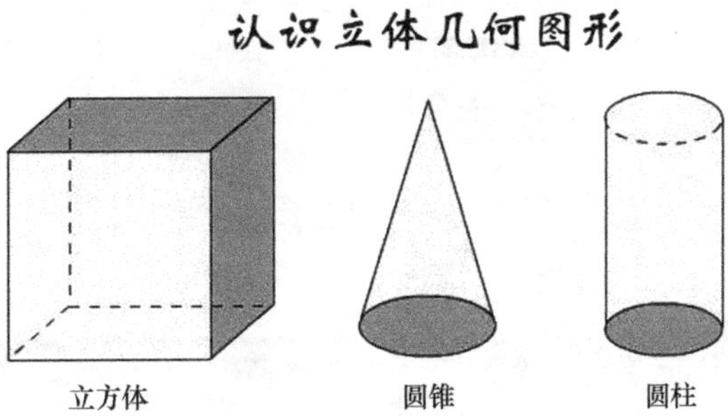

图 3-6-14　添加标题和说明文字

（13）选择菜单栏的【文件】→【保存】命令，将文件名称设置为“认识立体几何图形.fla”，单击【保存】按钮进行保存。

3.6.3 制作写字过程动画

（1）启动 Adobe Flash CS4，新建一个 Flash 文档，然后完成下面的操作。

（2）单击【属性】面板中【大小】选项卡后面的【编辑】按钮，打开【文档属性】对话框，设置【尺寸】为“500 像素×500 像素”，【帧频】为“24fps”，如图 3-6-15 所示。

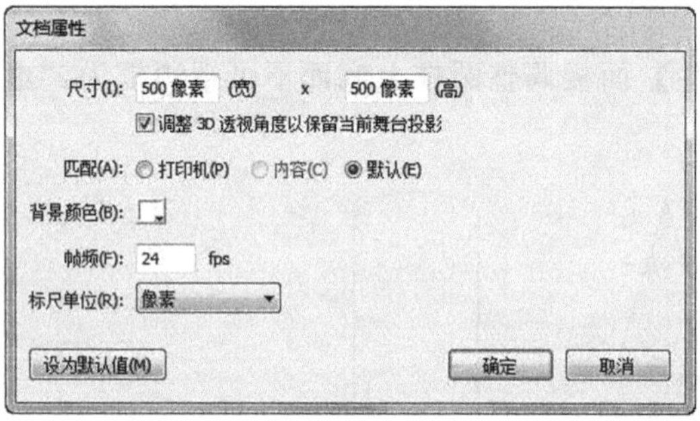

图 3-6-15 “文档属性”对话框

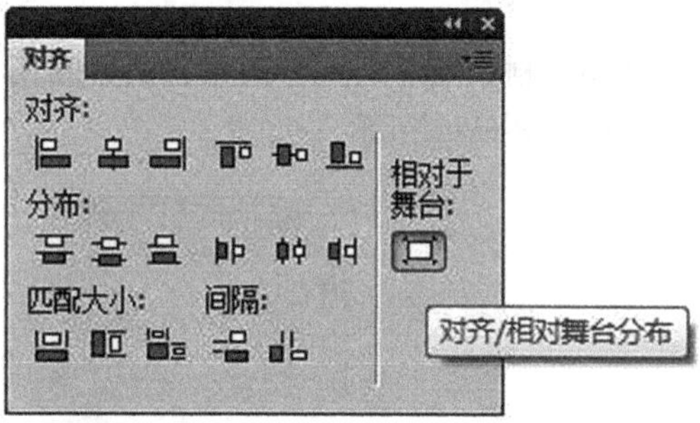

图 3-6-16 “对齐”面板的“相对于舞台”按钮

（3）双击【时间轴】面板上“图层 1”，将“图层 1”改名为“米字格”。选择【工具栏】上【矩形工具】，笔触颜色为“黑色”，填充颜色为“无”，同时按下“Shift”键，在舞台上绘制一个宽、高都为 350 像素的正方形。执行菜单栏【窗口】→【对齐】命令，打开【对齐】面板，选择刚绘制的正方形，按下【相对于舞台】按钮（如图 3-6-16 所示），然后点击【对齐】面板上的水平中齐【】和垂直中齐【】按钮，使正方形居于舞台中央。

（4）选择【工具栏】上【直线工具】，在正方形上方（或下方）画一条与上边（或底边）平行的宽度为 350 像素的直线。利用【工具栏】上【选择工具】将舞台上直线和正方形全部选中，然后点击【对齐】面板的【垂直中齐】。

（5）选择【工具栏】上【直线工具】，在正方形左侧（或右侧）画一条与左边（或右边）平行的高度为 350 像素的直线。利用【工具栏】上【选择工具】将舞台上的对象全部选中，然后点击【对齐】面板的【水平中齐】，一个标准的“田字格”便画出来了，效果如图 3-6-17所示。

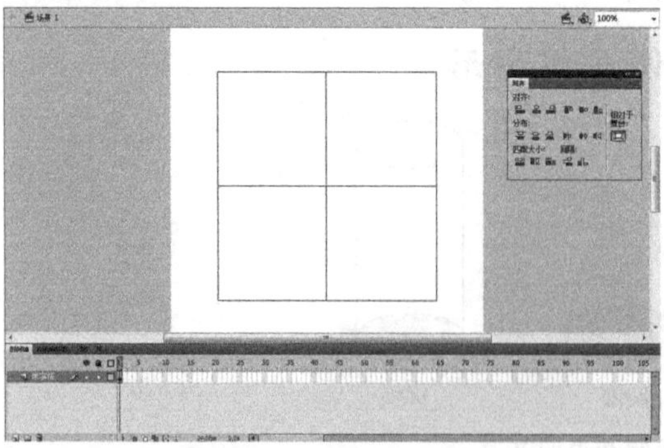

图 3-6-17 绘制“田字格”

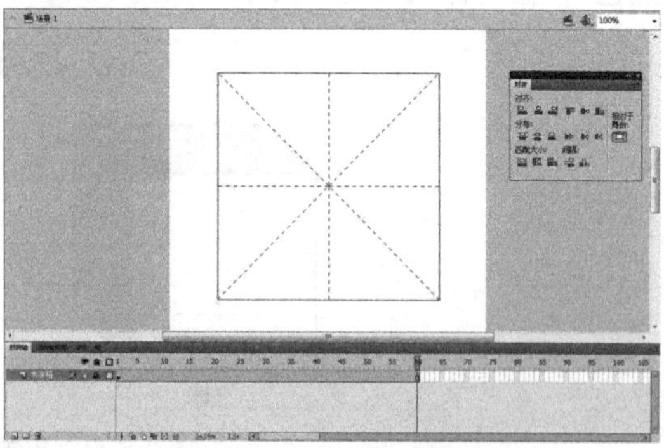

图 3-6-18 绘制“米字格”

(6) 在“田字格”基础上，继续选择【工具栏】上【直线工具】，画出正方形的两条对角线。选择正方形内的线条，在【属性】面板【填充与笔触】选项卡将线条的【样式】调整为“虚线”，这样“米字格”就画好了。在时间轴第 60 帧右击【插入帧】，用以延长“米字格”显示的时间，然后锁定本图层，如图 3-6-18 所示。

(7) 新建一个图层，重命名为“字的轮廓”。利用【工具栏】上【文本工具】在舞台上米字格内输入一个“小”字。选择新输入的“小”字，打开【属性】面板，调整【字符】选项卡【系列】为“华文楷体”，【大小】为“350”，【颜色】为“黑色”。执行菜单栏【修改】→【分离】命令（快捷键“Ctrl + B”），将“小”字分离，效果如图 3-6-19 所示。

(8) 新建一个图层，重命名为“写字”。选择舞台上“字的轮廓”层的“小”字，右击【复制】，锁定该图层，然后选择“写字”层的第 1 个关键帧，右击【粘贴到当前位置】，在“写字”层便复制出了一个大小和位置都与“字的轮廓”层“小”字完全重合在一起的“小”字。

(9) 制作“小”字轮廓。在【时间轴】面板将“写字”层锁定和隐藏，如图 3-6-20 所示。解锁“字的轮廓”层，选择第 1 个关键帧，然后选择【工具栏】上墨水瓶工具【】，当鼠标变成墨水瓶形状时在“小”字笔画的边缘分别单击，为笔画添加轮廓线，如图 3-6-21 所示。最后利用【选择工具】分别点击选择“小”字笔画的内部填充颜色，按键盘上的“Delete”键删除填充，删除后即可看到“小”字笔画的轮廓，效果如图 3-6-22 所示。

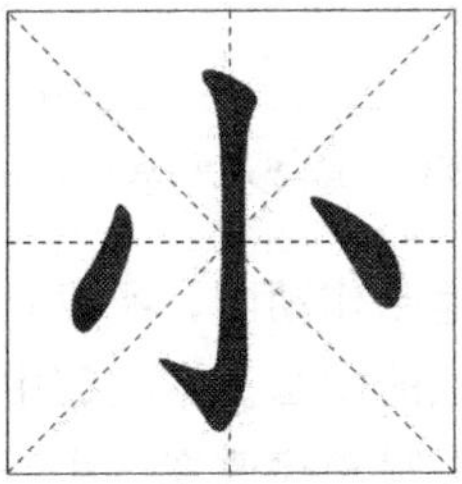

图 3-6-19　分离后的“小”字

图 3-6-20　锁定和隐藏“写字”层

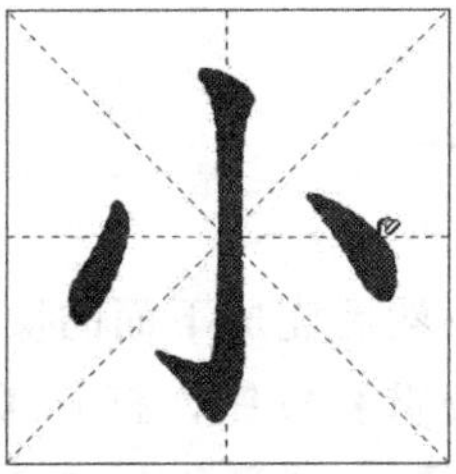

图 3-6-21　对“小”添加轮廓线

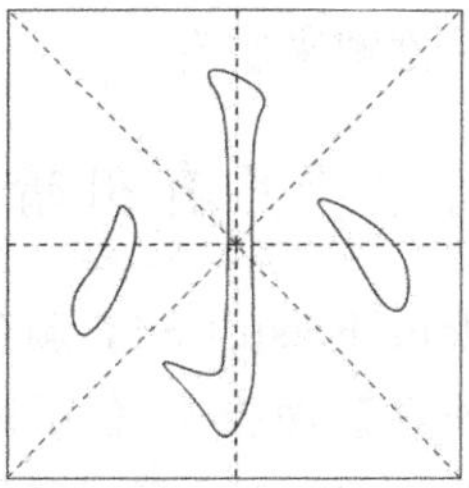

图 3-6-22　“小”字轮廓

提示：“墨水瓶工具”主要用来给对象添加轮廓线，也可以用来更改线条或轮廓线的颜色和样式。如果“墨水瓶工具”作用对象是打散的形状，则可以直接对其添加轮廓线。如果作用对象是文本或位图，则需要先将其分离，然后才可以使用“墨水瓶工具”添加轮廓。

(10) 制作写字过程。将“字的轮廓”层锁定并暂时隐藏，将“写字”层解锁并取消隐藏。选择“写字”层第 2 帧，按键盘上 F6 键插入关键帧，利用【工具栏】上橡皮擦工具【】，擦除“小”字最后一笔画的一部分，如图 3-6-23 所示。

提示：Flash中插入关键帧的方法主要有三种。本书实例中主要通过按键盘上F6键来插入关键帧；另外可以通过在【时间轴】需要插入关键帧处，右击鼠标执行【插入关键帧】命令来实现；也可以先选择【时间轴】某帧，然后执行菜单栏【插入】→【时间轴】→【关键帧】命令来实现。

(11) 选择“写字”层第3帧，同样按键盘上F6键插入关键帧，选择【橡皮擦工具】在第2帧基础上继续擦除前面的笔画。重复前面的动作，使用橡皮擦工具，将文字按照笔画相反的顺序，倒退着将文字擦除，每擦一次按F6键一次（即插入一个关键帧），每次擦去多少决定写字的快慢，直到将“小”字笔画全部擦除。

(12) 选择“写字”层的所有帧，单击右键，执行【翻转帧】命令。由于前面是“逆序擦除”，所以需要执行翻转帧将其顺序全部颠倒过来，从而形成顺序写字的效果。

(13) 将“字的轮廓”层取消隐藏，保存文件，执行菜单栏【控制】→【测试影片】（快捷键“Ctrl + Enter”）命令观察最终动画效果，如图3-6-24所示。

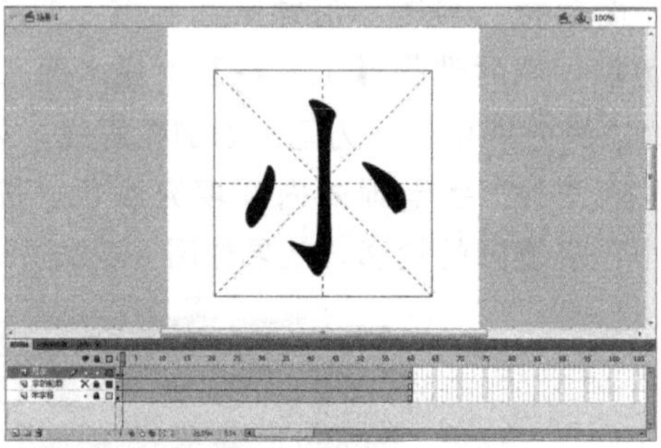

图3-6-23 擦除“小”字最后一笔画的最后一部分

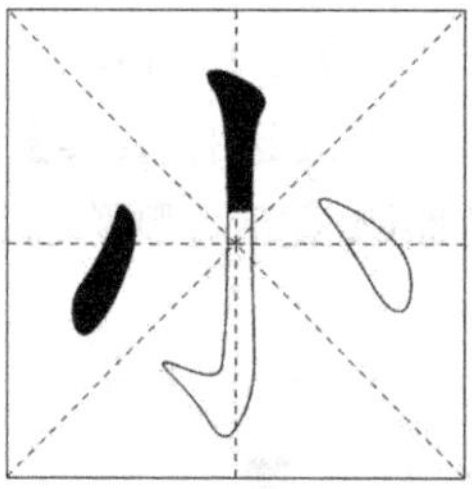

图3-6-24 写“小”字过程动画

小知识：本实例属于逐帧动画。逐帧动画由于是一帧一帧地制作动画，所以具有非常大的灵活性，且相邻关键帧中的对象变化不大，比较适合表现细腻的动画。本实例中，为了实现“小”字书写的动画效果，需要在每一个关键帧按照笔顺的书写顺序改变“小”字的显示形状，相邻关键帧上“小”字形状变化不大，非常适合用逐帧动画来实现。

在制作过程中，如果想要改变书写的速度，可以通过增加更多的关键帧来实现，也可以通过延长相应的关键帧来实现。

3.6.4 制作“月有阴晴圆缺”动画

(1) 启动Adobe Flash CS4，新建一个Flash文档，然后完成下面的操作。

(2) 单击【属性】面板中【大小】选项后面的【编辑】按钮，打开【文档属性】对话框，设置【尺寸】为“800像素×600像素”，【背景颜色】为“黑色”，帧频为“24fps”。

(3) 双击【时间轴】面板上“图层1”，将“图层1”改名为“背景”。选择【工具栏】上【铅笔工具】，单击工具栏【选项】设置区【铅笔模式】按钮【】，将其调整为“平滑”【】，结合【直线工具】在舞台上绘制出起伏山坡的轮廓。

(4) 绘制好山坡的轮廓后，选择【颜料桶工具】，打开菜单栏【窗口】→【颜色】面板，将山坡的填充颜色【类型】设置为“线性”【类型:线性】，定义“色标”颜色【】为“#00CC66，#006600”，设置好后在舞台上轮廓里面拖动鼠标进行线性填充，最后删除轮廓，山坡就绘制好了，最终效果如图3-6-25所示。在时间轴第120帧右击【插入帧】，用以延长显示的时间，锁定本图层。

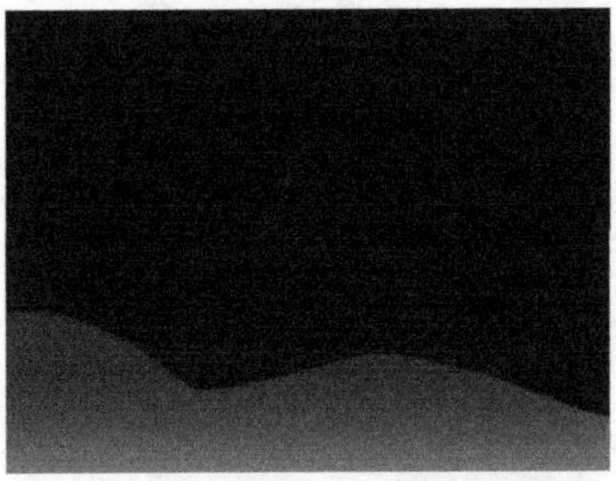

图 3-6-25　绘制并填充起伏的山坡

图 3-6-26　绘制山坡上的小草

(5) 新建一个图层，改名为“小草”。利用【工具栏】上【直线工具】、【颜料桶工具】、【选择工具】的变形功能，画出山坡上的小草，如图 3-6-26 所示，锁定本图层。

(6) 新建一个图层，改名为“月亮”。选择【工具栏】上【椭圆工具】，笔触颜色为“无”，填充颜色为“#FFFF00”，同时按下“Shift”键，在舞台右上方绘制一轮满月，如图 3-6-27 所示。

图 3-6-27　绘制满月

图 3-6-28　调整为月牙形状

(7) 在“月亮”层第 100 帧处按 F6 键，插入关键帧。选择第 1 个关键帧，利用【工具栏】上的【选择工具】，删除月亮的右半边；然后再利用【选择工具】的变形功能，将月亮的左半边调整为月牙形状，如图 3-6-28 所示。在第 1 帧和第 100 帧间右击鼠标，选择【创建补间形状】，即可创建出月亮从月牙向满月慢慢变化的动画，锁定本图层。

(8) 新建一个图层，改名为“文字”。选择【工具栏】上【文本工具】，在【属性】面板将【字符】→【系列】设置为“华文行楷”，【大小】为“25”，【颜色】为“白色”，【方向】为“垂直，从左到右”，在月亮的右侧输入“月有阴晴圆缺”文字。

(9) 保存文件，最终效果如图 3-6-29 所示。按组合键“Ctrl + Enter”测试动画，观察最终动画效果。

小知识：本实例属于形状补间动画。形状补间动画是基本动画的一种，主要用来实现在一定时间内两个形状或多个形状之间颜色、形状、大小、位置的相互变化，本例中月亮由“月牙”变成“满月”，主要属于“形状和大小”的改变。

制作形状补间动画需注意：构成形状补间动画的对象必须是用鼠标直接绘制出的形状或被打散的形状图形。所谓形状图形，就是由无数个点堆积而成的图形，当选中该对象时外部没有一个蓝色边框，而是显示成白色均匀的小点。元件、文字、位图等必须先打散（快捷键“Ctrl+B”）才可以做形状补间动画。

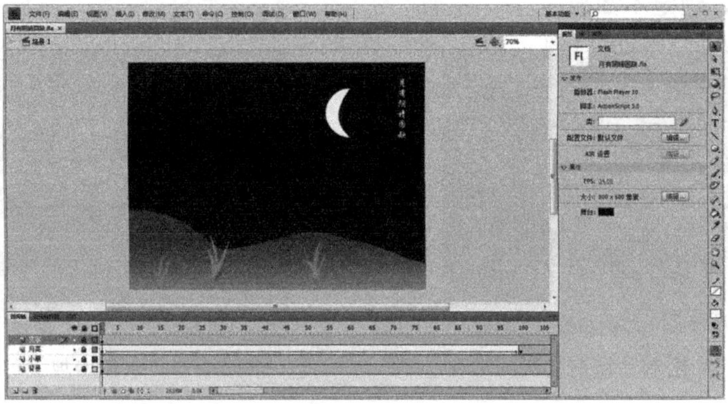

图 3-6-29 月有阴晴圆缺最终效果

本实例中，月亮是由鼠标通过【工具栏】的【椭圆工具】直接绘制的，一般情况下，根据 Flash 的默认设置绘制的椭圆属于形状图形。但在选择【椭圆工具】后，如果点击了【工具栏】下方【选项】窗口的【对象绘制】按钮，则绘制的圆外部会出现蓝色边框，不属于形状图形，需要先进行分离才能制作形状补间动画。

3.6.5 制作平移和旋转动画

(1) 启动 Adobe Flash CS4，新建一个 Flash 文档，然后完成下面的操作。

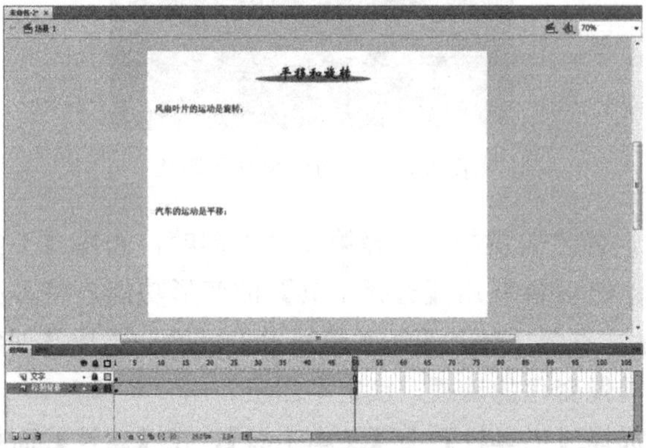

图 3-6-30 输入标题和说明文字

(2) 单击【属性】面板中【大小】选项后面的【编辑】按钮，打开【文档属性】对话框，设置【尺寸】为“800 像素×600 像素”，【帧频】为“24fps”。

(3) 双击【时间轴】面板上“图层 1”，将“图层 1”改名为“文字”。利用【工具栏】→【文本工具】，输入标题和说明文字。新建一个图层，改名为“标题背景”，选择【工具栏】→【椭圆工具】，绘制椭圆形标题背景。在【时间轴】两个图层第 50 帧处右击【插入帧】，用以延长显示的时间，然后把“标题背景”层调整到“文字”层的下方，锁定两个图层，效果如图 3-6-30 所示。

(4) 新建一个图层，改名为“风扇底座”。执行菜单栏【插入】→【新建元件】命令，新建一个名称为“风扇底座”的“图形”元件，如图 3-6-31 所示。

(5) 在“风扇底座”图形元件编辑窗口内，利用【工具栏】上【直线工具】、【选择工具】的变形功能、【颜料桶工具】，画出风扇的底座，效果如图 3-6-32 所示。按场景 1 按钮【场景 1】返回场景 1 编辑窗口，打开库面板，将“风扇底座”元件拖到“风扇底座”层的第 1 个关键帧，锁定该图层。

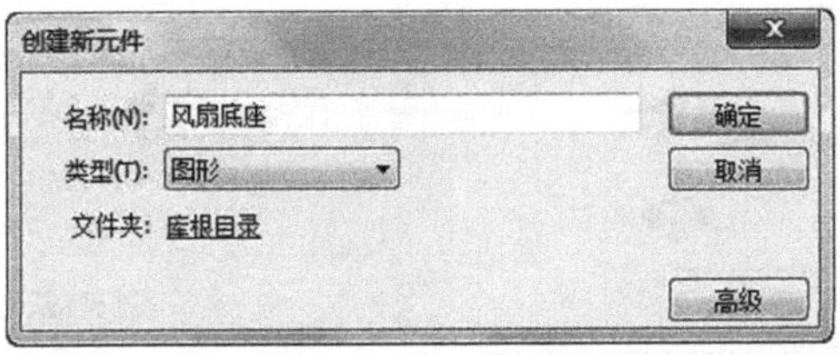

图 3-6-31 创建“风扇底座”元件

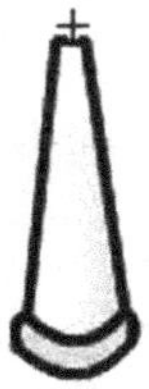

图 3-6-32 “风扇底座”元件

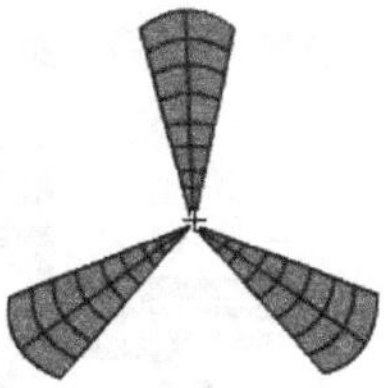

图 3-6-33 “风扇扇叶”元件

(6) 新建一个图层，改名为“风扇扇叶”。执行菜单栏【插入】→【新建元件】命令，新建一个名称为“风扇扇叶”的“图形”元件。在“风扇扇叶”图形元件编辑窗口内，利用【工具栏】上多角星行工具【】、【选择工具】的变形功能、【直线工具】、【颜料桶工具】，画出风扇的一个扇叶，复制并旋转出剩下的两个扇叶，利用【任意变形工具】调整至合适位置，效果如图 3-6-33 所示。打开库面板，将“风扇扇叶”元件拖到“风扇扇叶”层的第 1 个关键帧。

(7) 新建一个图层，改名为“扇叶中心”。利用【工具栏】→【椭圆工具】，同时按下“Shift”键，绘制出扇叶的中心。然后执行菜单栏【修改】→【组合】命令（快捷键“Ctrl + G”），将扇叶中心组合成一个整体，调整扇叶中心至三个扇叶的中心点位置，锁定该图层。

(8) 选择“风扇扇叶”图层，在第 50 帧处按 F6 键，插入关键帧。在第 1 帧和第 50 帧之间右击鼠标，选择【创建传统补间】命令。打开【属性】面板，设置【补间】→【旋转】为“顺时针 2 圈”，如图 3-6-34 所示，最终效果如图 3-6-35 所示。

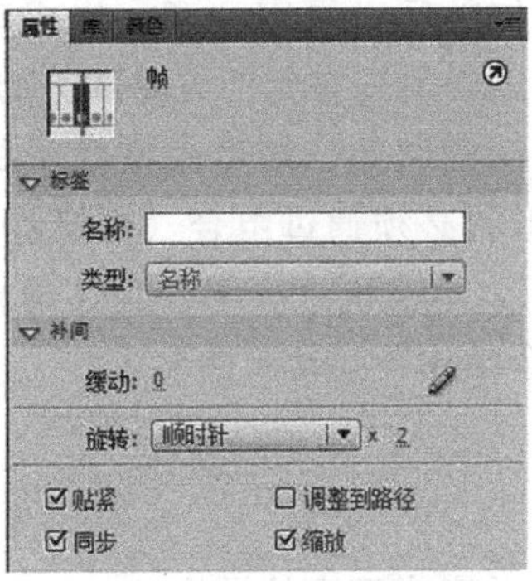

图 3-6-34 调整【补间】→【旋转】的属性

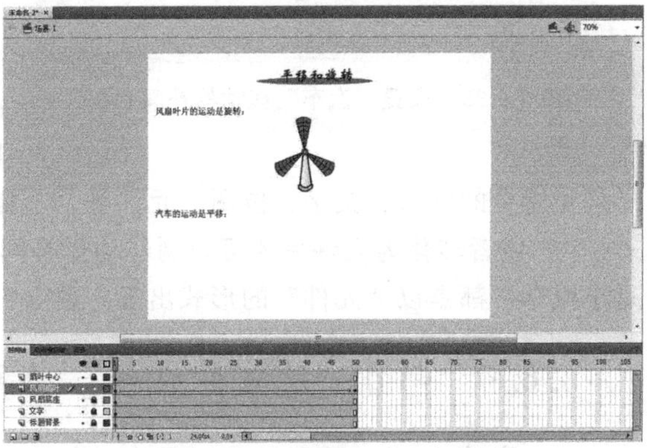

图 3-6-35 “风扇扇叶”旋转的动画

(9) 新建一个图层，改名为“马路”。选择【工具栏】→【矩形工具】，笔触颜色设置为“无”，填充颜色设置为“#999999”，在舞台下方绘制一条马路（参照图 3-6-37）。选择马路，按“Ctrl + G”快捷键，将马路进行组合，锁定本图层。

(10) 新建一个图层，改名为“汽车”。执行菜单栏【插入】→【新建元件】命令，新建一个名称为“汽车”的“图形”元件。然后在新创建的图形元件中利用工具栏的绘图工具画一辆小车，如图 3-6-36 所示。

(11) 打开库面板，将“汽车”元件拖到“汽车”层的第 1 个关键帧，利用【选择工具】和【任意变形工具】调整汽车的位置和大小，如图 3-6-37 所示。

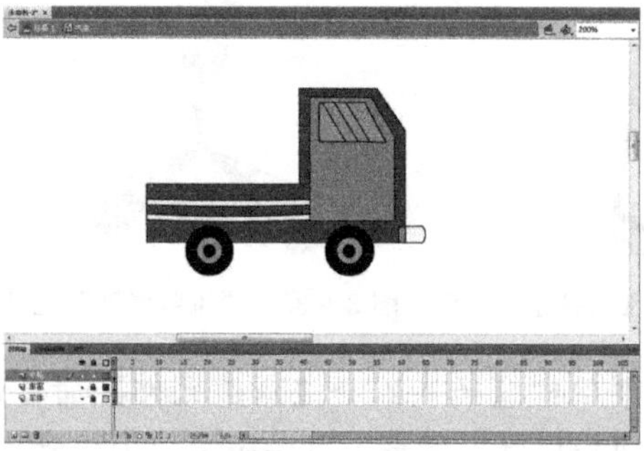

图 3-6-36 “汽车”图形元件

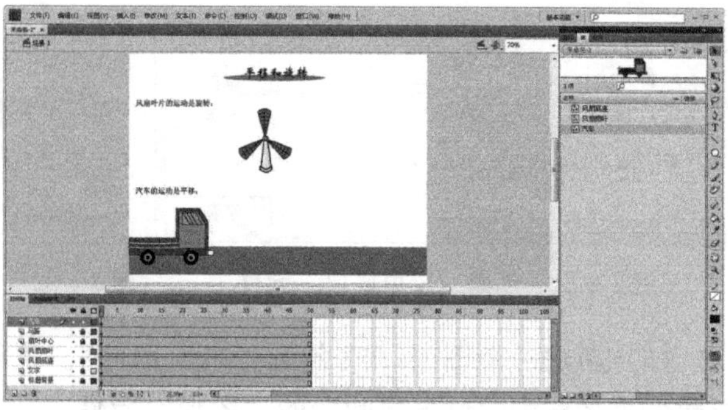

图 3-6-37 将“汽车”图形元件拖动到舞台合适位置

（12）选择“汽车”图层，在第 50 帧处按 F6 键，插入关键帧。利用键盘上的“→”键把汽车的位置平移到右方。在第 1 帧和第 50 帧之间右击鼠标，选择【创建传统补间】命令，如图 3-6-38 所示。

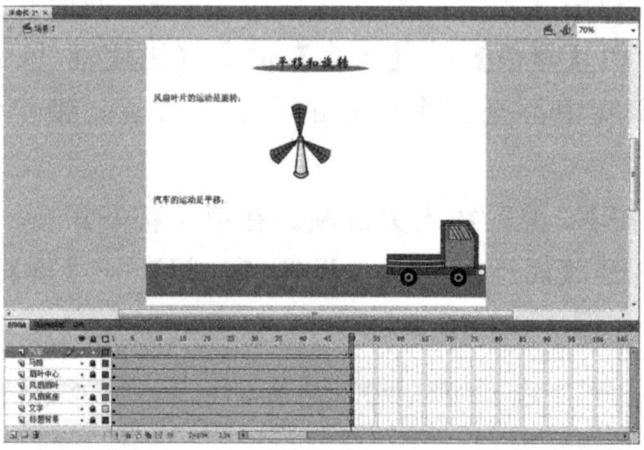

图 3-6-38 设置“汽车”移动的补间动画

（13）保存文件，按组合键“Ctrl + Enter”观察最终动画效果。

小知识：本实例属于动作补间动画。动作补间动画可以实现两个关键帧上对象的位置、大小、颜色、透明度、旋转或其他属性的变化。本实例中，小汽车从左侧移动到右侧，是对象“位置”的移动，而风扇扇叶的运动则是对象“旋转”动画的实现。

制作动作补间动画需注意：构成动作补间动画的对象必须具有元件或者群组的属性，即动作补间动画起始、结束关键帧中的对象必须是组合的图形、文字、位图、元件等，不能是形状，形状必须通过组合（快捷键“Ctrl ＋G”）或者转化为元件后才可以制作动作补间动画。所以，本实例中，不管是风扇扇叶还是小汽车，都是以“元件”的形式出现，是一个整体，符合动作补间动画的要求。

3.6.6 制作“地球的自转”动画

（1）启动 Adobe Flash CS4，新建一个 Flash 文档，然后完成下面的操作。

（2）执行菜单【插入】→【新建元件】命令，在弹出的对话框中新建一个名为“自转的地球”的“影片剪辑”元件。

（3）在“自转的地球”元件编辑窗口下，双击【时间轴】面板上“图层 1”，将“图层 1”改名为“地图”。在“地图”层的第 1 帧，执行菜单栏【文件】→【导入】→【导入到舞台】，将“世界地图剖面图”图片导入舞台，如图 3-6-39 所示。

（4）新建一个图层，重命名为“地球”。选择“地球”图层的第 1 帧，使用椭圆工具，笔触颜色设置为“无”，填充颜色为“黑色”，按住“shift”键，绘制一个宽、高都为 260 像素的圆。调整圆的位置，将圆和地图的右侧边缘对齐，如图 3-6-40 所示。

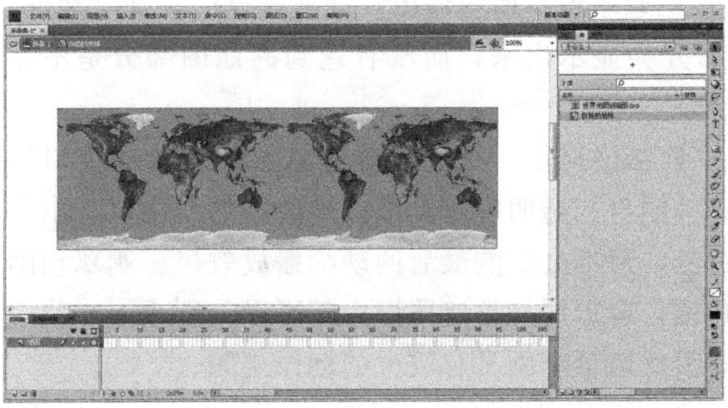

图 3-6-39 导入“世界地图剖面图”

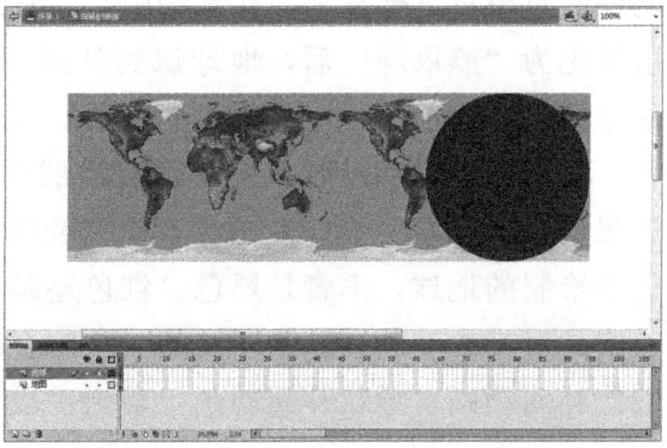

图 3-6-40 绘制地球，调整其位置与地图的右边缘对齐

（5）在“地球”图层第 25 帧右击【插入帧】，用以延长显示的时间，锁定本图层。

（6）选择“地图”图层第 25 帧，按 F6 插入关键帧，利用键盘上的方向键调整“地图”的位置，将地图和圆的左侧边缘对齐，如图 3-6-41 所示。

（7）在“地图”图层第 1 帧和第 50 帧之间右击鼠标，选择【创建传统补间】命令。然后在“地球”图层名称上单击右键，在弹出的快捷菜单中选择【遮罩层】，如图 3-6-42 所示。

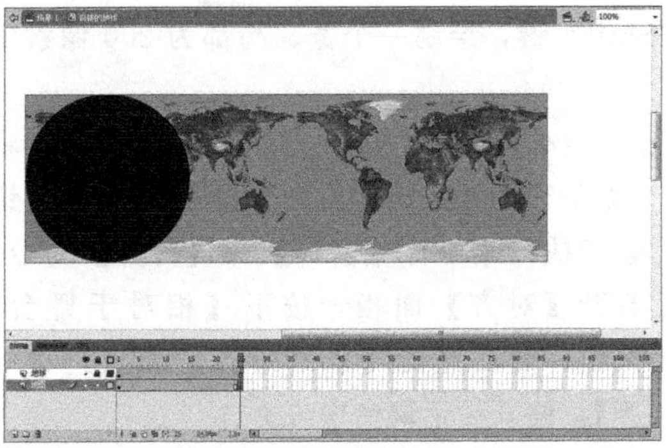

图 3-6-41 调整地图位置与地球的左边缘对齐

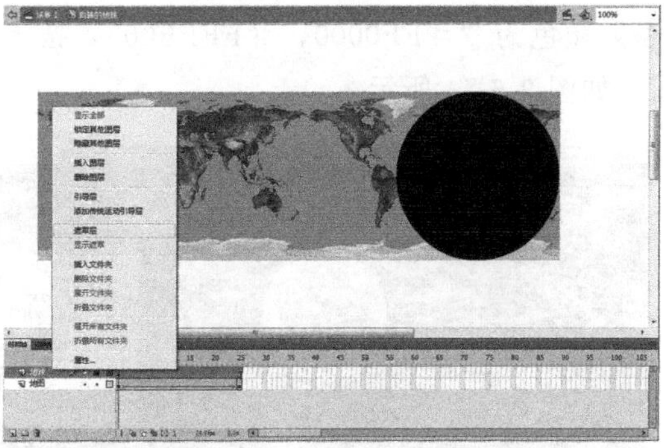

图 3-6-42 设置“遮罩”效果

（8）返回“场景 1”，将【时间轴】上“图层 1”重命名为“自转的地球”。选择“自转的地球”图层第 1 帧，打开库面板，将“自转的地球”影片剪辑元件拖到舞台合适位置，如图 3-6-43 所示。

（9）保存文件，按下组合键“Ctrl + Enter”，即可看到地球自转的效果。

图 3-6-43 将“自转的地球”影片剪辑元件拖到舞台合适位置

小知识：本实例属于遮罩动画。遮罩动画是通过一种称为“遮罩层”的特殊图层完成的。遮罩层中的对象就好像是一个“透明的视窗”，透过该“视窗”可以把遮罩层下方的“被遮罩层”的对象显示出来，而“视窗”

之外的对象将不会显示。在本例中，“地球”是遮罩层，而“地图”是被遮罩层，把“地球”层转化为“遮罩层”后，地球遮到的地图部分会显示出来，而没有遮到的地图部分是不显示的。

在制作遮罩动画时，需注意遮罩层中的对象仅提供一个显示被遮罩层内容的“窗口”，遮罩层中对象本身的许多属性（如线条样式、颜色、透明度等）都是被忽略的。所以，本实例中绘制的地球，不管是黑色、红色还是白色，都不会影响最后的动画播放效果。遮罩动画其实是对基本动画和遮罩图层的一种综合利用，遮罩层和被遮罩层中都可以分别或同时使用动作补间动画、形状补间动画等动画手段，因此遮罩动画具有较大的创作空间。

3.6.7 制作“地球围绕太阳公转”动画

（1）启动 Adobe Flash CS4，新建一个 Flash 文档，然后完成下面的操作。

（2）单击【属性】面板中【大小】选项的【编辑】按钮，打开【文档属性】对话框，设置【尺寸】为“800 像素×600 像素”，【背景颜色】为“黑色”，帧频为“24fps”。

（3）双击【时间轴】面板上“图层 1”，将“图层 1”改名为“太阳”。执行菜单栏【插入】→【新建元件】命令，新建一个名称为“太阳”的“影片剪辑”元件。在“太阳”影片剪辑元件编辑窗口中，选择【工具栏】→【椭圆工具】，打开【窗口】→【颜色】面板，将笔触颜色调整为“无”，将填充颜色【类型】设置为“放射状”【类型: 放射状】，定义“色标”【】颜色为“＃FF0000，＃FFFF00”，按下“Shift”键，绘制一个宽、高都为 200 像素的圆，如图 3-6-44 所示。

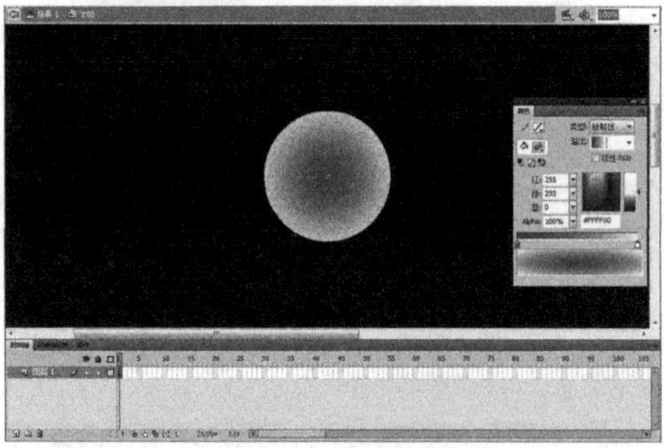

图 3-6-44 绘制“太阳”

（4）回到“场景 1”，打开库面板，将“太阳”元件拖到“太阳”层的第 1 个关键帧。执行菜单栏【窗口】→【对齐】命令，打开【对齐】面板，按下【相对于舞台】按钮，然后点击【水平中齐】和【垂直中齐】，使其居于舞台中央。

（5）打开【属性】面板，利用【选择工具】选择舞台上的“太阳”，即可看到【属性】面板下方的【滤镜】面板。点击【滤镜】面板最下方的【添加滤镜】按钮，为太阳添加“发光”滤镜效果，如图 3-6-45 所示。

（6）设置发光滤镜【模糊 X】、【模糊 Y】为“100”像素，发光【颜色】为“＃FFFF00”，如图 3-6-46 所示。设置后的太阳发光效果如图 3-6-47 所示。然后在时间轴“太阳”层第 100 帧右击【插入帧】，用以延长显示的时间，锁定本图层。

（7）新建一个图层，改名为“运动轨迹”。在时间轴第 1 帧，选择【工具栏】→【椭圆工具】，将笔触颜色调整为“无”，填充颜色设置为“白色”，绘制一个宽 640、高 390 像素的椭圆。执行菜单栏【窗口】→【对齐】命令，打开【对齐】面板，选择新绘制的椭圆，按下【相对于舞台】按钮，然后点击【水平中齐】和【垂直中齐】，使椭圆形运动轨迹也居于舞台中央，如图 3-6-48 所示。

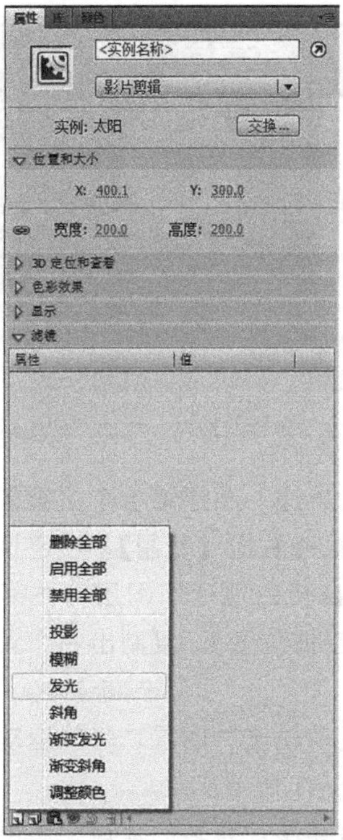

图 3-6-45　添加“发光”滤镜效果

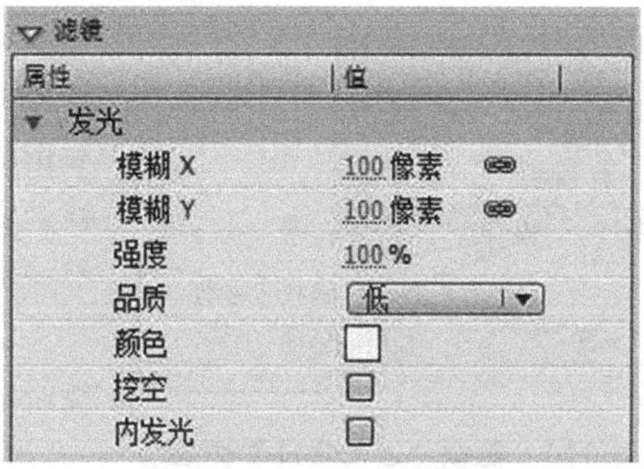

图 3-6-46　调整“发光”滤镜效果

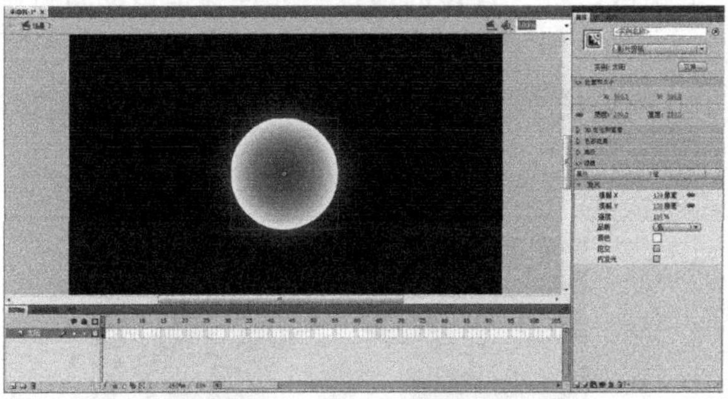

图 3-6-47　太阳发光的效果

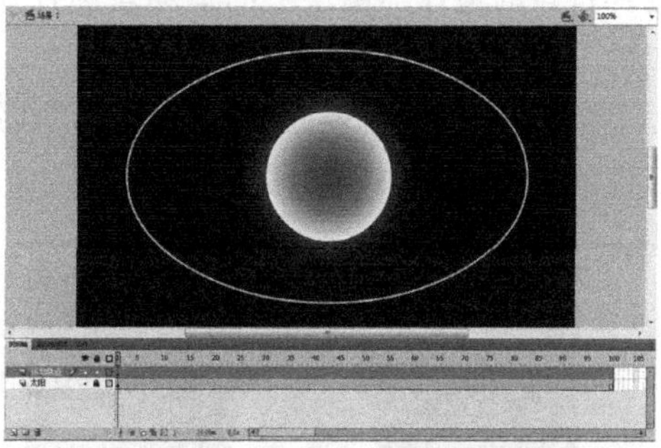

图 3-6-48　绘制并调整运动轨迹

(8) 新建一个图层，改名为“自转的地球”。执行菜单栏【插入】→【新建元件】命令，在弹出的对话框中新建一个名为“自转的地球”的“影片剪辑”元件。在“自转的地球”元件编辑窗口中，参照“3.6.6 制作地球的自转动画”内容，制作一个地球自转的影片剪辑元件。

(9) 回到“场景 1”，打开库面板，选择“自转的地球”层的第 1 个关键帧，将“自转的地球”元件拖动到舞台，在【属性】面板【位置与大小】选项卡下设置“自转的地球”元件【宽度】、【高度】都为 80 像素。然后选择“自转的地球”元件，利用【任意变形工具】将“自转的地球”元件的中心点调整至地球的中心，调整后的效果如图 3-6-49 所示。

(10) 选择时间轴“自转的地球”图层，右击选择【添加传统运动引导层】命令，为“自转的地球”层添加一个运动引导层，如图 3-6-50 所示。

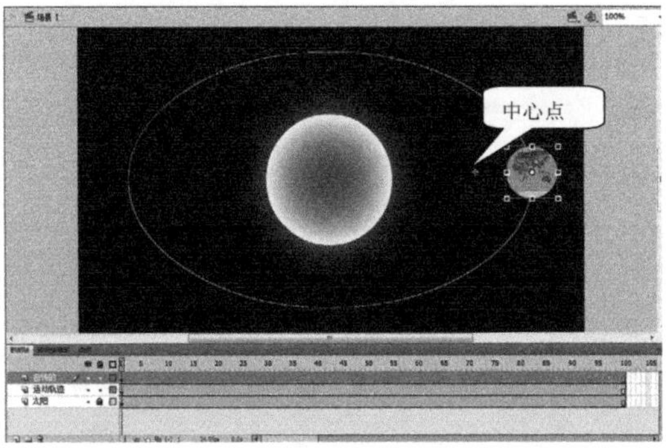

图 3-6-49 调整“自转的地球”元件后效果

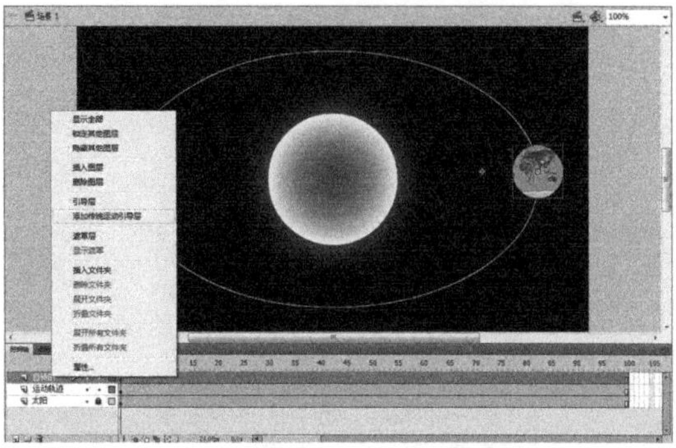

图 3-6-50 为“自转的地球”添加“传统运动引导层”

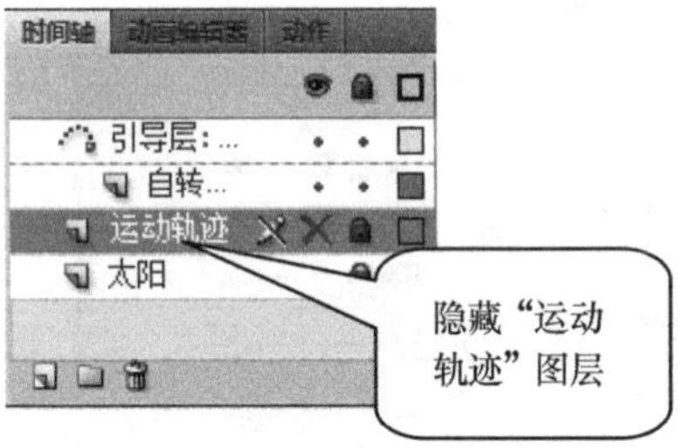

图 3-6-51 隐藏“运动轨迹”图层

（11）在“运动轨迹”图层第 1 个关键帧，选择舞台上的椭圆形运动轨迹右击【复制】，锁定该图层，然后选择“引导层：自转的地球”图层，在第 1 个关键帧处右击【粘贴到当前位置】，复制出一个大小和位置都一样的轨迹。

（12）选择“运动轨迹”图层，将“运动轨迹”层暂时隐藏，如图 3-6-51 所示。

（13）选择“引导层：自转的地球”图层第 1 个关键帧，利用【工具栏】→【橡皮擦】工具，为“引导层：自转的地球”图层上的运动轨迹打开一个缺口，将“自转的地球”元件移至运动轨迹缺口的一端，效果如图 3-6-52 所示。

（14）选择“自转的地球”图层，在第 100 帧处按 F6 插入关键帧。调整“自转的地球”元件的位置对准缺口的另一端，如图 3-6-53 所示。

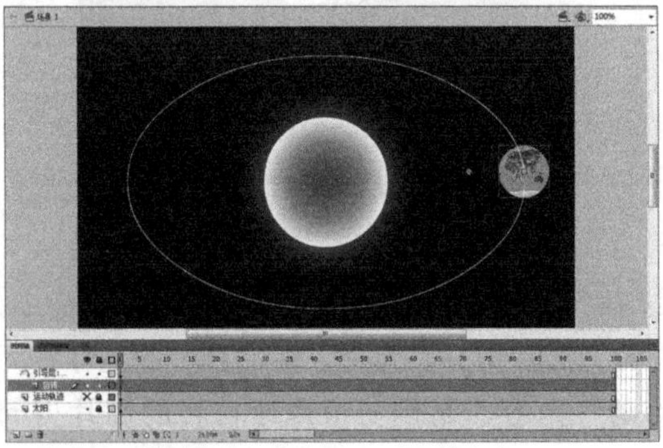

图 3-6-52 为“引导层：自转的地球”层运动轨迹打开缺口，并调整“自转的地球”的位置

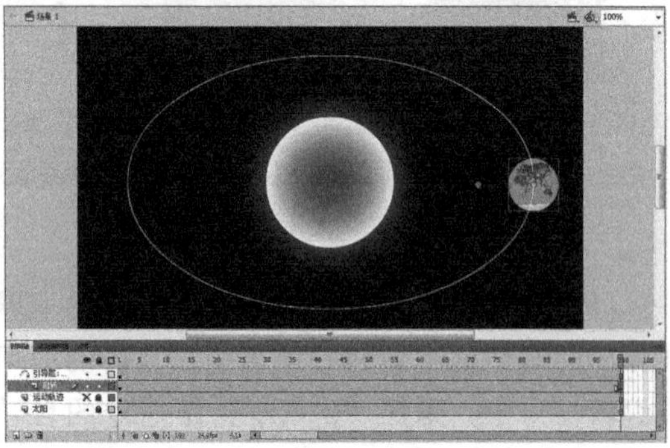

图 3-6-53 移动“自转的地球”到“引导层：自转的地球”图层运动轨迹缺口的另一端

（15）选择“自转的地球”图层，在第 1 帧和第 100 帧之间右击选择【创建传统补间】命令。选择“运动轨迹”图层，将“运动轨迹”图层显示出来。

（16）保存文件，按下组合键“Ctrl ＋ Enter”，即可看到地球自转的同时围绕太阳进行公转的动画效果。

小知识：本实例是遮罩动画和运动引导层动画的综合利用。制作“自转的地球”元件是遮罩动画，让自转的地球围绕太阳公转则需要通过运动引导层动画来实现。

在Flash中，引导层主要有普通引导层和运动引导层两种，普通引导层【】主要起到辅助静态对象定位的作用，无须使用被引导层，可以单独使用。运动引导层【】则是提供一个运动的路径，需要至少关联一个被引导层（也可以关联多个），用来实现“被引导层中的对象”沿“运动引导层中的路径”进行曲线运动的动画效果，因此运动引导层动画也称为“路径动画”。

在本实例中，“引导层：自转的地球”层与“自转的地球”层相关联建立了引导关系，“引导层：自转的地球”层是运动引导层，而“自转的地球”层是被引导层。创建动画后，可以看到“自转的地球”层中的地球沿“引导层：自转的地球”层中的运动轨迹进行曲线运动的动画效果。但需注意的是，引导层中的路径在编辑时可见，而在最终播放时是不显示的。所以，在最终播放窗口我们所看到的运动轨迹，其实是“运动轨迹”层中的运动轨迹。

3.6.8 了解动画在教学中的作用

1. 激发学生的学习兴趣

动画集图、文、声、像于一体，且提供了生动、友好、多样化的交互方式，直观形象的画面和生动有趣的故事情节能吸引学生的注意，对学生产生一定强度的刺激，激发学生强烈的学习兴趣，有利于课堂教学过程中信息的传递和学生对信息的接受、存储。

2. 形象演绎抽象概念

学习过程中，许多概念、原理、现象常常包含难以通过语言表达、实验或想象表现的抽象内容，学生不易理解，导致课堂枯燥乏味。动画可以很好地弥补这个缺陷，通过简化、比喻、夸张、拟人、象征和示意等手法，将抽象内容形象化、复杂内容简单化、重要内容凸显化，把事物的现象和本质生动形象准确地演绎出来，既丰富了学生的感性认识，又能帮助学生快速正确地理解抽象学习内容。

3. 克服时间空间的限制

学生的学习活动主要在教室的课堂上进行，但受时间、空间、环境、设施等因素的制约，存在某些学习内容正常在环境下肉眼看不到或无法直接观察到等问题，严重影响了学习效果。动画的表现范围和形式非常广泛，能够有效地突破这些限制，根据教学需要对部分内容适当放大或缩小等，更加充分地表现宏观、微观、瞬间或漫长的事物或过程。

4. 动态展现事物形成过程

在学习过程中，有时需要学生仔细观察事物的运动状态和过程。动画最大的特点就是能使静态知识动态化，通过生动形象的活动画面模拟事物的运动现象和变化过程，为学生提供身临其境的感性替代经验，促进学生对事物形成过程的系统整体地认知和思考，发展学生观察力、想象力和思维能力。

但值得注意的是，不是所有的学习内容都适合用动画展示，持续强烈的动画刺激也容易让学生产生视觉疲劳，动画不能滥用。在教学过程中，教师要根据学生身心发展规律、学习内容的特点、课程的整体结构，灵活地设计动画、恰当地选择动画、适时地呈现动画，充分发挥动画的优势，这样才能真正优化课堂教学过程，促进学生对内容深入地观察、认识、理解和思考。

拓展阅读

拓展阅读1 使用会声会影编辑视频资源

Ulead会声会影是一个用户视频编辑和DVD制作软件，为用户提供了强大的视频处理功能。使用向导可以自动创建精彩的相册和视频作品，选择一系列易用的工具可以进一步完善视频作品。

打开Ulead VideoStudio 11后，选择会声会影编辑器，我们可以看到如图3-7-1所示的主界面，操作栏包括捕获、编辑、效果、覆叠、标题、音频、分享七大选项。

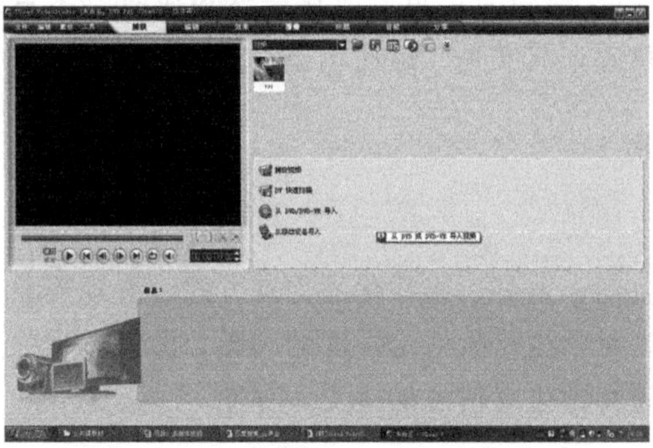

图3-7-1 会声会影主界面

(1) 捕获：将DV中的视频及音频抓轨至计算机，即实现影视编辑后期制作功能。当然，如果你的计算机中有现成的视频片段，便可省去这一步。另外会声会影自带了一些视频素材，这些素材在制作片头和片尾时将大有帮助。

(2) 编辑：这是对影片创作的主操作区，在这里，你可以对影片进行大量的实用控制，如影片和图片的增加、裁剪、时间控制、位置控制、反转场景、色彩校正、多重修整视频、自动按场景分割，以及保存静态图像和消音等。

(3) 效果：虽然是辅助功能，但要想做一套精彩的影片这是不可缺少的，在会声会影里，特殊效果非常丰富，可以让你充分地发挥自己的想象力，影视滤镜和转场可以相互组合，变化多样。

(4) 覆叠：可增加一个视频轨，并与第一轨相结合，在这里我们能更方便地调节视频的长短及场景的选取，想要做出一部别具一格的影片，覆叠功能是必不可少的。

(5) 标题：标题栏操作是为影片添加字幕的，使用它既可以做歌词字幕，也可以写上心理感言，这些都看你的发挥和需要了。字幕可以改变字体、形态、颜色和大小，同时还可以添加动画效果。

(6) 音频：音频可以为影片加入声音和音乐，它有两个轨，加配乐的时候如果发现开始的片断中有音乐，那么可以在编辑栏中将原影片的音乐调成静音。

(7) 分享：影片制作完成之后而进行的转换工作。我们知道，如果影片是AVI格式未免太大了，在这里，你可以把你完成的作品转换成你需要的格式，其中包括DVD及VCD格式，这样一来，你便可以在影碟机上与大家共同欣赏你的作品了。记住，AVI格式虽然容量很大，但也是最保持原质的一种格式，如果硬盘空间足够，也可以尝试保存为AVI格式，导出的影片文件越小，质量就越粗糙。

1. 采集DV视频

(1) 将摄像机连接到视频捕捉卡上。

(2) 运行会声会影，选择【捕获】选项，如图3-7-2所示。

(3) 单击导览面板中的【播放】按钮，如图 3-7-3 所示。

(4) 在播放到要捕获视频的时间点后，单击选项面板中的【捕获视频】，开始捕获。

图 3-7-2　捕获视频

(5) 按“Esc”键来停止捕获。

2. 视频的精确剪接

(1) 单击时间轴上的视频轨，从素材库中选择一个视频文件，拖放到视频轨上。

(2) 拖动修整拖柄至要剪视频的开始处，单击开始标记（如图 3-7-4 所示）；拖动修整拖柄至要剪视频的结束处，单击结束标记（如图 3-7-5 所示）。

图 3-7-3　导览面板

图 3-7-4　标记视频的开始处

(3) 接入视频片段。从素材库中再选择一段视频拖放到时间轴上的视频轨中，接到第一段视频的后面。

(4) 保存剪接好的视频。选择【分享】选项，再选择【创建视频文件】，选择一个想要保存的文件格式，保存视频文件，如图 3-6 所示。

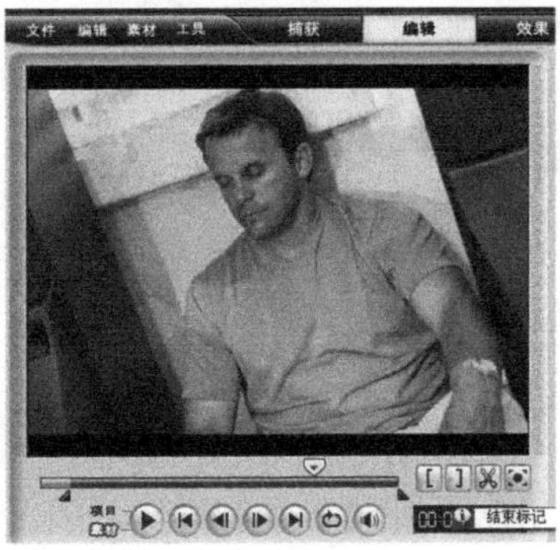

图 3-7-5　标记视频的结束处

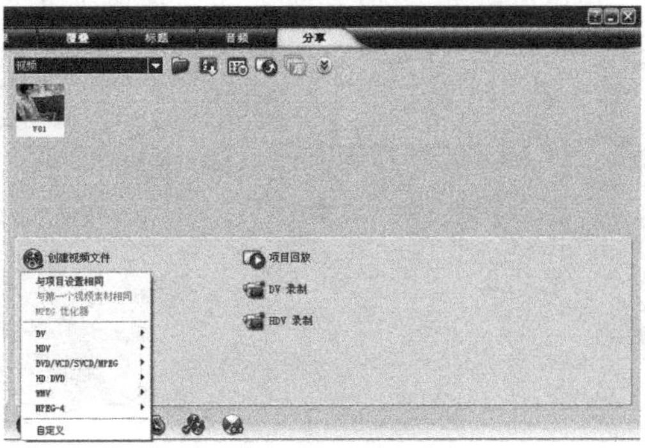

图 3-7-6　保存视频

3. 添加转场效果

转场效果为场景的切换提供了创意方式。它们可以应用到视频轨中的素材之间。会声会影提供了大量的预设转场效果，有效使用此功能，可以为视频添加专业化的效果。

现在，我们在两个素材之间添加使用转场效果。

1）添加转场

（1）单击【效果】选项，从素材库的文件夹列表中选取效果类别，如图 3-7-7 所示，选定后，会出现如图 3-7-8 所示的效果缩略图。

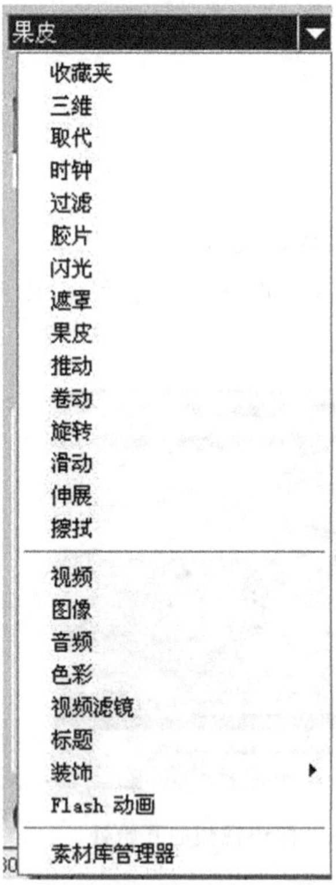

图 3-7-7 转场效果列表

图 3-7-8 转场效果

（2）在效果缩略图中选取一种转场效果，并将它拖入时间轴的视频轨，放在两个视频素材之间，如图 3-7-9 所示。

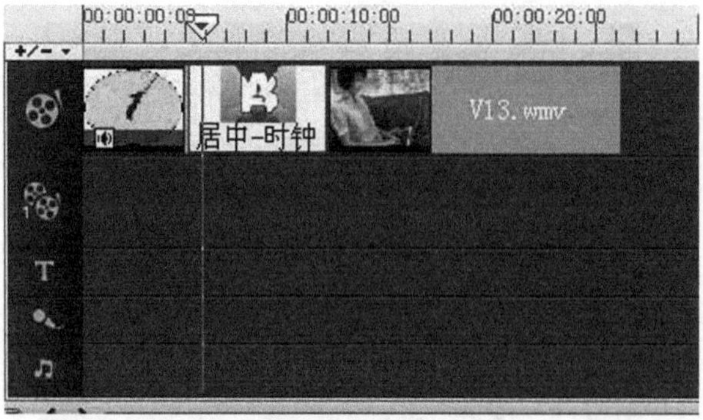

图 3-7-9 视频轨中的转场效果

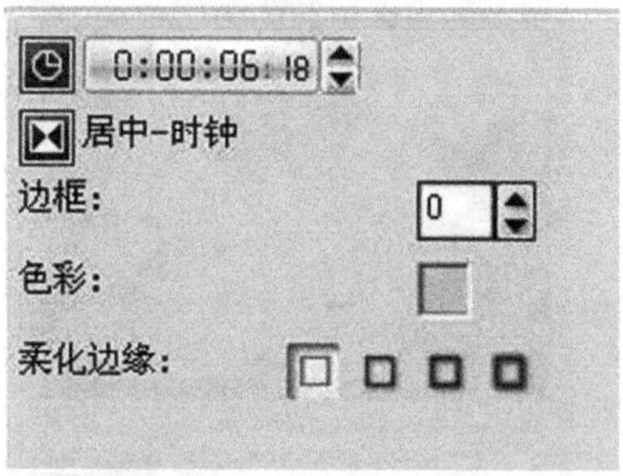

图 3-7-10 转场效果参数设置

2）进一步修饰转场效果

修改【效果】选项面板中的参数，如图 3-7-10 所示。

4. 制作标题字幕

(1) 选择【标题】选项，会出现如图 3-7-11 所示的标题效果缩略图。

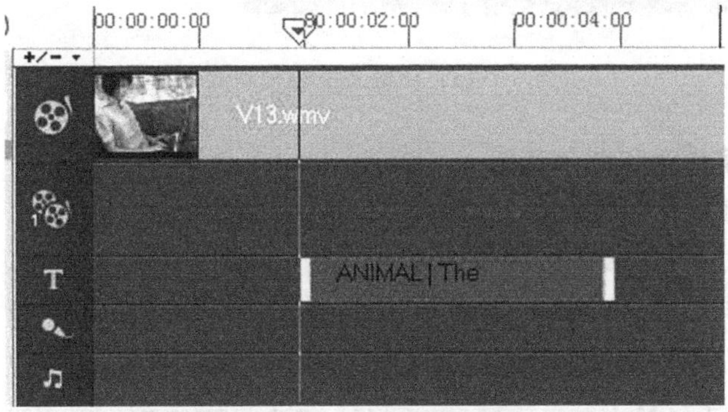

图 3-7-11　添加标题字幕

(2) 在标题效果缩略图中选择一种，并将它拖到时间轴的标题轨的相应位置，如图 3-7-12所示。

图 3-7-12　标题效果选项

(3) 双击视频浏览窗口的文字部分，输入标题文字，如图 3-7-13 所示。

(4) 修改相关参数，进一步修饰标题，如图 3-7-14 所示。

图 3-7-13　标题文字效果

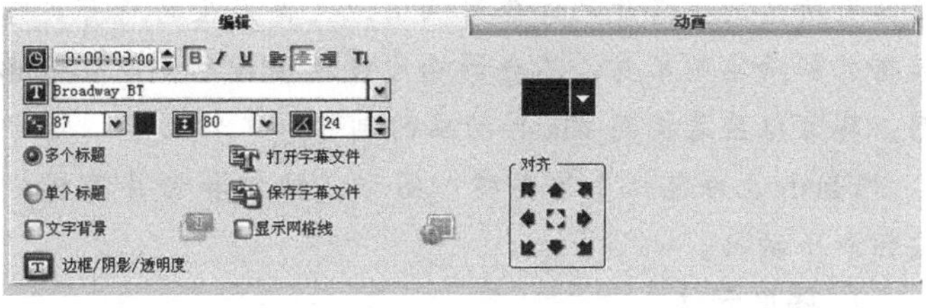

图 3-7-14　标题文字参数设置

(5) 设置标题的相关动画效果，如图 3-7-15 所示。

图 3-7-15 标题文字的动画效果

5. 给视频添加解说词和背景音乐

(1) 选择【音频】选取项。

(2) 单击【加载音频】按钮，将要用到的声音文件加载到素材库。

(3) 从素材库中选中将要添加的声音文件，将它拖到时间轴的声音轨或音乐轨，如图 3-7-16所示。

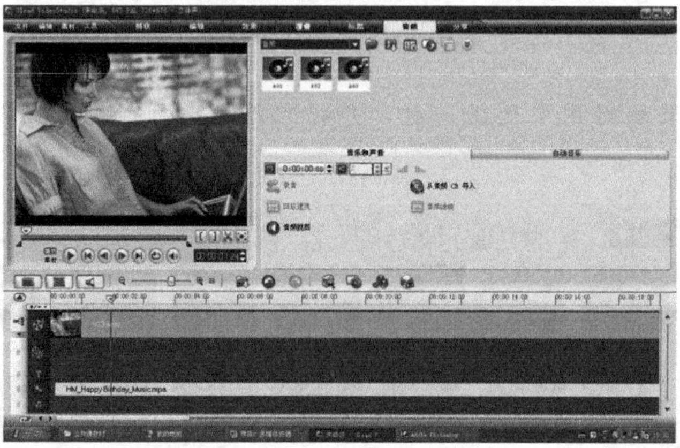

图 3-7-16 添加音频

拓展阅读 2 Flash 元件、元件实例和库

元件是 Flash 中一个非常重要的概念。它是一种比较特殊的对象，在 Flash 中只需创建一次，就可以在整个文档或其他文档中重复使用。创建的元件通常放置在“库”面板中，当把元件从“库”面板拖到舞台时，舞台上就增加一个该元件的“实例”，实例是元件的复制品，一个元件可以产生多个实例。这些实例可以是相同的，也可以对其分别编辑、修改属性使其有所区别。修改元件会影响由此元件产生的所有实例，达到一改全改的目的，而修改实例将只影响实例本身，不会影响元件及由该元件产生的其他实例。所以合理地使用元件、实例、库可以显著提高 Flash 动画的制作和工作效率。

Flash 元件包括 3 种类型：图形、按钮和影片剪辑，分别用来制作动画中需要的图形、按钮和小动画。

1. 图形元件

图形元件主要用于创建可重复使用的图形，一般是静止的一幅图片或绘制的形状，也可以是动画，但图形元件中的动画不能添加交互行为和声音控制。

2. 按钮元件

按钮元件主要用来创建交互控制按钮，对动画中的鼠标事件做出响应，如鼠标的点击、移开等。它与平常网页中出现的按钮一样，可以通过设置它来触发某种效果，如网页的跳转，影片的播放、停止等。

Flash 中按钮元件包括“弹起”、“指针经过”、“按下”、“点击”4 种状态，也可以说是 4 帧，如图 3-7-17 所示。

“弹起”帧：按钮的原始状态，即当鼠标不在按钮上时的按钮状态。

“指针经过”帧：当鼠标移动到按钮上时的按钮状态。

“按下”帧：用鼠标单击按钮时的按钮状态。

“点击”帧：用于设置对鼠标动作做出反应的区域，这个区域在 Flash 播放时是不会显示的。

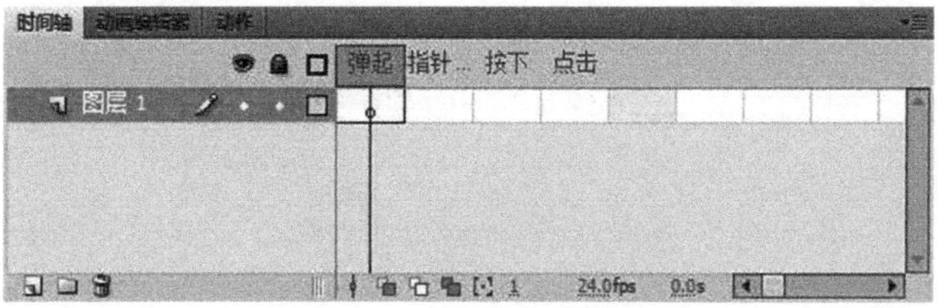

图 3-7-17　按钮元件的时间轴

按钮元件中可以插入影片剪辑和声音，前三帧可以加入 ActionScript 语句。但按钮元件的时间轴不能播放，它只能根据鼠标事件的不同做出简单的反应，并转到相应的帧。通过给舞台上的按钮添加动作语句可以实现 Flash 动画的交互控制效果。

3. 影片剪辑元件

影片剪辑元件主要用来创建动画片段，可以包含交互式控件、声音、图片，其他元件实例、ActionScript 脚本代码等，相当于一个小的独立电影。影片剪辑元件具有独立的时间轴，不受舞台中主时间轴的限制，如果主场景中存在影片剪辑元件，即使主场景中的时间轴已经停止，影片剪辑元件的时间轴仍可以继续播放。因此，影片剪辑元件具有极强的交互性、用途广且功能最强。

Flash 中创建元件的方法有两种：一种是直接创建元件；另一种是将对象转化为元件。创建一个元件后，其类型并不是不可改变的，图形、按钮和影片剪辑这三种元件之间可以相互交换，而且其原有特性不会改变。

图形元件在场景中就可以看到播放效果。影片剪辑元件在场景中看不到实际播放效果，只能在其编辑窗口中查看动画效果，或者最终导出影片后观看播放效果。影片剪辑中可以嵌套另一个影片剪辑，也可以包含图形元件、按钮元件等，图形元件中可以嵌套另一个图形元件，但按钮元件不能嵌套另一个按钮元件。

应用与思考

1. 利用搜索引擎搜索本专业的期刊论文全文，将其保存在自己设定的目录下，与同学分享。

2. 搜索与所学专业相关的学习资源（文本、图片、视频、音频、动画、课件等），并将其下载到本地计算机上。

3. 练习使用手写、语音、文字识别软件获取文本，并比较各个软件的性能。

4. 熟悉 Photoshop 软件的基本操作程序和各个工具功能，对自己的照片进行适当处理，并尝试为《现代教育技术》课程设计教材封面。

5. 练习使用 Cool Edit Pro 软件，自己录制一段声音，对其进行降噪，放大波形等多种处理，并从网络上搜索一段合适的音乐做背景音乐，为这段声音配乐。

6. 就某一主题，制作一个包含片头字幕、视频图像、解说、片尾字幕的视频短片。

7. 制作“正方形变成圆”的动画。

8. 绘制卷轴、画卷，制作“卷轴从左向右打开”的动画。

9. 制作“小球沿抛物线进行曲线运动”的动画。

10. 制作舞台的开幕“聚光灯效果”动画。

单元 4　多媒体课件与专题网站的设计制作

学 习 目 标

◎ 了解多媒体课件的概念、类型、设计原则与制作步骤。

◎ 会用 PowerPoint、Flash 等制作工具设计、制作多媒体课件。

◎ 了解专题学习网站的概念及特点。

◎ 会使用制作工具设计、制作简单的专题学习网站。

4.1　多媒体课件的设计与制作

教育信息化环境下，多媒体课件的设计和制作已经成为广大教师必须掌握的重要技能之一。本节首先介绍了多媒体课件的基础知识，然后结合 PowerPoint 和 Flash 软件具体讲解多媒体课件制作的方法和技巧。

4.1.1　多媒体课件的基础知识

1. 多媒体课件的概念

人类的信息交流离不开传播媒体。媒体是英文 Media 的音译，有媒介物、工具手段等含义。多媒体一词就是在媒体这个术语的基础上演变而来的，指媒体形式组合的形态及与之相关的一整套技术，其基本含义是以计算机为中心，交互地综合处理图、文、声、像等多种媒体形式的信息，并将这些信息建立逻辑链接，以协同表现出更丰富、更复杂的信息。

多媒体课件是根据教学大纲的要求和教学目标的需要，经过严格的教学设计，利用多媒体技术，将图、文、声、像等多媒体素材融为一体，表现特定教学内容，反映一定教学策略的教学软件。多媒体课件表现形式丰富多样，由超文本结构制作而成，能与学生进行交互性操作，并能对学生的学习做出评价，已广泛应用于教学之中。

2. 多媒体课件的特征

随着计算机和多媒体技术的不断发展，多媒体课件在现代教学中的地位越来越重要，课件制作的优劣直接影响教学过程的效果。一般来讲，多媒体课件具有以下一些特点：

1）表现形式的多样性

多媒体课件是集图形、图像、文字、声音、影像和动画等多种媒体于一身的一种应用，表现形式多种多样。通过多媒体课件，可根据不同学科、不同内容特点选择内容的呈现形式。某一知识内容可以用几种媒体形式展现，也可以将几种媒体形式有机组合，图文并茂地共同呈现，使学生获得多重感官刺激，激发学生的学习兴趣和求知欲望，引发学生主动探索、主动学习，从而更好地提高学生的学习效果。

2）内容组织的非线性

传统课件教学信息的组织是以程序教学思想为指导的线性结构，内容和位置是预先确定好的，与其他内容的联系也是事先固定的，虽然有时也有分支，但教学流程基本按照预先设定的排列顺序进行。多媒体信息量巨大，信息之间的关系复杂，单纯的线性组织已远不能满足其内容组织需要。因此，多媒体课件中，教学内容的组织不仅可以是简单的线性顺序结构，还可以按超文本思想组织成树状、网状及混合结构。在这种超媒体组织管理方式下，教学信息被存储在各节点中，任何一个节点都和其他节点相连。教学过程中，教学流程事先并不固定，每个步骤所呈现的教学信息事先也不固定，可以在任何时刻从任一节点跳转到另一节点。这种组织形式不仅提供了十分有效的信息呈现方式，也可以提供更好的导航引导，让教师和学生根据自己的需要处理和获取知识。

3）人机交互的友好性

交互性可以说是现代计算机技术最突出的特征，多媒体课件具备交互性的特点，主要通过交互界面实现信息的交换、人机的对话。多媒体课件不仅可以在内容的学习和使用上提供良好的交互控制，进行动态的组织和修改，还可以运用适当的教学策略，指导学习者学习，更好地体现“因材施教的个别化教学”。

4）教学资源的共享性

计算机技术和通信技术的发展使得多媒体信息可以自由传输，以网络为载体的多媒体课件可以在教师与教师、教师与学生、学生与学生之间相互交流，从而使教师或学生能够获得更加广泛的教育资源，更大程度地实现教学信息交流、资源共享。

5）教学效果的反馈性

教学活动是一种复杂的信息交流活动。在教学过程中，有效的反馈信息可以帮助学生及时地了解自己的学习结果，诊断和发现学习中存在的问题。计算机具有判断和识别的能力，利用这些特点，多媒体课件中可以设置一些问题或练习，供学习者思考，这样可以及时帮助学生了解其学习情况，调整学习状态，更加深入地理解学习内容。

3. 多媒体课件的类型

多媒体课件可以从运行环境、教学功能或使用对象、教学内容呈现所采用的方法和策略方面进行分类。

1）根据运行环境进行分类

(1) 单机版课件：在独立的计算机上运行的多媒体课件。

(2) 网络版课件：在网络环境下运行的多媒体课件。

2）根据教学功能进行分类

(1) 助教型课件：主要是教师在课堂教学中进行知识传授时使用的课件。

(2) 助学型课件：主要是学生在课堂或课下学习时使用的课件，如检测学习效果的课件、指导学习的课件、单纯课后练习的课件等。

(3) 教学结合型课件：是兼顾教师与学生两者使用的课件。

3）根据教学内容呈现所采用的方法与策略的不同进行分类

(1) 课堂演示型课件：主要应用课堂讲授与演示的教学方法，通过图、文、声、像等形式进行教学内容的展示，辅助教师完成诸如创设情境、突出重难点、解释原理性知识、提出问题、引发讨论等教学任务，交互性较弱。

(2) 自主学习型课件：主要是代替教师向学生进行指导、帮助和知识传授。这种课件通常具有完整的知识结构，提供友好的界面让学生进行人机交互活动，能反映一定的教学过程和教学策略，并提供相应的练习供学生进行评价反馈，适用于自主学习、探究学习等个别化学习方式。

（3）协作学习型课件：主要是在网络环境下，创设学习情境，借助协作学习工具，通过小组或团队的形式组织学生进行学习。在此过程中，学生个体与团队中的其他成员一起探索、发现、分享适合的信息和学习材料，在交流协作中促进知识的形成，共同完成学习任务。

（4）模拟实验型课件：是指借助计算机仿真技术对教学环境、教学内容进行模拟的学习模式。这种类型的课件通过模拟某种真实的现象或建立某种“理想模型”（去除无关因素，在特定情境下呈现所研究问题的模型），供学生观察，从而帮助学生认识和发现这些规律与现象的本质。通过此类课件，教师可以将抽象的内容具体化、形象化，解决许多现实情境中解决不了的困难。

（5）训练复习型课件：主要是通过提供某知识点内容的练习题目，评价学生对该知识的综合掌握情况，进而强化学生在此方面的知识和能力。此类课件除呈现题目外，还可以对学生的回答情况进行判断，记录学生的成绩并能分析学生的学习情况，甚至指出学生学习中的知识缺陷，有利于教师了解学生的学习情况及学生的自我了解和评价。

（6）教学游戏型课件：主要是创设一种具有趣味性、挑战性和参与性的学习情境，使教学寓于游戏之中。与一般的游戏软件不同，它是基于学科的知识内容，通过游戏的形式，引发学生的学习兴趣，教会学生掌握学科的知识并提高学习能力。

（7）资料工具型课件：主要是提供各种电子工具书、电子字典，以及各种图形库、动画库、声音库等，可供学生在课外进行资料查阅，亦可根据教学需要辅助教师教学。这种类型的教学软件只提供某种教学功能或某类教学资料，并不反映具体的教学过程。

（8）综合性课件：现实的课堂教学通常是包含了多种不同的教学方式。如在一个教学单元中，教师可能需要学生先进行自主预习，然后在课堂上通过演示型教学讲授内容，并在中间穿插仿真实验或教学游戏，对学生的学习情况进行训练复习等。因此，在实际的课件制作过程中，不能固定选取一种类型的课件进行开发和授课，根据具体情况，制作综合多种方式的综合型课件更符合教学活动的实际需要。

4.1.2　多媒体课件的设计原则与制作步骤

1. 多媒体课件的设计原则

多媒体课件的设计与开发，涉及教育学、心理学、传播学、美学等诸多学科理论，有着自身的设计原则和规律。因此，课件的设计必须遵循一些基本的教育原则和技术标准。

1）教育性原则

多媒体课件主要是为教与学服务的，其应用目的是优化课堂教学结构，提高课堂教学效率。因此，多媒体课件应具有良好的教育作用，在设计课件的时候要注意以下几点：

（1）要明确教学目标：教学目标是教学大纲中规定学生要掌握的知识内容和知识深度。制作多媒体课件首先要知道为什么编制这个课件，教学中要解决什么问题，希望达到什么目标。

（2）要突出重点难点：必须根据教学大纲的要求，围绕教学中的重点、难点或关键性问题设题立意。要充分发挥计算机多媒体的优势，采用恰当的表现方法，将复杂问题或难点问题简单化。

（3）教学对象要有针对性：课件是为特定的教学对象而设计制作的，其内容的选择和操作的难易程度要有明确的针对性。要考虑到应用此课件的学习者的一般特征（年龄特点、知识层次水平、智力、社会因素、经济因素、语言因素等）和他们学习相应内容的初始能力和学习风格。

（4）要有灵活的教学形式：多媒体课件教学具有传统课堂教学方式所无法比拟的优势，其课件设计要灵活多样，图、文、声、像交替地表现教学内容，突出教学内容的主体，有效地启发诱导，激发学生的学习动机，促进学生积极思考。

2）科学性原则

科学性是课件评价的重要指标之一。所谓科学性原则，是指课件所涉及的内容必须是正确的，基本要求是不出现知识性的错误，不允许任何华而不实、违背科学准则的现象出现。课件要体现科学性，应注意课件中的内容需符合科学现象与规律，逻辑严谨，层次清晰，信息内容要准确、系统。

3）艺术性原则

艺术性是一个课件能否取得良好教学效果的重要体现。美的形式能更好地表现内容，激发学生的兴趣，让学生更乐于接受和做出反应。艺术性的体现可以从以下几方面来考虑：

（1）媒体的选择要多样，选材适度，创意新颖。

（2）画面的展示应构思巧妙，可以挖掘教学内容内在的亮点，通过美工设计、巧妙地运用动画和字幕将其表现出来，搭配合理。

（3）解说词和背景音乐悦耳协调，声音处理要和画面造型相辅相成，视听同步。

（4）经过别具匠心的艺术处理，用一定的艺术形式表现出来的教学内容，必须不违背教育性和科学性原则。

4）技术性原则

所谓技术性原则是指多媒体课件在其制作编辑上要达到一定的标准，如多媒体课件运行稳定流畅、跳转灵活、界面友好、交互方便、能充分发挥计算机的各种特性等。课件的技术性可从以下几个方面来考虑：

（1）课件中使用的文字、图片、声音、影像、动画要视觉清晰、色彩逼真，影音、动画还要求播放流畅。但是文件不能太大，不能影响课件的存储、传输和运行。

（2）交互灵活方便也是技术性的一个重要方面。交互的关键在于系统能否按照学习者的不同需求呈现不同的交互，引导学习者进行思考、逻辑判断，使学习者真正融入课件所提供的学习情境。

（3）程序的结构要尽量简洁，操作简便、灵活、可靠，便于教师和学生控制和使用。

2. 多媒体课件的制作步骤

多媒体课件制作过程大致可分为以下步骤（如图 4-1-1 所示）：

（1）确定选题：根据教学需要和应用对象，确定要制作多媒体课件的课题。

（2）确定教学目标和内容：制作多媒体课件，首先必须明确该课件的教学目标，教学目标是从总体上给出教学结果的要求。明了教学目标后，再选择恰当的教学内容，并设计内容的结构。

（3）创作脚本："脚本"是指电影、电视拍摄过程所依据的文字稿本。在课件制作中，编写文字稿本是组织信息的第一步，包括对教学内容的呈现方式、屏幕布局、界面形式、人机交互、图片、文字、音乐等进行总体的规划设计。

（4）素材准备：准备好多媒体素材，如文本、图形、图像、动画、音频和视频，以及课件中涉及的案例素材、试题素材等。

(5) 课件制作：根据编写的创作脚本，选择开发工具来制作课件。

(6) 课件测试与修改：课件制作完成后，必须进行多次测试，以便能够发现课件运行过程中的问题，及时改正错误、修补漏洞。有时，还需要对课件进行更加具体的优化。

(7) 课件发布：包装课件并发布，必须有制作信息、使用说明等。

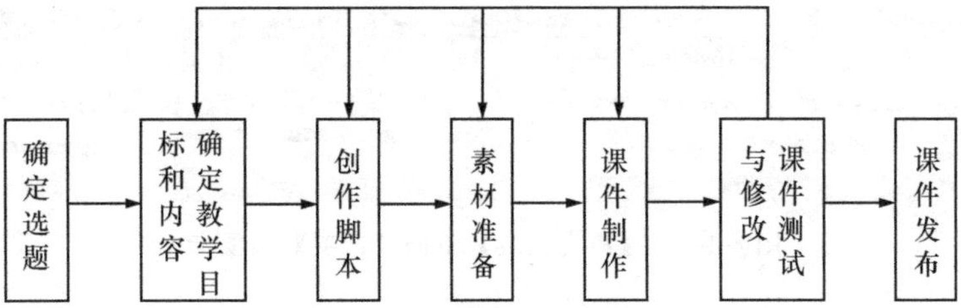

图 4-1-1　多媒体课件的制作步骤

4.1.3　用 PowerPoint 开发与集成多媒体课件

PowerPoint 能够集文字、图形、图像、声音、视频、动画等多媒体元素于一体，是信息化时代制作多媒体课件的重要工具。下面主要介绍 PowerPoint 2007 演示文稿制作与应用的常用技巧和方法，帮助广大教师更好地应用 PPT 制作出符合教学需要的多媒体课件。

1. 声音的集成

1) 声音的插入

(1) 在【插入】选项卡“媒体剪辑”组中，点击【声音】下的箭头，在弹出的下拉菜单中点击【文件中的声音】(或【剪辑管理器中的声音】)，如图 4-1-2 所示。

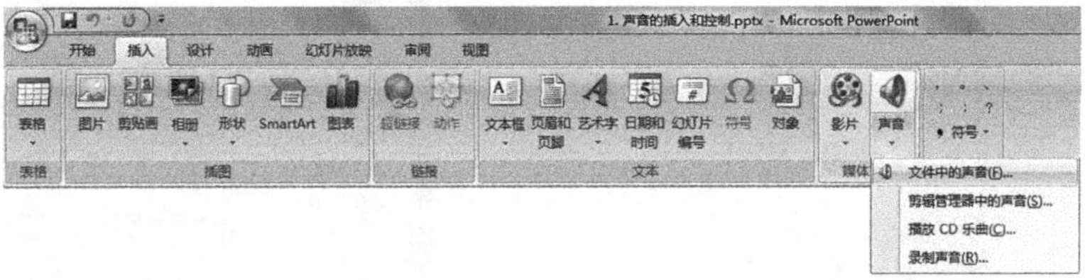

图 4-1-2　插入声音

(2) 在弹出的【插入声音】对话框中，找到声音文件的位置，点击【确定】后，在幻灯片上会出现一个小喇叭图标【🔈】，同时弹出一个如图 4-1-3 所示的对话框，询问是否需要在幻灯片放映时自动播放声音。如果点击【自动】按钮，则放映到该幻灯片时声音会自动播放；如果点击【在单击时】按钮，则放映到该幻灯片时声音不会自动播放，需要点击该幻灯片上的小喇叭图标后才会播放声音。

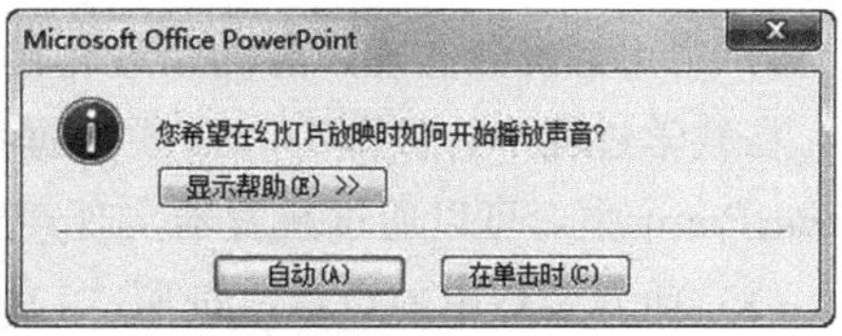

图 4-1-3　弹出对话框

提示：如果只需要在当前幻灯片播放某个声音，切换至任一张幻灯片时声音停止，不需要重复播放，执行以上操作就可以实现。如果需要重复播放，则需要对声音进一步设置。

2）声音的控制播放

（1）在一张幻灯片放映期间循环播放声音。普通视图下，点击幻灯片上的小喇叭图标，功能区会出现【声音工具】→【选项】选项卡，如图 4-1-4 所示，在该选项卡“声音选项”组中，选中“循环播放，直到停止”复选框。如果在幻灯片放映时不想显示喇叭图标，可以选中该选项卡上“放映时隐藏”复选框。

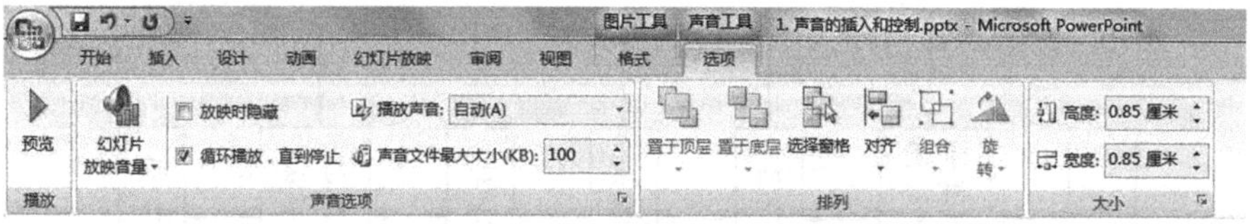

图 4-1-4　【声音工具】下的【选项】选项卡

提示：在此选项卡中还可以“预览”声音，设置“幻灯片放映音量”等。

（2）跨多张幻灯片播放声音。点击【动画】选项卡“动画”组中【自定义动画】按钮【自定义动画】，窗口右侧会出现【自定义动画】任务窗格。单击“自定义动画”列表中新插入声音右侧的下拉箭头，在弹出的下拉列表中选择【效果选项】（如图 4-1-5 所示），会弹出【播放声音】对话框，如图 4-1-6 所示，在【效果】选项卡“停止播放”选项组下，选中“在 x 张幻灯片后”单选框，根据需要设置其中的 x 值。如果设置为“6”，则表示声音可以从当前幻灯片一直播放到第 6 张幻灯片之后才停止。

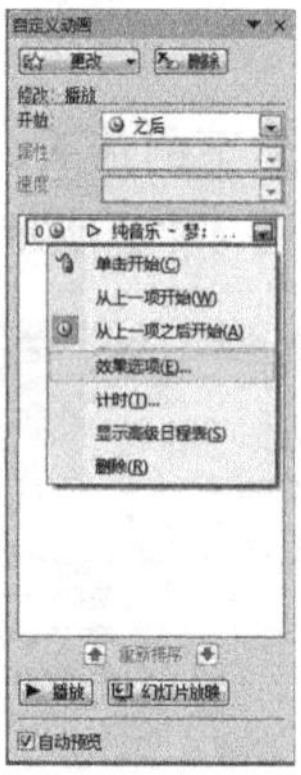

图 4-1-5　“自定义动画”任务窗格

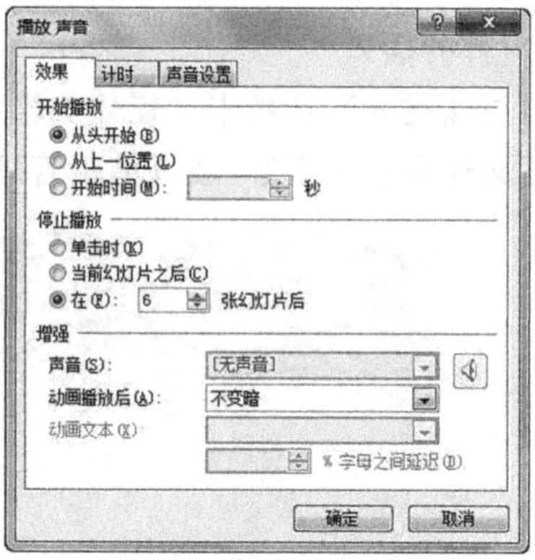

图 4-1-6　【播放声音】对话框

3）利用触发器实现声音的个性化播放

在教学过程中，教师有时需要根据教学内容的需要控制声音的开始、暂停及结束，在 PowerPoint 中，可以通过触发器实现声音的个性化播放。设置步骤如下：

（1）插入文件中的声音。按照“1）声音的插入”中的步骤，插入一个来自文件中的声音，在弹出的对话框“您希望在幻灯片放映时如何开始播放声音”中选择【在单击时】按钮，同时幻灯片上会显示一个小喇叭图标。

（2）利用自选图形制作三个按钮。在【插入】选项卡“插图”组中，点击【形状】下面的小三角，在弹出的“自选图形”中选择【圆角矩形工具】，在幻灯片上画一个圆角矩形，调整大小，设置填充颜色和线条颜色，并输入文字“开始”。然后复制出另外两个，并改变文字为“暂停”和“结束”，按钮效果参照图 4-1-7。

(3) 设置通过“开始”按钮触发声音的“播放”。在【自定义动画】任务窗格，单击“自定义动画”列表中“李白：月下独酌”右侧的下拉箭头，在弹出的下拉列表中选择【计时】。弹出【播放声音】对话框，在【计时】选项卡下单击【触发器】按钮，展开两个单选框，选中“单击下列对象时启动效果”单选框，在其后的下拉菜单中选择“圆角矩形 4：开始”，如图 4-1-7 所示，点击【确定】按钮即可。这样设置的结果是当点击【开始】按钮时，触发声音的播放。

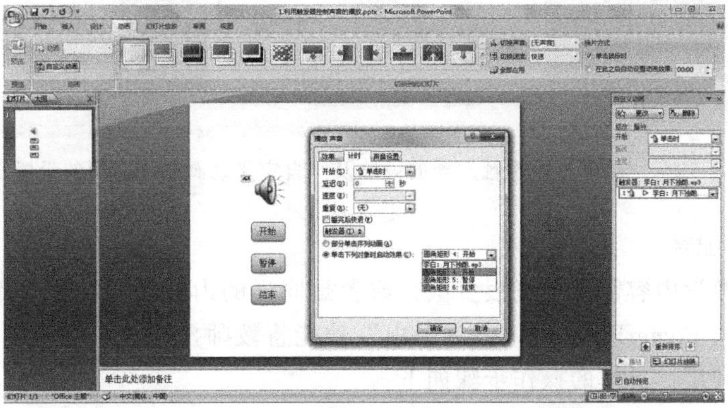

图 4-1-7　“播放”效果触发器的设置

(4) 设置通过“暂停”按钮触发声音的“暂停”。选中幻灯片上的小喇叭图标，点击【自定义动画】任务窗格下【添加效果】按钮（此时子菜单中的内容由原来的四个变为五个），如图 4-1-8 所示，选择【声音操作】→【暂停】命令，为声音文件又添加了一个“暂停”效果。选择新添加的“李白：月下独酌”暂停效果右侧的下拉箭头，在【播放声音】对话框“计时”选项卡下，单击【触发器】按钮，选中“单击下列对象时启动效果”单选框，在其后的下拉列表中选择“圆角矩形 5：暂停”，点击【确定】按钮，设置完成后效果如图 4-1-9所示。

图 4-1-8　为声音添加“暂停”效果

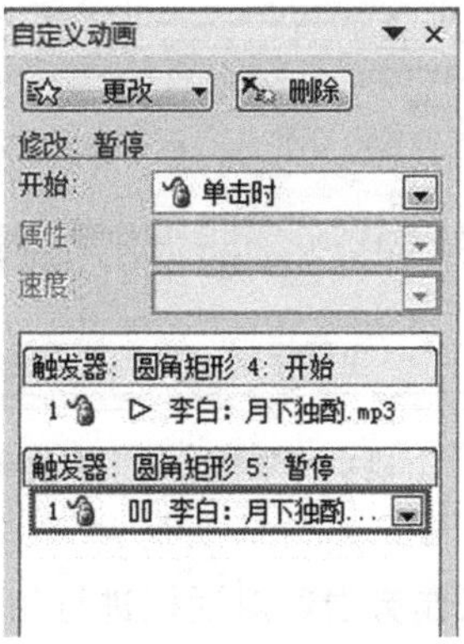

图 4-1-9　“暂停”效果触发器的设置

(5) 设置通过“结束”按钮触发声音的“结束”。设置步骤参考“暂停”效果的设置，效果如图 4-1-10 所示。

(6) 三个按钮设置好后，即可通过放映幻灯片感受对声音的“开始”、“暂停”和“结束”的控制效果。

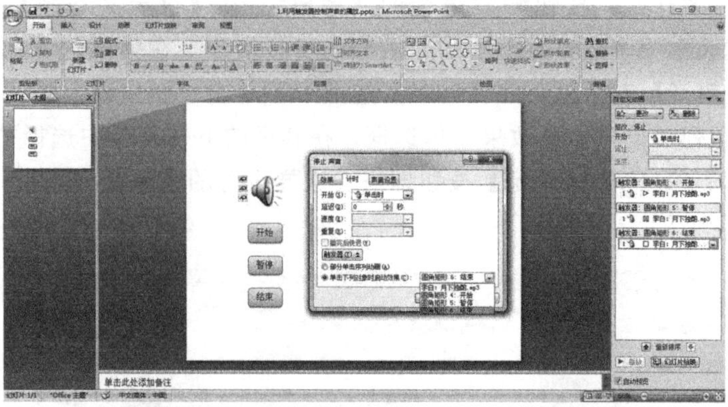

图 4-1-10 “结束”效果触发器的设置及“自定义动画”列表中的设置结果

4）为幻灯片配音

有时候某些教学内容需要重复很多次，或者是同样的内容需要给很多不同的对象讲解，这种情况可以利用 PowerPoint 的“录制旁白”功能将教师授课的声音录制下来，插入幻灯片中以方便重复利用。具体的操作步骤如下：

（1）选择需要开始录制的幻灯片，在【幻灯片放映】选项卡“设置”组中，单击“录制旁白”【】按钮，弹出“录制旁白”对话框，如图 4-1-11 所示，根据需要进行相关设置。可以单击【设置话筒级别】按钮，打开“话筒检查”对话框，如图 4-1-12 所示，设置适合的话筒音量。还可以设置旁白是否与幻灯片保存在一起，如果希望旁白与幻灯片保存在一起，则不用选中“录制旁白”对话框最下方的“链接旁白”复选框。如果希望将录制的旁白单独保存，则需要选中该复选框，点击其后的【浏览】按钮设置旁白文件将要保存的文件夹。

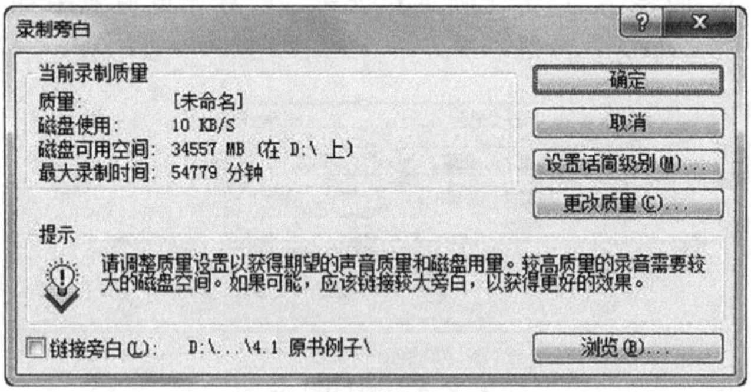

图 4-1-11 “录制旁白”对话框

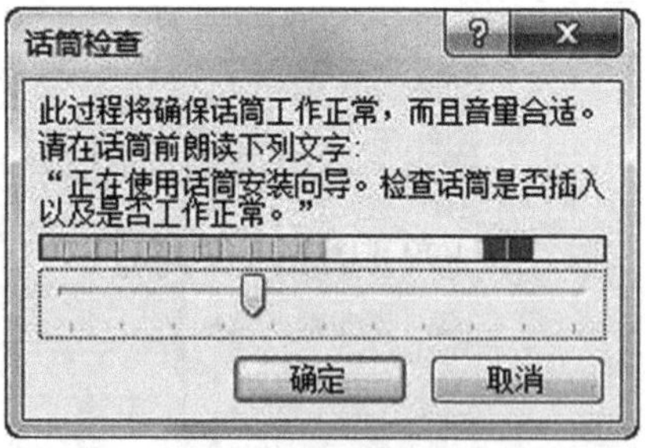

图 4-1-12 “话筒检查”对话框

（2）在“录制旁白”对话框进行相关设置后，单击【确定】按钮，即可进入幻灯片放映状态，一边播放幻灯片一边对着麦克风朗读旁白。如果不是从第一张幻灯片开始录制，系统会弹出如图 4-1-13 所示对话框，询问是从“当前幻灯片”开始录制还是从“第一张幻灯片”开始录制，根据需要进行设置即可。

（3）录制完毕、播放结束后，系统会弹出如图 4-1-14 所示对话框，询问保存问题，根据需要单击相应的按钮。

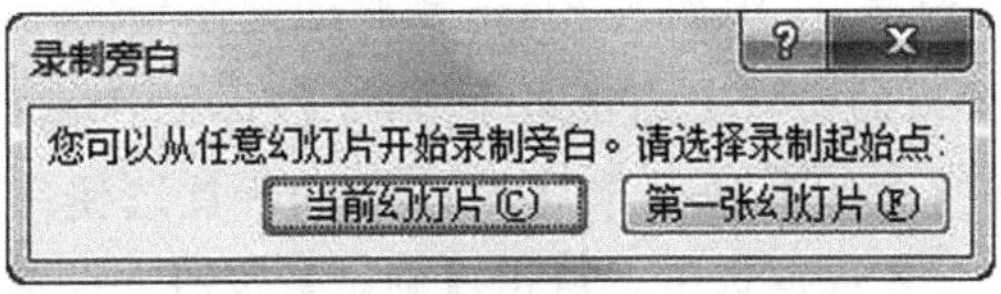

图 4-1-13　“录制旁白”对话框

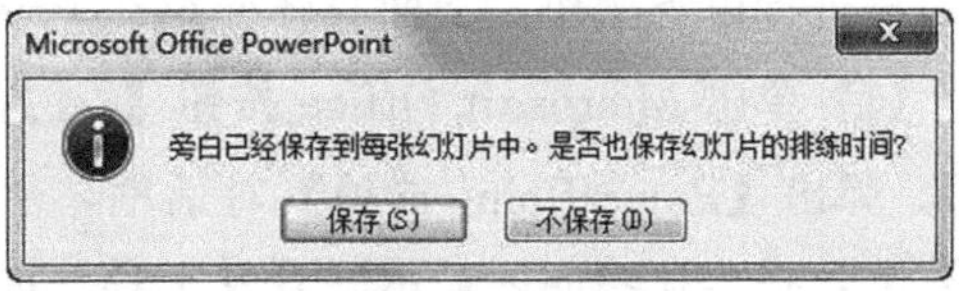

图 4-1-14　录制旁白结束后出现的对话框

2. 视频的集成

1）视频的插入

(1) 在【插入】选项卡“媒体剪辑”选项组中，单击【影片】下方的箭头，在弹出的下拉菜单中点击【文件中的影片】(或【剪辑管理器中的影片】)，如图 4-1-15 所示。

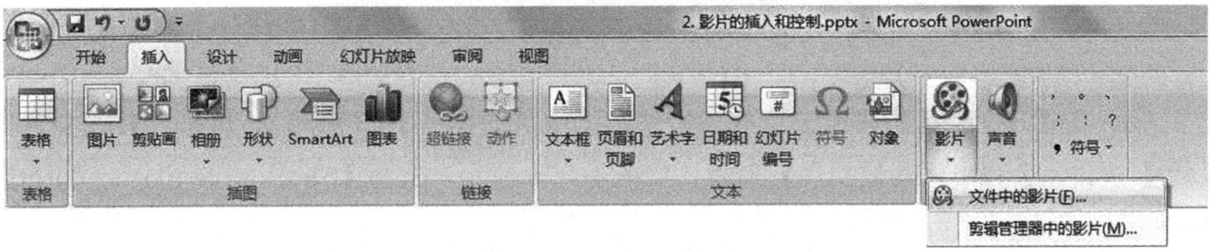

图 4-1-15　插入影片

(2) 弹出【插入影片】对话框，找到影片文件的位置，点击【确定】后，会弹出一个如图 4-1-16 所示的对话框，询问是否需要在幻灯片放映时自动播放影片。如果选择【自动】按钮，则放映到该幻灯片时影片会自动播放；如果选择【在单击时】按钮，则放映到该幻灯片时影片不会自动播放，只有点击该幻灯片上的影片时才会播放。

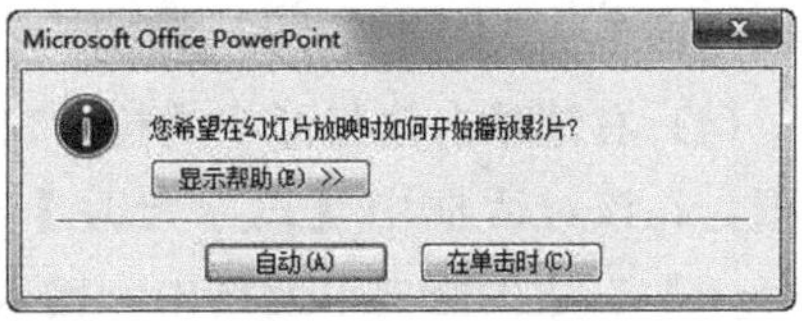

图 4-1-16　弹出对话框

2）视频的控制播放

与“声音”类似，普通视图下，插入视频后，当点击幻灯片上的视频时，功能区会出现【影片工具】→【选项】选项卡，如图 4-1-17 所示，在该选项卡的“影片选项”组中，可以预览视频、设置视频的全屏播放、跨多张幻灯片播放等，参照“声音的控制播放”内容，用户可根据自己的需要进行相应的设置。

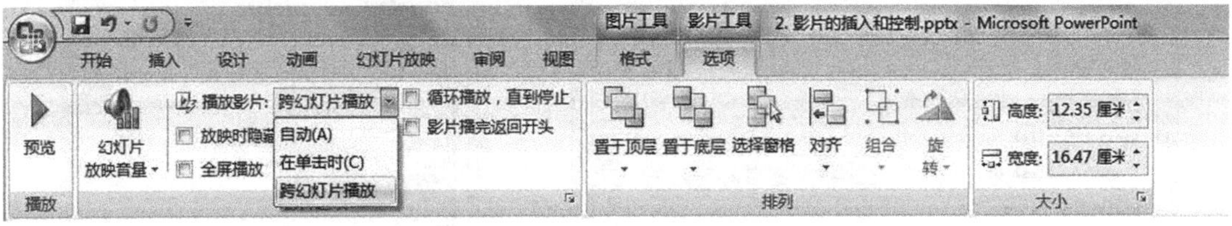

图 4-1-17　“影片工具”下的“选项”选项卡

3. Flash 动画的集成

在 PowerPoint 课件中插入 Flash 动画，可以为课件增加动画及互动效果，极大地增强其表现力。由于播放 Flash 动画需要借助 Flash Player 播放器，所以在 PowerPoint 课件中插入 Flash 动画前，需要保证电脑上已经安装了此播放器，如果没有，可以从相关网站下载安装后再进行以下操作。下面具体介绍在 PowerPoint 2007 中插入 Flash 动画的操作步骤。

(1) 单击 Microsoft Office 按钮【】，在弹出的窗口中点击最下方的【PowerPoint 选项】，弹出【PowerPoint 选项】对话框，然后在【常用】选项卡【PowerPoint 首选使用选项】下，将“在功能区显示‘开发工具’选项卡”复选框选中，点击【确定】按钮。设置好后，功能区选项卡的右侧会出现【开发工具】选项卡，如图 4-1-18 所示。

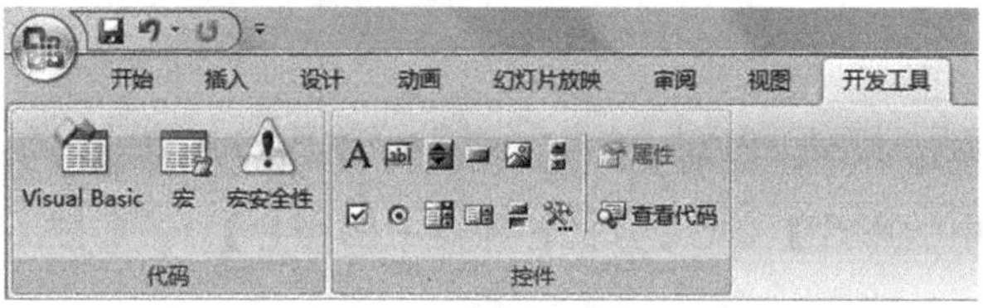

图 4-1-18 【开发工具】选项卡

(2) 在【开发工具】选项卡上的“控件”组中（如图 4-1-18 所示），单击“其他控件”【】按钮，会弹出【其他控件】列表，如图 4-1-19 所示，选择【Shockwave Flash Object】控件。

(3) 单击【确定】按钮后，光标变成“+”形状，用鼠标在需要插入 Flash 动画的幻灯片上拖出一个信封形状的控件窗口【】，拖动尺寸控点以调整控件窗口的大小。这个窗口就是即将插入的 Flash 动画的播放窗口。

(4) 右键单击信封形状的控件窗口，在快捷菜单中选择【属性】，弹出控件【属性】对话框。在该对话框中【按字母序】选项卡上找到“Movie”属性，如图 4-1-20 所示，在“Movie”右边的空白单元格中，输入要播放的 Flash 动画的完整路径，包括文件名在内，例如“D:\MyFlash\1234.swf”。

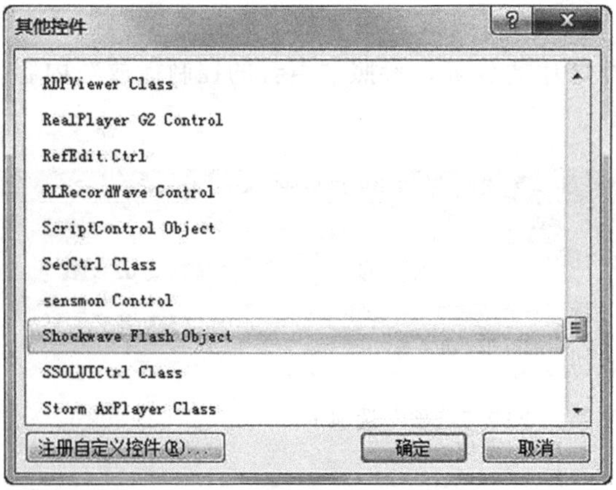

图 4-1-19 【其他控件】列表

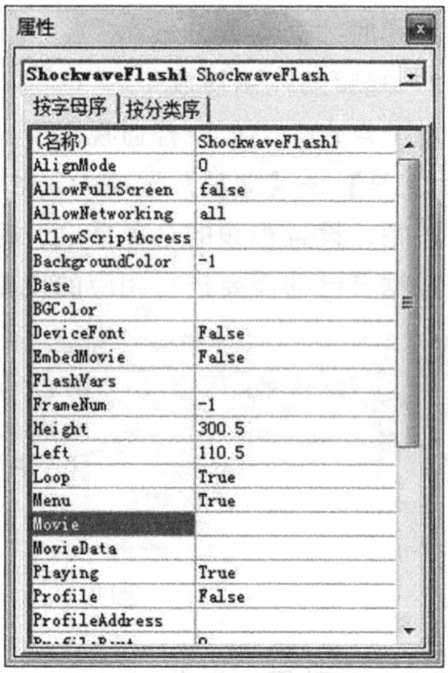

图 4-1-20 【属性】对话框

提示：输入完整路径（也就是绝对路径）插入的 Flash 动画，一旦将 PowerPoint 文件拷贝到其他电脑上，由于路径发生变化，Flash 动画文件将不能正常播放。建议在插入

Flash 动画前，先将要插入的 Flash 动画与 PowerPoint 文件放在同一文件夹内，这样一来，在执行此步操作时，只需要在“Movie”右边的空白单元格中，输入 Flash 动画的文件名（如“1234. swf”），也就是相对路径即可。如需拷贝 PowerPoint 文件到其他电脑，要将包含 Flash 动画和 PowerPoint 文件的文件夹一同拷贝，这样，即使位置发生改变，Flash 动画文件仍然可以正常播放。

（5）关闭控件【属性】对话框，返回幻灯片编辑状态。保存文件，单击【幻灯片放映】按钮后，可以观看插入的 Flash 动画的播放效果。Flash 动画播放的过程中，右键单击 Flash 动画，在弹出的快捷菜单上可以选择播放方式，如循环播放、放大等。

4. 幻灯片模板的创建和应用

PowerPoint 向用户提供了一些系统自带的模板，但如果想使制作的演示文稿与众不同，就需要制作个性化的模板。

创建演示文稿模板，最有效的办法是创建母版，并在母版中进行一系列个性化的设置，如设置背景、幻灯片标题和层级小标题文本的字体和格式、装饰图片、版权图标、动画等，然后另存为模板文件“*.pot（*.potx）”，最后通过浏览主题应用模板。

1）打开幻灯片母版视图

（1）在【视图】选项卡“演示文稿视图”组中，单击【幻灯片母版】，如图 4-1-21 所示。

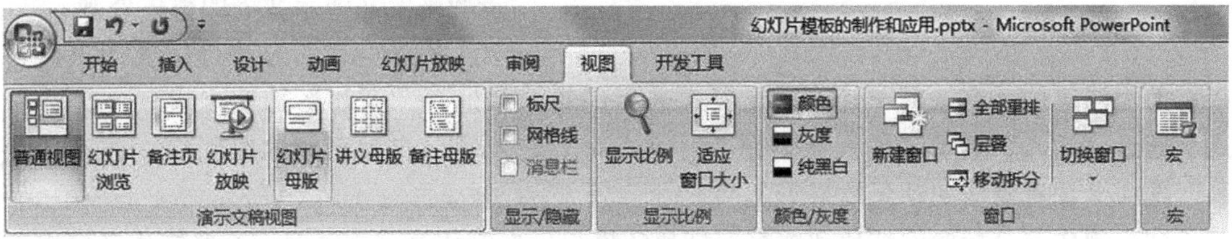

图 4-1-21　单击【幻灯片母版】

（2）进入【幻灯片母版】视图，如图 4-1-22 所示，功能区会显示【幻灯片母版】选项卡，可以实现插入幻灯片母版、插入版式、插入占位符、修改母版版式、编辑主题等功能。左侧窗格是默认的幻灯片母版与版式的缩略图，编辑模板主要就是选择这里的幻灯片母版与版式进行相应的编辑。

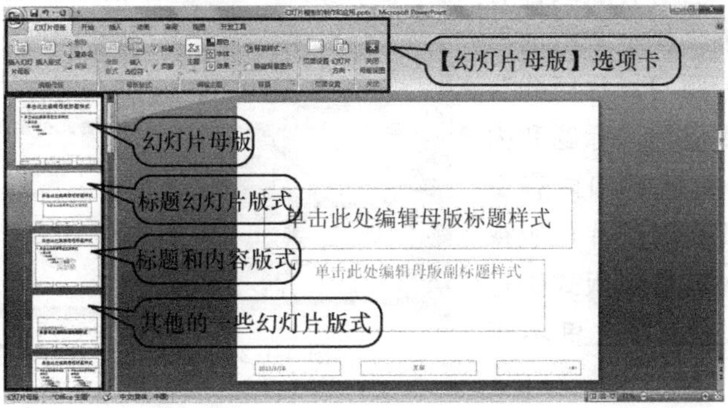

图 4-1-22　【幻灯片母版】视图

提示：如图 4-1-22 所示，幻灯片母版视图下，如果默认的幻灯片版式不能满足需求，可以通过【幻灯片母版】选项卡“编辑母版”选项组中【插入版式】按钮插入所需版式。另外，在“母版版式”选项组中有“标题”和“页脚”两个复选框选项，可以根据需要选择是否在幻灯片母版或版式上显示或去除幻灯片标题文字、页脚中的日期、页码等信息。幻灯片母版下面默认的幻灯片版式，如果不需要，可以通过右击鼠标删除部分版式。

2）编辑母版或版式

（1）制作不区分标题幻灯片和内容幻灯片的模板。如果用户不想区分标题幻灯片和内容幻灯片，只希望制作风格统一的一页模板并应用于所有的幻灯片，可以直接对“幻灯片母版”编辑即可实现。

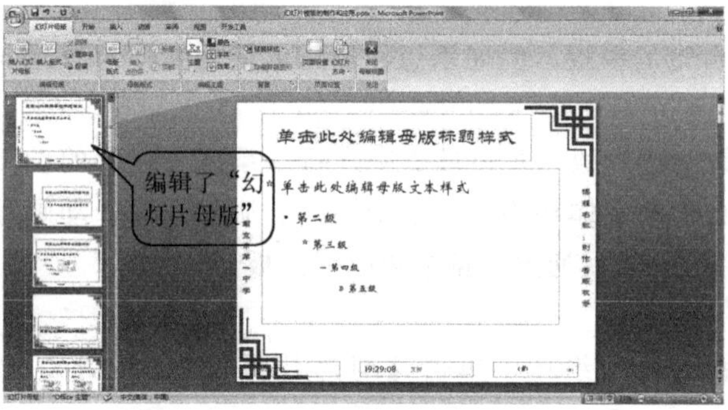

图 4-1-23　编辑“幻灯片母版”

如图 4-1-23 所示，实例仅对幻灯片母版进行了一系列编辑，如定义了标题和层级小标题文本的字体和格式、修改了项目符号和编号、添加了装饰图片、通过插入文本框添加了单位名称、课程名称、制作者版权、自动更新的时间等，下面所有的幻灯片版式也都做了相应的修改，风格统一。因此，制作者可以通过直接编辑母版来定义演示文稿的整体外观。

提示：在幻灯片母版视图下，可以借助功能区的所有选项卡对母版或版式进行编辑。如通过“开始”选项卡设置字体和格式、通过“插入”选项卡插入装饰图片、文本框、艺术字、自动更新的时间等，通过“动画”选项卡设置默认的动画效果等。

（2）制作区分标题幻灯片和内容幻灯片的模板。在制作演示文稿时，有些制作者倾向于在整体风格统一的情况下，将标题幻灯片和内容幻灯片有所区分，以分别突显演示文稿的标题和内容。制作此类模板，需要将“幻灯片母版”、“标题幻灯片版式”、“标题和内容版式”三者结合起来进行综合设计，然后再分别对其编辑。

由于幻灯片母版的修改会影响其下所有幻灯片版式，所以在“幻灯片母版”上可以放置一些所有版式都有的内容。一般情况下，演示文稿的第一张幻灯片使用“标题幻灯片版式”，第二张幻灯片之后多应用“标题和内容版式”。制作区分标题页和内容页的幻灯片模板，需要在幻灯片母版视图下，重点对这两种幻灯片版式进行编辑，如图 4-1-24 所示，这里不再详述。

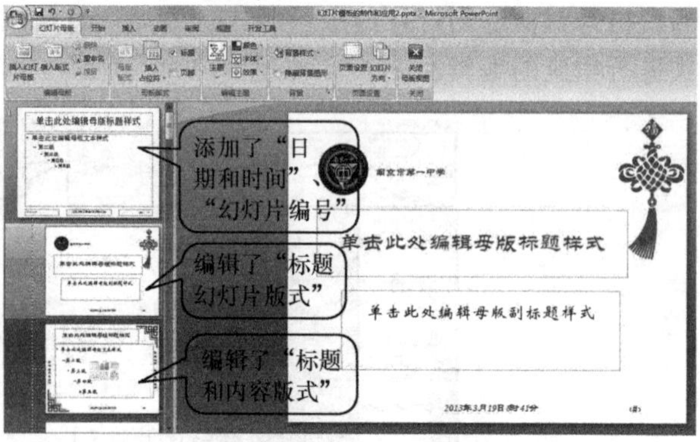

图 4-1-24　编辑“幻灯片母版及版式”

提示：对幻灯片母版的修改将影响其下面的所有幻灯片版式，而对下面幻灯片版式的编辑将只影响应用此版式的幻灯片，不会影响幻灯片母版。鉴于此，制作者可以根据自己的需要对母版或版式分别编辑，以制作有自己风格的个性化模板。

3）保存母版或版式

根据需要编辑好幻灯片母版及版式后，可以单击【幻灯片母版】选项卡下【关闭母版视图】按钮退出母版视图，观看模板制作效果。如果觉得不满意，可以再次进入【视图】选项卡下【幻灯片母版】视图进行相关编辑。

全部修改完成后，单击 Microsoft Office 按钮【】→【另存为】，在弹出的【另存为】对话框中，选择【保存类型】为“PowerPoint 模板（＊.potx）”，输入文件名（如“yuwen.potx”），保存在电脑的适当位置。如果希望制作的模板在 2003 版本也能够使用，可以将【保存类型】选择为“PowerPoint 97-2003 模板（＊.pot）”。

4）通过浏览主题应用自己制作的模板

（1）在【设计】选项卡上的“主题”组中，单击“更多”【】按钮，可以看到所有可用的文档主题，如图 4-1-25 所示。

图 4-1-25　【设计】选项卡所有主题

（2）单击【浏览主题】，弹出【选择主题或主题文档】对话框，选择电脑上自己制作的模板文档（扩展名为“.pot”或“.potx”），单击【应用】按钮应用该模板，如图 4-1-26 所示。

小知识：幻灯片母版是模板的一部分，用于设置每张幻灯片的预设格式，它存储的信息包括：文本和对象在幻灯片上的位置、大小、文本样式、项目符号样式、背景、颜色主题、效果和动画等。每个模板都包含一个幻灯片母版，该幻灯片母版必须至少具有一种版式（也可以包含多种版式）以供在演示文稿中使用。

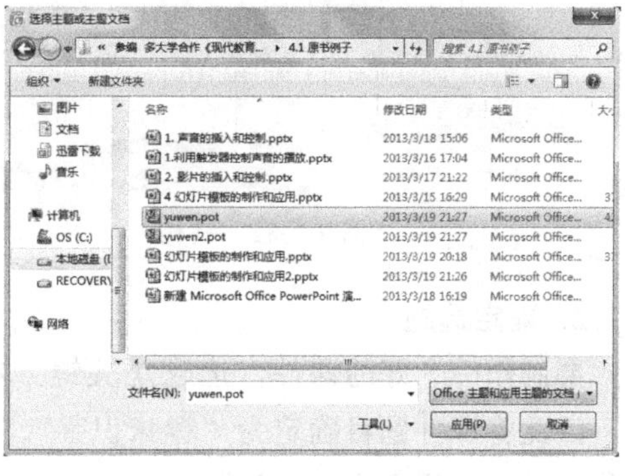

图 4-1-26　【选择主题或主题文档】对话框

4.1.4　用 Flash 制作教学课件

Flash 以其优秀的矢量动画设计功能、完善全面的媒体支持功能、强大的交互程序设计功能等受到越来越多教师的青睐，下面具体介绍一个 Flash 课件制作实例，初步感知 Flash 教学课件的制作过程。

1. 课件作品预览

作品的最终效果如图 4-1-27～图 4-1-32 所示。图 4-1-27 为导航界面，下方有 5 个按钮，单击每个按钮可以进入相应的页面。

图 4-1-27　导航界面

图 4-1-28　笔顺

图 4-1-29　拼音

图 4-1-30　笔画

图 4-1-31　结构

图 4-1-32　字义

2. 确定选题

要制作一个好的课件，选题是关键。本课件以识字为主，教学对象为小学低年级的学生，因此将课件题目确定为“趣味识字”。如果是一个系列的识字课件，可以将课件标题具体化为“趣味识字之‘十’”。

3. 确定教学目标和内容

本课件教学内容主要是学习“十”字，考虑到学习者特征，确定课件的教学目标为：

（1）认识“十”字，能够熟练的拼写“十”字，并能正确发音；

（2）了解“十”的笔画和结构；

（3）知道“十”字的含义。

根据教学目标，确定课件的教学内容，主要包括以下几个方面：看笔顺→学拼音、练读音→数笔画→猜结构→看字义，课件的整体结构如图 4-1-33 所示。

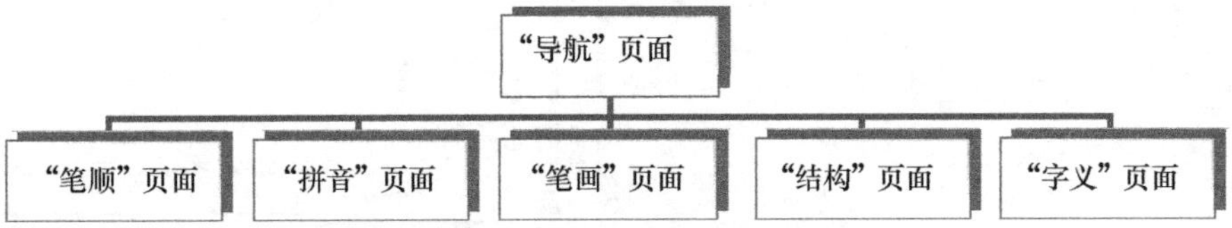

图 4-1-33　本课件的教学内容及结构

4. 创作脚本

根据以上设计，编写出本课件的文字稿本。

（1）全局布置：考虑到教学对象为小学低年级学生，注意力保持时间不长，为激发学生的学习兴趣，界面设计整体风格活泼可爱，课件内容简明扼要，呈现方式简洁明了，导航清晰明显，人机交互简单方便。

（2）打开课件，进行“导航”页面。

“导航”页面：舞台上方是标题“趣味识字”，舞台中间是内容显示区，舞台下方是一排导航按钮，单击按钮可以进行相应的页面进行学习。

（3）“笔顺”页面：导航页面存在，舞台左边播放“十”字的笔顺动画。

（4）“拼音”页面：导航页面和笔顺结束页面还存在，舞台右边出现“十”字的拼音“shí”和“发音”按钮，单击“发音”按钮播放“十”字的声音文件“ten. mp3”。

（5）“笔画”页面：导航页面和笔顺结束页面还存在，舞台右边出现“十”字的笔画数“2 画”。

（6）“结构”页面：导航页面和笔顺结束页面还存在，舞台右边出现“十”字的结构“独体字”。

（7）“字义”页面：导航页面和笔顺结束页面还存在，舞台右边出现“十”字的字义：“1. 数名，九加一；2. 表示多、久，十室九空；3. 表示达到顶点，如十足、十成。”

5. 素材准备

根据脚本的要求，开始搜索需要的素材。本例中用到的素材主要是：卡通背景图片和小喇叭图片，如图 4-1-27 和图 4-1-29 所示，如果搜集到的素材不完全符合要求，可以借助 Photoshop 软件进行图片加工和修改；另外，还需要“十”字的发音文件，可以通过网络下载，也可以通过电脑自带的录音机进行录制。

6. 课件制作

1）内容制作

（1）启动 Adobe Flash CS4，执行菜单栏【文件】→【新建】命令，弹出【新建文档】对话框，在【常规】选项卡下选择“Flash 文件（Action Script 3.0）”，创建一个 Flash 文档，如图 4-1-34 所示。

（2）执行菜单栏【文件】→【保存】命令，打开【另存为】对话框，如图 4-1-35 所示，将文件名设置为“趣味识字 . fla”，单击【保存】按钮进行保存。

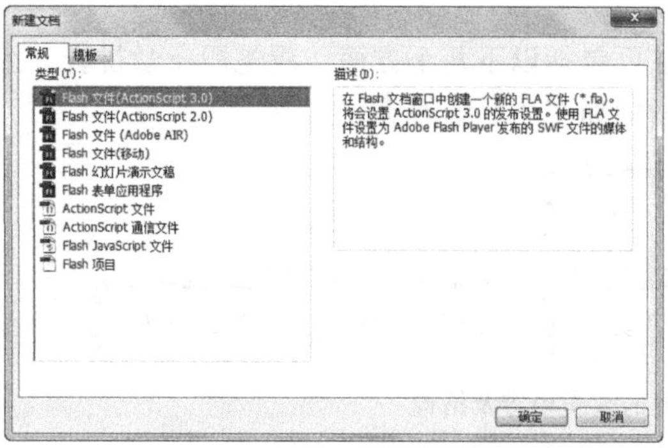

图 4-1-34　新建文档

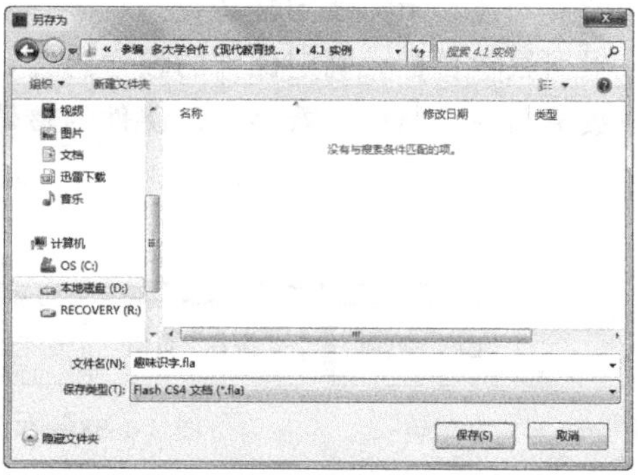

图 4-1-35　保存文档

（3）单击【属性】面板【大小】选项后面的【编辑】按钮，或者执行菜单栏【修改】→【文档】命令，打开【文档属性】对话框，如图 4-1-36 所示，设置【尺寸】为“800 像素×600 像素”，【帧频】为“24fps”，单击【确定】按钮完成设置。

（4）设置背景图片。双击【时间轴】面板上“图层 1”，将“图层 1”改名为“background”。执行菜单栏【文件】→【导入】→【导入到舞台】命令，导入“卡通背景”图片。选择舞台上的“卡通背景”图片，在【属性】面板【位置和大小】选项卡下将【X，Y】设置为“0”，【宽度，高度】分别设置为“800”、“600”，如图 4-1-37 所示，使卡通背景图片与舞台完全重合。在时间轴第 58 帧处右击【插入帧】，用以延长显示的时间，锁定本图层。

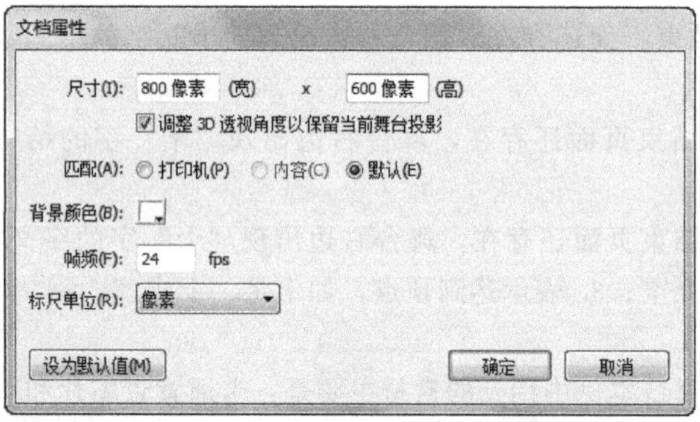

图 4-1-36　“文档属性”对话框

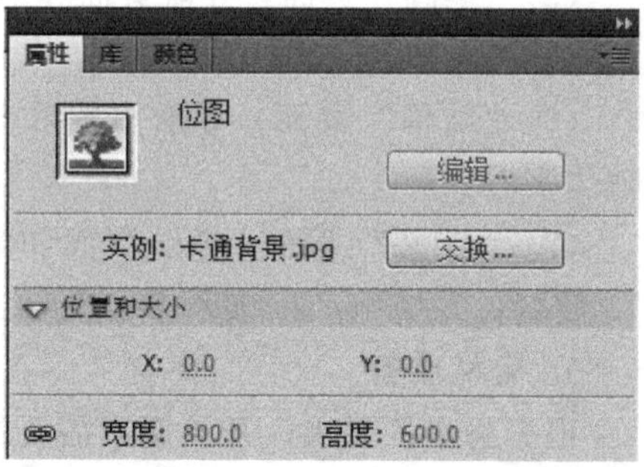

图 4-1-37　调整图片的位置和大小

（5）输入标题。新建一个图层，重命名为“title”。选择【工具栏】上【文本工具】，在【属性】面板【字符】选项卡下，设置【系列】为“隶书”，【大小】为“50”点，【颜色】为“黑色”，在舞台上输入标题“趣味识字”，字体设置和舞台上的效果如图 4-1-38 所示。在时间轴第 58 帧处右击【插入帧】，用以延长显示的时间，锁定本图层。

（6）制作导航按钮。执行菜单栏【插入】→【新建元件】命令，创建一个“按钮”元件，将名称设置为“笔顺”，类型选择为“按钮”，单击【确定】按钮创建新元件并进入元件编辑窗口。选择【工具栏】上【文本工具】，在【属性】面板【字符】选项卡下，设置【系列】为“隶书”，【大小】为“30”点，【颜色】为“黑色”，在“图层 1”的【弹起】关键帧输入文字“笔顺”。然后在【指针经过】帧处，按 F6 键插入关键帧，执行【窗口】→【变形】命令，打开【变形】面板，如图 4-1-39 所示，将“笔顺”二字【缩放宽度】和【缩放高度】调整为“120%”，关闭变形面板。选择“笔顺”二字，在【属性】面板将【弹起】关键帧上的字体颜色调整为“红色”。这样第一个按钮就制作好了。

(7) 复制出其他按钮。返回场景 1，打开【库】面板，右键单击“笔顺”按钮，在弹出的菜单中选择【直接复制】，弹出【直接复制元件】对话框，如图 4-1-40 所示，将【名称】修改为“拼音”，点击【确定】按钮。然后，在【库】面板双击新复制出来的“拼音”按钮，进入元件编辑窗口，分别在【弹起】和【指针经过】关键帧处，将“笔顺”二字改为“拼音”。这样就复制出了一个与“笔顺”按钮具有同样效果的“拼音”按钮。再用同样的方法复制出其他三个按钮，按钮名称和内容分别为“笔画”、“结构”、“字义”。

图 4-1-38　标题“趣味识字”的设置和效果

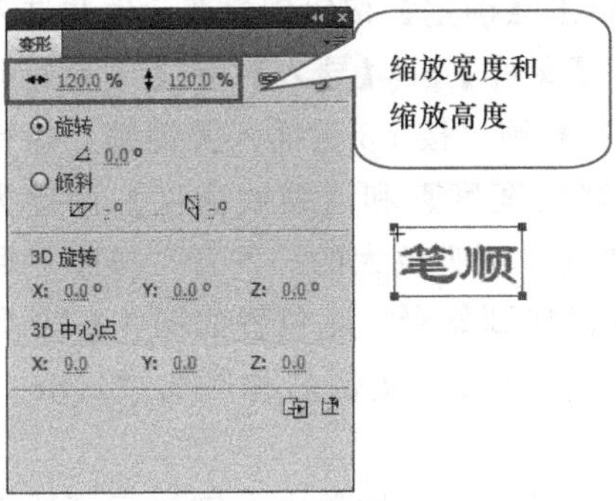

图 4-1-39　【变形】面板

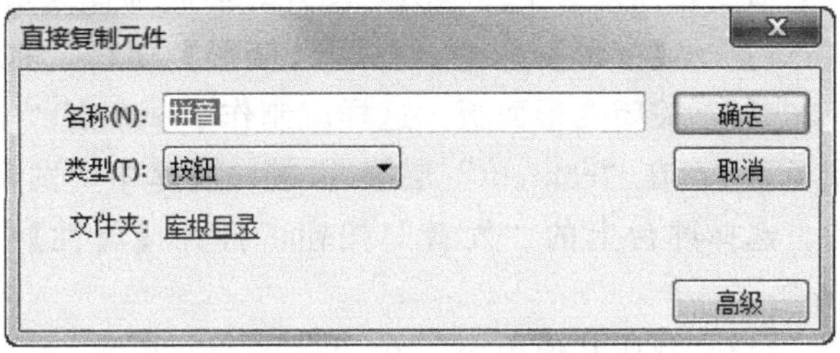

图 4-1-40　【直接复制元件】对话框

(8) 新建一个图层，重命名为“button”，将库中制作好的五个按钮分别拖到“button”层，调整其大小和位置，如图 4-1-27 所示。在时间轴第 58 帧处右击【插入帧】，用以延长显示的时间。

(9) 给按钮命名。选择“笔顺”按钮，打开【属性】面板，如图 4-1-41 所示，设置其“实例名称”为“bishun_btn”。用同样的方法给剩下的四个按钮命名，分别为“pinyin_btn”、“bihua_btn”、“jiegou_btn”、“ziyi_btn”。

(10) 制作“田字格”。新建一个图层，重命名为“matts”，在舞台上绘制一个“田字格”，具体制作方法参考“3.6.3 制作写字过程动画”中绘制米字格的步骤，效果如图 4-1-27 所示。在时间轴第 58 帧处右击【插入帧】，用以延长显示的时间，锁定该图层。

(11) 制作“笔顺”动画。新建两个图层，分别命名为“outline”和“writing”，在“outline”层第 10 帧绘制“十”字的轮廓，在“writing”层第 11 至 50 帧之间制作“十”字的写字过程动画，具体参见“3.6.3 制作写字过程动画”。制作好写字动画后的效果如图4-1-42所示。

图 4-1-41 设置按钮的“实例名称”

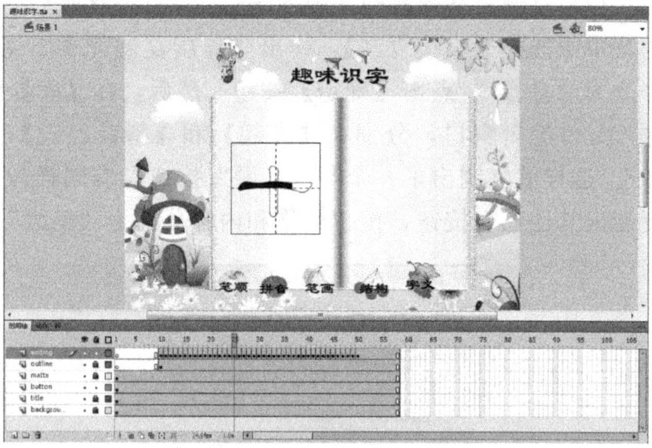

图 4-1-42 写字过程动画的舞台及时间轴

（12）制作“拼音”内容。新建一个图层，重名为“content”。在“content”层第55帧处，单击右键选择【插入空白关键帧】命令，插入一个空白关键帧，在舞台上输入“shí”，调整大小和位置，效果如图4-1-29所示。

（13）为“十”字制作“发音”按钮。执行菜单栏【插入】→【新建元件】命令，在弹出的对话框中将名称设置为“发音”，类型为“按钮”，单击【确定】按钮创建新元件并进入元件编辑窗口。在“图层1”的【弹起】关键帧，执行【文件】→【导入】→【导入到舞台】命令，插入一个“喇叭”图片。然后选择【指针经过】帧，按F6键插入关键帧，执行【窗口】→【变形】命令，打开【变形】面板，将其【缩放宽度】和【缩放高度】调整为“120%”，关闭变形面板。这样就制作了一个当“鼠标划过”喇叭放大的“发音”按钮。回到场景1，在“content”层第55帧，将库中“发音”按钮拖到舞台上，位置如图4-1-29所示。选择舞台上的“发音”按钮，打开【属性】面板，设置其“实例名称”为“fayin_btn”。

（14）制作其他内容。在“content”层第56、57、58帧处，分别单击右键执行【插入空白关键帧】命令。选择第56、57、58帧，参照图4-1-30～图4-1-32，添加相应的内容。

2）添加动作代码

（1）新建一个图层，重命名为“action”，在第50、55、56、57、58帧处，分别单击右键执行【插入空白关键帧】命令。分别选中第1、50、55、56、57、58空白关键帧，打开【动作】面板，写入下面代码：

```
stop ();
```

这行代码的意思是“停止时间轴的运行”。“stop”是一个函数名，“;”是语句的结束符号。

（2）选中“action”图层第1帧，打开【动作】面板，如图4-1-43所示，继续添加如下代码：

```
bishun_btn.addEventListener(MouseEvent.CLICK,bishun);
    function bishun(event:MouseEvent){
        gotoAndPlay(10);    //跳转到笔顺页面
```

```
    }
pinyin_btn. addEventListener(MouseEvent. CLICK,pinyin);
    function pinyin(event:MouseEvent){
        gotoAndPlay(55);      //跳转到拼音页面
    }
bihua_btn. addEventListener(MouseEvent. CLICK,bihua);
    function bihua(event:MouseEvent){
        gotoAndPlay(56);      //跳转到笔画页面
    }
jiegou_btn. addEventListener(MouseEvent. CLICK,jiegou);
    function jiegou(event:MouseEvent){
        gotoAndPlay(57);      //跳转到结构页面
    }
ziyi_btn. addEventListener(MouseEvent. CLICK,ziyi);
    function ziyi(event:MouseEvent){
        gotoAndPlay(58);      //跳转到字义页面
    }
```

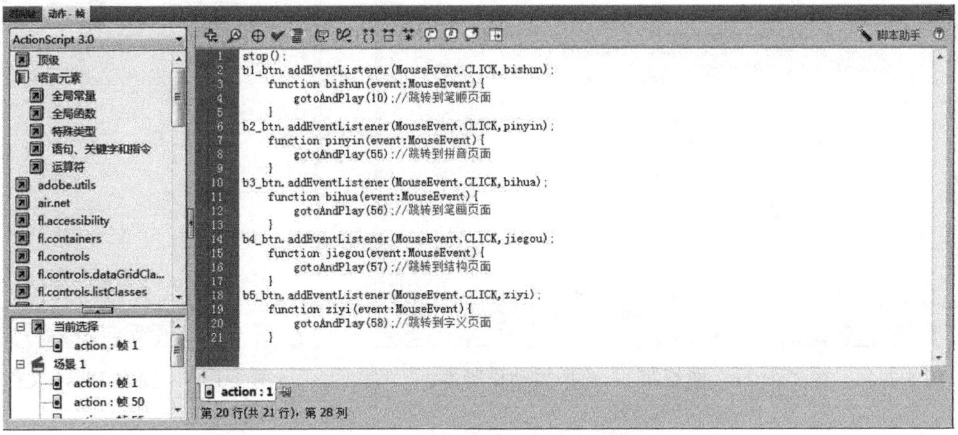

图 4-1-43　在“action”图层第 1 帧添加的动作脚本

对于第一个按钮“bishun _ btn”，先添加侦听器去侦听“CLICK”事件，相应函数为“bishun”。函数“bishun”的内容，就是跳转到第 10 帧去播放“笔顺”页面的写字过程动画。其他几个按钮，代码内容类似，只是按钮名称、相应函数名称和跳转目标的帧数不同。

(3) 选中“action”图层第 55 帧，打开【动作】面板，如图 4-1-44 所示，继续添加如下代码：

```
stop( );
fayin_btn. addEventListener(MouseEvent. CLICK,playSound);
    function playSound(event:MouseEvent){
        var mySound:Sound = new Sound(new URLRequest("ten. mp3"));
        mySound. play();      //播放声音文件“ten. mp3”
    }
```

对于“发音”按钮“fayin _ btn”，先添加侦听器去侦听“CLICK”事件，相应函数为

“playSound”。函数“playSound”的内容，就是定义一个新的 Sound 对象，加载“ten. mp3”文件到 Sound 对象，然后播放。

7. 课件测试与发布

测试阶段主要是查找课件运行是否有错误或者是否需要改进。如检测无误，就可以直接发布了。

发布 Flash 课件可以进行如下操作：

执行菜单栏【文件】→【发布设置】命令，打开【发布设置】对话框，如图 4-1-45 所示。选择要发布文件的格式，通常发布的文件格式有两种，一种是 swf 文件，另外一种是 Windows 放映文件（. exe）。在【发布设置】对话框中，选择其中的一种或几种文件格式，点击【发布】按钮即可。

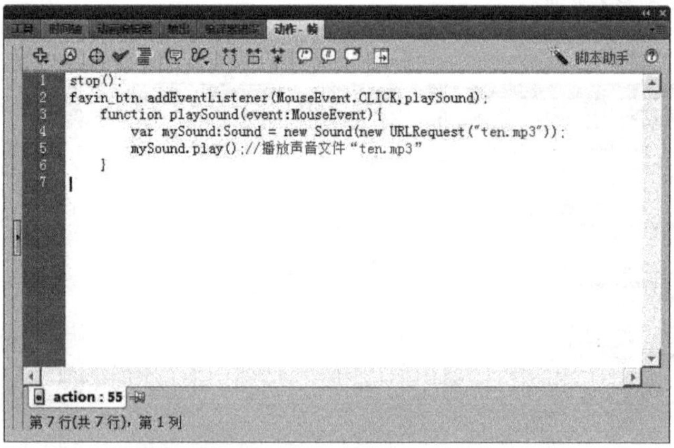

图 4-1-44 在“action”图层第 55 帧添加动作脚本

图 4-1-45 发布 Flash 文件

4.1.5 移动学习课件的基础知识

1. 移动学习的概念

随着移动通信技术的快速发展，终身学习时代对人们不断学习的迫切要求，一种崭新的学习方式——移动学习应运而生。它可以让学习者摆脱时间和空间的限制，真正实现随时、随地、根据需要进行自主学习。

根据全国高等学校教育技术协会委员会的定义，移动学习是指依托目前比较成熟的无线移动网络、国际互联网以及多媒体技术，学生和教师通过利用目前较为普遍使用的无线设备（如手机、PDA、笔记本电脑等）更为灵活方便地实现交互式教学活动，以及教育、科技方面的信息交流。

移动学习具有便捷性、跨时空性、交互性、移动性、及时性、学习方式灵活性等特征，能够在数字化学习的基础上通过有效结合移动计算技术带给学习者随时随地学习的全新感受，被认为是未来教育中一种全新的学习和教学模式，也是未来学习中不可缺少的一种学习模式。

2. 制作移动学习课件应注意的问题

移动学习从本质上讲仍属于教育信息传播，它必然遵循信息传播的基本规律。移动学习课件是学生利用手机、平板电脑等便携设备进行移动学习的重要手段。但便携式移动设备运算速度慢、存储容量小、显示屏幕小、网络不稳定、环境影响大等缺点使得移动学习效果的影响因素与传统的课堂或网络学习环境下的影响因素不尽相同，具有自身的特点和规律。因此，在设计和开发移动学习课件时除应遵循多媒体课件制作的步骤和原则以外，还应注意其特有的问题：

(1) 移动教育内容是移动学习的关键。随着科学技术的发展、知识老化的周期日益缩短，在设计移动学习课件时，要遵循动态化设计原则，随时扩充新的知识内容，保证课件内容的时效性。

(2) 移动学习最大的优点是随时随地满足学生对学习的要求，但这也导致移动学习时间常常较短且很容易被外界因素打断。因此，移动学习课件的教育内容在制作时要将其细化为小的内容单元。这样，学习者就可以在很短的时间内掌握一个知识点，并在间隔时间段后学习下一内容单元。

(3) 移动设备的显示屏尺寸及分辨率差异较大，在制作移动课件时不能制作成固定显示尺寸的课件，应该根据学习者持有设备的不同来自适应显示课件内容。

(4) 由于移动设备显示屏相对较小，要求设计移动课件界面时应简洁明了、导航清晰、操作简单。此外，还需尽量包含详尽、准确、恰当的提示信息。

(5) 无线网络数据传输速率相对较低，还不能像传统的网络课件那样在移动学习课件中处理多媒体信息。因此，采集和制作多媒体素材时，在符合清晰度要求的条件下，尽可能采用占用带宽比较小和技术比较先进的素材。

(6) 移动学习环境是一个开放的学习环境。在这样的环境下，学习者很容易被外界因素干扰，不能将注意力较好地集中在学习任务上。因此，设计移动学习课件时应适当地考虑应用一些协作学习策略和自主探究策略等，以促进学生注意力的保持。

4.2 专题学习网站的创建

伴随着社会信息化带来的巨大优势，教育也正走在高速发展的信息化道路上，专题学习网站成为传播教育信息最重要的载体之一。因此开发不同主题的学习网站，成为数字化教学资源建设、信息技术与课程整合的重要内容。

4.2.1 初识专题学习网站

专题学习网站源于李克东教授提出的“专题探索——网站开发”的思想，是我国开展信息化教学的产物。在这一思想和理念的引导下，专题学习网站在中小学的应用已经非常普遍，建设学科专题学习网站已成为开展教学改革的有效方法被广泛应用。

1. 专题学习网站的概念及特点

1) 专题学习网站的概念

网站（website）是因特网上一块固定面向全世界发布消息的地方，由域名（也就是网站地址）和网站空间构成，通常包括主页和其他具有超链接文件的页面。在网络环境下，访问者只要输入 IP 地址，就可以通过浏览器查看 HTML 文档。网站宿住于服务器上，一般包括具备独立服务器、独立 IP 地址等复杂的大型网站形式，也包括虚拟主机或者具备鲜明主题的 HomePage 等简单形式的网站。

学习网站是指那些围绕特定的学习目标、学习内容而面向教师和学生创建的用来完成特定信息的搜索和提供、组织与发布，或者提供互动学习平台的教育网站。专题学习网站属于学习网站的一种类型，也称为“主题学习网站”，是指在网络环境下围绕某一项专题或多项专题而设计开发的学习型网站。其实质是为学习者提供一个基于网络的专题探究、协作式的数字化学习平台，即在网络学习环境中，利用网站为学习者提供专题学习资源和协作学习交流工具，让学习者自己选择和确定研究的课题，通过自己获取、分析信息资料完成专题学习。它强调通过学习者主体性的探索、研究、协作求得问题的解决，从而让学习者体验和了解科学探索过程，以此来培养学生的实践能力、创新能力和协作学习能力，培养学生在信息时代获取信息、分析信息、处理信息及利用信息的能力，提高综合素质。

2）专题学习网站的特点

专题学习网站不是一般网站，而是围绕某一专题进行的详细而深入的资源建设，利用网站组织学习者对该专题进行全面学习，并使用所提供的资源，在创设的情境下分析信息、利用信息，培养学习者的观察、思维能力。也就是说，它是为学生广泛深入地开展探究及发现学习活动而创建的资源学习型网站。它与其他网站不同，资源建设是以“专题”为向导，由师生共同参与建设，其目的是为基于主题网站开展研究性、协作性学习构建一个开放的学习环境。

(1) 专题学习网站是以“专题”为导向的资源性网站。资源建设对于主题网站建设意义重大，资源建设不仅丰富了学科的网络资源，而且为学生开展研究性学习提供了有利条件。专题学习网站的资源并不是单个的知识点，它是具有相关知识特征的知识点的集合与延伸。在资源建设的过程中，注重资源与主题的“关联度”，注重与专题相关多学科知识的“整合”。

(2) 专题学习网站主要用来支持研究性、协作性学习。专题学习网站建设的定位决定教学方式，专题学习网站是以培养学生的创新精神、实践能力，提高学生的信息素养为目标。专题学习网站不仅提供大量与专题有关的学习资源，而且为学生、教师提供了良好的网络协作学习工具，支持基于网络的自主学习、协作学习，学习者围绕这个网站能够进行深入的主题探究。

(3) 专题学习网站具有独特的开放性，其开放性体现在师生的共同参与建设以及多种教育教学资源与手段的融合上。专题学习网站为师生提供了交流的平台，例如论坛、聊天室等。在网站内，教师不仅可以收集大量教育资源，还可以在网站平台上锻炼学生解决问题的能力，例如建立一些学科虚拟实验室等。

2. 专题学习网站的分类

1）资源型专题学习网站

资源型专题学习网站能够提供满足师生课堂教学和学习所需要的资源，包括文本、图形、图像、音频、视频以及动画等。专题学习网站作为学习者学习的工具，提供教师教学所需要的素材，提高教学效率，或提供学生探究学习以及课外学习所需要的素材，丰富学习活动。这种功能类型的网站除具有一般主题学习网站的特点之外，一般还具备以下功能：

(1) 提供资源的上传和下载。这有利于教师和学生更好地利用网站资源，并根据自己的需要进行进一步的加工和整理。同时，也可以将获得的其他相关资源上传，以供更多的人共享。

(2) 提供很好的信息搜索工具。资源丰富多样，学习者要想找到自己需要的资源并不容易，而提供很好的站内搜索，可以提高效率，同时提高资源的利用率。另外，还应提供比较著名的搜索引擎，如 Google、百度等，以便学习者寻找更多、更详细的相关信息。

(3) 提供多种信息资源的内外部链接，尤其是相关资源和网站的外部链接，以便于学习者查找到更多资源。

(4) 资源要及时更新，提供最新的相关信息。不仅用以满足教师和学生不断增长的需求，还用以促进教师和学生的发展，使他们不断丰富自己，适应社会。

(5) 提供交流空间。这主要是便于教师和学生就资源的需求以及资源的价值等进行讨论，以便更好地利用资源，并通过交流不断满足自己的资源需求。

2) 自主学习型专题学习网站

自主学习型专题网站是为学习者的自主学习提供平台，满足他们自学的需要。专题网站是学习者学习的载体。这一类型专题网站一般内容较为简单、系统，多为知识型或技艺型内容。这一类型网站一般具备以下功能：

(1) 提供一定的学习工具，如字典、词典、计算工具、作图工具以及仿真实验室等，及时满足学习者的需要，促进学习者更好地学习。

(2) 提供讨论区，方便学习者之间及时地交流和讨论，同时也利于学习者之间开展合作和探究学习。

(3) 提供网上答疑和学习指导。学习者在学习活动过程中会遇到许多问题，而有些问题并不是同伴们的交流能解决的，需要网站提供关于这些问题的相关答疑，满足学习者需求。同时，还为学习者提供学习指导，辅助学习者更好地完成学习任务。

(4) 提供注册和认证。学习者在开展学习活动之前需要注册，并在经过认证之后，方可学习，以保证每个学习者的学习权利。记录每个学习者的学习路径及学习状况等，方便学习者及时发现自己学习中存在的问题。

3) 课堂互动型专题学习网站

课堂互动型专题学习网站是指主题网站重在能够与课堂互动，与教学同步，辅助课堂教学，教师和学生共同完成网站的建设和开发。其主要功能是充分利用主题学习网站这一平台，与课堂教学相结合，促进教师、学生、教学内容间更积极的互动。这需要综合前两类主题网站的优势，使课内和课外的教学活动结合起来，更充分地发挥学生的积极性、主动性。

3. 专题学习网站的构成

专题学习网站是一个基于网络的专题探究学习系统，应该为学习者提供完成专题学习的基本服务，因此它至少应包括专题结构化知识、专题学习资源库、专题协作学习及专题学习评价四个基本组成部分。

1) 专题结构化知识

专题结构化知识是指通过收集、整理与本专题相关的文本、图片、图像、动画、音频、视频等知识内容，以专题为中心，按一定的教学策略进行结构化重组，最后以网页形式制作的具有较强交互性的专题网络教学课件。通过专题结构化知识的展示，可以使学生的学习具有结构化的特性，而不至于漫无目的，导致学习目标模糊。这部分内容需要学习者自主学习并完成意义的建构。

专题学习网站展示了与学习主题相关的结构化知识，这种结构化知识按照一定的逻辑组织，便于学习者进行意义建构，满足了不同层次、不同学科教师教学和学生学习的需要。

2）专题学习资源库

专题学习资源库是一个服务于专题学习网站的大型知识库，它按国家有关的资源库建设规范分类、整理与专题相关的资源入库，并提供良好的资源上传、下载、资源维护、资源检索、资源应用等资源管理与应用功能。利用专题学习资源库提供的资源，结合已经学习过的专题知识，学生可以进行知识的重新组合。

专题学习网站提供了与主题学习相关的知识资源库，便于教师和学生搜集检索资料。一个多样化的资料库是学习者完成研究性学习的前提保证。

3）专题协作学习

专题协作学习是指学习者借助专题教学网站提供的学习工具进行协作学习的活动。学习工具包括专题协作学习平台及专题论坛两部分，专题协作学习平台是指学习者在专题结构化知识学习的基础上，提出与专题相关的主题进行研究性学习活动的网络平台，它提供的是一个基于电子公告板 BBS、电子信箱、小组会议室等的信息交流讨论系统。小组成员可以在上边进行讨论、交流，随时把自己的一些问题、心得等在协作交流系统中与其他小组成员进行公开讨论。专题论坛可以为学习者提供讨论和交流的虚拟空间，学习者可以在论坛上畅所欲言。讨论和交流不再局限于小组内部，任何人都可以在论坛上发表意见，进行辩论、交流和互相学习。

专题学习网站为学习者提供良好的网络协作学习工具，有利于教师与学生、学生与学生之间围绕主题进行交流、指导、协作，支持学生基于网络开展研究性学习。

4）专题学习评价

专题学习评价是指为学习者提供自我学习评测的手段。专题学习评价注重于网上自我评价，它是指通过收集与学习专题相关的思考性问题、形成性练习和总结性考查的评测资料，将其设计成基础性强、覆盖面广、难度适宜的题库，以便让学习者进行网上自我学习评价。通过评价，学生可以马上反思自己知识的掌握情况，从而可以有针对性地加以学习，及时进行知识修补。

4.2.2 专题学习网站的设计与开发过程

我们先来熟悉一下整个网站的制作流程（这里主要涉及静态网站的制作流程）：制作效果图，在图像处理软件 Photoshop 中制作出效果图；切图，在 Photoshop 中使用切片工具，切割效果图中需要用的图片并导出；在 Dreamweaver 等专业的编辑软件中制作网页；上传、测试、发布，将制作完成的网页文件包上传到服务器，测试后发布，用户即可通过浏览器查看你的站点。

下面是使用 Dreamweaver 制作静态站点的简单流程。

1. 新建站点

网站是许多文件相互关联的，要用一个专门的目录存放网站中的各种文件。下面以在 D 盘建立一个 bridge 文件夹为例，在 Dreamweaver（以下简称 DW）里创建一个站点指向这个文件夹，然后在目录下新建 images 文件夹存放图片、CSS 文件夹存放风格样式表。如图 4-2-1～图 4-2-3 所示。

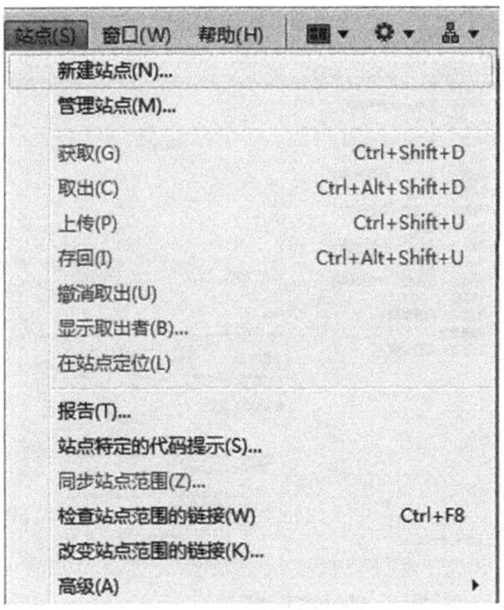

图 4-2-1　新建站点对话框

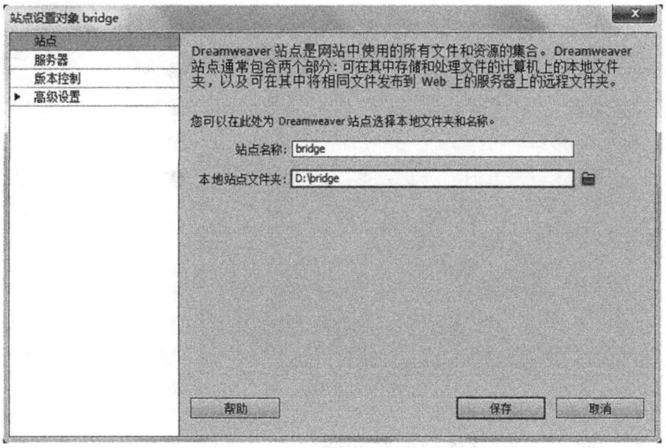

图 4-2-2　创建站点指向文件夹

2. 结构分析

创建站点后，就需要对页面结构进行分析了，根据如图 4-2-4 所示的效果图，分析页面分为几大块、该怎么布局更合理。

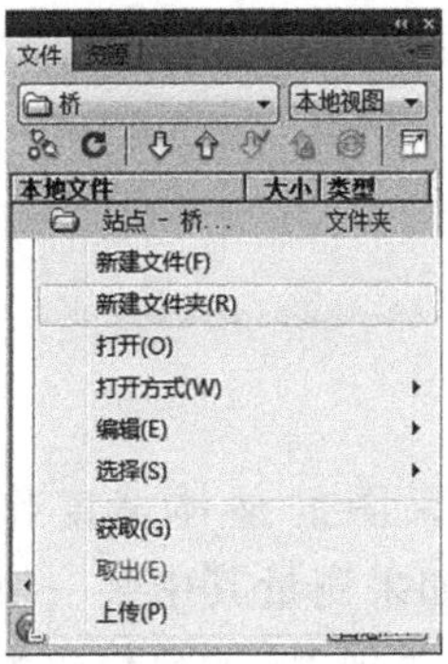

图 4-2-3　站点中新建文件夹

图 4-2-4　学习网站效果图

从图中可以看出整个页面分为头部区域、导航区域、主体部分和底部，其中主体部分又分为左右两列，整个页面居中显示，看明白了这点，下边的框架就好搭建了。整体框架结构如图 4-2-5 所示。

3. 搭建框架

首先在 DW 里新建一个 HTML 文件：点击创建后会自动生成如下代码的一个 HTML 文件，保存为 index. html 并把无标题文档改为“主页”。如图 4-2-6 所示。

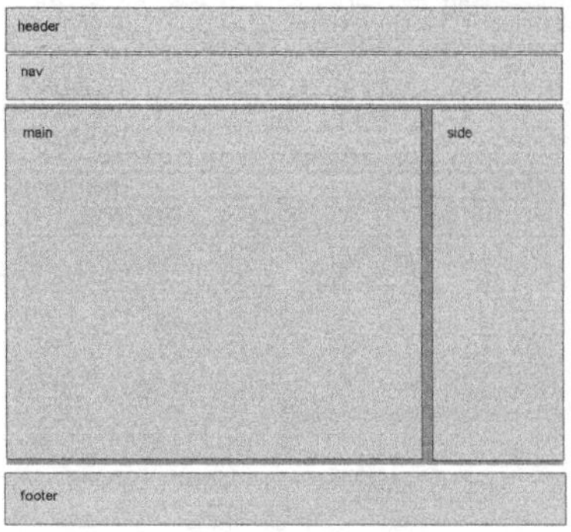

图 4-2-5 整体框架结构图

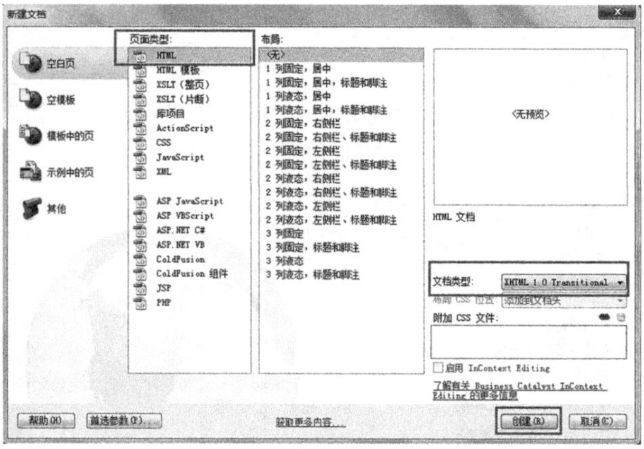

图 4-2-6 新建文档对话框

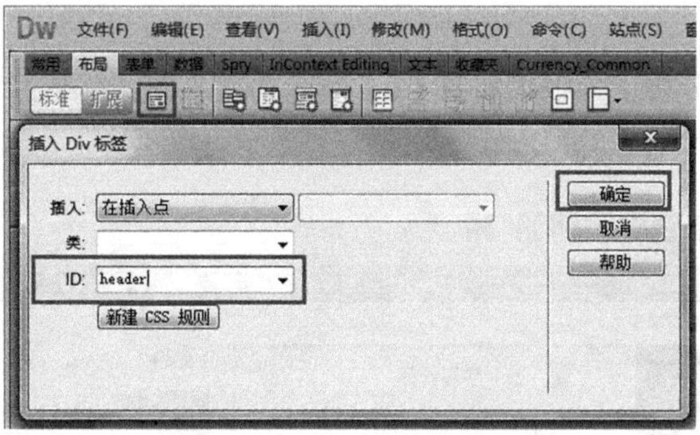

图 4-2-7 插入 Div 标签对话框

接下来需要插入图 4-2-5 中 header、nav、maincontent（包含 main 和 side）、footer 各个版块的标签了，以插入 header 的标签为例，其他的插入方法类同。如图 4-2-7 所示。

为了使整个网页在浏览器中居中显示的，再在这些标签外增加父标签 container，设置这个父标签宽度并居中。HTML 代码如下：

```
<div id="container">
<div id="header">此处显示 id "header" 的内容</div>
<div id="nav">此处显示 id "nav" 的内容</div>
<div id="maincontent">
  <div id="main">此处显示 id "main" 的内容</div>
  <div id="side">此处显示 id "side" 的内容</div>
</div>
<div id="footer">此处显示 id "footer" 的内容</div>
</div>
```

HTML 框架代码写完后，接着设置 CSS 样式表。先测量效果图的整体宽度作为 container 的宽度并居中。测量效果图宽度可以直接查看图片尺寸。如果测量其中某一块的宽度，可以在 Photoshop（以下简称 PS）下测量。方法是先在首选项里把 PS 的单位改为像素，然后用选区选中要测量的部分，在信息面板中就显示出当前选区的宽、高了。如图 4-2-8所示。

测量后得知：整体宽度为 900px，main 部的宽度为 664px，side 宽度为 228px。测量这三个基本的宽度后，就可以写 CSS 代码了。由于本实例是按照实际应用来做的，所以 CSS 样式表最好写在单独文件里，不要写在文件内部，这样可以利用代码的重用性，减小劳动强度。下面就新建一个 CSS 样式表文件：在 DW 文件菜单选择“新建”，然后在打开的窗口页面类型中选择“CSS”，创建后保存在 CSS 文件夹中并命名为 layout. css。创建

CSS 文件对话框，如图4-2-9所示。

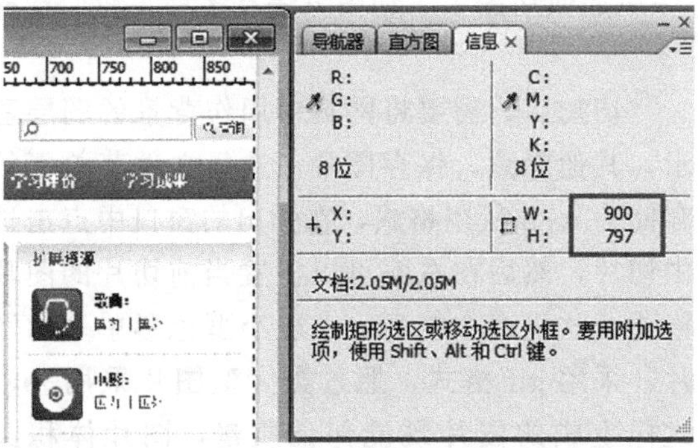

图 4-2-8　Photoshop 中测量当前区域的宽度、高度

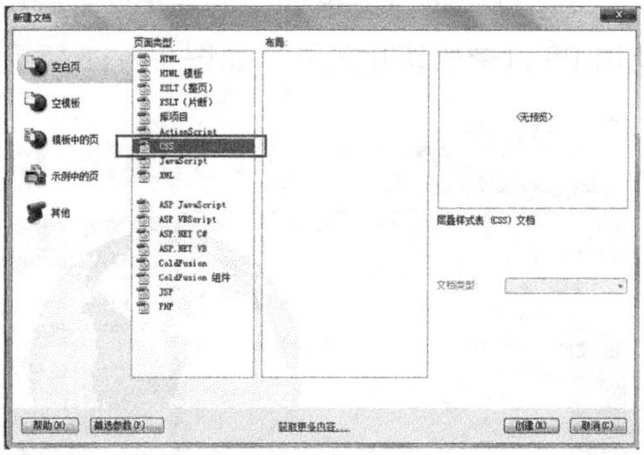

图 4-2-9　新建 CSS 文件对话框

保存后先设置全局的样式，然后写每一块单独的样式，全局样式如下：

```
body { margin:0 auto; font-size:12px; font-family:Verdana; line-height:1.5;}
ul,dl,dd,h1,h2,h3,h4,h5,h6,form,p { padding:0; margin:0;}
ul { list-style:none;}
img { border:0px;}
a { color:#05a; text-decoration:none;}
a:hover { color:#f00;}
```

全局的样式定义后，定义以上几大块的样式，先设置#container 的样式如下：

```
#container { width: 900px; margin: 0 auto;}
```

在 CSS 面板中点击附加样式表按钮，然后在弹出的窗口中选择刚才创建的样式表文件，实现样式表与 HTML 文件的关联。如图 4-2-10、图 4-2-11 所示。

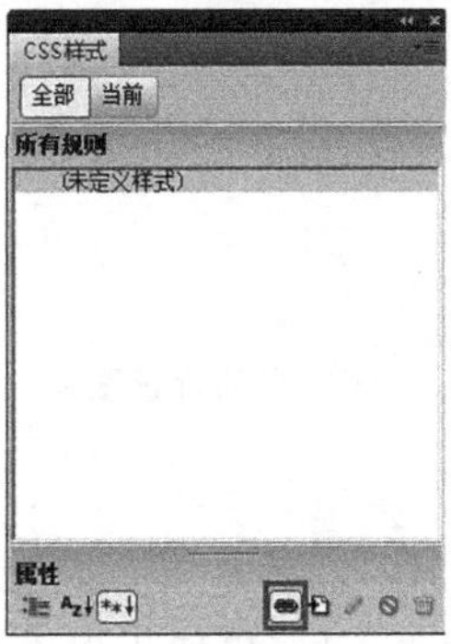

图 4-2-10　CSS 样式对话框中附加样式表按钮

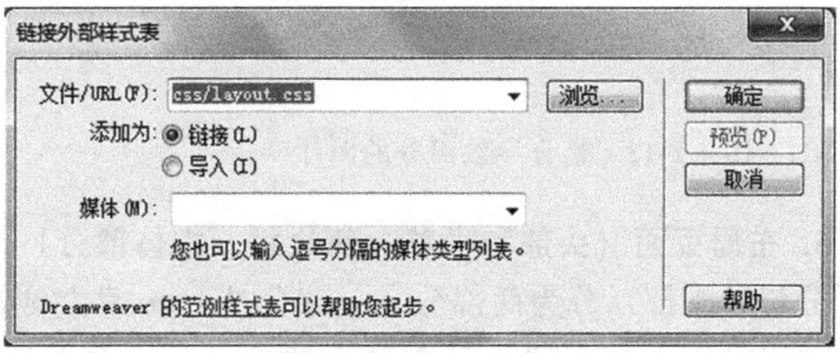

图 4-2-11　链接外部样式表对话框

为了便于观察，我们为每一个标签设置了背景色。CSS 代码如下：

```
#header { height:70px; background:#CCFFCC; margin-bottom:8px;}
#nav { height:30px; background:#CCFFCC; margin-bottom:8px;}
#maincontent { margin-bottom:8px;}
#main { float:left; width:664px; height:500px; background:#FFFF99;}
#side { float:right; width:228px; height:500px; background:#FFCC99;}
#footer { height:70px; background:#CCFFCC;}
```

4. 切割效果图

基本框架搭建完毕后，下一步就是分析每一块如何切图了。切图方法有多种，我们选择使用 PS 自带的切片工具。如图 4-2-12 所示。

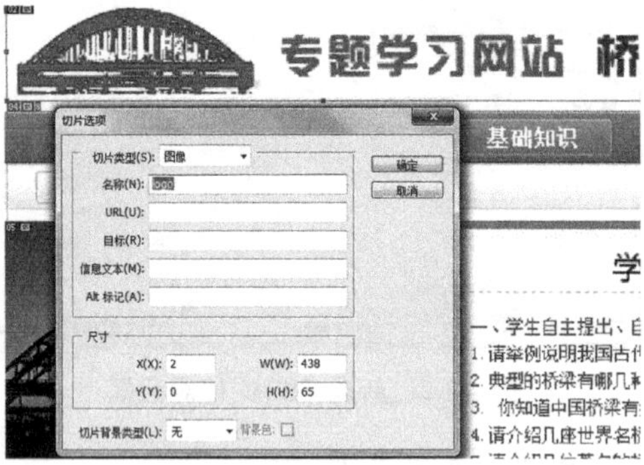

图 4-2-12 切片选项对话框

切割后，需要将网页中用作背景的图层显示，其他隐藏，保存图片，选择文件菜单下的存储为 web 所用格式，在弹出的窗口中点击选中切片，然后在右侧可以设置当前切片的图片格式。这里有个技巧，一般小型色彩单一的图片，采用 gif 格式，照片类大型图片采用 jpg，这样生成的图片既能保证质量，图片体积又小。在格式处选择“仅限图像”，就可以存储了，这里选择到 images 的上一级目录就可以了。

导航部分的图片需要进行简单的处理，把需要的图片整合到一张上。考虑导航的三种情况：两端的圆角、鼠标划过状态和当前栏目状态宽度应该随着字数的多少而改变、二级导航有鼠标划过时的状态。如图 4-2-13 所示。

对于侧边栏的背景图片，分析发现侧边栏应用同样的样式，只不过高度有所不同，而且四角都是圆角，所以只用一个通用的就可以满足所有侧边栏块的需求。如图 4-2-14 所示。

图 4-2-13 整合导航部分的图片

图 4-2-14 侧边栏的背景图片

5. 布局页面（头部和导航、侧边栏、主体部分）

分析下头部：分为两部分，一部分是 logo 靠左侧显示，另一部分是 search 靠右侧显示。那么布局时插入两个层，一个向左浮动，一个向右浮动。在 header 里插入以上两块元素。然后分别插入相应的内容，在 logo 里插入事先切割好的 logo 图片，在 search 里插入一个表单、一个文本框和一个按钮。HTML 代码如下：

```
<div id="header">
<div id="logo"><img src="images/logo. gif" width="181" height="45" /></div>
<div id="search">
<form id="form1" name="form1" method="post" action="">
<input type="text" name="textfield"class="inp_srh" />
<input type="submit" name="button"class="btn_srh "value="查询" />
</form>
```

```
</div>
</div>
```

CSS 代码如下：

```
#logo { float：left； margin-top：18px；}
#search { float：right； height：24px； margin-top：30px； color：#444；}
.inp_srh { width：140px； height：17px； padding-left：20px； background：url(../images/srh_bg.gif) 0 0 no-repeat； border：1px solid #cbcbcb；}
.btn_srh { width：58px； height：23px； background：url(../images/btn_srh.gif) 0 0 no-repeat； border：none； cursor：pointer； text-indent：-999em；}
#search * { vertical-align：middle；}
```

导航的制作

HTML 代码如下：

```
<div id="nav">
<div id="nav_l"></div>
<div id="nav_r"></div>
<div class="nav_main">
<ul>
<li><a href="#"><span>首页</span></a></li>
<li><a href="#" id="nav_current"><span>任务建议</span></a></li>
<li><a href="#"><span>课程学习</span></a></li>
<li><a href="#"><span>基础知识</span></a></li>
<li><a href="#"><span>扩展资源</span></a></li>
<li><a href="#"><span>学习讨论区</span></a></li>
<li><a href="#"><span>学习评价</span></a></li>
<li><a href="#"><span>学习成果</span></a></li>
</ul>
</div>
<div class="nav_son">
<ul>
<li><a href="#">学习任务</a></li>
<li><a href="#">学习过程</a></li>
<li><a href="#">学习建议</a></li>
</ul>
</div>
</div>
```

CSS 代码如下：

```
#nav { height：66px； background：url(../images/nav_bg.gif) 0 0 repeat-x； margin-bottom：8px；}
.nav_main { height：36px； overflow：hidden；}
.nav_main ul li { float：left； font-size：14px； font-weight：bold； margin：5px 5px 0 5px；}
.nav_main ul li a { float：left； display：block； height：26px； line-height：26px； color：#fff； padding-left：20px；}
.nav_main ul li a span { display：block； padding-right：20px；}
.nav_main ul li a：hover { background：url(../images/nav_bg.gif) 0 -163px no-repeat；}
```

```
.nav_main ul li a:hover span { background:url(../images/nav_bg.gif) right -163px no-repeat;}
.nav_main ul li a nav_current { height:31px; line-height:31px; background:url(../images/nav_bg.gif) 0 -132px no-repeat; color:#646464;}
.nav_main ul li a nav_current span { height:31px; background:url(../images/nav_bg.gif) right -132px no-repeat;}
.nav_son { height:30px;}
.nav_son ul li { float:left; margin-top:4px;}
.nav_son ul li a { display:block; width:78px; height:22px; line-height:22px; text-align:center; color:#6e6e6e;}
.nav_son ul li a:hover { background:url(../images/nav_bg.gif) 0 -198px no-repeat;}
#nav_l{float:left; height:66px; width:5px; overflow:hidden; background:url(../images/nav_bg.gif) 0 -66px no-repeat; margin-right:10px;}
#nav_r { float:right; height:66px; width:5px; overflow:hidden; background:url(../images/nav_bg.gif) -5px -66px no-repeat;}
```

侧边栏制作

HTML 代码如下：

```
<div class="side_box">
<h2><strong>扩展</strong>资源</h2>
<div class="side_con">
<ul>
<li><strong>歌曲</strong><a href="#">国内</a> | <a href="#">国外</a></li>
<li><strong>电影</strong><a href="#">国内</a> | <a href="#">国外</a></li>
<li class="sidebottom"><strong>文学作品</strong><a href="#">国内</a> | <a href="#">国外</a></li>
</ul>
</div>
</div>
```

CSS 代码如下

```
#side { float:right; width:228px;}
.side_box { margin-bottom:8px;}
.side_box h2 { height:25px; padding:6px 10px 0 10px; background:url(../images/side_bg.gif) 0 0 no-repeat; font-size:14px; color:#444;}
.side_box h2 strong { color:#f30;}
.side_con { padding:10px; background:url(../images/side_bg.gif) 0 bottom no-repeat;}
.sidebottom { padding:0px 10px;}
. sidebottom ul { background:url(../images/icon2.gif) 5px 12px no-repeat;}
. sidebottom ul li { height:58px; padding:14px 0 0 64px; border-bottom:1px dashed #dcdcdc; color:#777;}
. sidebottom ul li strong { display:block; height:24px; color:#333;}
. sidebottom ul li a { color:#777;}
. sidebottom ul li a:hover { text-decoration:underline;}
. sidebottom ul li.product3 { border-bottom:none;}
```

6. 主体部分

左侧的幻灯效果通过下载实现幻灯的 swf 文件到本地 images 文件夹，改变幻灯片的高度和宽度、图片的路径和图片链接的地址实现。

登录按钮实现

HTML 代码如下：

```
<div id="login"><span><a href="#"><img src="images/btn_login1.gif"alt="教师登录" width="131"height="39" /></a></span><a href="#"><img src="images/btn_login.gif"alt="学生登录" width="131" height="39" /></a></div>
        </div>
```

图片欣赏部分：

```
<div id="index_pic">
        <h2><span></span></h2>
        <ul>
            <li><a href="#"><img src="images/pic4.gif" alt="桥梁名称"width="107" height="87" />桥梁名称</a></li>
        ... ...
        </ul>
      </div>
```

CSS 代码如下：

```
#index_pic { border:1px solid #dbdbdb; margin-bottom:8px;}
#index_pic h2 { height:28px; background:url(../images/box_tit_bg.gif) 0 0; border-bottom:1px solid #dbdbdb;}
#index_pic h2 span { display:block; height:25px; background:url(../images/rmcp.gif) 12px 6px no-repeat;}
#index_pic ul { padding:0 0 15px 0; overflow:auto; zoom:1;}
#index_pic ul li { width:107px; float:left; margin:15px 0 0px 21px; display:inline; text-align:center;}
#index_pic ul li a { display:block;}
#index_pic ul li img { margin-bottom:3px;}
```

7. 底部和细节

底部比较简单，可以用<dl><dt><dd>来实现。细节部分，比如该对齐的地方是否对齐，图片的 alt 属性是否都加上了，在各种浏览器下是否显示一样等。整个前台页面制作完成后，下面的任务就是用程序来读取数据库里的内容，完成整个站点的制作。

4.2.3　专题学习网站的教学设计

教学设计是运用系统方法分析教学问题和确定教学目标，建立解决教学问题的策略方案、试行解决方案、评价试行结果和对方案进行修改的过程。专题学习网站的教学设计就是要应用系统科学的观点和方法，围绕某项学习专题，收集某一门学科或多门学科的相关知识，按照学习者的特征合理地选择信息资源，并在系统中有机地组合，建立符合逻辑的知识体系，提供通讯工具实现网上交流，提供评测系统进行在线自我评价。

1. 专题学习网站的教学设计原则

专题学习网站既不同于综合性教育网站、网络课程和一般的网络课件，也不同于其他商业网站，因此在设计时，除了遵循一般网站设计的科学性、交互性、界面友好性等原则外，还需要遵守以下设计原则。

1）教学性原则

专题学习网站是为了教学的需要而设计的，因此，专题学习网站设计的一切活动都是围绕这个中心展开的。无论是确定主题，还是选择内容、设计交互、制定评价指标等，都要围绕这个中心，否则，便不算是学习网站。

2）对象特定性原则

综合性教育网站、网络课程、网络资源库等是面向普通大众的，而专题学习网站是围绕一个特定的专题建设的，专题一旦确定，哪个学科领域、哪个层次的教师和学生使用就具有明确性，也就有了特定的受众群。

3）内容整合性原则

专题学习网站与网络课程的最大差别在于网络课程的内容是严格按照课程开发标准，根据教科书知识点的逻辑顺序进行选择和组织的。而专题学习网站的内容则是以某个专题为线索来组织的，它集合了与专题相关的各个学科的知识，在广度和深度上都超过了单一学科的学习内容。

4）功能的综合性原则

专题学习网站展示了与学习专题相关的结构化知识，满足特定的受众群的需要；提供了与学习专题相关的庞大资源库，便于教师和学生搜集和检索资料；构建了协作学习的平台，有利于教师与学生、学生与学生之间围绕专题进行讨论协商；提供了在线评价体系，方便学生进行网上自我评价，这是综合性教育网站、网络资源库、网络课件等无法比拟的。

2. 专题学习网站的教学设计策略

专题学习网站是围绕某门课程与多门课程密切相关的一个或多个学习专题而展开深入研究的资源学习型网站。它可以用来存储、传递、加工和处理教学信息，还能让学生进行自主学习和协作交流，并对学生的学习情况进行在线评价反馈。因此在专题学习网站的设计中，应该突出以下几个方面的策略。

1）以培养学生学习品质和发展其良好个性为本，增强网站开发的价值与效益

专题学习网站要从教学目标出发，培养学生某个方面的才能和个性。其宗旨应是共创学习环境，共享智慧资源，价值取向应是落实新课程教学理念。

2）注重专题的提取，加强知识的有机融合

专题不等同于单个知识点，也不等同于课程，它是由一系列具有相关知识特征的知识点提炼而成的，体现知识的有机融合。这些知识点可以取自一门学科也可以覆盖多门学科。专题选取的切入点要小而精，便于“小题大做”，对专题要做深入透彻的研究，避免专题过大，蜻蜓点水式地空泛而谈，同时专题的选取要体现科学性和艺术性、新颖性和独特性的有机统一。

3）重视内容的整合与拓展，体现知识的意义构建

专题学习网站之所以与网络课程和其他类型的网站不同，其根本在于它的内容组织和设计不是像教科书所编排的章节那样，而是紧紧围绕专题展开，详细具体，具有针对性；它不是文字教材的简单搬家，而是将相关的知识点非线性地有机组织融合在一起，形成科学的逻辑体系，设立与专题相关的多个知识点，符合学生的认知结构。那些仅仅以章节顺序排列知识而成的所谓“学习网站”充其量只能算是一种演示型的教学软件，并非专题学习网站。

专题学习网站的内容不是封闭性的，而是开放性的，一方面它不局限于某一门学科

的内容，而是可以涵盖与该专题相关的跨学科的内容，体现了整合性；另一方面它可以跟随时代发展的趋势，在原有知识体系的基础上，不断更新和填充新的内容，体现了拓展性。

4）提供丰富的网络资源，创设有意义的学习情境

表现形式多样化的网络资源可以为学生的自主学习和协作学习创设有意义的学习情境，扩大学生的知识面，丰富学生的视野。在专题学习网站中提供了各种各样的网络资源，例如：文本、图形、图像、动画、视频、音频等素材资源，多媒体课件、相关的学科工具和网站链接，以及网络通讯工具等，使专题学习网站真正能够成为学生获取信息、探究情境、协作交流、自我评测的认知工具。

5）实现超链接结构，启发学生的联想思维

超链接结构可以实现专题内容的有效组织和灵活获取，符于不同层次水平学生的学习需要，有利于实现因材施教。此外，超链接结构还可以引发学生的联想，培养学生的创造性思维能力。

3. 专题学习网站的教学设计方法

1）网站的需求分析与功能定位

对专题学习网站的需求分析是设计和开发专题学习网站的基础和前提。首先应该广泛收集资料，对当前已有的相关专题学习网站进行仔细调查，分析优缺点和发展趋势，从而确定建立专题学习网站的可行性和必要性；其次对专题学习网站的功能定位要清楚。专题学习网站的功能定位主要体现在以下几个方面：

（1）根据专题构建系统完善的结构化知识，便于不同层次、不同学科教师教学和学生的自主学习；

（2）建立一个资源库，方便教师和学生搜集资料；

（3）提供协作交流讨论区，方便教师与学生、学生与学生之间围绕主题进行交流、指导、协作；

（4）提供在线自评系统，便于及时检测反馈。

2）学习者特征的分析

分析学习者特征的目的是了解学习者的学习准备和学习风格。学习者特征主要涉及四个方面：一般化特征、个性化特征、社会化特征和起点学习能力。一般化特征是指学习个体在一定年龄阶段所具有的心理和生理特征，如年龄、性别、种族背景等人口学变量以及认知程度、思维水平等。个性化特征指在相同年龄阶段学习个体所具有个性差异，包括动机与兴趣、智力与认知方式、性格与气质。社会化特征指学习者由于社会阅历、文化背景、家庭背景和职业类型的不同而导致的先前知识经验、认知成熟程度及能力、与他人的交往能力等方面的差异。起点学习能力是教学的起点，主要包括先决知识与技能，又分为预备技能、目标技能、学习态度三个方面。

专题学习网站的设计覆盖大、中、小学各个年级阶段，学生的年龄特征不同，认知特点不同，则专题学习网站所采用的设计策略也不尽相同。例如小学生的心理发展是以具体形象思维为主，因此在专题中涉及抽象的概念和原理时应以直观形象、生动活泼的形式展现；中学阶段学生完成从具体形象思维向抽象思维的逐步过渡，因此在专题中应加强实践探索的设计，重视学生自主发现的体验，让学生在与生活密切相关的情境中进行学习；大学生各方面的能力都基本成熟和稳定，思维发展以辩证逻辑思维为主，因此在专题中应让学生看到学习

内容对于其生活工作的价值，建立一些理论性较强的开放性问题让学生进行研究探索，更多的是利用资源进行自主学习和协作学习。

3）选题及专题内容的选取

选题是专题学习网站建设的首要环节。这里的选题既是专题学习网站建设的主题，又是研究性学习的主题，因此选题决定了专题学习资源的生成以及整个研究性学习过程，在整个专题学习网站建设过程中至关重要。

（1）选题的依据。

首先，选题要进行需求分析，明确关于该专题的学习需求，能否为学习者综合能力的提高提供翔实准确、科学系统的学习资源。

其次，分析选题的可行性，能否体现信息技术与学科课程整合的特点，要系统描述的专题是否有必要采用信息技术作为表现手段。

最后，要进行选题的应用价值分析，即专题的选定能否由该专题拓展到各学科的相关层面，具有较高的应用价值。

（2）选题的过程及范围。

选题应在充分理解选题依据的基础上进行。首先对提出的参考选题进行调查，查看学习者对该专题的兴趣，收集学习者希望通过该专题了解哪些方面的信息，并对调查后的信息做出分析，以完善选题的内容，最后论证选题的意义。

选题范围不限于全日制课程的教学内容，涉及的领域可以包括文化艺术、自然地理、英语知识、物理化学、科技科幻、经济军事、数学学科等。

（3）专题内容的确定。

专题内容必须立足于教学问题的解决、来源于课程标准所规定的内容，而不是由教师突发奇想得来的，是某门课程或多门课程中具有相关知识特征的知识点的集合和延伸，既包括学生必须掌握的教学内容又包含扩展性知识。其目的是让学生通过专题学习网站的学习，既能达到课程标准的要求，完成教学任务，又能拓宽知识面，培养自主探究、协作学习的能力。在确定了主题之后，为了能够比较准确地把握该主题蕴含的文化和意义，国际上比较流行采用“头脑风暴法”集思广益。

针对不同年龄阶段的学生，结合他们的认知特点，对于专题内容的选取应该有所讲究。例如针对低年级的学生，主要是激发、培养他们学习的兴趣、积极性和主动性，所以尽量选择一些表现形式多种多样、有趣形象的内容；而针对高年级的学生，由于他们的自主性和自控能力较强，主要是培养他们实践动手操作的能力和发现、分析、解决问题的能力，因此选取的内容更应侧重理论性、探究性、综合性和开放性。

4）学习过程设计

（1）自主学习的设计。

自主学习即让学生自我学习、自我探讨。常用的自主学习的方法有支架式教学、抛锚式教学和随机进入学习等。在专题学习网站的设计中，可以通过建立完善的知识结构体系、设计清晰的导航策略、生成规范化的评价系统等加强对学生自主学习的引导，促进学生对知识的意义建构。

（2）协作交流的设计。

专题学习网站必须为学习者提供各种网络通讯工具，例如 Net Meeting、BBS、ICQ、E-Mail、Chat Room、Internet Phone 等，让学习者实现相互交流，参加各种类型的协商、讨论活动，也可以实现教师与学习者之间的良好互动。

5）学习策略的设计

所谓学习策略，主要是指在学习活动中，为达到一定的学习目标而学会学习的规则、方法和技巧，是在学习情境中，学习者对学习任务的认识、对学习方法的调用和对学习过程的调控。对学习者来说，学习策略是学习执行的监控系统。在专题学习网站教学设计中考虑学习策略的设计，目的是使学习者通过专题学习网站对学习的组织方式进行学习，解决在专题学习网站的情境中学什么、何时学、何处学、为什么学和怎样学的问题。

不同的学习者会采用不同的学习策略，因此专题学习网站在学习策略的设计上应考虑到不同学习者之间的差异，提供多种不同策略的选择方式。例如：可以利用提供的资源开展自主学习；利用论坛、讨论区等发表见解，进行合作学习、探究学习等；在学习过程中的恰当环节可向学习者呈现关于元认知（对认知的认知，即善于运用各种策略协调和管理自己的学习和研究）策略方面的知识，让学习者学会对自己进行主动的元认知控制，监控整个学习过程。

6）评价系统的设计

（1）学生评价系统设计。

网络教学强调在线学习，强调将网络作为自我评价的工具。专题学习网站是面向学习者自主学习和协作学习的网站，它必须为学习者设计出一套针对性强、含金量适度、具有一定梯度的强化练习，以便让学生进行自我评价，实现对知识的意义建构。

合理及时的反馈是维持学习者学习动机和积极性、确保学习质量不可缺少的一部分。传统评价方式的静态性，难以及时反映每一位学习者的学习状况，在专题学习网站的设计中，要依据学习者的学习需求和特征差异，以及学习者在学习过程中的表现，对不同程度的强化练习进行评价，并及时给出反馈信息，做到评价和反馈的动态性。

（2）网站评价的设计。

设计出的专题学习网站必须对其效果进行评价。一般可以分两部分进行：一部分是从宏观着眼，从建设主体、指导思想、技术性能等方面评价网站；另一部分则从微观入手，评价网站的专题确定、内容选取、结构组织、资源设计等方面。两部分的评价都可以分为形成性评价和总结性评价，并通过一套完善系统的评价指标体系进行量化处理，从而发现问题所在，尽快改进不足之处。

拓展阅读

一、PowerPoint 中利用触发器制作选择题

选择题是练习题中的常见题型，教师在制作教学课件时也常常需要用到。借助 PowerPoint 的触发器可以制作能够问答且有反馈信息的选择题，下面具体介绍制作的步骤。

1. 选择题的制作效果描述

如图 4-3-1 所示，题目下面有四个答案按钮。当单击到正确选项时，会弹出“恭喜你，答对了！”的文本标注，同时发出鼓掌声。当单击到错误选项时，会弹出“答错了，×××”的文本标注，同时发出爆炸声。

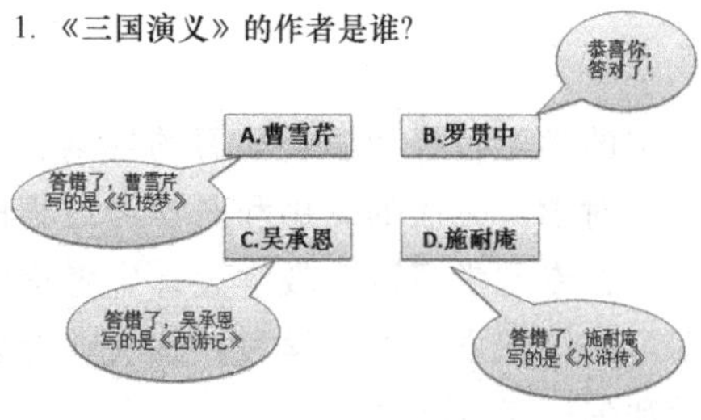

图 4-3-1 选择题选项及提示信息

2. 选择题的制作步骤

(1) 输入题目。选择需要制作选择题的幻灯片,输入问题:“1.《三国演义》的作者是谁?”

(2) 制作按钮选项。在【插入】选项卡“插图”组中,点击【形状】下面的小三角,在弹出的“自选图形”最下方“动作按钮”组中选择【动作按钮:自定义】按钮,在当前幻灯片上画一个动作按钮,同时弹出【动作设置】对话框,不做任何设置,点击【确定】按钮关闭。右键单击新绘制的动作按钮,在弹出的菜单中选择【编辑文字】,输入文字“A. 曹雪芹”,调整按钮和文字的大小、位置、颜色等。复制出其他三个动作按钮,修改文字,并调整位置,最终效果参照图 4-3-1。

(3) 制作提示信息。同样在【插入】选项卡“插图”组中,点击【形状】下面的小三角,在弹出的“自选图形”最下方选择“标注”组中的【椭圆形标注】,在当前幻灯片上绘制一个椭圆形标注,参照图 4-3-1 输入文字信息,并调整标注的大小、位置、颜色等,复制出其他三个标注,修改文字、调整位置,最终效果参考图 4-3-1。

(4) 为标注添加动画效果。点击【动画】选项卡“动画”组中【自定义动画】按钮,窗口右侧会出现【自定义动画】任务窗格。选择其中一个“椭圆形标注”(如答案 A 标注),在【自定义动画】任务窗格中,单击【添加效果】,选择【进入】→【淡出】效果,为答案 A 标注添加一个“淡出”的进入效果。

(5) 设置标注的动画效果。如图 4-3-2 所示,单击“自定义动画”列表中“答案 A 标注”右侧的下拉箭头,在弹出的下拉列表中选择【效果选项】命令,弹出图 4-3-3 所示的【淡出】对话框,选择其中的【效果】选项卡,在【声音】下拉列表中选择“爆炸”。

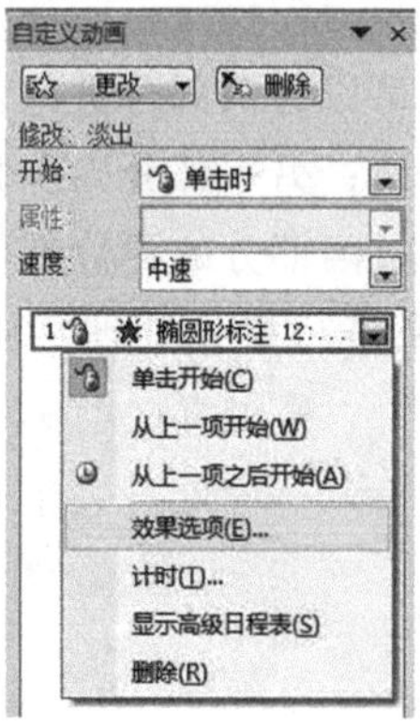

图 4-3-2 选择【效果选项】

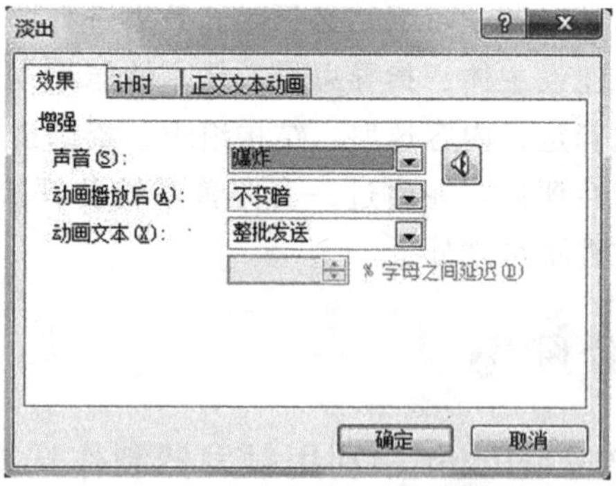

图 4-3-3 【淡出】对话框

(6) 设置标注的触发器。在【淡出】对话框中,选择【计时】选项卡,单击【触发器】按钮,展开两个单选框,选中“单击下列对象时启动效果”单选框,在其后的下拉菜单中选择“动作按钮:自定义 3:A”,点击【确定】按钮即可,如图 4-3-4 所示。这样设置的结果是当点击按钮 A 时,启动椭圆形标注的淡出动画。

(7) 其他几个标注的动画效果设置类似。需要注意的是由于答案 B 是正确答案,设置答案 B 的标注时,在【声音】下拉列表中选择“鼓掌”。所有标注的动画效果设置好后的自定义动画任务窗格如图 4-3-5 所示。

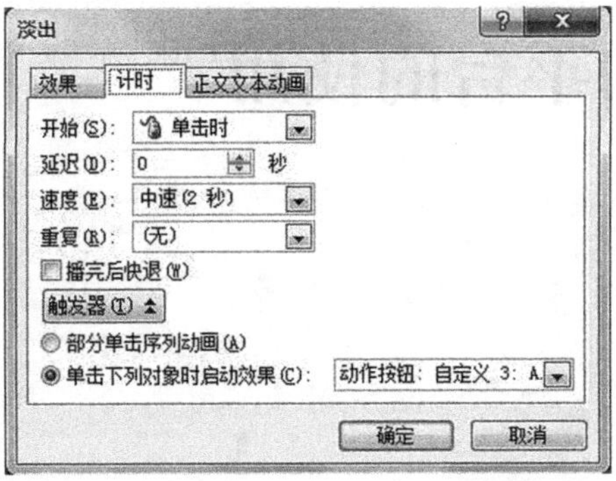

图 4-3-4　在【计时】选项卡下设置触发器

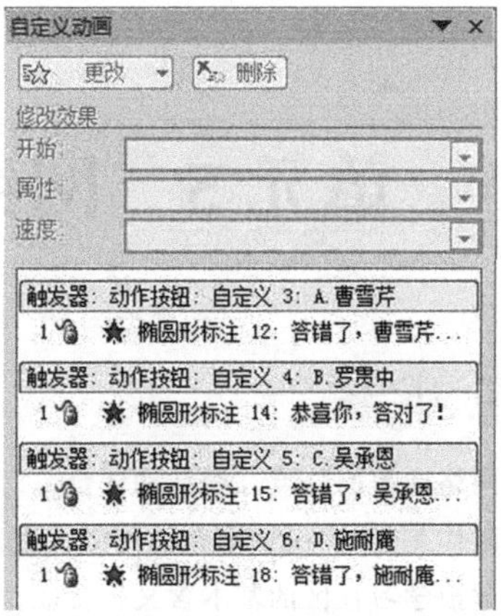

图 4-3-5　【自定义动画】任务窗格中的最终效果

(8) 保存文件，单击【幻灯片放映】后，可以观看选择题的播放效果。

二、PowerPoint 中更改撤销操作次数的限制

默认情况下，PowerPoint 可撤销的操作次数只有 20 次，当不能满足需要时可进行如下设置调整可撤销的操作次数。

单击 Microsoft Office 按钮【 】，在弹出的窗口中点击最下方的【PowerPoint 选项】，弹出【PowerPoint 选项】话框，点击【高级】选项卡，如图 4-3-6 所示，在【编辑选项】下“最多可取消操作数”一项中输入适当数值，如 40 次（最多可输入 150 次），点击【确定】按钮即可。

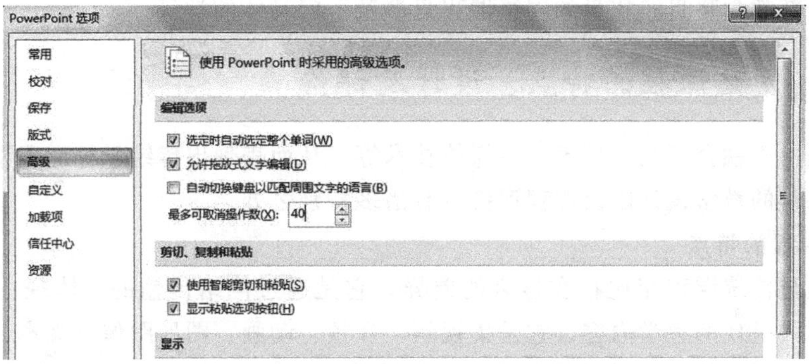

图 4-3-6　PowerPoint 选项【高级】选项卡

应用与思考

1. 将 3.6 节制作的“地球围绕太阳公转动画”插入 PowerPoint 文档中。
2. 利用 PowerPoint 软件，为李白“月下独酌”教学课件设计模板。
3. 应用新设计的模板，制作李白“月下独酌”的教学课件。
4. 选择中小学教材的一个课时内容，利用 Flash 制作教学知识点课件。
5. 组建学习小组，设计开发一个专题学习网站。

单元5　网络技术平台的使用

学习目标

◎ 了解网络课程的特点、设计和评价。

◎ 学会制作基于 Moodle 平台的网络课程。

◎ 了解虚拟学习社区的基本含义、特征。

◎ 学会使用 BBS、博客、wiki、SNS。

◎ 体会不同类社区在教育教学应用中的区别。

◎ 了解云计算和云存储的概念，学会使用在线协同工作平台。

◎ 学会应用一种在线调查工具。

5.1　如何利用 Moodle 设计网络课程

网络课程又称为 Web-Based Course 或 Online Course，是指通过网络表现的某门学科的教学内容及实施的教学活动的总和，它包括两个组成部分：按一定的教学目标、教学策略组织起来的教学内容和网络教学支撑环境。教学内容包括教师和学生使用的网络形态的教科书、教学参考书和各类教学资源等。网络课程有广义和狭义之分，广义的网络课程涉及各级各类学校的全部教学科目；狭义的网络课程只涉及一门具体的学科。

5.1.1　网络课程的特点、设计及评价

网络课程由于融合了网络技术、多媒体技术等，从而表现出传统学校课程不具有的诸多特点。网络课程的教学设计以及课程评价也有诸多特别之处。

1. 网络课程的特点

网络课程与传统课程相比存在显著的差异，它是通过网络传输的、体现一定教学目标的、以网页形式呈现的教学内容。它是集视频、音频、动画、图形图像、文本、超文本于一体，以体现网络课程特点的教学设计为设计的指导原则，并具有适时交互性的全新课程形式，但网络课程的最终价值仍然是完成教学任务，实现教学目标以及达到教育目的。总而言之，网络课程具有交互性、开放性、协作性、个性化，以及多媒体化与非线性等主要特征。

1）交互性

网络课程最大的特点就在于其交互性，包括人机交互、生生交互和师生交互等，这种交互可以克服时间上、地理上的各种差异，可以是同步或异步的交互，如 E-mail、BBS、QQ 等形式。学习者可以通过发送 E-mail 或与教师实时聊天的形式接收教师传来的教育信息，也可以向教师反馈教学信息；教师则根据学生随时发送的教学信息不断调整和改善教学，促进教学。这样可以提高学习者主动参与的积极性和成就感，还可以为多元化的评价提供可能。

2）开放性

网络课程把各种教育资源有效地利用起来，突破了时空的限制，表现出极大的开放性。教育的内容、资源更加开放、丰富，课程的功能进一步拓展。科学知识的综合化趋势，带来了课程内容的日益综合化和相互交叉，课程不再限于某一专业、某一学科体系，而是处于开放的环境之中。课程空间的开放性指课程设计应汲取优秀课程的设计特点，充分利用网络资源共享的特点进行课程的设计与建设。课程时间的开放性指学生使用网络课程的时间安排不受任何外界因素的影响，可以随时随地上网学习，满足人们学习的不同需求。网络课程的存在使学校已经从一个有围墙的实体转变为一个覆盖全球的知识网络。网络课程不仅是时间、空间、内容上的开放，更是对所有个体的开放，个体不会因年龄、性别、种族等因素被拒之门外，是真正意义上的开放教育。

3）协作性

网络支持下的学习更能体现协作的优势。网络群组管理员（通常为教师）作为学习过程中的主导人物，引导、促进、帮助小组成员的学习，成员之间的协作学习加强了学习者之间的合作共处能力和探索精神，不仅对问题的深化、理解和知识的掌握运用大有裨益，也提高了网络课堂的交互能力、摒弃了传统课堂中单纯的人机“刺激反应”的交互形式。对合作精神的培养和良好人际关系的形成也有明显的促进作用。在网络课程中，教师不再是教学信息的唯一组织者，也不再是不可侵犯的课堂教学的权威，而大部分时间是学生学习的帮助者和引导者，或者称为具有较多知识、技能和经验的学伴。教师不再是知识和技能的唯一传授者，网络上每一条信息都可能成为学生的学习内容。教师与学生之间建立起一种密切联系、相互协作的关系。

4）个性化

在充分开放的网络中，学习者可以根据自己的需要检索学习科目。在每一门科目中，学习者结合自己的学习状况、目前已有的认知水平，选择与自己学习特点、学习内容相适应的学习资源，自定步调地通过网络学习。同时他们又可以不受主流文化和意识的控制，根据自己的经验和视角理解知识，从而发展个性、开发创新思维。

5）多媒体化与非线性

随着科技的发展，网络课程可以为学习者提供一个集视频、音频、声像技术为一体的网络学习环境，使交互形式更丰富、更逼真、更直观，使学生通过全方位的感官接受信息，收到更好的教学效果。多媒体化提供多样的外部刺激，有利于知识的获取与保持，有利于问题情景的创设，进而激发思维灵感，促使创造性思维的培养。网络课程的非线性打破了传统教材组织的逻辑性、线性顺序结构，以非线性、非结构、网状结构形式组织教材内容，这与人类思维的联想特征一致，更符合人类思维的特点和阅读习惯。网络课程内容不是以线性的从易到难或从前到后的方式组织，而是以超链接的方式呈现信息。学生可以根据自身的知识掌握程度、学习背景、知识结构等自由选择学习内容，并且可以因人而异地以最佳学习方式和生理、心理特点学习，真正实现“以学习者为中心”的自主学习。

2. 网络课程的设计

网络课程是为学生利用网络学习而设计的，它是一个由知识点跳转关系、导航策略和交互界面组成的教学系统，主要包括结构设计、导航设计、交互设计和界面设计等方面。

1）结构设计

结构设计是网络课程设计的重要工作，它包括功能设计和知识结构设计。功能设计的基本原则是满足使用者的要求，使用方便。知识结构设计应有利于体现教学内容的层次体系并有利于实现个别化学习，有利于培养学生的创新思维。网络课程主要创造了三大学习环境。第一，自主学习环境。网络课程中教学内容部分含有多种超链接，学生可以任意跳转选择教学内容，可以利用系统提供的笔记本记录学习心得，也可以进行网上自我评测，还可有选择地使用与本学科相关的教学资源。第二，讨论学习环境。该环境中主要包括讨论交流和问题解答两个模块。讨论交流是指所有进入该虚拟教室的人员都可以提出问题、回答问题，通过网络相互学习、相互协作、取长补短、共同进步；问题解答是一个双向的交流方式，学生把学习中遇到的问题通过网络以发帖子的形式提交给本课程的任课教师，任课教师针对学生提出的问题进行解答，给出答案并以发帖子的形式回复。第三，辅助学习环境。该环境中主要包括信息资源和自我测试模块。信息资源模块中有大量学习资源，比如，图形图像、动画、模型、案例等，这些资料可以在课程配置环节配置到相关的章、节、知识点，使之成为主要学习内容的辅助资料，从而丰富教学内容，拓展学生的知识面。

2）导航设计

自主学习过程中，学生是主动的探索者，学习内容、学习进度、学习过程由学生自己掌握，如果学生在学习过程中没有得到很好的引导，容易迷航，因此，导航设计尤为重要。导航能为网状知识结构中的学习者提供即时有效的引导，它是一种避免学生偏离教学目标、引导学生进行有效学习、提高学习效率的策略。导航的具体作用体现在：让学习者了解当前学习内容在学习过程中、课程的知识结构体系中所处的位置；让学习者能根据学习过的知识、走过的路径，确定下一步的前进方向和路径；让学习者在使用网络课程遇到困难时，能寻求到解决困难的方法，找到达到学习目标的最佳学习路径；让学习者能快速而简捷地找到所需的信息，并以最佳的路径找到这些信息；让学习者能清楚地了解教学内容的结构概况，产生整体性结构。常见的导航方式有：演示导航、检索导航、浏览导航、线索导航、书签导航、菜单导航等。至于设计制作网络课程时选择哪种导航方式，应因课程、学科特点而定。

3）交互设计

学生在学习过程中遇到问题或者想知道自己对所学知识的掌握情况时，必须进行及时的反馈和交流，即交互，这非常有利于激发学生的学习兴趣、强化学生的学习效果。交互不仅在传统的教学模式中起重要作用，在网络学习中也是不可或缺的。让学习者及时了解自己的学习状态有利于激发和维持学习动机，增强学习坚持性，并能不断增强求知欲。从交互的主体来看，网络课程中的交互方式主要可以分为学习者与学习资源的交互、学习者之间的交互、学习者与指导教师间的交互以及学习者的自我交互等类型。这些交互形式不仅有利于个别化学习，而且特别适合开展网络化协作学习、探究学习和讨论学习等。学习者可以通过相互交流学习经验、共享学习成果，从而使得学习群体的知识水平得到共同提高。同时，学习者还可以通过 E-mail、BBS 等工具进行网络交流，甚至可以通过视频通讯系统与教师和其他学伴进行面对面的交流。而自我交互则是基于网络学习过程的一种个体化的心理调适活动，如对学习进程的自我调控以及学习过程中的认知同化等。一般来说，网络课程的交互设计应该做到界面简洁友好、布局结构合理、操作使用灵活、逻辑层次清晰、资源链接丰富，从而有利于学习者自由进出或转向其他内容的学习。

4）界面设计

网络课程界面是学习者与网络课程系统之间进行信息传递和交换的媒介，学习者通过界面向计算机输入信息进行控制、查询和操纵；课程则通过界面向用户提供信息以供阅读、分析、判断。界面设计是指对网络课程的各构成要素进行设计，主要包括窗口、菜单、图标、按钮、对话框、多媒体教学信息等。界面设计包括显示界面设计和操作界面设计，设计时要综合考虑学科和使用对象等特点。网络课程界面设计既要考虑到符合界面设计的一般原则，又要考虑到网络课程的特殊性，能根据不同的课程内容做风格不同的设计。网络课程界面设计的主要特点包括：界面简洁、美观、有亲和力，能引起学习者的兴趣；屏幕布局合理，条理清晰，重点突出，符合构图的原则；根据网络课程主题的不同设计风格不同的界面，同一门课程的页面风格统一；操作界面的设计应注重界面友好，操作方便，交互性和可控性强；关注网络学习的特点，重视界面设计的细节问题。目前的网络课程还处在图形用户界面时代，新的人机交互技术，如语音识别技术、手写识别技术基本还没有应用到网络课程中。我们应该密切关注虚拟现实、多通道用户界面等新技术的发展，及时将它们应用到网络课程中，创造更为和谐的人机交互界面。

3. 网络课程的评价

在对网络课程进行评价时，唯一的出发点是一切以促进学习者有效学习为目标。所有的学习活动和资源都要与教学密切相关，以激发学生主动参与学习，而无关的资源和干扰性活动将是评价标准中需要否定的内容。此外，在制定评价标准时，没有必要由于过于追求高品质的学习材料而降低网络传输速度，而应以适合教学和学习为前提。网络课程的评价是通过相关数据信息的收集、分析、综合和解释，从而对学生的学习情况和程序运行的有效性进行判断，并制定和应用解决方案以保证整个网络课程系统的良好运行。综观目前国内外网络课程的评价与维护的标准，首先我们必须要符合一般传统课程的基本要求。传统课程的评价与维护包括项目评价（课程目标审议、课程内容修正和课程教学质量监控）、过程评价（教学方法有效性、学习态度与技能的改善、教学反馈的执行、教材的质量、教学环境的创建、教学时间的安排、教学测试的信度与效度）和参与评价（学生的满意度、学生的成绩表现、教师的自我认识、同行互评情况、学生的社会责任和社会大众的反映）。

网络课程的评价与传统课程相比有许多独特之处，总体来说主要包括三个方面。第一，全面的课程质量控制理念。对网络课程进行评价与维护时要根据系统论的观点，从整体出发，全面考查课程各个部分，包括网络传输系统、教学系统、交互系统、支持系统、评价系统和管理系统的关联情况和综合性能，并根据不同课程模块的重要程度设置合理的权重。第二，开放的课程质量评价参与机制。为了保证对网络课程的评价与维护更加客观和科学，必须引入开放的评价参与机制，确保三类用户（学生、教师、管理员）都能从各自不同角度对网络课程质量发表自己的看法，同时还要认真考虑非用户人群（家长、官员、热心人士）的意见和建议，并成立评价小组综合上述人群的意见做出相关的维护决策。第三，持续改进与创新评价方式。由于计算机技术与网络技术的飞速发展，网络课程的系统运行、平台构造和功能设置也随之不断更新，另外，教育教学思想的不断完善也使我们评价课程的态度和观念不断发展，因此我们必须紧跟时代进步的潮流，吸收和借鉴各国比较成熟的网络课程评价标准，引入新思想，开拓新思路，通过融入具有民族教育特色的内容和先进的教育教学评价理论进行本土化的改造工作，不断改进和创新网络课程的评价方式，从而更适合我们自己的网络课程评价方式和标准。

5.1.2　基于Moodle平台制作网络课程

Moodle，即模块化面向对象的动态学习环境（Modular Object-Oriented Dynamic

Learning Environment)，它是由澳大利亚的马丁·多格玛斯博士开发的学习管理系统，该系统是基于“社会建构主义学习理论”设计开发的开放源代码的软件，能够帮助教师高质量地创建和管理网络课程。Moodle有两层含义：一层含义是Modular Object-Oriented Dynamic Learning Environment，即模块化面向对象的动态学习环境，用来构建网络学习环境的软件包；另一层含义是动词，表示想起什么就做什么，自由地发挥创造力和想象力。

Moodle软件可以从Moodle站点下载并安装在任何一台可以控制的计算机上，同时用户也可以访问其他Moodle网站，包括小到只有一个教师的站点和大到拥有数千个学生的大学站点。目前，在Moodle官方网站上注册的用户达10万人，涉及世界上150多个国家和地区的70多种语言版本。Moodle在中国也取得了长足的进步，许多院校和中小学都建立了Moodle网站，为网络学习者提供免费的学习资源和学习指导，并创建了许多非常有效的学习交流社区，如魔灯闵行、乐学网（哈工大交互式网络教学平台）。

1. Moodle课程的特点

1）先进的教学理念

马丁·多格玛斯博士以“社会建构主义学习理论”为基础，将Moodle应用于教学实践中。社会建构主义强调学习过程中学习者之间的对话、协作、互动等社会性活动对个人及群体意义建构的作用。因此，在Moodle的设计中，不仅有教学内容的管理与呈现，而且更加关注对教学过程中各种“活动”的支持。Moodle对教师角色的定位不是知识的提供者，而是一个学习社团中有影响力的榜样，是各种学习活动的引导者，是与学生平等对话、共同实现预定学习目标的组织者。

2）功能强大

Moodle简单易用，具备所有教育平台的功能，如内容管理、论坛、测验、作业、聊天、选项表、日志、标签和调查等。此外，Moodle平台还整合了各种社会软件（博客、Wiki、BBS等)，并支持多样化的教学方式，它适用于多种组织类型，例如：讲授型的教学组织、探究型的教学组织等。

3）模块化的结构设计

Moodle采用模块化的设计方法。教师通过简单的设置就可以给课程添加各种活动，如讨论区、学习日志、聊天室等，管理员也可以通过管理界面选择安装各种活动模块，开发者可以依据定义的接口开发新的活动模块。正是这种模块化的结构设计使得Moodle给使用者、管理员和开发者提供了极大的方便和选择空间。

4）开放源代码

Moodle是一个开放源代码的自由软件。源代码的开放使更多的人一起完善这个平台，通过社群中的开发者，教师和学生的反馈和建议，Moodle平台将更加完善，功能更全，更符合教育的需求。

2. Moodle平台的模块

Moodle平台的主要模块由三大模块构成（如图5-1-1所示），分别是网站管理模块、用户管理模块、课程管理模块，具体到课程中，可以由若干个小模块组成。

网站管理模块主要是网站管理员负责管理，包括网站的颜色、字体、字库、布局、活动模块等。

用户管理模块的使用者主要是管理员、教师和学生，分别有以下功能。

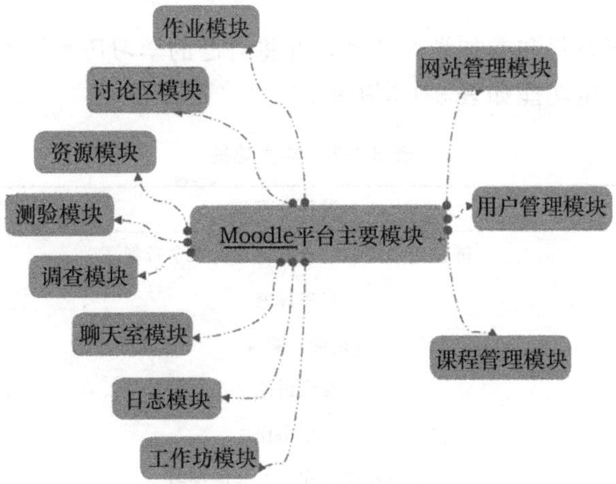

图 5-1-1　Moodle 模块平台

1）管理员功能

管理员的主要任务是搭建支持网上学习的软硬件环境、设置课程体系，并且确定哪些人可以在允许范围内使用该系统。管理员又可分为站点管理员和课程管理员。站点管理员主要负责修改系统配置，维护课程/用户信息，设置站点首页、安装和维护功能模块等；课程管理员主要负责创建新课程，设置课程信息和任命教师。管理员功能如表 5-1-1 所示。

表 5-1-1　管理员功能

课程管理	用户管理	系统配置
设置课程类别	设置注册方式	站点信息
创建课程	管理用户账号	参数配置
选课	设置用户权限	插件设置
任命教师		界面风格

2）教师功能

教师又分为主讲教师和辅导教师。在指定教师时，如果不赋予教师编辑权限，该教师就是辅导教师。主讲教师可以编辑课程的资源和组织教学活动；辅导教师具有管理成绩、查看日志、查看学生活动报告、进入教师讨论区等权限，他的任务主要是解答学生的问题，进行一些日常的教学管理，督促学生学习，并不参与课程设计。教师功能如表 5-1-2 所示。

表 5-1-2　教师功能

教学设计	教学准备	教学实施	教学评价和反馈
确定教学目标	发布课程公告	引导学生自主探究	作业评定
确定教学大纲	上传设计网络课件	组织讨论	论文评定
确定教学计划	导入素材	专家答疑	专题测验
设计教学活动	添加讲义	在线教师答疑	网上活动评定
设定教学策略	添加活动	测试考试	网上学习记录评定
确定评价指标		布置作业	

3）学生功能

学生可以在线阅读材料和参加学习活动，并将自己的学习历程以及对课程学习的感悟记录在自己的博客上。学生功能如表 5-1-3 所示。

表 5-1-3 学生功能

学习前准备	课程学习	评论、评价自己的学习情况
浏览课程简介	阅读学习资料、观看课件和教学资料	查看作业情况
浏览课程大纲	自主探究	查看测试成绩
浏览教学计划	提问、答疑	查看个人活动记录
浏览课程公告	在线讨论	查看教师给予的评价
注册	小组协作	
报名、选课	完成布置的作业、自测练习	
等待审核和缴费	参加联机考试	

课程管理模块包括 8 个具体实用模块。

（1）作业模块。通过作业模块，教师可以给学生布置任务，学生可以将自己的作业上传到服务器上。典型的作业包括论文、项目和报告等。

（2）讨论区模块。讨论区模块是最重要的课程活动模块，交流和讨论都在这里进行。教师可以根据不同的教学目的选择不同的讨论区类型，还可以设置不同的显示格式以及对张贴的内容进行评分作为评价的依据。通过订阅讨论区，学生和教师可以通过电子邮件收到最新的张贴内容。

（3）资源模块。资源模块给教师提供了呈现教学内容和学习资源的途径。教师上传的文件、在 Moodle 所提供的界面上直接编辑的内容以及网址链接，都可以通过这个模块呈现。

（4）测验模块。测验模块允许教师设计、编制测验，包括选择题、是非题、匹配题和简答题。题目分门别类储存于题库中，可以在课程中重复使用，还可以供其他课程使用。测验可以多次作答，每次作答都是自动打分，教师可以选择是否给予反馈信息或是否显示正确答案。这个模块包含评分工具。

（5）调查模块。调查模块提供了一些预设的调查问卷，这些问卷可以用来了解学生的意见、态度等。目前问卷包括 COLLES 和 ATTLS 两种，它们在课程开始前可以作为诊断摸底工具，在课程结束时可以作为评价工具。

（6）聊天室模块。聊天室模块允许实时的文字沟通。在聊天窗口中可显示大头照，支持 URL、表情图示、嵌入式的 HTML、图形等。所有的讨论都会被记录下来以备日后参考，而且学生也能看到。

（7）日志模块。日志模块提供一种重要的反思活动。教师指定一个开放性的问题引导学生思考和写作，学生可以在一定时间内反复编辑和修改，每个学生所写的内容只有他本人和教师可以看到，教师可以给予反馈。

（8）工作坊模块。工作坊模块允许学生之间对作业进行评价，而且教师可以管理并加以评分。工作坊支持范围相当广泛的评价量表，学生对作业评分时可由教师提供范本。

由于 Moodle 采用模块化的设计方法，因此其具体的实用模块还可以根据不同的课程进行设计。

3. Moodle 网络课程的制作过程

教师可以按照以下步骤制作网络课程：

1）用户注册

首先在 Moodle 平台注册账号，就像申请博客一样填写自己的个人信息，待管理员将教师批准为课程管理员之后，教师就可以建立自己的网络课程了。

2）课程设置

以课程管理员身份登录 Moodle 平台后，教师可以在 Moodle 的首页看到课程的链接，这就是建立课程的入口。进入课程设置，教师能够根据自己的教学内容选择课程名称和课程分类，对课程做概括的介绍。格式用来设置课程首页显示的风格，包括主题格式、星期格式和社区格式。另外，教师可以为课程设置开放的时间和密钥，从而防止没有密钥的学生或游客进入该课程。如果教师需要将学生进行分组，可以设置小组模式，这样学生就可以在课程中参与基于小组的讨论和协作。

3）版块设置

完成课程的基本设置之后进入课程首页的编辑模式，教师只需点击每个版块上的“×”，将所有的版块全部删除，就可以设置自己的版块了。教师在创建自己的主题页面时，可以将每一个版块内容都建立一次，如果它不符合要求就删除。通过几次建立和删除，多数教师都能很快地掌握版块的设置方法。

4）创建和引用资源

在课程首页的编辑模式下，每个主题格式或者星期格式中都有一个资源下拉列表，如图 5-1-2 所示。

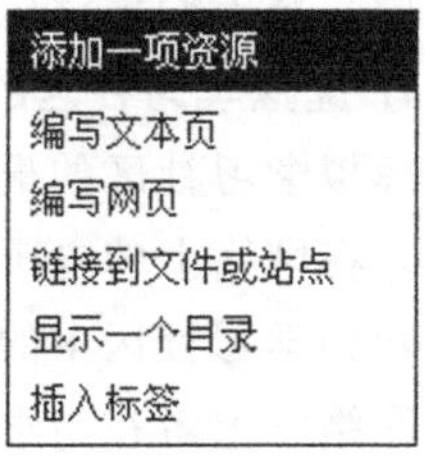

图 5-1-2　资源下拉列表

根据课程内容和媒体的呈现方式，可以选择链接到文件或站点、显示一个目录引用相应的资源等，使用最多的就是在每个主题前呈现教学目标和教学内容。

5）活动使用

在课程首页的编辑模式下，每个主题格式或者星期格式中还有一个活动下拉列表，如图 5-1-3 所示。

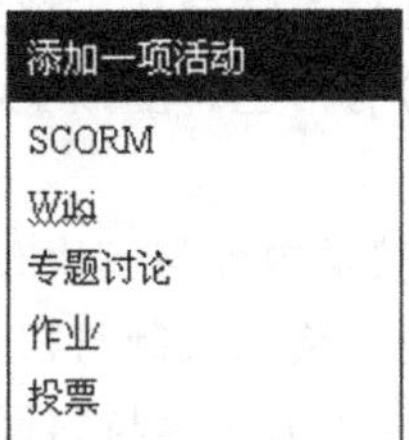

图 5-1-3　活动下拉列表

“活动”是构成网络课程的核心要素。活动模块按照功能分类可分为协作、讨论、反馈和评价四类，其中“协作”功能可以由 Wiki、专题讨论、词汇表几个模块实现；“讨论”功能可以通过在线聊天的方式实现，“讨论区”和“消息”可以实现离线的讨论和交流；“反馈”功能可以通过投票、作业、心得报告等实现；“评价”的功能则可以将论坛、Wiki、SCORM、作业、课等纳入评价体系中，从而形成基于网络的电子成长记录袋。

4. Moodle 中课程组织的方式

在 Moodle 中，常用的课程组织方式主要有以下三种：

(1) 按实施时间组织，如以周为单位展开。它有准确开课时间、完整的数据支持。它可以在每周内根据需要添加活动和资源，并在规定的时间结束本周的教学 。这种方式对已有的、有比较成熟的方案和丰富资源的课程比较适合。教师可以按已有的方案组织教学，添加资源，并根据实际情况做出调整。

(2) 按专题组织教学。教师可以根据专题的需要添加活动和资源。专题开放的时间没有限制，可以根据实际情况调整。这种课程组织方式，适合没有成熟方案和丰富资源的课程，以利于调整方案和丰富资源，为以后的课程发展做准备。

(3) 按社区组织教学。这种组织形式围绕着一个社区（团体）展开，社区内的成员可以就某一个问题展开自由讨论。这种课程组织方式对小组内成员之间进行相互交流十分有利；但是对教师展开教学显得过于薄弱，教师无法直接添加资源、组织活动，只能通过发起话题让学生回复的方式，与学生进行交流。

5.2 虚拟学习社区的使用

虚拟社区（Virtual Community）又称赛博社区、网络社区、数字社区等，是 Internet 发展的产物。虚拟社区是由具有共同兴趣及需求的人利用网络传播的特性，通过网上社会互动满足自身需求而构筑的新型生存与生活空间。参与者着重于相互的交流、沟通与互动，进而产生相互之间的紧密和认同关系。虚拟社区作为人们社会交互关系得以发生和发展的虚拟化场所，既改变了人们以往接受、处理和发送信息的方式，也改变了信息本身的产生和存在方式；既拓展了人们的交往空间，也重新调整了人与人、人与社会乃至人与自然的关系。随着终身学习理念逐渐被人们接受，网络以其跨时空的特性为人们创造了一个自由、开放的学习环境，被人们广泛应用于教育，虚拟学习社区因此应运而生。

1. 虚拟学习社区的形成

虚拟学习社区的最初形成与网络上的电子公告栏（BBS）、新闻讨论组和聊天室等密切相关，在网络上的电子公告栏（BBS）、新闻讨论组和聊天室中进行学习讨论的学习者群体，是最初的学习社区中的成员，其组织形式自发而松散。

网络学习者在与学习伙伴的交流中，可以看到很多不同的信息，从而促进自己在原有知识基础上反思和重构，并解决一些学习生活中的疑惑，同时获取大量共同感兴趣的在线信息，于是学习者们在共同发展该领域的知识过程中逐渐自发形成一个网络学习群体，这个学习群体的成员虽然不在一起，但成员感到自己和其他伙伴同属一个团体、同处一个社区、同有一个学习兴趣领域，大家可以互帮互补，并在自然状态下和其他人进行人际交往、情感交流、心灵互动，这个过程使大家相互认同，并确立自己在群体中的身份与角色，虚拟学习社区由此形成。

虚拟学习社区中的教育主体（学习者、助学者、教师、管理员）、教学内容与模块布局、界面色彩与动静的风格设计、教学方法与互动方式、教学秩序行为规则、奖惩机制与权力格局等多个因子相互作用一段时间后，社区中有些学习个体会形成强烈的被认同感与归属感，这种个体身份认同的过程会在虚拟学习社区中引发感染效应，使处于社区中的其他个体的心理受到触动，并逐渐内化为其自身内驱力与归属感，这种感染效应实质上是由社区中学习伙伴之间或师生之间的知识与情感的传递与交流、心灵与价值观上的呼应与同化引发的。这就是虚拟学习社区中群体的社会建构过程与自我组织过程，最后多数社区成员有强烈的群体意识与整体认同，大家愿意加入并维护这个虚拟学习群体的权益与荣辱，同时，个体大都自觉关心社区的发展并愿意承担社区更多的责任。社区也有一个或多个管理员（网管）和版主，网管和版主主要负责虚拟学习社区的维护和管理。尽管网管和版主可能拥有一些相应的权力，如查看用户 IP、删除用户、删除帖子等，但他们一般不会轻易行使这些权力，只有在用户违反了虚拟学习社区的共同规则的情况下，他们才会行使权力来保证虚拟学习社区其他用户的正常访问和浏览。在一个虚拟学习社区中，用户可以选择入住，也可以选择离开，没有任何行政力量对用户的选择予以强制。

2. 什么是虚拟学习社区

虚拟学习社区（Virtual Learning Society）是教育类虚拟社区的总称，显然，它是一种特殊的虚拟社区。关于虚拟学习社区的定义，国内外学者有不同的表述，但关键词大致为“组织”、“集合”、“共同的目标”、“共同的兴趣”、“共享资源”、“交流”、“情感”、“归属”、“技术支持”等。我们可以认为虚拟学习社区是指在某一特定的网络空间中，由学习者和助学者共同组成的，相互间具有持续交互关系的学习共同体及其网络空间，其中学习者和助学者是虚拟学习社区中的交互主体，网络空间是交互活动得以展开的环境。合理的学习交互网络的形成和发展是虚拟学习社区发展的决定性因素；网络空间的科学构建是虚拟学习社区得以存在和发展的物质基础。

虚拟学习社区的组成要素可以分为基础要素、核心要素和形成要素。虚拟学习社区的基础要素包括虚拟学习社区支撑平台、参与者、社区的管理制度、社区的学习资源。虚拟学习社区的核心要素是社会互动，包括交流、共享、协作等行为方式。在虚拟学习社区中共有三方面的互动，包括人际交互、与学习系统交互和自我交互。人际交互通常包括助学者与学习者、学习者与学习者之间等的知识和情感的交流。当然这在传统教育中也存在。但是网络虚拟学习社区中的人际交互侧重学习者表达自己的观点，并与其他成员交流，相互讨论和协商，最后达成一致或某种程度的共识。基于网络的学习环境中，学习者必须掌握一定的网络基础知识与访问网上资源的基本技能，才能使用社区中的各种工具，这就是学习者与学习系统的交互。学习者使用各种工具和技术存取学习材料和沟通教育者与学习者、学习者相互之间的信息等方面的联系。在学习过程中，学习者不断对新知识和原有知识进行整合，我们称它为自我交互。虚拟学习社区的形成要素包括社区的社会关系网络、社区的文化、认同感和归属感。其中基础要素是构成虚拟学习社区的前提，核心要素是虚拟学习社区形成的关键，形成要素是虚拟学习社区形成的标志。

建立虚拟学习社区的根本目的是为非正式学习提供一个交互环境，通过虚拟学习社区，学习者可以提出问题、回答解决问题，自己决定什么时候学习、学习什么内容等。萨宾·索伊弗特（Sabine Seufert）认为，建立虚拟学习社区的根本目的是：①增强学习者的学习动机，提高学习的责任感，减少独立学习的孤独感；②实现对学习内容和知识的更深理解，成员共同解决学习中遇到的问题，相互交流学习经验，发现新知识；③通过社区活动，社区成员之间建立相互支持和相互依赖的密切关系，从知识管理的角度来说，这一过程使知识的四个转化过程得以实施；④为学习者交流显性知识和隐性知识、为学习者自由交流观点、为正式学习和非正式学习建立一个集成的学习环境，在这一环境中，知识得到有效传播；⑤提高学习者的认知水平，使学习者学会如何学习，通过学习社区的集体智慧的发挥和共享，提高个体的智能和智慧。

在 Web2.0 技术出现之前，虚拟学习社区的表现形式有 BBS、USENET、MUD 等，在国内 BBS 的应用最为广泛。随着 Web 2.0 技术的兴起，人们开始把博客、RSS、Wiki 等新技术应用于虚拟学习社区，为学习者的交互提供有效的技术支持，从而方便知识的产生、交流和创新的形式。

5.2.1 即时通信软件在教育教学中的应用

即时通信（Instant messaging，简称 IM）是点对点（P2P）的数据交换，允许两人或多人使用网络即时传递文字讯息、档案、语音与视频交流，是一种基于互联网的即时交流消息的业务。目前常用的即时通讯软件有：百度 Hi、MSN、腾讯 QQ、网易 POPO、新浪 UC 等。自 1998 年面世以来，通过近几年的迅速发展，即时通信的功能日益丰富，逐渐集成了电子邮件、博客、音乐、电视、游戏和搜索等多种功能。即时通信不再是一个单纯的聊天工具，它已经发展成集交流、资讯、娱乐、搜索、电子商务、办公协作和企业客户服务等为一体的综合化信息平台。

即时通信工具（如图 5-2-1 所示）又称实时聊天系统，以实时交互、操作方便著称。基本上所有的即时通信软件都具有即时消息的发送、记录的保存和再现、文件传输、群操作、语音视频交互、屏幕抓取、远程协助等功能，这些是可以在教学时利用的功能。实际上，充分发挥即时通信软件的功能，可以使它成为一种简单有效的网络教学手段及与学生沟通的工具，使之为教学服务，是对传统教学模式的一种非常有益的补充。

图 5-2-1 即时通信工具登录界面

1. 即时通信软件的教学优势

即时通信软件反应快捷、没有延时的特点使得它非常适合教学，它不仅能传递文字、图片信息，还可以利用语音视频交互功能进行直观的网上视频教学。通过图片、声音、视频，教师可以清晰、直观地把要表达的内容传达给学生，也可以把一些抽象的东西具体化、生动化，让学生记忆更加深刻，并且可以突破时空的限制，只要身边有网络环境就可以随时随地进行学习、交流。即时通信软件在辅助教学方面具有以下优势：①互动性和自主性强；②提高学习和创新能力；③学习心态更轻松、更愉悦；④方便、成本低、资源丰富；⑤拉近师生的距离；⑥反馈及时；⑦打破时空限制。

2. 即时通信软件的教学应用

1）用户管理

为了方便管理学生，教师可以利用即时通信软件的用户管理功能，把所有学生的即时通信软件号码添加到“好友”里，还可以把好友按不同关系分成多个分组，如图 5-2-2 所示。例如，教师可以将不同班级的学生放置在不同的组中，便于管理。

教师还可以在即时通信软件里申请群组，把相同学习目标的学生加到群组中，这样就组成了一个网上虚拟教室，学习者可以进入这个虚拟教室进行交流，在这里不会受到其他用户的干扰，其他用户也看不到群组内的情况，只有群组内用户才能互相进行信息交流。

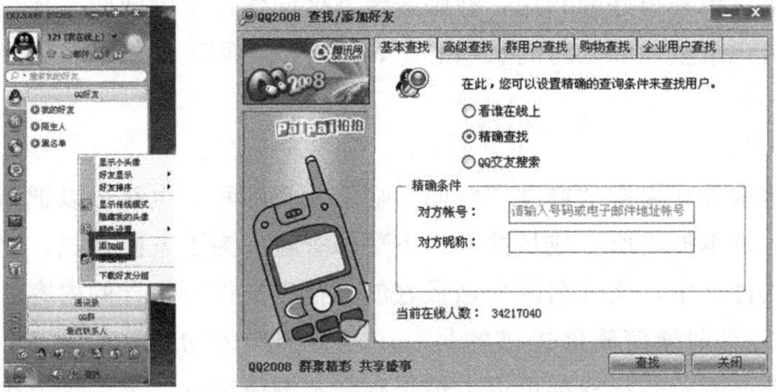

图 5-2-2　用户管理功能

2）在线教学和答疑

在教学过程中，学生如果对学习内容有疑问，可以立即向教师或其他同学发送文字信息进行咨询，也可以利用群功能发送群消息给全体在线的教师和其他同学进行广播咨询。对于提出的问题，教师和其他同学可以使用同样的方法进行回复，实现一对一或一对多的交互（图 5-2-3）。

即时通信软件中的“即时通信”是一种一对一的交互，这种交互只有用户一个人能看到，所以带有很强的隐蔽性，比较适用于教师针对某一学生的特殊问题的解答、师生之间的情感交流及一些非公开性问题的探讨等；而“群消息”是一种一对多的交互，只要属于本群组的用户都能看到，对一些普遍性问题进行集体解答或需要发布一些集体讨论的问题时可以采用这种方法。另外还可以通过即时通信软件的“远程协助”功能实现对学生的个别辅导。

图 5-2-3　讨论组功能

有些即时通信软件还提供很完善的视频聊天室的功能，教师也可以充分利用这一网络资源，免费申请个人视频聊天室，把聊天室建成一个学习交流的虚拟教室。这种方式特别适合一些需要实践演示的课程，例如 Photoshop、Flash、计算机编程语言、英语口语等。在这个视频聊天室里，教师可以利用虚拟视频软件演示操作或者语音示范，学生也可以把自己的作品展示给聊天室里所有的同学和老师观看，或者演示自己的疑问，观看的教师和学生可以对演示的作品提出自己的看法和对疑问的解决办法。另外，教师还可以通过给聊天室加密码控制进入本聊天室学习的人员。

图 5-2-4　群共享功能

3）资料保存

各款即时通信软件都可以把聊天记录完整保存，包括文字、图片，可以通过树状的消息管理器把聊天记录导入、导出以及备份，可以对聊天记录进行复制、删除，还能设定范围对聊天内容进行查询，如图 5-2-4 所示。这些功能在辅助教学过程中都可以得到很好的利用，教师或者其他同学讨论的问题、提供的解决问题的方法都会保存在聊天记录里，如果时间长遗忘了，就可以在聊天记录里找到，这样便于资料的整理与传播。

4）学习资源共享

很多即时通信软件还提供“群共享空间”功能，教师和学生都可以把自己的学习资源上传到共享空间里，供本群内所有成员共享、下载和查看。为了方便查找，建议共享资源最好分类放在不同的文件夹中，文件名的命名最好能概括该文件所包含的内容。

“网络硬盘”是即时通信软件提供的另一个非常实用的功能，如图 5-2-5 所示。学生暂时完成不了的作业或者各种资料都可以上传保存在“网络硬盘”里，等下次学习的时候只要打开“网络硬盘”下载下来即可。

图 5-2-5　网络硬盘功能

5）资料分发和作业提交

即时通信软件能点对点地传输文件，如图 5-2-6 所示，资料、软件、音乐、电影、图片都可以非常快捷地在多个在线用户间传输。文件传输功能还支持断点续传，不必担心文件传输过程中出现突然中断的情况。这些功能在进行辅助教学时都可以充分利用，例如教师可以用文件传输的功能给学生分发资料，而学生可以利用此项功能进行作业的提交。

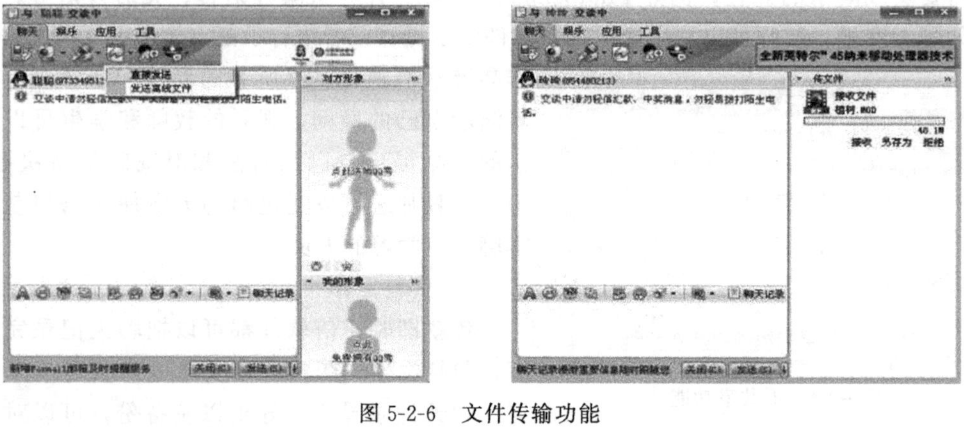

图 5-2-6　文件传输功能

6）师生互动、情感交流

在网络上交流不用面对面，不会受心理等因素的影响，交流者敢于发表自己真实的观点，相互之间的对话自然在真诚、友好、平等中进行，这种情况下教师就真正成了学生的指导者、帮助者，不再是高高在上的知识权威。所以，即时通信软件也充当了师生之间情感交流的一种很好的媒介。

目前流行的各种即时通信软件都是针对互联网开发的，带有很强的娱乐性，如果直接在课堂上使用，教师很难监管学生的行为，很可能成为网络交友和游戏的平台。教师如果直接使用现有的网络聊天工具，必须做好充分的课前准备；教师利用聊天工具进行网络答疑时，往往由于学习和工作等原因不能长时间监视电脑，因此不能对学生的疑难进行及时解答；同时，学生提出的问题通常具有一定的共性，如果教师对同样的问题进行多次答疑，会大大增加教师的工作量。使用即时通信软件进行辅助教学的同时，也可以使用更为多种多样的新媒体技术，例如BBS、博客，发挥各自的特点，互相取长补短，使辅助教学手段更加完善和多样化。

5.2.2　BBS 在教育教学中的应用

BBS（Bulletin Board System），中文名为电子公告牌系统，通称论坛、留言簿、布告板，是 Internet 常用的网络服务功能之一，是一种在网络上进行信息讨论的方式。当访问者进入讨论区后，可以浏览该区其他访问者留下的文章、问题和建议，也可以发表文章或回复他人，这种行为被称为“发帖子”。换句话说，它允许参加这种讨论的用户在网络上公开发表自己的观点和看法，对预先设置的讨论话题进行讨论，如通常情况下大家开会讨论一样。

1. BBS 电子公告牌

第一，BBS 是一种信息资源。BBS 最大的特点就是开辟了一块“公共”空间供用户读取其中的信息。这些信息所涉及的领域几乎无所不包，无论你的兴趣是政治、经济、军事还是文化，都有特定的 BBS 系统为你服务。你可以检索关于一个话题的所有信息，或只是最近的信息，或一个人的所有信息，或与某一信息相关的其他信息，这些信息资源几乎都可以免费获取。第二，BBS 是一种通信方式。电子公告牌给人们提供发布和阅读的地方，通常还提供多人实时交谈、游戏等服务，许多使用 BBS 的人可以和朋友、同事甚至陌生人交流信息。各个 BBS 用户可以通过站内的文章和信件、上线交谈等方式，迅速快捷地传递信息，参与讨论，发表意见，征询建议，结交朋友。第三，BBS 是一个网上社会，它有自己特有的一种文化氛围。当你连上 BBS 时，在每条线路的背后都有很多和你一样的热情的用户，你所看到的每条信息或文章背后都有专门对其负责的人。在 BBS 上，每个 BBS 用户都可以发表意见、文章，上载文件，也可以分享别人提供的信息。作为 BBS 用户，大家都遵循一种“人人为我，我为人人”的网络公德。BBS 用户可以得到许多有用的帮助，完成个人不能完成的事情，像现实的社会一样。

BBS 站点具有以下特点：①匿名性，登录 BBS 站的用户可以隐匿自己的社会真实身份；②平等性，登录 BBS 站的用户在言论、权限上是平等的，参与者可以看到别人的所有讨论，也可以自己参与所有的讨论；③平民性，BBS 站往往是由一些有志于此道的爱好者建立的，对所有人免费开放；④广泛性，BBS 上的内容很广泛，由于参与的人很多，科研机构、商业机构、环境组织、宗教组织、高等院校等都加入了这一活动，因此各方面的话题都不乏热心者，可以说任何用户在 BBS 上都可以找到感兴趣的话题；⑤传播的迅速性。

根据网站的性质及服务对象的不同，BBS 可以分为以下几种。

（1）校园 BBS。许多院校都有自己的 BBS。学校师生可以对时事、学校管理、人生及生活中许多日常琐事发表观点和看法，校园 BBS 成为校园内相互沟通和交流的常用工具，成为大家解决问题的一个重要的途径。例如清华大学的“水木清华 BBS”（bbs. tsinghua. edu. cn）、北京邮电大学的“北邮人论坛 BBS”（bbs. byr. edu. cn）、南京大学的“南大小百合 BBS”（bbs. nju. edu. cn）、复旦大学的“日月光华 BBS”（bbs. fudan. edu. cn）等，如图 5-2-7 所示。

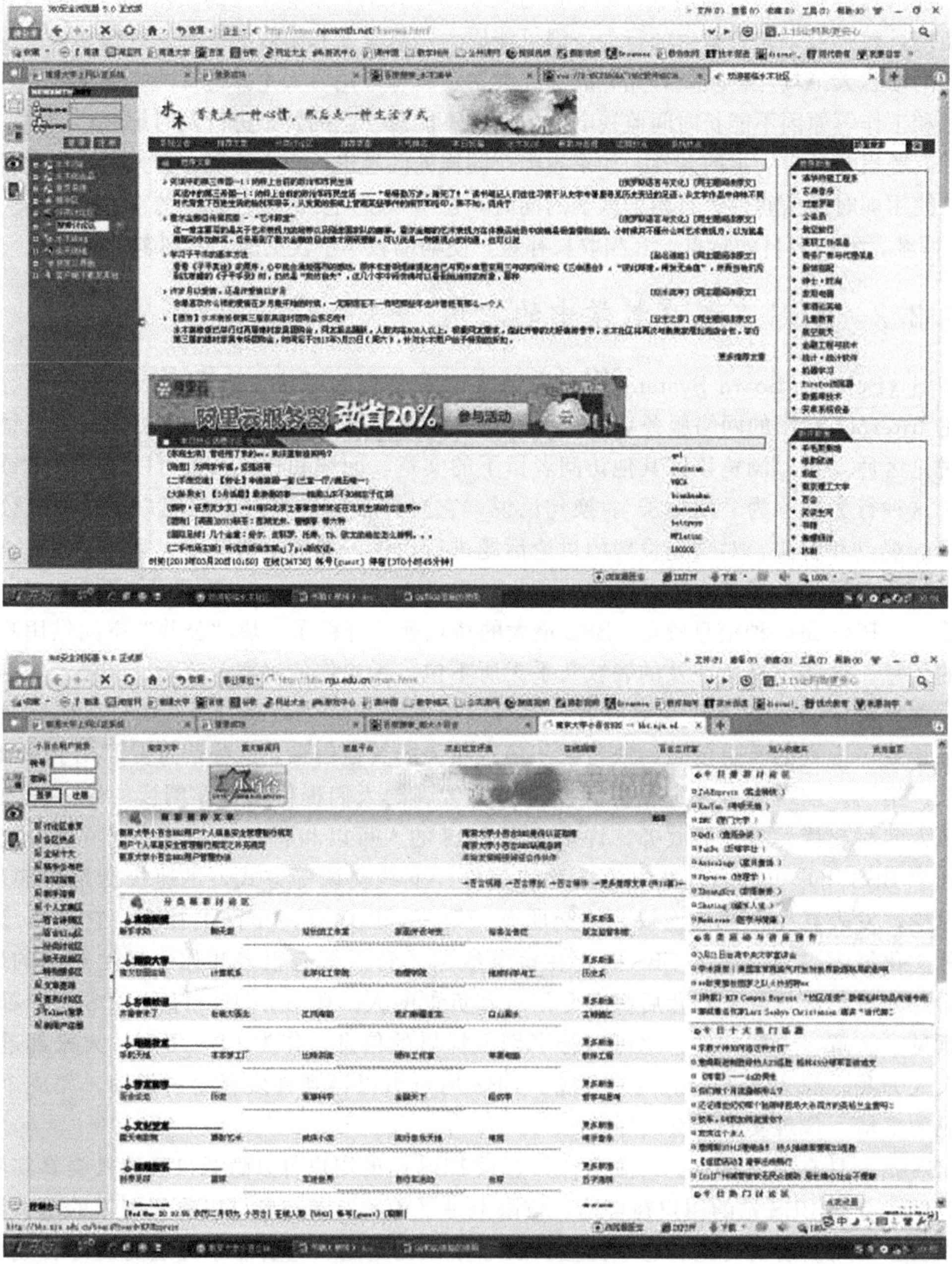

图 5-2-7 校园 BBS 站点

（2）新闻媒体 BBS。它是由新闻媒体网站设立的，为广大网民提供对新闻信息进行评论、发表意见和观点的场所。其中人民网的“强国论坛”（bbs. people. com. cn），在全球中文论坛排行榜上上贴量和访问量都名列第一，被称为“最著名的官方论坛”、“中华第一坛”，如图 5-2-8 所示。

图 5-2-8　强国论坛

（3）商业 BBS。它是由 ISP（网络服务商）建立的 BBS 站点，主要进行有关商业的产品推荐等，目前手机的商业站、电脑的商业站、房地产的商业站比比皆是。

（4）专业 BBS。专业 BBS 站点多由大公司建立，其目的一般是提供技术咨询或公布产品升级等情况，人们可以在此讨论和解决一些自己在商品使用中出现的问题。如中文之星生产商新天地公司、联邦软件公司、金山公司设立的 BBS 站点，成为他们对用户进行售后服务的工具。

（5）业余 BBS。一般是由 BBS 爱好者个人利用一些免费空间建立，强调站点与参与者的个性，突出个性文化。如教育技术论坛（218. 22. 0. 27/luntanx/index. asp）、教育技术思考（bbs. etthink. cn），如图 5-2-9 所示。

图 5-2-9　教育技术论坛

2. BBS 站点的功能

发表和阅读文章是 BBS 最基本的功能。使用这一功能可以表达自己的观点和意见，同样也可以了解他人的观点和看法。这与一般的街头公告性质相同，就像是一块公共的“电子公告牌”，人们可以在上面提出观点、发布信息和提出看法，只不过是通过电脑和网络手段传播和获取信息。

通信是 BBS 的第二个基本功能。通信的功能是指一个 BBS 用户可以与使用 BBS 的其他任何用户进行直接沟通交流，甚至可以在线聊天。

设置个人信息是 BBS 的第三个基本功能。BBS 可以让用户设定自己喜爱的可吸引人的昵称，可以设置优美的界面，可以编辑自己的档案供大家参考。这一功能为用户在 BBS 上创建一个具有个性化特点的角色提供了条件。

实时交流是 BBS 一个很有竞争力的功能。BBS 的一个非常重要的特点就是实时交流，即聊天功能。由于 BBS 数据传输量小，容纳的人数多，在其上可以和任何一个 BBS 用户聊天沟通，而这些交流与沟通活动进而形成了独具特色的 BBS 文化。

“银河穿梭”是一些 BBS 站点提供的特殊功能之一。所谓“银河穿梭”，就是用户的主机先登陆到一个 BBS 站点，然后再通过该站点链接到其他站点，但只有正式注册的用户才拥有这种权利。一些 BBS 站点由于某些原因对一些 IP 地址不开放，这时就可以借此功能从其他站点转到该受限地点。另外，当用户直接访问其主机所在网络以外的其他网络的 BBS 时，有时会出现速度过慢甚至断线的情况，这时也可以用“银河穿梭”功能迅速地访问。

游戏是 BBS 很受欢迎的一个特殊功能。用户要想在上网之余有一点儿调味品，BBS 的游戏功能可提供一个平台。如中科院曙光站提供的数字游戏让有兴趣的用户进行猜数游戏：腾讯 BBS 的小游戏。此外还有网上非常流行的网络泥巴游戏、让用户可以进行麻将大战的网络麻将游戏等。

留言板是另一个特殊的功能。用户从 BBS 站退出时，如果按系统正常要求退出，一般会有几个选项，其中包括是否想留言、给站长发送信件等。留言板上的内容主要是打招呼等，用户进站时可以看到其他离站网友的留言。这样朋友的留言进入网站后就可以看到。

3. BBS 系统的教学优势

BBS 系统具有用户管理、讨论管理、文章讨论、实时讨论、用户留言、电子信件等功能，因而很容易实现讨论学习模式。这种模式一般是由专职教师监控，即由各个领域的专家或专业教师在站点上建立相应的学科主题讨论组，学生可以在自己学习的特定主题区内发言，并能针对别人的意见进行评论，每个人的发言或评论都即时被所有参与讨论的学习者看到。整个学习的过程需由教师组织引导。

网络教育系统中的 BBS 是教师与学生、学生与学生之间交流问题的场所。BBS 也可以作为答疑系统，教师根据学生提交的问题，进一步了解学生的学习情况并进行答疑。

（1）时空的开放性。由于网上讨论的信息可以存储、查询和重复利用，因此 BBS 教学可以随时随地进行，灵活机动；讨论不必拘泥于特定的时间，参与者有充分的时间斟酌和回复，较之传统课堂更有利于讨论的深入和延续。另一方面，网上讨论能有效避免特殊情况下人群不宜聚集或难以聚集的弊端，突破传统课堂讨论分班的局限性，实现跨地域的交流。

（2）参与的广泛性。BBS 教学打破了时空的局限性，使成千上万的人有机会参加讨论小组，全世界各个角落的师生都可以通过 BBS 在线对某一学科的某一问题进行有效的交流。另一方面，由于网上讨论不是人与人直接面对，所以在一定程度上能帮助相对内向和缺乏自信的学生克服课堂讨论中的怯场心理，增加个体的发言机会。

(3) 交互性。在 BBS 教学过程中，每一个参加网络讨论的人既是信息的发布者又是信息的接受者、传播者与受传者，四种角色融为一体，体现了充分的交互性。

(4) 时效性。BBS 的用户群处于流动过程中，讨论的主题也随着课程的需要处于快速的变化之中，因此许多人参加 BBS 教学活动，是为了某一即时主题的对话与交流。

(5) 民主性。在 BBS 教学过程中，参与主体身份的符号化，使得传统课堂教学中师生之间的对立局面被彻底消解，教师与学生一样，成为网络中平等的一员而不再凸显任何特殊性，双方在平等、民主的氛围中共同探讨问题。

(6) 自主能动性。BBS 教学不仅要求学习者知道做什么，还要求学习者具有独立学习的意识和信心，能够针对问题进行深层次的认知加工。这也要求他们自己能独立地提出解决问题的方案，并灵活地进行知识迁移，利用所获得的方法和技能解决实际生活中的问题。

(7) 知识建构性。在 BBS 教学过程中，知识不是由外界输入的，而是由学习者利用网络信息技术工具与外界环境的交互建构而成的，学习的过程是一个发现知识、重新提炼知识或重新建构知识的过程，是面向自我、利用已有的知识不断建构新知识的过程。

(8) 社会性。BBS 是具有真实和虚拟双重性质的网络社会，它营造了自己特有的文化气氛。在 BBS 教学过程中，鼓励学习者利用 BBS 在线讨论的功能，与其他学习者或教师进行交流与协作，通过社会性合作活动促使学习者从不同的角度思考问题，对开拓学习者的思路、进行多元认知思考具有积极的作用。

(9) 灵活性。教学的重点在于培养学生的思维技巧而不仅局限于得出解决问题的正确答案，使学生独立确定问题的范围，探索问题解决的方法，形成问题解决的策略。利用网络给学生提供自主探索研究空间，促进学生元认知技能的发展，提高学生探索研究的灵活性。

4. BBS 系统的教育教学应用

(1) 构建教学资源库。从技术角度看，BBS 软件就是一个巨大的数据库，可以用来构建丰富的教学资源。甚至能在不使用其他软件的情况下，实现视频点播功能。

(2) 构建交互环境。实时交流是 BBS 的传统功能。在 BBS 初期只有基于“文本”的实时交流，现在发展为基于“语音”的实时交流和基于“音视频”的实时交流。BBS 的这种功能为网上课堂提供了可能。BBS 的讨论区可以发表和阅读文章，针对某一主题陈述自己的观点。这种功能为课堂教学以外的教学活动提供了可能，例如安排预习、课后讨论、网上答疑、网上写作课程、学生之间的合作、自主探究等。

(3) 构建作业提交系统和网上题库。利用 BBS 中的邮件/短信服务可以方便地构建一套完整的作业提交系统。学生只要知道教师的邮箱就可以提交作业。当然，也有很多教师和学生愿意直接将作业提交到 BBS 的讨论区，让更多人参与作业和作业的评价过程。

(4) 投票功能。师生在教学过程中，经常会就某一问题发起投票，通过这一形式对全体学员进行民意调查，由此引起学习者的追贴讨论，使之表明各自的观点，同时也为教师如何采取下一步的教学行为指明方向。

(5) 教学管理。这种管理功能在实际教学中很重要，例如维护学籍和密码、增减版面、管理成绩、管理奖惩、发布教学信息等。

另外，在利用 BBS 进行教育教学可应该注意考虑以下问题。

(1) 教学内容的安排。BBS 的教学模式一般适用于文科类、管理类的一些文字案例教学和计算机语言类的程序分析教学，而内容涉及较多图片、动画和现实环境的不太适合 BBS

教学。实施这种教学模式一般采取问题驱动式专题教学。

(2) 教学对象的选择。BBS主要通过网络进行文字交互，其中，非实时方式比较适合参加成人业余学习的学生，他们学习的主动性较强，具有自主建构知识的能力，能主动与同伴沟通，主动融入到探究和讨论活动中；而实时方式比较适合脱产学习的学生，集中网络实验室进行，便于教学构成的管理。

(3) 教师的角色。BBS教学中教师是整个教学活动的调控者。由于网络资源纷繁多样，学生容易分散注意力，因此，教师适时的控制和引导是极其重要的。BBS教学实施前，教师必须有充分的准备，对整个活动精心设计；在实施过程中，教师要注意从“知识的提供者”转变为“学习的引航者”，避免学生的知识内容游离。在交流时，适当运用幽默的、更为人性化的网络语言激活学生的思想，激发学生积极思考，启发学生对问题的探究，帮助学生形成自己的判断和观点。

(4) 学生的定位。学生是整个教学活动的核心，需要主动积极地投入，每个人要积极思考，在阐明自己的见解的同时，也要学会接受他人的思想，充分利用网络资源的优势不断丰富和扩充自己的知识，在相互分享想法、相互解疑争辩、相互合作探究中解决问题，吸取知识，提高自己。

5.2.3 博客在教育教学中的应用

1. 什么是博客

博客(Blog)，是Weblog的简称，是在网络上的一种流水记录形式，所以也称为“网络日志”。博客基于Web，采用类似个人网站的表现形态，通过简单的张贴(Post)将极富个性的知识、思想以及见闻以“帖子”形式在互联网上发布(Publish)共享。博客的简单易用、即时发布的特点使得网络的应用更加人性化和大众化。博客清晰的定义包括：①网页主体内容由不断更新的、个人化的众多帖子组成；②按时间顺序排列，且以倒序的方式排列，最新的放在前面，最旧的放在后面；③内容可以是多种主题、多种外观布局和各种写作风格，但文章必须以超链接作为主要的表达方式。

从内容出发，博客可以大致分为三类：第一类是以时效性的内容为主的博客，比如过滤各类新闻的博客；第二类是以专业性的知识为主的博客，专注于某一特定领域，进行知识过滤和知识积累；第三类是以个性的交流为主的博客，比如写真正记录个人生活的日记，或者有共同兴趣的人形成一个博客社区。当然，更多的博客包含三类的成分，只不过比例不同，而且可以互相演变。

从形式上，可以将博客分成：基本的博客——博客中最简单的形式，个人作者对特定的话题提供相关的资源，发表简短的评论；小组博客——基本博客的简单变形，一些小组成员共同完成博客日志，有时候作者不仅能编辑自己的内容，还能够编辑别人的条目，这种形式的博客能够使小组成员就一些共同的话题进行讨论，甚至可以共同协商完成同一个项目，亦称协作式博客；知识库博客(或者叫K－LOG)——最令人兴奋、最起作用的一种类型，这种博客基于知识管理，使企业可以有效地控制和管理那些原来只是由部分工作人员拥有的、保存在文件档案或者个人电脑中的信息资料，知识库博客给新闻机构、教育单位、商业企业和个人提供了一种重要的内部管理工具；其他博客——包括公共社区博客，亲属和朋友之间的博客，商业、企业、广告型博客等。博客因其张贴内容的差异、现实身份的不同又分为政治博客、新闻博客、教育博客等。

博客具有以下特点。

(1) 博客是一个私有性较强的平台，面向的是个人和较小的、具有共同目标的群组，是服务于个人和小团体的。

(2) 博客以日历、归档、按主题分类的方式组织文章的，并且博客的使用者可以自行对文章分类，或者将属于私人的信息隐藏起来不对外公布。

(3) 博客不用注册就可以回复，同时无论是在自己的博客写过的东西还是参与其他博客的讨论，通过一种叫 TrackBack 的技术可以把发言保留在自己的博客中，同时通过原始文章可以找到网络上所有关于该文章的讨论，这些发言用户可以方便地查找和任意地处置。

(4) 博客的内容是经过使用者的思考和精心筛选组织起来的，通过网志的互联，用户在别人精选的基础上对网络资源进行再次筛选，这就保证了资源的有效性与可靠性。

(5) 博客使用 RDF（资源描述框架）标准组织信息，可以同时在多个博客内检索信息。通过 RSS，博客可以向 NewzCrawler 这类新闻聚合工具提供“News Feeds”源，实现信息的共享。

(6) 博客通常是一个人的学习过程和思维经历按时间记录的工具。

2. 博客的教学应用形式

博客作为一种学习的工具，让一个普通人可以随意写下自己看到、听到或者想到的信息。而如果一个学习者看到很有价值的信息，也可以随手摘录到博客中，日后就可以更好地加以整理和利用。所以说博客就是一个写作和记录的过程，而在“写与录”的同时，人们会调动自己的判断能力和语言文字能力，按照自己的方式进行表达。这无形中又加深了对知识的理解，知识的含义在写作的过程中不知不觉地建构起来，形成自己稳定的认知能力。

博客在教学中的应用形式按应用对象可以分为教师专业发展交流、师生交流、学伴交流三种应用形式。

1) 教师专业发展交流

通过博客，教师可以记录每一天教学工作的心得、记录一天中使用的优秀教育教学资源、记录一些成功实施效果显著的教学设计过程、记录教学组织过程中运用恰当的教学方法和教学策略等，如图 5-2-10 所示。博客记录教师对实际工作的观察和思考以及汇集一些教学资源，通过与其他教师的分享，一方面使自己的劳动创造更大的社会价值，另一方面也使自己在分享交流中获得更快的提高。针对从教于不同领域的教师，还可以形成基于主题交流的博客，例如学前教育中游戏专题的博客、基础教育中学生心理专题的博客等。这种基于主题的博客通常需要多个教师共同组织、共同参与。基于主题的博客是教师自我培训、自我完善的一个快捷途径和方式。

2) 师生交流

博客也为教师和学生进行沟通交流提供了良好形式。无论是在以学校为组织的课堂教学还是以网络为纽带的虚拟学校、虚拟课堂，教师都可以将自己学生的进步情况、相关的教学资源的链接地址记录在博客上。学生也可以通过博客记录每一天学习的心得、收集一些有价值的学习资源。通过博客，大家彼此分享心得、分享知识、促进了解、增强理解。教师和学生的交流也可以以基于主题的博客形式展开。教师提出研究探讨的主题（学生提出也可以），然后教师充当引导、帮助者的角色，通过博客将学生对该主题的一些认识、查找的相关资料整合在一起，供所有人分享，并将对该主题的讨论引向深入。可以说博客为在互联网环境下展开研究性学习提供了良好的交流空间和交流形式。

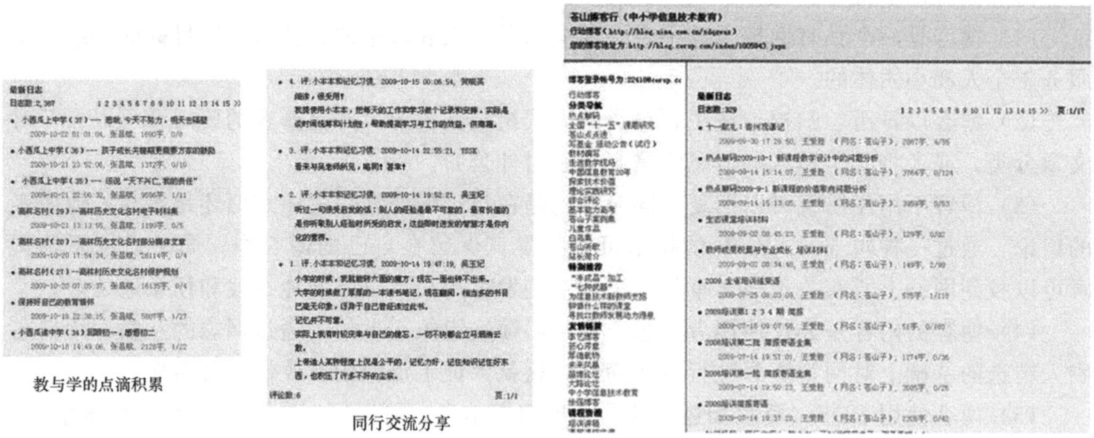

教与学的点滴积累

同行交流分享

图 5-2-10　利用博客进行教师专业交流

3）学伴交流

学生通过博客除了记录学习心得，还可以通过互联网上的各种资源，培养自己的学习兴趣、丰富自己的第二课堂生活。学生可以将自己的所思、所想、所见、所得都记录在博客上，让同学、老师、朋友、父母来分享交流。博客为网络环境下素质教育、创新教育的展开提供了可能，博客同时也是网络环境下展开素质教育、创新教育的良好组织形式和重要的工具手段。

在教学的应用中，我们还可以依据学校班级制的组织形态，将博客分为个人博客、班级博客和学校博客三种形式。通过班级博客可以关联该班每个学生的博客，通过学校博客可以关联每个班级的博客。其中班级博客记录该班级每一学期、每一天发生的事情，记录班级成长历程，链接可供该班所有学生分享优秀资源。学校博客是整个学校师生交流共享的园地。博客在互联网上为我们构建了极富个性和主体性的交流空间、知识共享空间。

3. 博客的教育教学应用

将博客应用于教学，可以改变教学观念。首先，博客应用于教学，有利于转变课堂教学策略，在传统的课堂教学中，教师是讲授者，是课堂教学的主体，而学生是知识的接受者，是教学的客体，教学策略主要围绕如何教而定，学生的主体地位得不到体现，利用博客，师生关系将发生转变，学生自己上网搜索知识，是学习的主体；其次，博客应用于教学，有利于转变教学过程，博客信息丰富，学生自己能够获取知识，教学活动就从教师的讲授活动转变为人机互动、生生互动，使学生有了表现自我的时间与空间，激发了学生学习的兴趣与欲望，使学生积极投入到知识求解和问题探究中，多种不同观点的碰撞与交流，将迸发出学生思维中崭新的思想火花，教师的主要任务是设计教学程序，选择教学资源，指导学生在情景中发现问题，收集信息分析问题，寻找线索解决问题；再次，博客应用于教学，有利于改变教学组织形式，利用博客，学生的学习形式主要是个别学习、在线交流、小组讨论，教学活动的组织形式，由传统的课堂教学转变为面向解决问题的探究活动和面向知识运用的实践活动，适应新课程改革的需求。

将博客应用于教学，利用博客可以过滤信息，使师生在共同感兴趣的知识层面展开协作学习；博客学习资源不仅可提供参考资料的链接，而且可提供更多的背景资料、更多的学习者评价，增强了网络学习的互动性和协作性；学生利用博客资源的过程，不仅是在整理和构建自己的知识体系，而且也是在实现协作式的学习过程，通过博客，教师可以让更多的学生参与到群体学习的过程中，从而培养学生协作学习的能力；师生共建博客多以课程形式出现，教师提供教学计划、课程讲义、学习资源、习题和答案，而学生则在这里提出疑问、完成习题、提交作业，实现了作业提交与批改的无纸化，同时优秀的作业可以作为样板展示，使学生之间更多地互相借鉴与学习（图 5-2-11）。

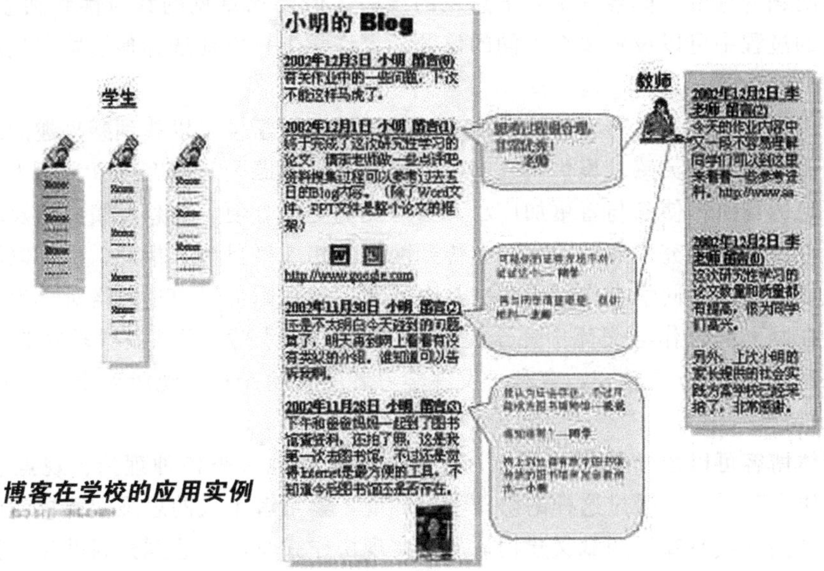

图 5-2-11 博客在学校的应用实例

1）个人知识管理工具

博客的特点使其能够成为一个理想的知识管理工具。第一，博客以时间为纵轴对知识进行纵向管理，以分类为横轴对知识进行横向管理。博客本身集成的搜索功能，非常适合学习者对日常积累的零散的显性知识加以分类并使之系统化，便于学习者对知识的管理、搜索和分享。第二，在博客上学习者很容易接触到有相同兴趣的网友和领域专家，通过阅读和评论他们的帖子，交流观点，分享他们的思想与体验，从而把他人的隐性知识转化为体现自己能力的隐性知识。第三，通过博客的即时书写，学习者可以记录下思维的火花，把自己日常生活中积累的隐性知识显性化，不断实现知识的转化和知识的创造，这一点对于培养创新型的人才非常重要。

2）构建数字化教学平台的工具

博客不但能发布文本信息，也可以显示图像、视频、音频和 Flash 动画等多媒体资料，还可以提供 PowerPoint 演示文档、Excel 电子表格等的链接下载。博客的这些特点，使得它可以用于构建零技术要求的数字化教学平台。学校可以通过建立基于博客的数字化教学平台，组织教学资源，建立学生的电子档案。教师可以利用这个平台发布自己的教学计划、电子教案、教学课件、作业布置等；教师之间也可以通过这个平台实现信息的分享与交流；博客还可以促进教研的开展，教师可以利用博客积累第一手的科研资料，教师之间的讨论、切磋将不再受到时空的限制。学生则可以利用这个平台进行自主学习、研究性学习和协作学习。

3）实施个别化教学

“培养学生创新精神和实践能力”是实现人的个性化的发展要求，也是素质教育的最终目标。培养学生的个性化必须给学生提供以下条件：自由的时间和宽松的环境；发现问题的机会和一定的信息源；一定的知识基础和研究方法。这一切恰好是博客可以提供的。由于学习者的学习风格不同，因此问题、实验和资料的呈现顺序要符合每个学习者的学习风格，而博客可以为每一个用户提供日志，这样才能使学生更有效地学习。博客的模式是平等的，它更看重参与的过程而不是结果。对于教师或书本上的观点，学生可以通过博客的方式发表他们对于这些问题的理解，博客并不要求意见的统一，但要求意见的针对性和独立性。另外，在课程设置的过程中可以设置多个不同的议题，允许学生自由地选择他们感兴趣的议题。

4）支持研究性学习

在博客中开展研究性学习具有先天优势。通过博客，学生可以找到感兴趣的站点，从别人的思考和研究中找到灵感，聚焦研究问题，确定自己的课题。博客可以为师生的交流讨论提供一个理想的场所，使参与者更加广泛，参与交流更加方便，信息反馈更加及时。使用博客，学生可以将自己研究中遇到的问题上传到网络的相应栏目请求帮助，也可以解答其他同学的问题，或者与其他同学合作共同解决某个问题；教师则可以通过网络对学生进行及时的指导。师生在网上的合作与交流中完全是平等的，这有利于实现从以“教师为中心”向以“学生为中心”的学习方式转变，有利于发挥学习者的主动性和主观能动性。

5）实现协作式学习

利用团体博客可以建立学习共同体，大家共同批判地考查各种理论、观点、信仰和假说，并进行协商和讨论。通过这样的协作学习环境，学习者个人的思维和智慧就可以为整个群体共享，共同完成对知识的意义建构，从而实现协作式学习，达到共同进步的目的，养成团结协作的团队精神。例如，建立班级虚拟学习社区，通过申请支持团体操作的博客，可以搭建班级网络虚拟社区。加入团体博客后，教师可以在自己的博客上向团体博客发布教学和指导信息，参与同学的讨论；学生也可利用自己的博客账号向团体博客发布有价值的信息或者与其他同学就感兴趣的话题进行讨论，实现群体协作学习。

6）终身学习工具

博客以时间为序，组织每天的内容，博客之间通过留言和评论的方式进行交流和分享。博客的特点使得它适合作为一种网络学习工具，构起以个体自主学习为中心的网络虚拟学习社群。博客为教师的终身学习搭建了一个广阔的平台和通道。信息技术的发展及教师专业化的发展对教师自身学习能力提出越来越高的要求，教师不但要不断更新专业知识，还要不断更新教学理念、教学方法，具备适应新需要的技能。这不但是技术的学习，而且是观念与方法的学习。所有这一切，都要求教师具有终身学习的能力。

7）学生学习情况的电子档案

这是目前博客在教育中应用最多的场合。这种博客常用于学生对教学的反馈、家长对学校教育的协作、学生的社会实践活动情况的汇报、研究性学习的学习资源收集整理、学生社团的兴趣爱好活动的合作空间。这种方式可以让教师和家长更容易了解和跟踪学生的进度。

8）构建德育平台

网络具有的特殊性，如网络博客正是一个适合创建数字化的、平等的德育教育平台的工具。可以利用博客的开放性、隐蔽性、无约束性和虚拟性，开展丰富多样的德育活动，充分发挥学生在德育活动中的主体作用。例如，鼓励学生用博客记录周记，学生可以用博客记录现实生活中不愿吐露的思想困惑和情感历程等。教师从学生的日志中可以及时捕捉学生的真实思想动态，进而加以正确引导。还可以利用博客普及网络道德知识，加强网络安全教育，培养学生良好的信息能力，使他们在虚拟的、复杂的网络世界里健康地遨游，不至于迷失方向。

9）博客支持多元化的评价形式

博客通过进行信息跟踪和多评价模式，能够为学习提供过程评价，这种评价接纳了一个新的开放评价模式，这正是博客的成功之处。另外，在博客中，教学评价体现出评价主体的多样性，包括教师、同学、家长及其他的访问者，展现出一个多角度的学习评价空间。评价主体是不同的人，代表着不同角色，评价的角度也会有所不同。同时，在每一角度的评价当中，信息的流动也是相互的，即双向的交互。这就构成了评价信息的多向交互立体空间，博客也便于老师对学生的管理、跟踪、监视和及时评价，从而有利于教师更好地扮演学生学习的促进者、组织者和指导者的角色。这种评价方式可以体现在学生的整个学习过程。另外，它也是教学反思工具，不管是教师还是学生，都应常常反思自己的行为，记录教育教学过程中和学习过程中的所得、所失、所感，不断创新，不断完善自己，只有不断地反思，才能真正地学习，真正地进步。

总之，博客应用于教学，对于教师而言，使用博客的过程主要是整理自己知识体系的过程，对于学习者来讲，使用博客的过程主要是学习者个人构建自己的知识体系的过程。当然，在使用博客的过程中，教师也在不断地重新构建自己的知识体系，而学生也在不断地整理自己获得的知识。博客可作为课堂教学的延伸和拓展，博客可作为师生、学生思想交流的平台，博客可促进研究型教师的成长和发展，博客在教学中的应用将会延伸到许多领域。

5.2.4 Wiki在教育教学中的应用

1. 什么是Wiki

Wiki一词来源于夏威夷语的“wee kee wee kee”，发音Wiki，原本是“快点快点”的意思，被译为“维基”或“维客”，是Web2.0时代出现的社会性应用软件之一，是一种超文本的“共笔”系统。具体来说，Wiki是一种支持面向社群的协作式写作的超文本系统，同时也包括一组支持这种群体写作的辅助工具。每个Wiki站点都允许多个人（甚至任何人）进行维护，每个人都可以在站点中畅所欲言，或者围绕一个主题展开讨论，对其进行扩展、补充或完善。与其他超文本系统相比，Wiki使用简便且开放的优点使我们可以在一个社群内共享某个领域的知识。

1995年，计算机程序员沃德·坎宁安为了方便社群的交流与沟通，建立了一个名为波特兰模式知识库（Portland Pattern Regositvry，PPR）的工具。也正是在建立这个系统的过程中，沃德·坎宁安创造了Wiki的名称和概念，并且最终实现了支持这个概念的服务系统，这个系统便成为最早的Wiki系统。从1996年开始，PPR一直以面向社会群体的协同创作为中心，如今，已经发展出许多支持Wiki写作的辅助型工具，Wiki的概念也因此得到丰富和传播。2003年8月，国内第一个自主创办的中文维基网站“网络天书”开始运行，创始人叶群峰也因此被誉为国内维基先锋。Wiki技术发展至今，网络上已经出现多个类似的网站和软件系统，其中最有名的就是维基百科，最成功的两大网站就是互动百科和百度百科。2005年，潘海东博士创建了商业中文百科网站——互动百科，它以建设全球最好、最全的全人工中文百科、打造最中立的知识载体为最终目标。百度百科是百度公司推出的一部内容开放、自由的网络百科全书，其测试版于2006年4月20日上线，正式版于2008年4月21日发布。百度百科旨在创造一个涵盖各领域知识的中文信息收集平台。百度百科强调用户的参与和奉献精神，充分调动互联网用户的力量，汇聚上亿用户的头脑智慧，积极进行交流和分享。

开放、协作、平等、共创、共享是 Wiki 的精髓。协作——Wiki 是一个协作共创系统，要求社群的成员具有合作精神；平等——社群中的成员都是平等的，每一个成员都有相同的责任和权利；共创——Wiki 系统要求社群的成员积极参与，共同创作，分工合作完成某项任务；共享——系统内页面的变动都可以被访问者以及社群的每一个成员共享。

2. Wiki 与 BBS、博客的关系

Wiki 与 BBS、博客之间的关系如表 5-2-1 所示。

表 5-2-1 Wiki 与 BBS、博客的关系

	组织版面	变现形式	强调内容	交互方式	支持学习的方式
BBS	以话题为主线	用户在相应的版中发帖、更帖	强调互动	多对多	交流、讨论、指导与建议、汇报
博客	以个人为主线	个人主页	强调个性	一对多	个人心得、研究过程的记录和发布、反思、反馈与评价
Wiki	以知识为主线	成千上万个志愿者修改成千上万个文档	强调共同创作	多对多	讨论、合作撰写、小组评价

BBS 与 Wiki 的相同之处在于其开放性和自由性，二者都是社会性软件系统，且都服务于一个较松散的公众群体。不同之处在于：

(1) BBS 以话题为主线进行版面的组织，以注册用户在相应的版面发帖、跟帖为表现形式，强调互动性、言论的自由性和随意性，吸引人们参与其中，使得 BBS 更像是一个大众的集会；Wiki 组织版面的主线是围绕知识点展开的，成千上万个用户参与成千上万个文档的修改是 Wiki 的主要表现方式。

(2) BBS 中每个话题的内容相对较随意，且相互之间没有直接的关联，很多时候非实时沟通的论坛却变成了即时聊天的工具，冗余信息较多，且存在大量无用信息；Wiki 强调的是协同共创，所有用户都可以参与维护和完善一个词条，每个词条的内容都是通过参与者的认真思考和精心筛选而组织起来的。

(3) BBS 的文章采用帖子置顶、并根据发帖的时间顺序排列帖子的组织形式；Wiki 组织文章条目的方式是按照主题分类进行的。

(4) BBS 缺乏联动机制，对 BBS 的检索只能在同一个 BBS 内，无法实现跨 BBS 的检索而通过数据库联合等方式；人们可以同时在多个 Wiki 内检索信息。

博客和 Wiki 一样，都是 Web2.0 的典型代表，同样属于社会性软件的一种，二者都在一定程度上简化了信息发布的复杂程度，改变了旧的要求专业操作的传播模式，更容易被广大“专业”和“非专业”的网民利用，都能够直接反映出写作者之间的社会网络关系。二者的不同之处在于：

(1) 博客体现的是“个性”，是一个简单快捷的发表自己对某个问题的心得体会、关注个性问题的展示与交流的综合性平台；而 Wiki 体现的是“协作”，是对同一主题的内涵和外延进行递增式的扩展，对相同问题做详细、充分、深入的探讨。

(2) 博客的知识管理较松散，通常是以时间为主要依据；而 Wiki 是以内容、知识为中心的内容管理系统，内容分类更加清晰，对项目式工作更有优势。

(3) 博客是一个人或少数人写、多数人看，阅读者只能被动地浏览作者呈现的内容，互动的方式只能是在文章后留言；Wiki 是多数人写、多数人看，参与者不但扮演阅读者的角色，而且扮演创作者的角色。

(4) Wiki 与博客虽然都是多人维护，但是维护的内容和对象却不尽相同。Wiki 的维护者通常是对共同进行写作的文档或文章进行多人维护，而博客的维护者之间可能着力于不同的内容，协作的内容是比较松散的。

3. Wiki 的教学优势

1) 操作简单——提供良好的资源共享平台

Wiki 用户直接通过浏览器，用简单的超文本格式标记，就可以对页面的内容进行编辑、修改，比如在中文维基百科（Wikipedia）的站点上，只需要用“==标题==”就可以表示章节的一级标题；用“［http://www.nju.edu.cn 南京大学］”就可以建立外部的超链接。任何人都可以就自己感兴趣的话题和内容发表观点和参与讨论。Wiki 平台还为初次参与的人提供“沙箱测试”，沙箱页面与普通页面是一样的，只不过用户可以在里面任意涂鸦和随意测试。基于以上优点，学习者可以快速地掌握 Wiki 系统的使用方法，共享 Wiki 平台提供的学习资源。

2) 开放安全——最大程度降低网络风险

Wiki 系统中，“页面锁定”使只有有权限的人才可以编辑某些重要的内容；“版本对比”可以保留每一次更改的版本，即使参与者不小心将整个页面误删，管理者也可以很方便地从记录中恢复正确的页面版本；“IP 禁用”使管理员能够对可疑的 IP 地址设置访问权限。以上这些功能，可以最大程度降低网络风险，保证 Wiki 页面的安全。

3) 自组织、可汇聚——形成结构性系统化的学习资源

Wiki 系统能够把学习者就同一个主题展开的讨论、编辑的内容通过相同的词条汇聚在一起，以超链接的形式一环一环地表达出来。其他学习者如果对此内容有异议，点击相应超链接就可以直接编辑。这样，学习者要掌握的知识是结构性、系统化的，而不是松散的。

4) 平等、协作——营造良好的学习氛围，提高学习者的责任感和凝聚力

Wiki 系统的开放性提高了用户的参与度，协作性增强了群体的聚合力，成员之间强调协作，这样就能针对某一个主题进行扩展和共创。因此 Wiki 的知识是社群集体劳动的成果，成员们在浏览、完善页面的同时实现知识的增长和共享。比如在编辑权限方面，它不是权限专制，而是下放，即把修改、维护 Wiki 系统的权力下放给每个学习者。可想而知，权力萌生责任。学习者在获得权限的同时会自觉肩负应承担的责任，以更加积极的态度和良好的道德修养自觉地维护站点，使整个 Wiki 系统更加井然有序地向前发展。

5) 多种媒体、交互工具——促进隐性知识的显性化

Wiki 系统支持多种格式的文件，如图像、音频、视频等，帮助学习者把隐性的知识显性化。学习者使用多种交互工具在交流中激发灵感，促进知识的客观化和形式化表达；利用个人 Wiki 空间记录学习过程和瞬间，并随着知识的积累和思维的不断深入而逐渐升华。

4. Wiki 的教育教学应用

Wiki 是一种简单实用的建站工具，资讯与知识不再是单向地由权威（中心）向接受者（周边）自上而下发放，而是完全多向交流，中心与周边的角色随时逆转，知识是互动、协商、众声喧哗的结果。因其开放性、协作性、简易性的特点，它在教育教学中有着广泛的应用。2003 年 8 月，中国首个以 Wiki 技术开发的网站“网络天书”开启了国内 Wiki 的先河。

自此以后，Wiki 技术得到了广泛的关注，各种 Wiki 网站纷纷出现。几个有代表性的 Wiki 网站包括“维库”、“天下维客”、“互动维客”等。而 Wiki 技术在教育领域的探索也稳步前进，出现了一些成功的案例。

由北京师范大学搭建的教育技术学科的平台“教育技术通讯”（http：//www. etc. edu. cn），如图 5-2-12 所示，主要对象是中小学以及大中专院校的教育工作者，主要展示介绍教育技术领域发展的最新动向、先进的教育产品以及具有影响力的事件等。教育工作者可以在这里交流教学经验、交换思想、展示工作成果等。任何教育技术领域的专家学者，或者任何对教育技术感兴趣的人都可以参与其中，随时添加有关教育技术的学术词条。任何其他人如果觉得词条的严谨度或精确度不够，便可以对其进行修改完善。以这样的方式积累众人的智慧，逐渐形成一个完整、精确、严谨和权威的专业资源库。

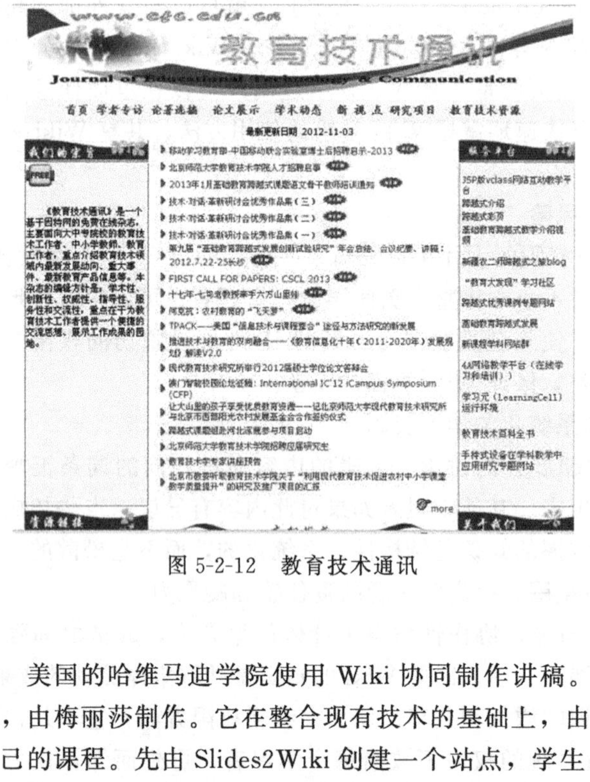

图 5-2-12　教育技术通讯

辅助传统学术会议，进行内容拓展。中国科学院文献情报中心 2003 年 11 月举行的学术研讨会，采用 Wiki 进行会议内容的共享和主题的拓展，大大提升了传统会议的效果和价值。

Wikiville（http：//www. Wikiville. org. uk）项目是国外 Wiki 技术在教育教学上应用的典型案例，是由英国的 John Bidder 建立的，目的是让孩子们从自己的角度和用自己的语言描述自己的家乡。Wikiville 项目是一个非常杰出的案例，它鼓励世界各地的师生都参与其中，中国大陆以及中国香港、中国台湾的学生也参与了这个计划。

美国的哈维马迪学院使用 Wiki 协同制作讲稿。Slides2Wiki 是一个提供协同创作的工具，由梅丽莎制作。它在整合现有技术的基础上，由哈维马迪学院计算机系的教师用其制作自己的课程。先由 Slides2Wiki 创建一个站点，学生以这个站点提供的知识框架作为开始，协同创造自己的笔记。由于这个工具的易操作性，人们可以熟练操作和掌握，同时它弥补了网络课程的诸多不足。

1）作为教学信息源，发布教学信息和资源

通过将教学内容信息发布在 Wiki 站点上，可以让学习者在课堂之外继续得到教师的指导和帮助，继续咀嚼和巩固课堂上所学知识。由于现今的多媒体课堂相对于传统的“黑板＋粉笔”课堂有信息量丰富、容量大等特点，这就导致了学生在听课和记笔记之间的矛盾，二者往往不可兼得。教师将讲稿或其他教学资源发布出来便可解决这一矛盾。

2）作为师生网上学习交流、协作共创和问题解决的环境，构建师生学习社区

由于教师知识范围的局限性，其所设计资源并不一定能满足学生的学习需要。Wiki 站点能轻易帮助我们解决这个问题。其开放性和协作性特点，给学习者参与进行资源的完善和共建提供了方便。这样可以充分发挥学生的能动性和创造性，让每个学生在学习的同时参与

到资源的建设中来。这样在教师的指导下建设起来的资源相对于原先单独由教师设计和创建的资源更具时效性和实用性。当然，学生在教师的指导下还可完成围绕某一主题的知识共建，发挥群体的优势，实现学习活动中问题的解决，并在问题解决的过程中学会协作，学会学习。利用Wiki给我们提供的环境，还可以搭建起网上沟通和交流的平台，在这个平台上完成信息的发布（如课程表、课程内容的公布）、相关活动的策划以及相关专业知识的积累等。

3）作为学科和课程建设的工具

学校推出的优质课程、精品课程或重点建设学科等都是学校的重要资源。对于资源而言，其应是动态的、开放式的，且具有灵活的重组能力，具有资源共建共享功能。在教育资源的实际运用中，动态地由教师和学生加入新的内容，通过师生的教案、课件和作品的不断积累，使资源能够不断得到充实、丰富和完善，让学校将最优秀的教育成果掌握在学校而不是教师个人手中，以满足教学活动的需要，使学校的资源实现资源的持续进化，最终形成学校自己的特色资源。显然，Wiki因其本身所具有的独特特点，在学科和课程的建设中有不可替代的优势和作用。在这方面的成功案例有教育技术百科。它是由北京师范大学搭建的建设教育技术学科的平台，内容涉及教育技术学科的各方面。当然它没有将学科放到特定的学校中，只是该学科知识的总览，如放到特定的学校中就可建成各具特色的资源。

另外，我们也可通过Wiki实现单门课程的建设，当前各学校都设置了一些公共必修课，特别是师范类院校的教育学、心理学和现代教育技术学等公共课程。由于这些基础性课程的授课面广、授课人员多，对于相同的教学大纲，不同的教师往往有不同的授课侧重。通过Wiki则可集聚各人之长，由众位教师共同完善课程内容和相关教学资源，让整个课程的资源更充实，内容更详尽。这对于教师的教和学生的学无疑是有益的。

4）用作教育教学改革实验

在Wiki提供的学习环境中可以让学习者实现作业提交，或直接让学习者在网上完成作业；组建学习兴趣小组；学会协作学习，同时培养学习者良好的网络道德行为规范；实现网上毕业论文的写作等。此方面的案例有东行记百科的以Wiki为论文协作平台的实验。该实验把本科生的毕业论文协作架构在Wiki平台上，充分发挥Wiki的容易修改和及时存储的优点以及平等、开放、共享的Wiki文化精髓，在一个新型的开放的环境中与全国各地的同学和教师共同讨论毕业论文，共享灵感和智慧，最后完成论文，开拓了开放性写论文的模式。可见基于Wiki实现一些教育教学改革实验或尝试不仅有利于教育教学改革，同时也拓展了Wiki的教育教学应用。

Wiki是一项新事物，其在教育教学中的很多应用还不够完善，甚至有些还处在尝试阶段，但其独特的优势和良好的发展前景是毋庸置疑的，相信Wiki在教育领域中的应用能够促进教育教学改革的发展，也有待于我们进一步完善、发现和探究。

5.2.5　SNS在教育教学中的应用

1. 什么是SNS

继博客、Wiki之后，以关系为纽带、以用户生产内容为核心、以扩展用户真实交际圈为特色的SNS成为了网络新宠。短短几年，SNS网站风靡全球，成为互联网上最热门的话题和网络应用的亮点之一。

SNS是Social Network Service（社交网络服务）的英文缩写，是基于美国心理学教授米尔格兰姆的六度分割理论创立的面向社会性网络的互联网服务。它将现实生活的社交圈子搬到互联网上，根据不同条件聚合人际关系，创建以真实性、私密性和应用性为特点的虚拟生活圈。圈子用户拥有属于自己的博客、Wiki 或 Podcast，可以分享资源、分享快乐，以及找到相互分享的朋友。SNS 强调人与人之间的关系的构建，其本质在于人的社会性，它允许人与人之间信息的双向传播，允许人与人之间以分享兴趣、活动、经验的形式形成互动。人们可以运用 SNS 的这种互动性达到广泛传播的效果。SNS 是基于 Web2.0 的理念提出的，充分强调“去中心化”而以个人为中心，它追求的是实现每个人的个人价值，鼓励用户积极主动地参与分享彼此的生活与学习。

SNS 是一种社会性网络服务，它不是一个应用产品，而是一个像 Windows 一样的技术平台，它可以在自身的平台上开发与很多应用产品开发商类似的产品，它可以给那些没有服务器资源，但有强大的信息创造能力，需要大量免费网络应用程序的个人以及其他单位提供新型的网络操作系统。拥有一台或者多台设备的个人或者企业，一旦安装了 SNS，就可以进入一个崭新的网络世界，在这里，没有服务器统治信息的概念。

中国的 SNS 发展很迅速，社交网络业务市场基本形成雏形，严格地说，中国的 SNS 主要是指 SNS 网站，根据 SNS 的功能和它面向对象的不同可以将 SNS 大致分为：校园 SNS 网站——主要面向校园学生，其代表有校内网、校友网、占座网等；娱乐型 SNS 网站——面向大众，有开心网、海内网等，这类网站提供各种趣味测试、星座占卜、娱乐八卦、游戏等娱乐功能，以娱乐为主；社交型 SNS——面向商务人士，如同事录、SG 等，此类网站对象定位明确，提供的服务具有一定的针对性；垂直型 SNS 网站——如风行 SNS 社区、普加邻居等，其中风行 SNS 社区是一个将 P2P 视频技术和 SNS 社区动态网站技术完美结合的网站，而普加邻居是一个侧重民生信息分享交流的 SNS 社交平台。

2. SNS 的功能及特点

SNS 作为 Web2.0 的代表，具有以下四个特点。

(1) 大众成为网站信息的创造者。在 SNS 环境下，用户可以作为组成人际网络的一个节点，随时记录自己的信息、想法、经验等，而且还可以及时在自己的人际圈内交流自己的信息，自己管理自己的信息，用户就是该节点的主人。

(2) 信息搜索实时性。Twitter 等 SNS 可收录大众的实时信息。Twitter 是一个以 140 个字符为上限的微博，在这种交流形式中，用户通过实时的信息发布描述自己当前的状态，因此形成了巨大的实时数据库。当你搜索时它会按时间序列将你的搜索结果显示出来。比如，当你在收音机里听到有人说看见某个地方出现 UFO 时，如果你仍然用 Google 进行搜索，不会找到任何信息，因为这时候它还未来得及收集。而如果登录 Twitter，很可能有目击者正在谈论此事，它也成了数人一起直播的现场。

(3) 依据个人偏好建立虚拟社区。在 SNS 环境下，具有共同兴趣的教学主体可以通过学习社区的形式，建立学习兴趣小组。这种人际圈不仅是依据亲人、朋友、同学关系建立，还会依据共同的爱好、话题，共同的体验建立起来。基于这样的数据库的支撑，通过对用户信息进行挖掘，使得获取用户的喜好、追踪用户的行为成为可能。

(4) 强大的互动功能。SNS 中的用户不仅接收信息，还创造和传播信息。这种互动性可以及时获得用户对其服务的反馈，搜集这些反馈信息，并对其进行挖掘，挖掘出用户的意见、需求和行为，然后根据反馈信息调整服务策略。当今社会是以人为本的社会，教学主体是核心，是教学活动的主要驱动力，教学主体的需求、教学行为、教学偏好、意见都是网络教学平台应该考虑的内容。

为了更好地挖掘SNS的功能，Alexander Richter、Michael Koch通过问卷调查的形式初步提出了SNS的六大基本功能：身份管理（Identity management）——人们主要通过构建个性化的个人电子档案管理自己的身份与个人信息，并且用户可以根据需要进行有限的访问权限设置，个人表现是每一个人的基本需要；寻找专家（Expert finding）——CSCW研究表明寻找专家可以更好地帮助个人外化隐性知识，因为在这种情景中，学习者必须辨别谁才是你所需的专家；情景感知（Context awareness）——情景感知是指人们与他人对同一情景的感知，这些感知也许是共同的联系人、兴趣，共同的大学或者共同的公司，这种感知可以增强人与人之间的信任，从而增强人与人之间的协作关系；联系管理（Contact management）——联系管理将联合所有能够帮助人们维持与建立人与人数字化人际网络的功能；网络意识（Network awareness）——SNS的功能支持在人际关系网络中联系人的活动（现在的状态或者以后的变化）意识，允许人们通过这种活动意识进行间接沟通，比如校内网中的“好友生日”；交换（Exchange）——交换是指人们之间直接或者间接地分享信息，包括视频、音频、照片等。这些功能基本是每一个SNS都能实现的，而且这些功能都能与我们现在教育所强调的社会性、交互性、协作性、情境性等息息相关。

3. SNS在教育教学中的应用

SNS作为Web2.0中的一种应用，其诸多特点与功能都决定SNS必定在教育中有用武之地。SNS的互动性可以给学生与学生、学生与教师、学生与专家之间提供很好的沟通交流环境；信息分享可以帮助学生更好地获取资源，实现隐性知识与显性知识的转化与交流；学习者在SNS上可以进行写作训练，而别人的认同可以给学习者更大的动力，别人的批评可以帮助学习者发现自身存在的问题。可以说SNS的社会性在很大的程度上可以帮助学习者提高社会认知技能。

案例1：139家校圈（http://jiaoyu.139.com）

2009年8月，139.com开辟了基于“手机＋个人电脑”无缝接入式的“139家校圈”（图5-2-13），面向学生、家长和教师打造专属的SNS教育社区。139家校圈为学生、家长和教师开辟了同步课堂、教学助手、课堂实录、快乐学习、成长档案、家长课堂等栏目。教师可以获得教育前沿信息、优质教学资源，并与同行分享教学成果；家长可以掌握学生的学习状况、加强与教师和学生的互动；学生则可以通过生动的教学方式和有趣的游戏，更快乐地学习知识。以“快乐学习”为例，学生可以领养学习伙伴或宠物，通过答题获取积分来喂养宠物。而借助先进的语音分析技术、配合精心设计的听说练习打造的“流利英语”栏目，让孩子从标准语音、成就感塑造、交流环境创设这三方面彻底突破了口语训练的瓶颈。

案例2：评师网（http://www.pinglaoshi.com）

评师网（图5-2-14）是高校教学在线评估第三方中立SNS平台，让大学生将自己对教师教学活动的感受、心得体会与评价，通过评价教师的形式反映出来，从而推动师生之间的沟通，促进教学相长。在用户评价的基础上，网站将生成大学教师排行榜。网站的评价和排行榜对学生选课、择校、择师、读书与学术活动具有独特的参考价值，从而为中国高等教育的不断发展贡献一份独特的力量。

案例3：图书馆SNS服务

在理论研究的同时，一些图书馆已经开始了SNS的实践性服务。美国宾夕法尼亚大学图书馆利用Delicious开发了自己的标签系统，允许用户对图书馆提供的资源（如目录、引文等）和网页信息加标签，此外还提供了在线研究辅导小组、图书馆工具栏、即时信息和在线聊天咨询等一系列服务。美国的 Ann Arbor 图书馆利用 Drupal 上的开源代码在网上 OPAC 上加入了个性标签、打分和评论的功能，还更新了其网站，提供了个人空间，使用户能添加评论、导入博客、增加 RSS Feed 等。除了自主开发 SNS 服务功能，很多图书馆还利用现有的 SNS 提供服务。如许多图书馆管理员利用 Flickr 这一流行的照片分享站点向用户群体传递图书馆最新的建筑、服务和新闻图片。

图 5-2-13　139 家校圈

图 5-2-14　评师网

国际儿童网络（Childnet International）清楚地提出了 SNS 在正式教育与非正式教育中运用的潜力。

(1) 控制话语权与建立互信。社会性网络服务这个大环境可以培养学习者讨论和辩论的能力，它可以给学习者提供表现自己的机会，个人技能在这种背景下十分重要，因为学习者要想办法与他人形成、发展并且保持友谊，还要使自己成为网络中可以被大家信任的人。社会性网络服务能给学习者提供一个机会，即如何在一个社区中与他人和睦相处；如何驾驭这个社区，在社区中进行导航，形成社会准则和技能等。

(2) 成为学习内容的创造者、管理者、分发者。社会网络服务依赖于用户的积极参与，用户在网上参加活动，进行讨论，上传、修改和创造学习内容，这些都可以激发用户的创造性。在 SNS 中学习者可以展示内容，如音乐、电影、摄影或者文章，网站给予他们一定的权利和限制，使他们知道该在网上放什么东西，他们也可以决定他们的内容和数据管理权归谁所有，还可以赋予其他人一定的操作权限。

(3) 作为协作者与小组成员。SNS 旨在支持用户共同工作、思考和行动。SNS 也需要倾听和妥协的技巧，年轻人可能需要向其他人请求使用服务的建议，通过观察其他人的活动，特别是复杂环境或虚拟环境中的活动，他们可以理解平台是怎样工作的，一旦学习者在新环境中获得了自信，他们就可以去帮助其他人。

(4) 作为探索者与发现学习者。社会网络鼓励学习者去探索和发现，如果某人对特定的书、乐队、食谱或者观点感兴趣，他可以建立自己的群或者社会网络站点进行交流。它可以培养年轻人的兴趣，帮助他们找到具有相同兴趣的人，还可以给年轻人引入新事物和新观点，从而进一步深化他们现有的兴趣，帮助他们拓展视野。

(5) 独立与达观精神。网络空间就是社会空间，社会性网络服务提供了和现实社会同等的机会，用户能与朋友和睦相处或者独立探索，能认识和处理风险，能判断和评价形势，能有效处理充满危险或者敌意的世界，这些技能并不能在孤立的环境中建立，而 SNS 则提供了很好的环境支持，年轻人第一次进入社会性网络服务就好比是他第一次到一个陌生城市旅行，因此知道在这个环境中如何保证安全是很重要的。

(6) 关键的和现实世界中的技能。能够妥善管理网上业务，并且能够在网上进行有效互动是一项越来越被看重的技能，能够快速适应新的服务和环境可以促进正式学习和非正式学习，同时也被现代人看作一项非常有价值的技能，大多数 SNS 服务都是基于文字的，可以培养文字能力，包括理解、评价等。

SNS 在教育教学中的应用前景表现在以下几方面。

(1) 构建虚拟学习共同体。利用 SNS 很容易构建基于一定主题的虚拟学习共同体，并为学习者创设一个包括学习探究、协作交流、资源共享、平等互利的学习环境。在这里学习者可以和学习同伴相互分享喜欢的书籍、群组、音乐、电影，结识兴趣相投的朋友。而且在这个团体内部，大家拥有共同的目的、期望、志趣和情感，可以轻松地进行人际互动、知识分享，共同探讨有关问题，并因这些共同的精神因素将团体内的成员凝聚在一起，学习者既能在 SNS 资源库中进行知识搜索，又能针对原有的认知结构进行知识挖掘。

(2) 协作学习。在 SNS 平台中建立课程学习空间，教师可以围绕课程内容，组织相应的主题活动，并根据各个学习者特征信息建立协作学习小组（以群组形式表现）。在相应的主题活动中，教师可以提供相关的学习资源和方法的指导，适时指明每个小组的整体任务、阶段任务和评价量规，对整个学习过程进行监控、指导和组织，以保证每个小组都能够完成任务。而每个小组也都有自己的群组空间，在这个开放的空间里，小组成员可以围绕主题活动进行交流、探讨、互助、分享资源和经验，形成团队合作精神。同时小组之间也可以进行相互观摩，分享资源、观点和成果，开展学习竞争，在群体的分享和交流中，学生可以互相学习别人的隐性知识，从而获得知识能力的提升。

(3) 教学反思新模式。SNS 平台提供的“新鲜事”功能，可以将学生空间内容的变化动态地反映给教师。这就意味着教师可以及时、方便地收集学生对教学的反馈，并对教学中出现的问题进行总结和反思；同时教师也可以建立课程专题评论活动，每位学习者可以针对课程内容、教学活动、教学方法等方面提出自己的意见和建议。学生利用 SNS 平台对课程进行反馈和评价，教师进行教学反思，不但有利于培养学生发现问题和解决问题的能力，更有利于促进教师专业化发展。

(4) 电子档案袋。电子档案袋能够反映学生的学习进度，而 SNS 平台集成了博客、视频分享、即时通讯等功能，可以用来记录学生的学习全过程，包括学生自身的创作内容、图片、声音、视频及资源链接以及其他学生对这些内容的评论。利用学生学习情况的电子档案，评价者能够了解学生多方面的情况，可避免只针对学习成绩给出评价的片面性，有助于学生不断自我完善与提高。

(5) 图书馆服务。图书馆可借助 SNS 介绍图书馆文献资源和服务内容，提供虚拟参考咨询，建立交际圈，开展读书活动、知识讲座、展览等服务，打造读书品牌、讲座品牌、展览品牌，从而实现图书馆服务的高层次、宽领域、多元化，真正使图书馆成为广大用户获取知识的阵地。用户也可以通过 SNS 平台建立自己的知识存储空间，让其他用户分享自己的个人收藏，并从其他用户的收藏中采集信息。甚至可以收集、分类和聚合感兴趣的网络信息，如新闻、图片、网站、资料、读书心得体验等。这方面做得很好、值得借鉴的有国内豆瓣网、国外亚马逊和纽约时报书评等。

但是任何技术或者事物的出现都具有其两面性，SNS 在给教育带来好处的同时，其本身的一些特点也会给教育应用带来许多不利因素。首先是隐私问题，学习者本身的保密意识淡薄可能会造成隐私的泄露而给自己带来不必要的麻烦，比如网络敲诈，另一方面，学习者也可能泄露他人秘密而给他人造成不必要的伤害；其次，学习者可能由于自我管理与自我监控的能力不强而造成自我沉迷于 SNS 而无法自拔；再次，我们应该考虑在 SNS 上怎样帮助学习者组织学习活动而不迷失学习的目标，同时我们还要考虑怎样在 SNS 上跟踪与监控学习者的学习路径。问题是存在的，但是我们无须偏激地反对，我们需要做的是建立完善的机制避免一些问题的产生。

5.3 如何利用教育云服务

图 5-3-1 云计算概览

云计算（Cloud Computing）是指通过网络（一般指互联网）递送计算服务的方式对计算资源（硬件和软件）的使用。关于“云”这个名称的来历，源于一种云形符号，人们常在系统示意图中看到它，用于指代某些复杂的基础设施。如图 5-3-1所示，云计算就好比是家里用的电、自来水，我们不用关心我们所使用的服务来自哪里，只与他人共享这些软件和硬件提供的运算服务及其数据库即可。

虽然对云计算有许多不同的理解，但从实用角度看主要表现为“软件服务”，用户可以存取应用软件和数据库。云服务提供者掌管这些应用软件赖以运行的基础设施和系统平台。因为应用软件都集中托管在中心主机上，更新时不需要用户安装新软件。其弊端是用户的数据都存放于云服务提供者的服务器上，因而这些数据存在安全隐患。

云计算在虚拟化的基础上提供数据存储服务、数据管理服务、软件应用服务等方面的服务，其技术实质是网络计算、网络存储、网络软件应用等计算机资源的虚拟化。其核心思想是将大量的信息技术资源（如服务器），通过网络连接起来，构成一个计算资源池，统一管理和统一调度，然后向用户提供各种服务。用户按照自己不同的要求，能够随时获取，按需使用。终端用户通过 Web 浏览器或者桌面客户端、手机存取基于云服务的应用，而软件则运行于远处的服务器上，用户的数据也存储于此。

在教育领域中应用云计算技术，可将教育资源进行整合、数字化和虚拟化。在云平台上进行统一部署和实现，通过网络为广大师生提供服务的系统，是一种优化教育信息资源的架构。教育云服务能够实现教育资源的普及，使教育资源得到合理调度和分配，有助于缓解教育资源的不均衡，实现教育资源的充分共享。

5.3.1　云存储与网盘

作为云计算重要组成部分的云存储（Cloud Storage）承担着云服务底层的以服务形式收集、存储和数据处理的工作，并以此为上层云平台、云服务等业务服务。云存储是在云计算概念上延伸和发展出来的新概念。如图 5-3-2 所示，云存储类似于云计算，是通过集群应用、网格技术或分布式文件系统等功能，将网络中大量不同类型的存储设备通过应用软件集合起来协同工作，共同对外提供数据存储和业务访问功能的一个系统。

图 5-3-2　云存储示意图

云存储的存储体系，是一个由许多服务器和存储设备组成的集合体，通过集群功能、分布式文件系统和类似网格计算等功能联合起来协同工作。因此，云存储系统给使用者提供一定类型的访问服务和存储服务。使用者只需通过一定的应用接口或软件就能享受这种服务。所以云存储使用者是使用整个云存储系统所提供的数据访问服务，而不是单独使用一个存储设备。因此严格来讲，云存储不仅是存储，还是一种服务，存储设备与应用软件的结合才是云存储最为关键的核心。存储设备转变为存储服务应该通过应用软件，这就与广域网和互联网所提供的服务一样。而使用者完全不用知道云状存储系统中的设备，只要通过授权，任何时间、任何地点都可以通过无线或有线方式连接云存储，使用云存储服务，访问云存储系统中的数据。

云存储技术的应用，为网盘（网络硬盘）提供了更为广阔的市场前景，网盘的主要功能是存储功能，也是一种云存储技术。网盘通常是某个网站为用户提供的一块网上存储空间，用户通过上网登录网站或者使用网站提供的客户端软件的方式上传和下载文件。它是网络技术与存储技术相结合的产物，它将远程存储管理服务器中的大容量存储设备通过互联网虚拟成本地硬盘，实现文件、数据的存储、传输、备份和共享等。其实现原理就是在服务器硬盘上为每个注册用户独立地分配一块自由空间，在此空间用户可以实现目录和文件的自主管理，以及为目录和文件的访问定义不同的安全级别等，从而实现网络环境下用户通过浏览器对文件的异地存取和管理。

随着存储技术的不断发展，传统的网盘技术已经显得力不从心，存在传输速度慢、容灾备份及恢复能力低、安全性差、营运成本高等诸多瓶颈。最新应用的云存储技术为网盘行业带来了新的革命。云存储是构建在高速分布式存储网络上的数据中心，它将网络中大量不同类型的存储设备通过应用软件集合起来协同工作，形成一个安全的数据存储和访问系统，适用于各大中小型企业与个人用户的数据资料存储、备份、归档等一系列需求。近年来，国外典型的云存储服务产品有 iCloud、Cloud Drive、Dropbox、SkyDrive 和 Amazon S3 等。自 2009 年以来，云存储在我国得到了大力发展和推广，百度、联想、腾讯等著名企业分别推出了相应的云存储产品或服务，清华大学也为其内部用户推出了云存储服务（Corsair 和 Meepo）。

这里主要介绍一下微软 SkyDrive 网盘和百度云网盘。

微软推出的网盘 SkyDrive，一次性送出 25G 免费空间。这个网盘并不是孤立的，而是与 MSN、Hotmail 邮箱、Photos 以及在线 Office 结合使用，只要用 MSN 的账号和密码登录即可使用。如果办公室里使用 MSN 沟通的人很多，将日常办公文件上传到这里，你就无须带任何存储设备上下班了。

微软还提供一款 IE 浏览器的插件 Windows Live Upload Tool 帮助用户上传照片和文件。同时，SkyDrive 还有一款桌面客户端软件，可在用户本地以资源管理器方式出现。SkyDrive 是免费提供服务的，微软的收益则完全来自于广告。不过，比较人性化的一点是，你可以自己动手关闭弹出的广告。在“个人信息安全性”上，微软承诺：在 Internet 上传送高度机密的信息（例如信用卡号或密码）时，使用加密技术（例如安全套接字层协议）保护这些信息的安全。不过，SkyDrive 对于同时上传文件数量限制为 5 个，文件大小限定为 50MB。所以，这款网盘适用于个人、企业的办公文档和图片等的存储，而对于需要上传许多文件或者大文件的用户来说就显得不合适了。

百度云网盘虽然推出较晚，却相当成熟。百度网盘提供了两种浏览模式，一种是路径浏览，一种是分类浏览。两种模式各有所长，如果使用分类浏览，用户能更方便地管理图片、音乐等文件，不会出现错乱。应该说，百度充分考虑到用户使用习惯的不同，以及用户需求的多样性和复杂性。在容量方面，百度网盘提供初始 15G 空间，后期可免费扩容，另外支持超大单文件上传，无流量限制。从基本功能来看，百度网盘可以说起点就已经很高了。百度网盘的加密分享采用 MD5 加密，在传输过程中保证了数据传输的隐秘性。所以，如果要和其他人分享一些比较重要的文件，用这种方式是非常适合的。百度网盘的客户端覆盖了 PC 端、手机客户端、Web 端等不同平台，随着平板电脑、智能手机的普及，用户在多个终端之间也存在文件分享的需求，所以，多终端是必然趋势。

5.3.2 体验利用云服务的在线协同工作

目前，协同办公由于没有可靠的平台基础，再加上软、硬件投入大，很多学校还停留在传统的办公模式上。而云计算为我们提供了一种新的服务模式（软件即服务），将软件作为一种在线服务提供，为学校提供搭建信息化所需要的网络基础设施。有了这类云计算服务的接入，学校的办公自动化、财务管理、邮件收发、在线会议、资料共享等都可以采用云计算服务，这样就大大降低了学校信息系统建设的成本，减少重复投资，学校不再为维护和升级软件而投入任何费用。利用云计算模式提供的各种云服务，用户只需上网打开浏览器，登录云平台，即可使用这些云服务，方便、快捷地完成网上协同办公。

这里简单介绍一下基于云存储的 Google 文档协同办公使用流程。

我们通过 Google 文档就可以实现简单的协同办公。首先要有一个 Google 帐户，你可以用你的任意一个邮箱来注册，但建议你注册一个 Gmail 邮箱，注册成功后邮箱名就是你的 Google 帐户名，用 Gmail 最大的好处就是你可以在邀请他人协同办公时调用 Gmail 里的通讯录名单。Google 文档可以多人同时处理一个文档，比如期末教师填写各科的总成绩、平均分、及格率、优秀率等。Google 文档的编辑与管理界面如图 5-3-3 和图 5-3-4 所示。

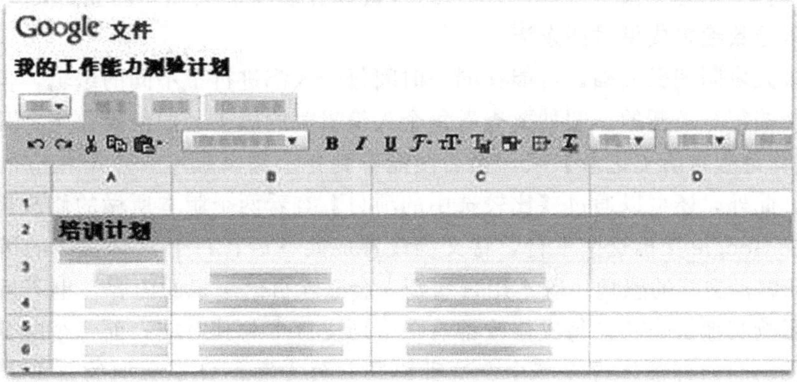

图 5-3-3　文档编辑界面

1）准备工作

明确需求后，就可以着手准备了。首先，每个人都需要有一个 Google 帐户，如果还没有，在浏览器中打开注册页面：http：//www. google. com/accounts/，点击“注册”来创建一个谷歌帐户。接下来，使用 Google 帐户登录到 Google 文档。

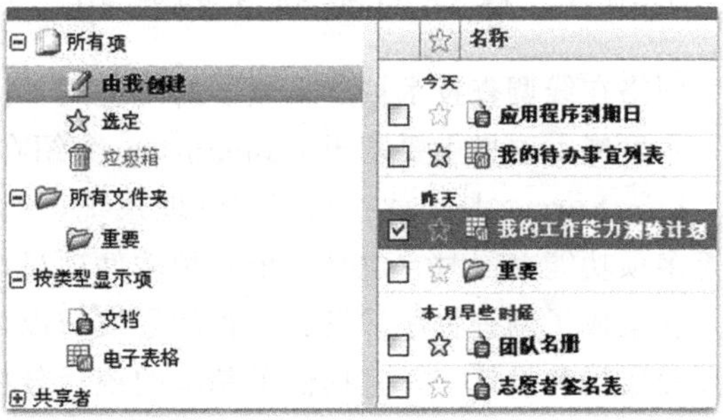

图 5-3-4　文档管理

第一次使用可能会遇到界面为英文的情况，为了方便后面的操作，点击“Settings”项，然后将“Language”设置为“中文（简体）”，最后点击“Save”保存设置即可。

2）多人异地协同编辑同一篇文档

都有 Google 帐号后即可开始协作处理教案。首先三个人都登录到 Google 文件系统，然后其中一个人在 Google 文件中创建这篇文档，再将它设置为共享，共享给另外两个人，这样，三个人就可以开始协同编辑这篇文档。

第一步，在 Google 文件中点击【新建】→【在线文档】，输入文档标题后再点击【保存】按钮即可。

第二步，点击页面右下角的【共享】→【与他人分享】，在【邀请他人】中选择“作为协作者”，再输入每个参与协作办公的 Google 帐号，最后点击【邀请协作者】，在打开的小页面框中还可以输入给被邀请者的留言信息，点击【发送】即可。这样操作后，这篇文档就共享给指定的用户了。

进行共享设置后，被邀请的参与者只要在 Google 文件页面中刷新一下，在文档列表中就会看到这篇共享的文档。每个人都可以打开这篇文档进行编辑。而在表格处理时，也很简单。点击【表格】，选择【插入表格】项，在打开的面板中设置好表格的行数、列数、宽度等参数即可轻松地插入一个表格了。

表格插入后，就可以直接将内容输入每个单元格中，同时还可以通过【表格】菜单进行更多的设定、编辑等操作。

在编辑整个文档的过程中，操作方法与 Word 一样，都可以通过相应的菜单命令进行操作。在编辑过程中别忘了按下“Ctrl+S”组合键保存编辑的文档，防止因断电、浏览器故障等意外因素导致编辑成果付诸东流。

由于是多人协同编辑文档，可能在同一时间每个人都进行了不同的编辑，但刷新后，每个人看到的文档都是最新的。假如要查看每个人编辑时的版本，如何操作呢？只要点击菜单【文件】→【修订版本历史记录】项，稍后便能看到各个编辑版本。点击相应的选项即可查看这些版本。此外，还可以通过【比较选中的项目】查看两个版本所做的修改部分。

其实，在 Google 文档这个平台，将文档设置成共享后，每个人对文档的编辑就如同平时使用 Word 编辑文档的感觉，既不用苦恼别人会删除自己编辑的内容，也不用担心自己添加的内容会影响其他协作者，每次修改都有一个历史版本与其对应，而每个时刻文档都是最新的，大家编辑的内容都体现在其中。这种协同办公方案，只要参加的每个人都能上网即可，无须安装软件，非常方便。

5.3.3 在线问卷调查的使用

网络在线调查技术被越来越多的人使用，由于云计算等新技术的出现，调查技术也得以进一步发展。这里主要基于 LimeSurvey 介绍在线问卷调查技术。

LimeSurvey 是一款在线问卷管理系统，能够完成问卷的设计、修改、发布、回收和统计等多项功能。同时它也是一个开源软件项目，其最新版本的软件包可以完全免费获取和使用。它集成了调查程序开发、调查问卷发布以及数据收集等功能。本系统包括了分支、自定义页面布局和设计，并且提供了基本的统计分析功能。调查可以设置为匿名访问也可以限制为拥有“访问一次”令牌的用户参加，从而我们能得到匿名数据或者参与者与结果分离的数据。图 5-3-5 为 LimeSurvey 官方网站。

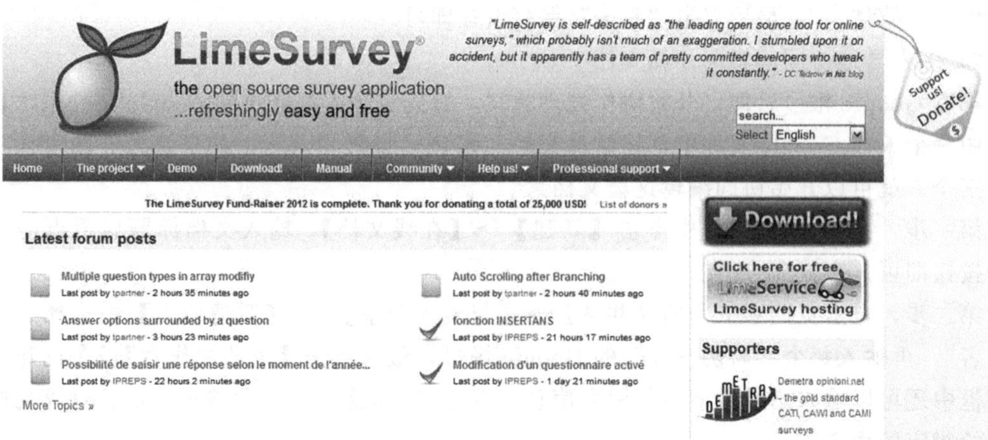

图 5-3-5 LimeSurvey 官方网站

如果在高等院校等规模较大的校园中推广使用 LimeSurvey，就可以大大方便教师和学生用它来管理自己的调查问卷。由于目前学校里各类科研和调查工作较多，因此非常有必要在学校教学和科研中推广使用。一个很典型的例子是斯坦福大学社会科学研究所就在使用这款软件（https：//iriss. stanford. edu/Survey _ software）辅助其研究工作。2010 年，华东师范大学开展了一项关于“全国教师教育培养机构状况调查”的大范围调查，涉及全国十几个省市的上万份问卷。在 LimeSurvey 的支持下，这次调查圆满地完成了，再次验证了 LimeSurvey 完善、健全和可靠的特性。其问卷部分内容如图 5-3-6 所示。

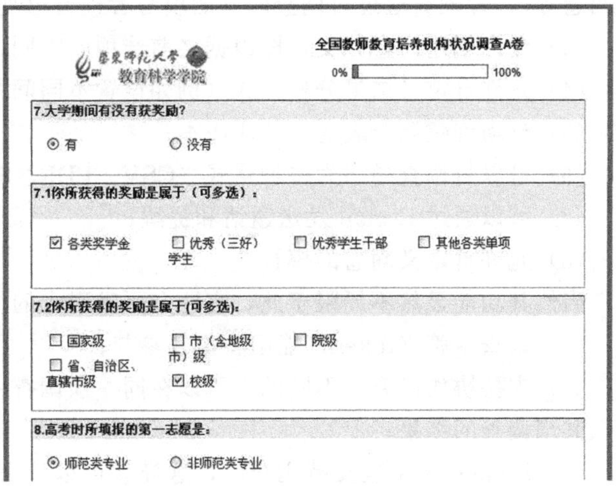

图 5-3-6　设计完成的问卷

1. LimeSurvey 基本功能

LimeSurvey 拥有许多出色的特性，通过它我们完全可以组织符合一般问卷的审美需求和功能需求的调查，并轻松地运行、管理和初步分析问卷。引用其官方网站的说法就是：“……它具有创造一个优雅的在线调查所需的一切元素。”其管理界面如图 5-3-7 所示。

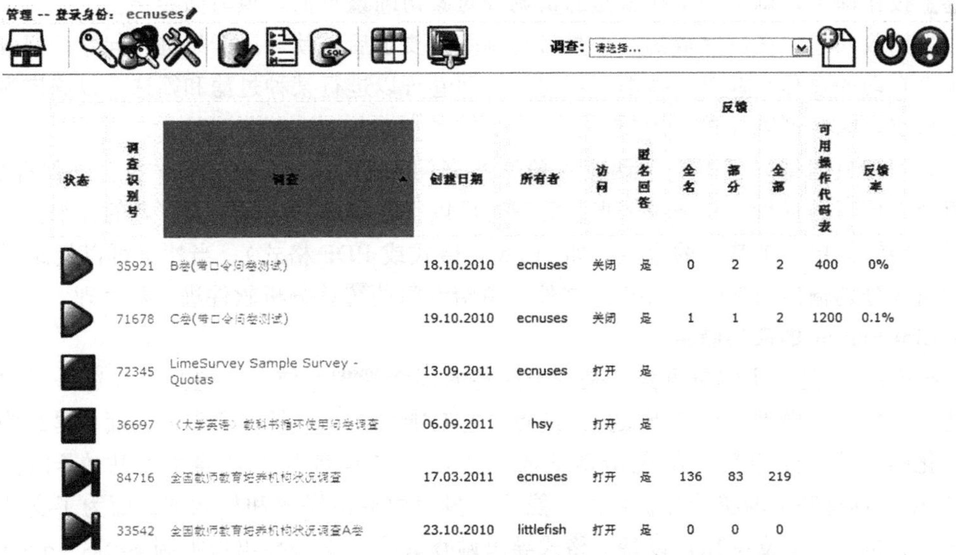

图 5-3-7　管理界面

就其基本功能来说，LimeSurvey 具有以下主要特色：

（1）可设计超过 20 种不同的问题类型（包括 essay，即小短文型）；

（2）强大的多用户管理功能，用户注册后经管理员设定可以获得不同的权限（如创建新的问卷等），管理员通过对调查问卷的填写者进行组别和权限管理可以保证调查的安全性；

（3）允许创建调查分支，即根据之前选项的不同，之后的题目也不同；

（4）允许自定义结果分析方式（例如设置不同问题的权重）；

（5）自动创建调查表的可打印版本；

（6）可以将调查导出为多种格式（CSV、PDF、SPSS、queXML、MS Excel 等）；

（7）可以通过 E-mail 发送邀请和提醒；

（8）允许自定义问卷的模板。

当然其功能显然不局限于此，它还有更吸引人的扩展功能：

（1）调查令牌（token）能阻止重复参与；

（2）支持协作研究，不同的人可以在同一项调查中展开工作，根据每个调查的权限设定可以共享调查的结果；

（3）LimeSurvey 也支持用户组，这样就可以让那些来自同一院系、机关团体的人对某个特定调查具有相同的存取权限；

（4）视觉化的统计分析，能够自动生成简单明晰、美观的柱状图、3D 饼图，使统计结果更容易对人产生一种直观的冲击。

2. LimeSurvey 的应用流程

（1）熟悉 LimeSurvey。对于初次使用的用户，首先要做的就是认真阅读教程和操作手册以便熟悉软件的使用，掌握 LimeSurvey 的各项基本功能。

（2）设计问卷和题目。一般是按常规程序设计好一份问卷，再将其迁移到 LimeSurvey 中。也可以按照大纲直接在系统中边设计边修改。

（3）发放问卷。在 LimeSurvey 发布设计好的问卷非常简单，只需点选页面上的【启用此问卷】按钮即可，剩下的工作就是邀请调查对象访问该页面，填写问卷。

（4）回收问卷，在已完成的问卷数目达到基本要求后，就可以开始进行问卷的回收，这是一个全自动的过程。针对那些填写不完全的问卷可以进行某种过滤和筛选，以确定哪些问卷可以保留，哪些可以放弃不用。

（5）处理数据结果，每一个调查对象回答完问卷之后，LimeSurvey 会自动保存答案，并将每个人填写的资料一一记录下来，管理者可以很直观地看到每个填写者的详细情况。系统随时都能够输出一个基本的报表（如 HTML 格式或 PDF 格式）。当然也可以把结果按照不同的格式分别输出到 Excel、SPSS 文件，留给专门的统计分析软件进一步处理。

3. LimeSurvey 的应用特点

LimeSurvey 是一个解决方案，是一个完整的调查管理系统。不论是个人还是机构都能用它建立起独立的提供在线调查服务的站点。它功能强大，所见即所得的界面也是最为简洁和人性化的，其模板的基本配色清新淡雅，让填写者更容易将注意力集中在问卷本身。LimeSurvey 具有基本的统计分析功能，能够在报表中输出饼图和柱状图。而为了支持后期的进一步分析，它还支持用户以特定格式导出调查数据。支持导出数据到 SPSS、queXML、MS Excel 等文件格式，方便对数据进行进一步分析。LimeSurvey 针对每个没有填写问卷的用户发送邀请邮件也是一个很实用的功能，使用这个功能可以查看特定用户是否完成问卷，能促使用户及时填写问卷。

在使用 LimeSurvey 时，无须连接外网，就可以在学校内的站点上进行安装、设计、发放问卷，用户也不需要登陆外网即可作答，这是其他任何在线问卷工具都不具备的功能。

LimeSurvey 基于校内站点的这种特性也决定了它的访问速度是最快的。

拓展阅读

使用问卷星做网络问卷调查

要做网上调查，首先要找一个网上调查系统注册登录，现在有很多网上调查系统都是免费版的（免费版的功能会有所限制，但一些小范围的调查还是可以实现的）。下面介绍一个叫“问卷星”的网上调查系统作为例子进行讲解。

1. 找到问卷星网站。如图 5-4-1 所示。

图 5-4-1　搜索问卷星网站

2. 进入网站后注册。如图 5-4-2 所示。

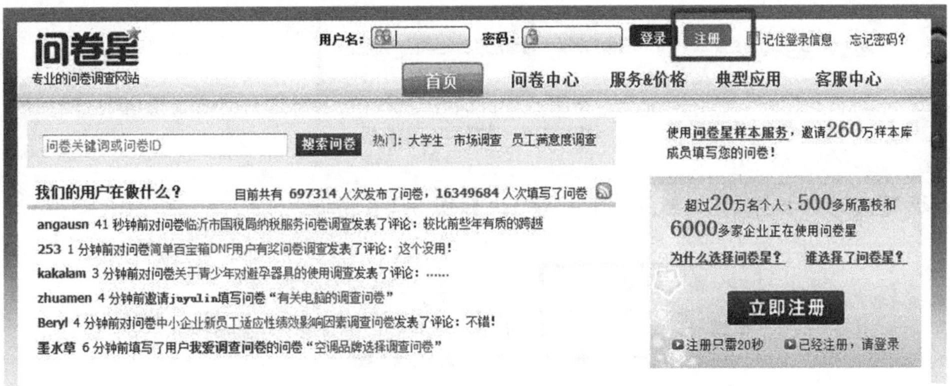

图 5-4-2　注册网站

3. 填写注册信息。如图 5-4-3 所示。

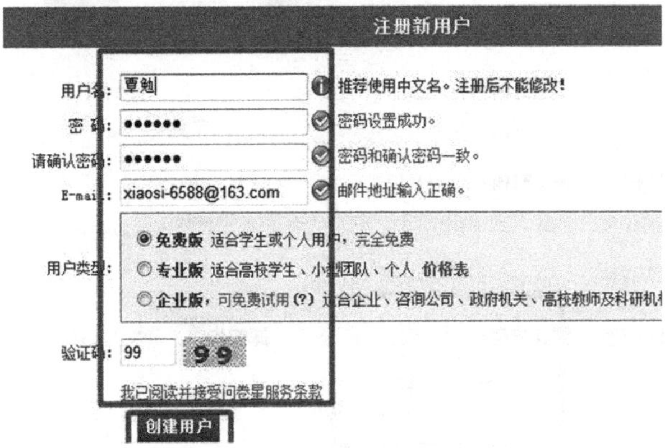

图 5-4-3　注册新用户

4. 注册完成后登录注册时填写的邮箱完成激活。

5. 登录后开始设计新问卷。如图 5-4-4 所示。

6. 如果不用模版，直接点击空白模版。如图 5-4-5 所示。

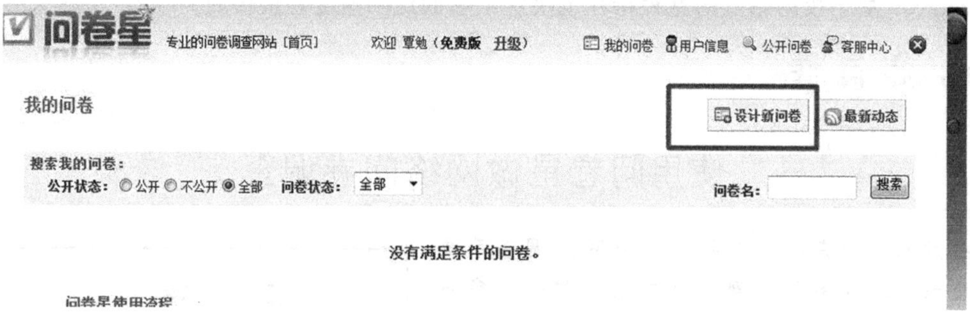

图 5-4-4 设计新问卷

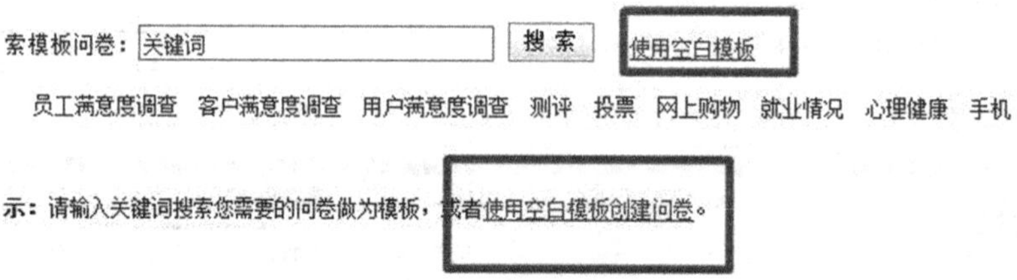

图 5-4-5 使用空白模板

7. 填写问卷的标题后，点击“下一步”。如图 5-4-6 所示。

图 5-4-6 填写问卷标题

8. 开始编辑题目。如图 5-4-7 所示。

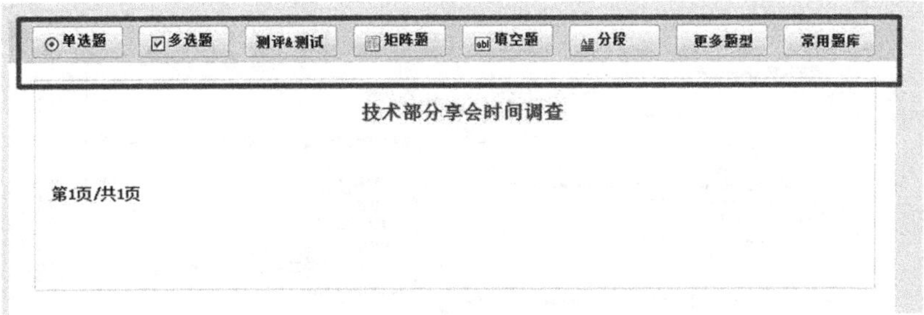

图 5-4-7　编写题目

9. 以多选择题为例，点击“多选题”。可以添加选项、条件等。填写前，如图 5-4-8 所示。

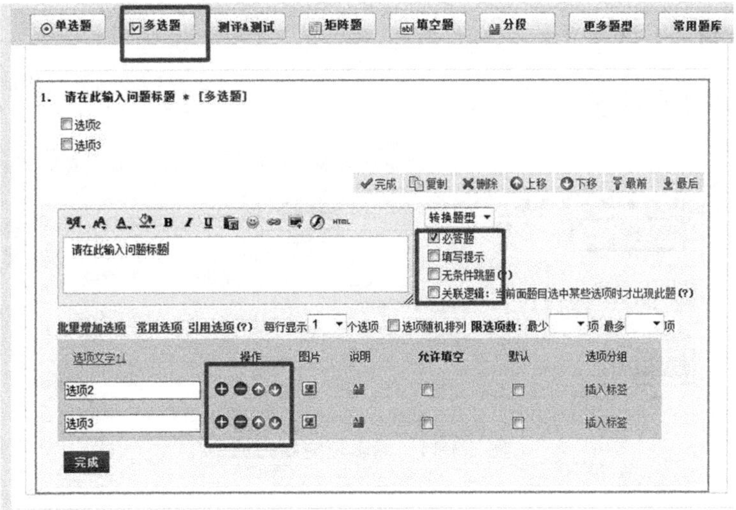

图 5-4-8　编辑多选题

填写后，如图 5-4-9 所示。

图 5-4-9　编辑多选题完成

10. 以填空题为例，填写前，如图 5-4-10 所示。

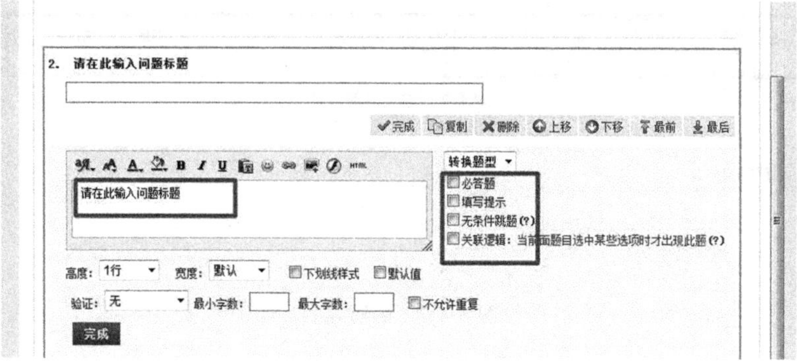

图 5-4-10　编辑填空题

填写后，如图 5-4-11 所示。

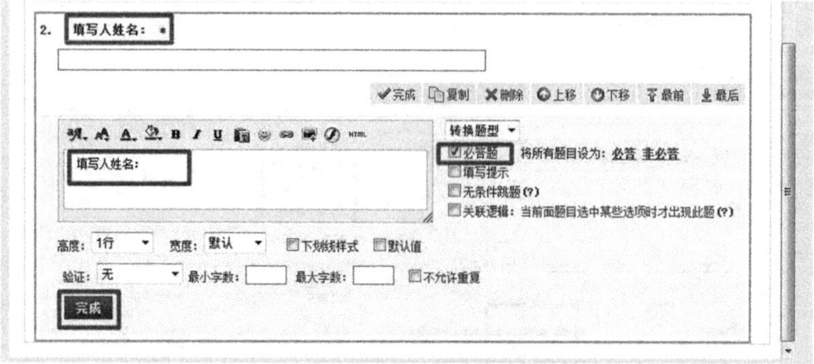

图 5-4-11　编辑填空题完成

11. 编辑完成后进行检查，检查后点击“完成编辑”。如图 5-4-12 所示。

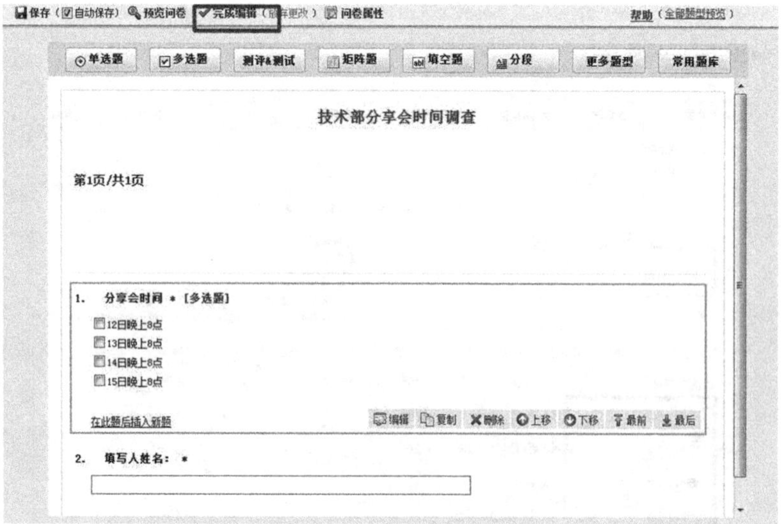

图 5-4-12　编辑完成

12. 点击“完成编辑”，开始发布问卷。如图 5-4-13 所示。

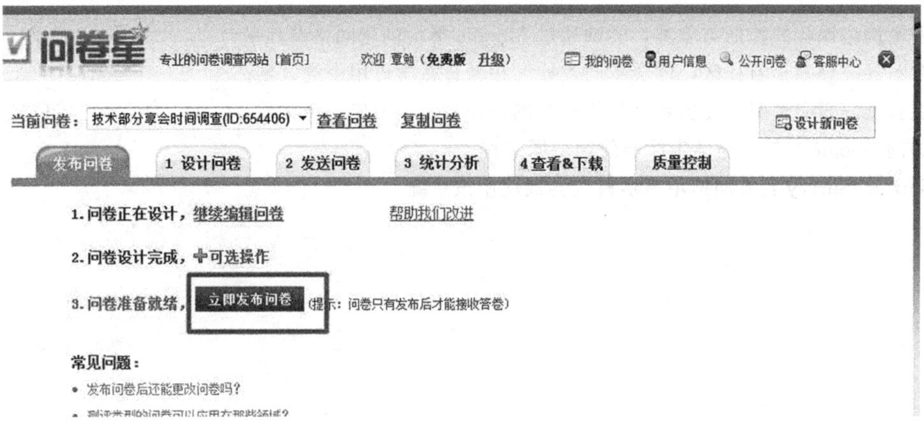

图 5-4-13　发布问卷

13. 把链接发送给需要填写的人。点击发送问卷下的“问卷链接”。如图 5-4-14 所示。

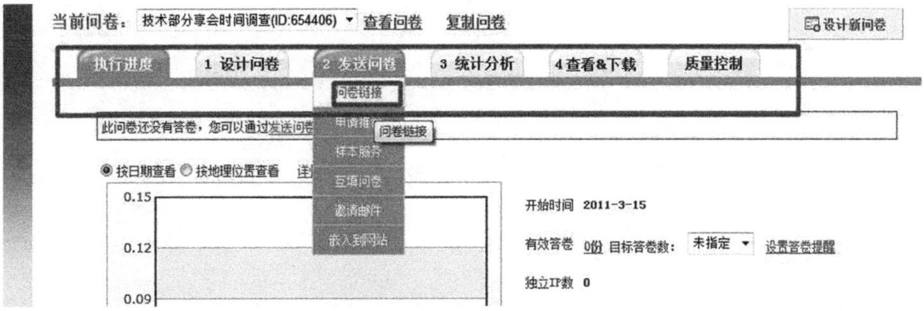

图 5-4-14　问卷链接

14. 把生成的问卷链接以 QQ 或邮箱的形式发送给需要填写问卷的人。

15. 查看问卷填写情况。一段时间后，可以再次登录你的帐号查看。登录后点击“我的问卷”再点击“统计分析”，就会看到问卷的统计结果。如图 5-4-15 所示。

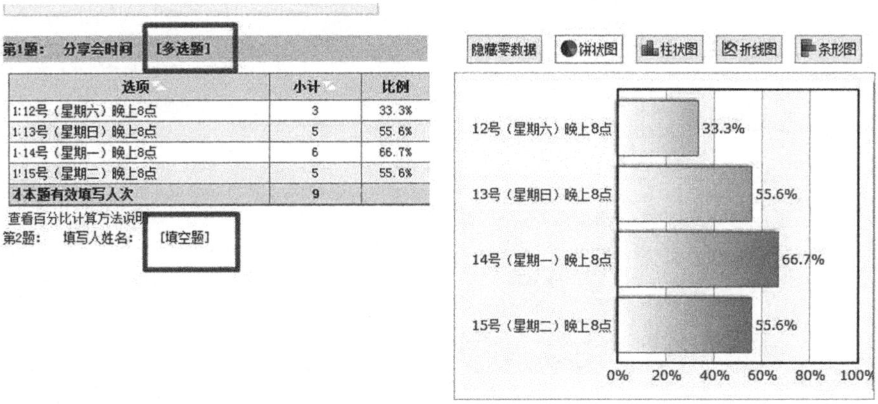

图 5-4-15　网上问卷调查结果

应用与思考

1. 思考网络课程的特征与分类，尝试通过 Moodle 平台创建网络课程平台。
2. 参与各类虚拟学习社区，体会不同类社区在教育教学应用中的区别。
3. 在百度等云存储服务提供者处注册一个网盘帐号，并上传一个文件。
4. 访问 Google 文档，与学生体验使用协同工作。
5. 到 LimeSurvey 官方网站用演示模式尝试使用该系统。

单元6　信息化教学设计

学习目标

◎ 了解信息化教学的设计特点、基本原则、评价标准以及典型开发模式。

◎ 掌握网络探究学习的步骤、方法与过程。

◎ 掌握基于问题学习的设计内容、步骤与方法。

教学设计是现代教育技术活动的核心领域和重要内容。信息化教学设计是目前中小学教学实践关注的热点问题。信息化教学设计是为了促进学习，依据学习者特征和学习需要，在信息化环境中将信息技术与学习资源有效融合，编制教与学方案的系统过程。简单地说，信息化教学设计是设计信息技术支持的教与学的过程。

6.1　信息化环境下的教与学

人类社会进入信息时代，信息化程度已成为当今世界衡量一个国家或地区现代化水平的重要标志。以计算机技术、多媒体技术和网络技术为主要标志的信息技术在教育领域中的应用改变了传统教与学的方式。如果说计算机是思维工具，是人脑的延伸，那么国际互联网将古今中外的人类智慧汇聚到网络系统中，就好像创造了全人类的大脑，每个学习者只要和它联网就能迅速扩充自身的知识和智慧，每位教师只要利用它就可以把人类智慧资源纳入教学过程。

6.1.1　信息化教学设计概述

信息化教学以信息技术为支撑，以现代教育教学理论为指导，强调新型教学模式的构建，教学内容具有更强的时代性和丰富性，教学更适合学生的学习需要和特点。信息化教学不仅仅是在传统教学的基础上对教学媒体和手段的改变，而且是以现代信息技术为基础的整体的教学体系的一系列的改革和变化。

信息化教学设计理念和实践的出现是现代教育技术发展的必然趋势。虽然教育信息化从20世纪90年代才刚刚起步，但教育界在这方面做了大量的理论和实践探索，并有一些相应的信息化教学设计模式受到人们的认可并加以应用。

信息化教学设计是充分利用现代信息技术和信息资源，科学安排教学过程的各个环节和要素，为学习者提供良好的信息化学习条件，实现教学过程优化的系统方法。其目的在于培养学生的信息素养、创新精神和综合能力，从而增强学生的学习能力，提高他们的学业成就，并使他们最终成为具有信息处理能力的、主动的终身学习者。

1. 信息化教学设计特点

相较于传统教学注重体系化知识传授的特点，信息化教学设计主要体现出单元化、问题化、活动化和信息化的特点。

（1）单元化：开展信息化教学，需要跳出传统的“课堂”视野，将教学目标组合成新的教学活动单元，除了精心设计在教室空间（人为设计的物理空间）的学习活动外，还需要考虑虚拟空间（由信息技术支持的）和现实空间（社会的和自然的）中的活动设计，进行全空间的学习活动策划，从单一的教室空间扩展开来，为信息技术支持的学习活动提供更广泛的空间。

（2）问题化：问题是学习者学习或探究的对象，是建构的指向、思维聚焦的核心。在信息化教学设计中，问题化学习始终是基本的学习策略：围绕问题，为学习者提供相关的案例、资源和工具；带着问题，学习者展开问题化探究活动。

（3）活动化：问题化的学习过程，表现为基于信息技术资源和工具的活动过程。在单元化的设计中，学习过程的活动也必然是多样化的。

（4）信息化：体现为信息技术资源和工具对学习活动的支持。

1993 年，美国教育部组织了十多位资深专家（B. Means 等）发布了一份题为《用教育技术支持教育改革》的报告，报告提出了革新教学（信息化教学）的若干特征，从表 6-1-1 中可以看出信息化教学与传统教学之间的明显差别。

表 6-1-1　传统教学与革新教学特征对照表

关键要素	传统教学	革新教学
教学策略	教师导向	学生探索
讲授方式	说教性讲授	交互性指导
学习内容	单学科的独立模块	带逼真任务的多学科延伸模块
作业方式	个体作业	协同作业
教师角色	教师作为知识施予者	教师作为帮助者
分组方式	同质分组（按能力）	异质分组
评估方式	针对事实性知识和离散技能的评估	基于绩效的评估

由表 6-1 中不难看出，在传统教学中，教师是主要的教学源，控制着学生对信息的访问。而在革新教学中，教师不再（事实上也不可能）维持自己作为“专家”的角色，而是通过帮助学生获得、解释、组织和转换大量的信息促进学习，以解决实际生活中的问题（跨学科的真实任务）。在这种模式中，学生承担着自我学习的责任，通过异质协同作业、自主探索的方式进行主动的知识建构。

2. 信息化教学设计的理论基础

信息化教学设计主要是以建构主义学习理论为指导，它与传统的学习方法、行为主义的教学设计以及经典的 CAI 有很大的不同。建构学习观认为学习是学习者在原有经验基础上、在一定情境中，通过协作和会话主动进行的个人意义建构。它具有自身的设计基本原则和评价标准。信息化教学设计明确“以学生为主体”、“以学为中心”，充分利用各种信息资源支持学生的“学”。信息化教学设计不限于课堂教学形式和学科知识系统，而是将教学目标组合成新的教学活动单元，以“任务驱动”、“问题解决”作为学习与研究活动的主线，以学为中心，倡导三种新型学习模式：探究式学习、资源型学习和协作化学习。注重培养学生的三种能力：信息能力、批判性思考能力和问题解决与创新能力。把学生对知识的意义建构作为整个学习过程的评价标准。

为了便于理解信息化教学设计的基本原则，我们先将这两种理论指导的教学设计特点进行比较（表 6-1-2）。

表 6-1-2　行为主义教学设计与建构主义教学设计特点比较

	行为主义	建构主义
设计过程	设计过程是顺序的、客观的和线性的	设计过程是递归的、非线性的，有时甚至是混沌的
制订计划	制订计划是自顶向下的和有规则的，包括一个带行为目标的严格行动计划，并且按计划有组织地顺序展开设计过程	制订计划开始时概念还不清晰，随着开发工作的进行而渐趋详细，开发工作应该是合作性的，设计小组人员一起工作，产生一个共同的意愿
专家指导	教学设计专家对设计工作至关重要	不存在教学设计专家，懂得教学内容与情境的开发者是必需的，但不是一般的教学设计专家
教学重点	复杂任务被分解为子技能并被顺序地教授，教学重心在于传授由专家选定的事实与强化技能	教学重点是在意义丰富的情境中发展理解
信息工具	计算机扮演传统教师的角色：信息发送者、评价者、学习记录者	所用信息工具是提出问题、并为学生提供获取解决这些问题所需知识的条件
教学评价	终结性评价至关重要。从确定起点行为到事后测试的客观性数据是评价依据	形成性评价更重要，因为它能够提供有助于改进教学的反馈信息，电子作品、面谈、观察、重点小组、口头征询提供的主观性数据更有价值

3. 信息化教学设计的原则

信息化教学设计的基本原则可归纳为以下几点。

（1）以学为中心，注重学习者学习能力的培养。教师作为学习的促进者，引导、监控和评价学生的学习进程。

（2）充分利用各种信息资源支持学习。

（3）以“任务驱动”和“问题解决”作为学习和研究活动的主线，在相关的有具体意义的情境中确定和教授学习策略与技能。

（4）强调“协作学习”。这种协作学习不仅指学生之间、师生之间的协作，也包括教师之间的协作，如实施跨年级和跨学科的基于资源的学习等。

（5）强调针对学习过程和学习资源的评价。

4. 信息化教学设计的评价标准

一个信息化教学设计是否成功，主要或者说至少应从以下几个方面进行评价。

1）是否有利于提高学生的学习效果

具体评价内容有：①学习目标是否明确，表述是否清楚。②是否所有的学习目标都符合相关的教学大纲要求。③教学设计中是否考虑到学生的个体差异，并明确说明如何调整成效标准以适合不同的学习者。④教学设计是否能激发学生的兴趣，符合学生的年龄特征，并有利于学生的学习以及高级思维能力的培养，是否有利于学生在信息处理能力方面的培养。

2）技术与教学的整合是否合理

具体评价内容有：①技术的应用和学生的学习之间是否有明显的关联。②技术是否是使教学计划成功的必不可少的一部分。③把计算机作为研究、发布和交流的工具是否有助于教学计划的实施。

3）教学计划的实施是否简单易行

具体评价内容有：①教学计划是否可以根据具体教学情况的差异很容易地进行修改，以便应用到不同的班级。②教师是否可以比较轻松地应用教学计划中涉及的技术，并获得相应的软硬件支持。

4）是否能够有效评价学生的学习

具体评价内容有：①教学计划中是否包括一些评价工具，用于务实的评价和评估。②学生的学习目标和学习成果评估标准之间是否有明确的关系。

6.1.2 信息化教学设计案例

1. 影子——测量身高、身高的投影，展示身高和影子[①]

在校的某一天，学生们记录自己影子的测量值，并每隔一小时或半小时绘制天空中太阳的位置。学生用所测得的影子数据创建 Microsoft Excel 图表。利用画图程序，学生制作人的画像与影子，并利用他们所了解的有关影子的知识，在绘图程序中旋转和缩放影子，以便制作出在指定时刻人物影子的正确模样。学生们分别负责白天中的某一个时刻的活动，并拍摄数码照片检查所绘影子的准确性。学生还需要将春天记录的影子测量值和其他每个季节的影子测量值相比较。最后学生用 PowerPoint 创建一个电子讲稿展示他们所了解的有关影子的信息，用他们获得的影子测量值、太阳位置图制作动态移动的影子演示。此外，他们通过网络将信息发送出去，并接收来自本国其他地方的影子数据，进行比较总结。

1）单元目标

（1）收集影子数据并使用电子表格程序制作一个图示。

（2）应用太阳运动的概念，使用画图程序制作准确的影子。

（3）把画出的影子与一张实拍的数码照片进行比较，检验他们制作出的影子图画的准确性。

（4）将春秋两季测量到的影子进行比较，了解地球的旋转是如何影响影子的。

（5）通过因特网与网友共享影子数据，并与本国某个地方的影子数据做比较。

（6）制作一个电子讲稿交流他们的学习成果。

（7）通过共享电子讲稿、将电子讲稿发布到网上，或者发送给网友等方式与其他学生进行交流。

2）所需时间

如果学生需要技术培训，本项目将持续一学年。如果学生已经掌握了技能，培训时间可以缩短或省略。如果只测量某一个季度的影子，本项目需要 4～6 周。

3）必备技能

学生需要熟悉计算机的基本操作，如鼠标、键盘的使用，打开/关闭程序和保存文件等。他们还需要熟悉柱状图，懂得如何进行测量，了解有关地球围绕太阳公转的背景知识。

4）学习资源

（1）信息技术设备：一台（或多台）计算机、投影设备、扫描仪、打印机、数码相机、因特网连接、多媒体软件、字处理软件、网页制作软件、桌面印刷软件、数据库或电子表格软件、因特网 Web 浏览器、光盘版百科全书。

---

① 设计者：Laurie Nordahl；学校：Sunny Hill；学科领域：数学，科学；年级：K-2，3-5

（2）印刷材料：用于阅读和学习有关太阳/地球转动和影子的各类书籍和参考资料。

（3）学习用品：纸、笔、卷尺。

5）相关网络资源

http://www.omsi.edu/

http://www.exploratorium.edu/

http://www.abc.net.au/juniors/ftjpsun1.htm

http://web.physics.twsu.edu/stampede/slinks.htm

http://cc.owu.edu/～mggrote/pp/physics/sundials2.html

http://www.lalc.k12.ca.us/laep/smart/Sunrise/k3plan.html

http://www.geocities.com/Heartland/7134/Shadow/groundhog.htm

http://www.mos.org/sln/wtu/activities/patterns.html

http://liftoff.msfc.nasa.gov/kids/Earth/Sundial.html

6）学习过程

（1）在秋季的一个晴天，带学生到户外找一个可以标记影子的地方。学生轮流相互测量，并标记各自的测量地点，以便每一小时或半小时返回测量地点，记录影子的测量值以及每次测量的时刻。让学生们画上地平线和从测量点看到的风景，还要画上那个时刻他们看到的地平线上太阳的位置。每次他们出来测量影子时，还要画出地平线上的太阳位置图，把它们创建在一个名为 sunmap 的目录下。这个数据将被保存起来，与春季相应的数据做比较。

（2）在春、秋两季之间，学生将完成这个项目所需要的各种技能的培训。挑选 10～18 个学生参加技术培训，使他们成为小老师。其中，五个人将用一到两周的时间学习如何使用电子表格 Microsoft Excel。他们将学习如何输入数据、将数据转化成柱状图。五个学生将用一到两周时间学习如何使用画图程序 Microsoft Paint。他们将学习如何使用基本的工具、如何缩放物体、如何画物体的影子、如何旋转、颠倒和组合物体（对象）。五名学生将用三至四周时间学习如何使用 PowerPoint 的演示程序和操作数码相机，并学习如何将拍摄到的图像下载到计算机中。三名学生将用三至四周时间学习基本的网页设计，以便制作一个简单的网页，并学习如何使用电子邮件。然后每一组受训的小老师将教会班级里的其他学生如何使用他们已经学会的每个部分。当全班已经学会如何使用电子表格程序的时候，就把秋天的影子数据制成相应的图表（如图 6-1-1 所示）。当全班学生都已学会发送电子邮件的时候，学生们就可以在一个学年内与网友共享、交流。小老师还将走进其他教室，去培训其他将成为教室中的小老师。（选做）

（3）当春天来临，所有学生都已经掌握必要的技术时，就可以像秋季一样走到户外去测量影子。此外，学生需要与他们的网友进行交流，这样他们能够比较国内不同地区的影子数据。当学生已收集了他们的影子数据时，可以把数据通过 E-mail 发送给他们的网友。他们也将在电子表格程序中输入他们的信息，并生成一个柱状图，用长度表示不同时间的影子。当学生们从网友那儿获得影子数据时，如果发现网友没有将数据图形化，则可以把从网友处得到的数据制作成图表。两地的网友可以扫描各自的太阳图画，并发送给对方。

（4）让每个学生共享他们的发现，解释他们的柱状图，讨论与太阳位置图画有关的影子研究结论。让学生比较秋、春两季的数据，结合影子的变化，比较不同季节太阳与地球相对位置的差异。学生们还要就影子测量值、太阳位置图画与网友数据的比较情况进行讨论。

（5）利用画图程序，如 Microsoft Paint，每个小组画一个画像（人或物体）。复制该画像并以黑色填充，以便为该画像制作影子。这时，为每对学习伙伴指定白天中的一个时刻。他们的任务是画出与该时刻相应地有着不同尺寸和位置的影子。用计算机完成影子的绘制之后，让学生在相应的时刻走到户外，用数码相机拍摄实际的影子。然后，将这些图片导入计算机，并将他们画出的影子与实际的影子做比较。这样，合作伙伴就可以利用他们的图形、计算机图画和数字化的影子制作一个 PowerPoint 电子讲稿，与班级的其他人共享。利用他们的太阳位置图画、影子测量值、计算机图画和演示软件，如 PowerPoint，学生能够制作一个富有动感的幻灯片演示，这个演示反映了一天中他们的影子是如何变化的。这些也可以发送给他们的网友，让他们浏览。

(6) 在网站管理员的帮助下，学生可以选择一个主题信息，并制作网页。他们可以选择利用数码照片和画图程序制作的影子图像，也可以选择将春、秋两季做比较的影子图表，还可以选择当地和其他地区的影子图表，或是选择 PowerPoint 电子讲稿。无论选择什么，学生们都应当在网页图像旁附上简短的说明（1～5 句话，参见图 6-1-2）。网页制作完成后，学生就可以上传网页。还可以将这个项目登入学校的校报或网站，同时邀请家长访问网站或观看学生的电子讲稿。

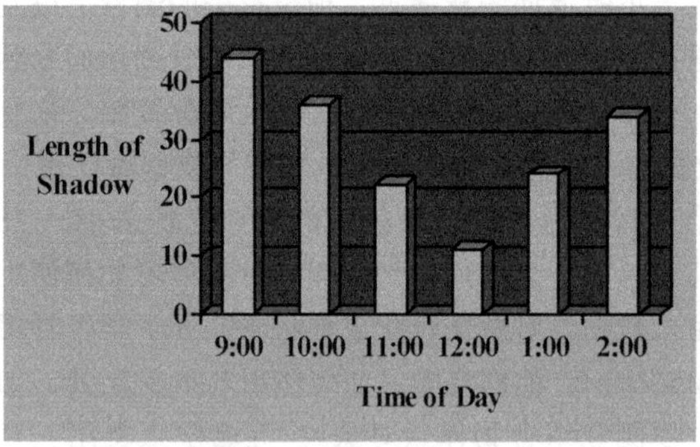

图 6-1-1 根据学生一天内影子的变化绘制的图表

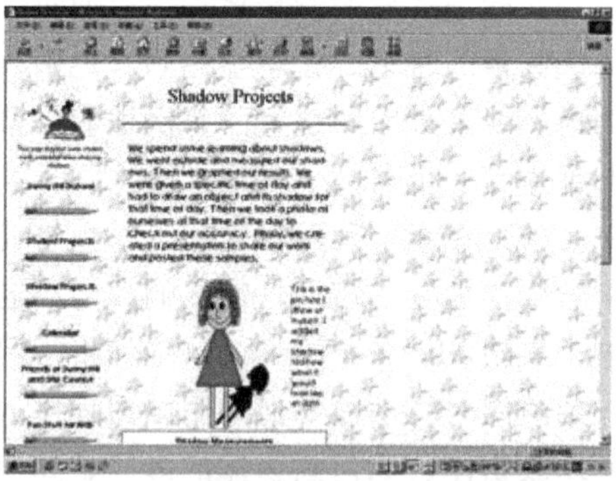

图 6-1-2 关于影子计划的网站页面

7) 学习内容和方法的调整

(1) 对有特殊需要的学生：有特殊需要的学生可能需要使用一个固定物体，如一个盒子或木棒，代替人进行影子的测量。此外，活动可以被简化，如只测量合作伙伴中的一个人并生成一组数据，然后复制这组数据。根据能力和时间的差异，有特殊需要的学生可能参与少量的活动。当学生分组时，将有特殊需要的学生与合适的伙伴结成小组。

(2) 对有天赋的学生：有天赋的学生能够比较世界各地特定时间的影子。让这些学生与世界各地的学生一起比较影子及其测量值。他们能够制作一个电子讲稿共享研究成果，例如发送图画数据；他们也能使用指南针画出更为准确的太阳位置图。学生能够测量他们自己的身高和他们影子的高度。利用比例和刻度，他们能够制作更精确的影子或使用这个知识检验他们所绘制的影子。

8) 学生评价

根据完成的数据、制作的图画、在绘图程序中描述影子的准确性以及发布在网页上的信息评价学生。评估学生 PowerPoint 电子讲稿的评价量规见表 6-1-3。

表 6-1-3　PowerPoint 影子演示文稿评价表

姓名：____________

我有一个标题幻灯片			
我的图画带有标记，并且显示了我所有的信息			
我介绍了我的图画和我的影子			
我的数字化照片表明我的图画是正确的			
我介绍了我从影子中学到的知识	我介绍了 3 个以上的内容	我介绍了 2 个内容	我介绍了 1 个内容

2. 教学设计案例分析

信息化教学设计关注一个中心，两个方面。一个中心是指以“学生的学”为中心，所有的学习活动均由学生自主完成，教师只提供支持、引导和帮助；在两个方面中，一个方面是强调对学习主题和学习活动的设计，教师从学科知识、教学任务和现实生活相联系的角度设计“单元主题”，学习活动以讲解、探究、讨论、协商、协作与反思等方式展开；另一个方面是注重对信息技术工具和信息资源的设计，实现它们与学习过程的整合，帮助学生更好地搜集网络及其他信息并对它们进行加工整理，提供给学生一些与主题相关的资源和活动建议等，帮助学生完成任务，促进学生的意义建构。

1）学习内容与主题

影子变化与太阳运动以及地球旋转的关系——测量身高及身高的投影，展示身高和影子。

2）学习任务

①收集影子数据；②制作 Excel 表、图示；画影子图示；③使用画图软件；检验影子图示正确与否；④数码相机摄影；比较春秋两季的影子，了解地球的旋转；⑤制作图表；学习成果总结；⑥制作电子讲稿；⑦网上共享、发布电子讲稿（网页、E-mail）。

3）学习资源

(1) 信息技术设备：一台（或多台）计算机、投影设备、扫描仪、打印机、数码相机、因特网连接。

(2) 信息技术软件：多媒体软件、字处理软件、网页制作软件、桌面印刷软件、数据库或电子表格软件、因特网 Web 浏览器、光盘版百科全书。

(3) 因特网资源：相关资源网站网址。

(4) 印刷材料：有关太阳/地球转动和影子的各类书籍和参考资料。

4）学习过程

①技术培训（选做）；②观察记录影子数据（图表）；③绘制一天影子变化图示；④验证影子变化；⑤比较春秋两季的影子（图表）；⑥学习成果总结（电子讲稿）；⑦学习结果交流

共享（网页）。

5）学习评价

使用评价量规，评价学生完成阶段任务形成的作品，完成基于电子文件夹的形成性评价。

3. 信息化教学设计要素与一般过程

信息化教学设计的核心是创设问题情景，提出任务项目，提供相关信息资源，提出评价标准，在教师指导下让学生进行探索式学习、资源型学习和协作化学习，所以信息化教学设计包含：教学问题的设计；教学过程的设计和组织；学习资源的设计、收集和利用；新型评价方式和评价量表的设计及实施等。信息化教学设计提出的问题没有唯一的、标准的答案。

典型模式的教学设计产生的结果不是传统意义上的教案或课件，而是一个单元教学计划“包件”，其中包括：

(1) 单元教学计划：具体描述教学单元的主题、学习目标、学习活动（教学过程）、学习资源等，其中学习活动和学习资源在很大程度上是由信息技术支持的，因此这种教学计划可称为信息化教案。

(2) 学生电子作品范例：给学生提供参考用的电子作品，可以从各种电子信息源中选取或由教师自行制作。

(3) 学生作品评价量规：提供结构化的定量评价标准，从内容、技术、创意等方面详细规定了评级指标。利用这种量规来评价学生电子作品，可操作性强，准确性高，既可以让教师评，也可以让学生自评和互评。

(4) 教学支持材料：为支持学生有效进行学习活动准备的各类辅助性材料，如软件工具、资料光盘、在线参考资料、参考书目、教师用电子讲稿等。

(5) 单元实施方案：包括教学活动的时间安排、学生分组办法、上机时间分配以及征求社会支持的措施等。

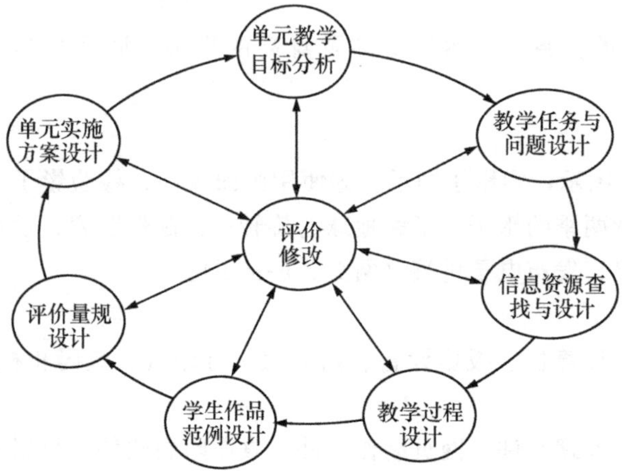

图 6-1-3 典型模式的设计步骤

在这个典型模式中，教学设计过程可以分为单元教学目标分析、教学任务与问题设计、信息资源查找与设计、教学过程设计、学生作品范例设计、评价量规设计、单元实施方案设计、评价修改八个步骤（如图 6-1-3 所示）。

(1) 在典型模式中，对各步骤的分析和操作通常是按顺时针方向进行的，必要时也可以跳过某些步骤或重新排序。

(2) 首先由教师对单元的教学目标进行分析，确定学生通过此教学应该达到的水平或获得的能力。

(3) 根据单元教学目标，设计真实的任务和有针对性的问题。

(4) 根据任务和问题以及学生的学习水平，确定提供资源的方式，可以要求学生自己按照学习目标查找资源，也可以给学生提供现成的资源。如果是前者，教师要设计好要求，避免学生盲目地查找；如果是后者，教师要寻找相关的资源，并对资源进行认真的评价，确保学生可以得到真实、可靠的信息。如果需要，教师还要制作相关的资源列表，以方便学生查阅，提高学习效率。

(5) 接下来，要对整个教学过程进行梳理，使之合理有序，一般情况下应落实成文字呈现的信息化教案。

(6) 在教学过程中，如果要求学生以完成电子作品的方式进行学习，教师应事先做出电子作品的范例，当然这个范例是从学生角度出发，以学生能达到的制作水平进行设计的。有了教师展示的范例，学生浏览后就会对自己将要完成的任务有一个感性的认识。

(7) 在评价信息化学习特别是其产生的电子作品时，结构化的评价工具——量规提供了较为科学的方法，对其进行认真设计将提高评价的可操作性和准确性。

(8) 最后，还要对教学的具体实施方案进行设计，包括实施时间表、分组方法、上机时间分配、实施过程中可能用到的软硬件（如不具备，应采取什么方法解决）以及其他必要文档的准备等。

(9) 在教学设计过程中，评价修改是随时进行的，伴随设计过程的始终。

6.1.3 信息化教学设计模式

教学模式是指为完成特定的目标和任务而在一定教育思想指导下建立起来的稳定、简明的教学活动程序和结构方式。教学模式是教学理论的具体化，它作用于教学实践，是教学理论和实践之间的中介。教学过程中主要包含教师、学生、信息和媒体四个要素，这四个要素相互关联、相互作用，形成稳定的结构形式。

信息化教育发展如此迅速，新的教学模式不断涌现。祝智庭教授从哲学角度分析了信息化教学模式的文化取向，揭示了信息化教学概况与发展方向，如图 6-1-4 所示，传统的 CAI 模式主要集中在Ⅰ区，强调个别化教学，从传统的以教师为中心转换为以教为中心（因为教师的直接教学任务被机器替代）。到了 20 世纪 80 年代以后，由于建构主义学习理论在教育技术中的应用和多媒体技术的发展，国际上信息化教学模式的研究兴趣转移到Ⅱ区，强调以学为中心。20 世纪 90 年代以后，由于网上教育的兴起，出现了以合作学习为中心的多种虚拟学习环境（Ⅳ区）。位于Ⅲ区的教学模式是从传统的电化教室发展而来的，增加了多媒体教学，而虚拟教室的出现则大大扩展了其概念。位于中心的集成化教育系统是综合了许多不同信息化教学模式的系统。

1）个别授导

个别授导是经典的 CAI 模式之一，此模式试图在一定程度上通过计算机实现教师的指导性教学行为，对学生实施个别化教学，其基本教学过程为：计算机呈现与提问——学生应答——计算机判断应答并提供反馈。在多媒体方式下，个别授导型 CAI 的教学内容呈示可变得图文并茂、声色俱全，并可使交互形式更为生动活泼。

2）操练与练习

操练与练习是发展历史最长而且应用最广的 CAI 模式，此类 CAI 并不向学生教授新的内容，而是由计算机向学生逐个呈现问题，学生在机上作答，计算机给予适当的即时反馈。运用多媒体，可将许多可视化动态情景作为提问的背景。应当注意，从严格意义上说，操练与练习之间是有一定概念区别的：操练基本上涉及记忆和联想问题，主要采用选择题和配伍题之类的形式；练习的目的重在帮助学生形成和巩固问题求解技能，大多采用简答题和问答题之类的形式。

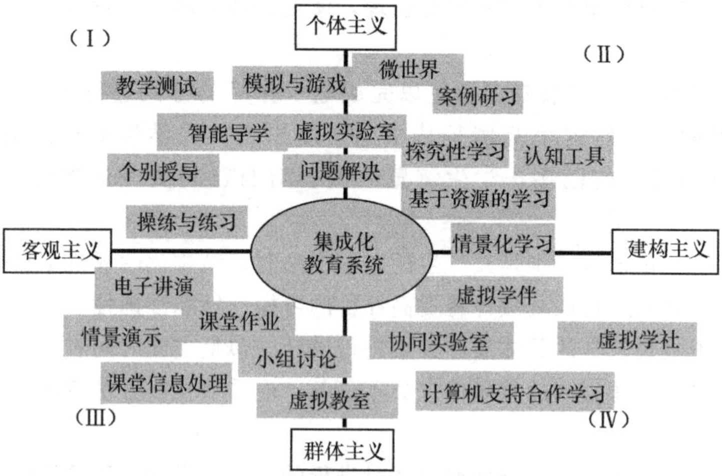

图 6-1-4　信息化教学模式的文化分类

3）教学测试

此模式本质上属于 CMI（计算机管理教学），用于检验与调控学生的个别化学习进程，包括提供事前测试、分配学习任务、提供事后测试，以及进行测试分析和提供分析报告。

4）教学模拟

教学模拟是利用计算机建模和仿真技术来表现某些系统（自然的、物理的、社会的）的结构和动态，为学生提供一种可供他们体验和观测的环境。建立教学模拟的关键工作是建立被模拟对象（真实世界）的模型（数学的、逻辑的、过程的），然后用计算机程序描述此模型，通过运算产生输出。这些输出能够在一定程度上反映真实世界的行为。计算机化模拟允许学生通过改变输入数据的范围来观测系统的变化状态。

教学模拟是一种十分有价值的 CAI 模式，在教学中有广泛的应用。例如，在物理课中可模拟电子运动、原子裂变、落体运动等；在生物课中可模拟遗传过程和生态系统；在化学课中可以模拟化合过程和各种实验；在社会和人文科学中可以模拟历史演变、政治外交等。

5）教学游戏

教学游戏与计算机模拟有密切关系，多数教学游戏本质上也是一种模拟程序，只不过在其中刻意加入趣味性、竞争性、参与性的因素，做到“寓教于乐”。在教学游戏中利用多媒体技术，不但可使模拟的现象变得更加逼真，而且可创造在现实世界中难觅的“虚拟现实”情景。

6）智能导师

严格地讲，智能导师也是个别授导的一种，因为它需要借助人工智能技术来实现，因此又称为智能导师系统。智能导师系统（Intelligent Tutoring System，ITS）是利用人工智能技术来模拟“家教”的行为，允许学生与计算机进行双向问答式对话。一个理想的智能导师系统不仅要具有学科领域知识，而且要知道它所教学生的学习风格，还能理解学生用自然语言表达的提问。然而，世界上迄今为止所建立的此类系统能达到实用水平的屈指可数。

7）问题解决

问题解决是一个十分广泛的概念，但作为一种 CAI 模式，是专指利用计算机作为解题计算工具，让学生利用计算机的信息处理功能解决学科领域相关的问题。通常有两种不同的做法：一是让学生利用某种计算机语言来编制解决问题的程序，如 Pascal、BASIC 等，LOGO 语言也可作为适合儿童的问题求解语言；二是向学生提供问题求解软件包，如力学计算程序、化合分析程序、社会科学统计软件包（SPSS）、通用数学计算程序 Mathematica、工程数学计算程序 MatLab 等。就 CAI 范畴而言，后一做法现已成为主流，因为它可使学生将精力集中于问题求解的方法而非编程细节。

8）微型世界

微型世界是利用计算机构造一种可供学习者自由探索的学习环境，大多数微世界是借助计算机化建模技术构造的，它和教学模拟与教学游戏有密切的关系。微型世界的基本特点是学生可操纵模拟环境中的对象，可建构自己的实验系统，可测试实验系统的行为。

9）虚拟实验室

所谓虚拟实验室，实际上是利用虚拟现实技术仿真或虚构某些情境，供学生观察与操纵其中的对象，使他们获得体验或有所发现。有一个名叫“虚拟青蛙”的解剖实验室（图 6-1-5），学生可以做非常逼真的青蛙解剖实验，可以剥去青蛙的皮肤和肌肉，使骨骼清晰可见，还可以解剖其眼睛和大脑。

10）情景化学习

情景化学习是当前盛行的建构主义学习的主要研究内容之一。它是利用多媒体计算机技术创设接近实际的情境进行学习，利用生动、直观的形象有效地激发联想，唤醒长期记忆中的有关知识、经验和表象，从而使学习者能利用自己原有认知结构中的有关知识与经验同化当前学习的新知识，赋予新知识某种意义。情景学习模式的主要方法有认知学徒、抛锚式学习等。

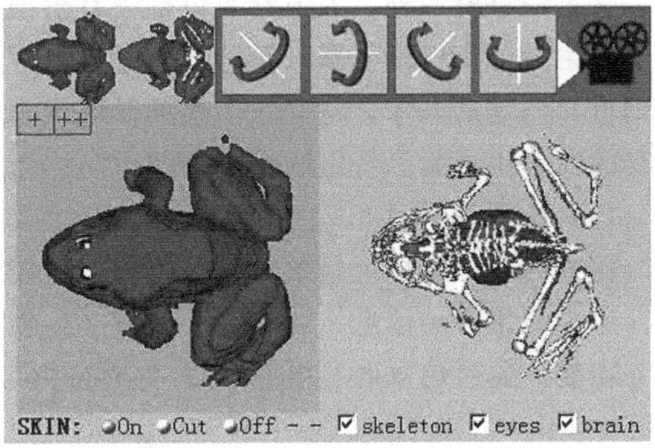

图 6-1-5　虚拟青蛙解剖实验室

认知学徒模式是从传统的师徒传技授艺模式中得到启发，情景学习论者认为，就像一个手艺人不会用预先准备好的稿子教学徒一样，教学环境和教师应该着重于用实际的方法解决真实世界的问题，而不是简单地运用预先准备好的教学内容。教学者应该是一个指导者，是解决问题的策略的分析者。教师的作用也可由智能代理实现，或在网络上由教师通过适当的教学通讯工具提供示范、教练和帮助。

抛锚式学习模式的实质是将教学“锚接”于（即安排在）有意义的问题求解环境中，这些有意义的问题求解环境被称作“大环境”，因为它包括复杂的环境要素，要求学生系统地解决一系列相关的问题。每个环境能够支持学生进行持续的探索，学生能够在几个星期甚至几个月的时间内从多种角度对其中的问题进行持续求解，而且各个“锚点”（及其伴随的教学事件）都能够提供多课程的延伸。

抛锚式学习环境“杰斯珀探险”系列就是一个典型的情景化学习环境的例子。它的故事主线是主人公及其朋友的一系列探险活动。探险活动覆盖复杂的旅行计划、统计和商务计划、地理和几何等领域。每个探险活动都提供非常丰富的环境，产生“解决问题、推理、交流的多种可能，并且产生与其他知识领域如自然科学、社会科学、文学和历史等学科的链接”。这个学习环境将电视与计算机两种媒体结合起来，由视频媒体叙述杰斯珀及其朋友的探险活动，从而提供故事情景，在此基础上，学生能够利用计算机介入并参与其中的探险，对其中产生的问题提出自己的解决方案，进行发现式学习和积极的问题求解。更可贵的是，故事的发展是由学生对问题的解决所决定的，不同的解决方法将产生不同的故事结果。

11）案例研习

案例研习系统为学生提供一种丰富的信息环境，系统中包含从实际案例中抽取的资料，让学生以调查员的角色去调查案情（犯罪案件、医疗事故、道德伦理问题等），通过资料收集、分析和决策，得出问题的结论。

12）基于资源的学习

基于资源的学习由来已久，不是信息化教育特有的。学习资源的概念非常广泛，基于资源的学习就是要求学生利用各类资源进行自学。在信息化教育的范围内，基于资源的学习从量与质两方面来说都不可同日而语。现代信息技术，特别是多媒体与计算机网络技术的应用，为学习者提供了极为丰富的电子化学习资源，包括数字化图书馆、电子阅览室、网上报刊和数据库、多媒体电子书等。Internet 蕴藏着无穷无尽的信息海洋。学习者只要掌握了一定的网络通讯操作技能，就可以通过各种网上检索机制，方便快捷地获取自己所需要的知识进行高效的学习。

除了信息资源外，人力资源也是极有价值的学习资源。所谓的人力资源，就是指可能有助于学生学习和使学生感兴趣的人。通过计算机网络，学习者可以不受时间与空间限制，接触到世界各地的人才，他们在不施加任何压力的情况下给学习者帮助，向学习者介绍自己所拥有的知识、经验、特定的技能和能力。

13）探究性学习

探究性学习本质上是数据库系统和情报检索技术的教学应用，能根据学生的提问从学科数据库中检索有关信息，如历史、地理、生物等涉及大量数据的领域。学生利用系统的信息服务功能，通过信息收集和推理之类的智力活动，得出对预设（通常由教师给出）问题的解答。

探究性学习与案例研习、基于资源的学习的相似之处是都涉及信息检索技术的应用，但它们的数据组织与范围是不同的。探究性学习的数据库通常按学科范围组织而成，案例研习的数据库是围绕有一定实际背景的事例来组织的，而基于资源学习的资源通常无预定范围。

14）计算机支持合作学习

计算机支持合作学习（CSCL）是与传统的个别化 CAI 截然不同的概念。个别化 CAI 注重人机交互活动对学习的影响，CSCL 强调利用计算机支持学生同伴之间的交互活动。在计算机网络通讯工具的支持下，学生们可突破地域和时间上的限制，进行同伴互教、小组讨论、小组练习、小组课题等合作性学习活动。

15）虚拟学伴

虚拟学伴系统（VLCS）是利用人工智能技术，让计算机模拟教师和同级学生的行为。关于人工智能在 CAI 中的作用，存在一个不断认识发展的过程。20 世纪 80 年代初提出智能导师系统的概念，即企图用计算机模拟教师的行为；80 年代中期提出让计算机扮演学习者的角色，而不是当教师；80 年代末期更进一步提出了让计算机同时模拟教师和学生（多个或至少一个）的行为，从而形成一个虚拟的社会学习系统。

16）虚拟学社

虚拟学社指利用网上群体虚拟现实工具 MUD/MOO 支持异步式学习交流的形式。MUD/MOO 是 20 世纪 90 年代中期才开始在 Internet 上流行起来的多用户异步通讯系统，MUD 代表虚拟的多用户空间（Multi User Dimension）。MOO（Multi user dimension Object-Oriented）是由 MUD 发展而来的，是一种面向对象的 MUD，它通过对由各种 MOO 对象构成的核心数据库的共享向用户提供虚拟社会环境。每一个用户通过自己的客户机程序进入 MOO。MOO 提供实时的在线通讯，它引入房屋空间隐喻的概念，使得在实际地理位置上处于分离状态的用户能够在一个共同机制中进行交互和协作。

MUD/MOO 本来是为支持网上虚拟社会中的交际活动而设计的，但近年来，MUD/MOO 越来越多地被应用于教育和研究工作中，它给网上合作学习提供了新颖而有效的手段。一个教育 MOO 有一个学术主题，它利用 MOO 提供的各种通讯工具，如电子邮件、电子报纸、文档、电子白板、虚拟教室等，支持各种学习活动和校园文化。

17）协同实验室

网上协同实验室（Collab）是对真实实验环境和虚拟实验平台的集成，它实现了基于网络的问题求解过程。在协同实验室中，学生可以同学习伙伴一起设计实验，并通过模拟软件观看实验结果。如果他们认为方案成熟，就可以转移到真实的实验环境中完成实验，以验证真实的情形。学生的所有行为都会被系统记录，以供进一步研究，找出最佳学习路径或分析实验中的交互行为。

18）计算机支持讲授

计算机支持讲授包括计算机多媒体在课堂教学中的多种应用，例如：电子讲稿制作与演示；用网络化多媒体教室支持课堂演示、示范性练习、师生对话、小组讨论等。计算机在课堂教学中的应用使传统的教学形式得到新生，并且有助于教师在信息化时代的教学过程中继续发挥其应有的作用。

19）虚拟教室

虚拟教室（VC）是指在计算机网络上利用多媒体通讯技术构造的学习环境，允许身处异地的教师和学生互相听到或看到对方，不但可以利用实时通讯功能实现传统物理教室中能进行的大多数教学活动，还能利用异步通讯功能实现前所未有的教学活动，如异步辅导、异步讨论等。

20）认知工具

认知工具是支持、指引和扩充学习者思想过程的心智模式和设备，能帮助和促进认知过程，在培养学习者批判性思维、创造性思维和综合性思维中起着重要作用。一切能促进学习者认知、帮助学生进行思维的工具，包括纸、笔、模型等都可称为认知工具。基于心理学、知识科学、教与学而开发的计算机认知工具能极大地便利学习过程并促进深度学习。认知工具可分为：问题/任务表征工具、静态/动态知识建模工具、绩效支持工具、信息搜集工具、协同工作工具、管理与评价工具。有一种概念地图工具，是专门用来建立“概念地图”的。概念地图实际上是语义网络的可视化表示方法，图中有许多节点，节点与节点之间的关系用加语标记的连线表示。

6.2 网络探究学习

6.2.1 探究学习与网络探究学习

探究学习是学生在主动参与的前提下，根据自己的猜想或假设，在科学理论指导下，运用科学的方法对问题进行研究，在研究过程中获得创新实践能力、获得思维发展，自主构建知识体系的一种学习方式。

网络探究学习模式是在1995年初由圣地亚哥州立大学的Bernie Dodge和Tom March开发的，他们认为WebQuest是一种面向探究的活动，活动中学生们用到的所有或大部分信息都来自网络。这种学习活动有以下主要特点：

（1）有一个明确的主题或问题（可派生出多个具体问题）；

（2）此类问题可通过寻求信息而得到解答；

（3）问题的解答不唯一。

6.2.2 Webquest 学习案例

1. 酸雨

参天大树为什么会枯萎？湖泊里的鱼群为什么会消失？街上来往的汽车为什么会逐渐失去光泽？每年春天，校园里的臭鸡蛋气味是哪里发出来的？这些问题的答案很简单：酸雨是造成今天如此严重的环境问题的罪魁祸首之一。问题的答案是简单的，但要解决酸雨污染却是困难重重。

1）任务

本地的一个组织雇用你和一个研究小组来调查酸雨问题。你可以从化学家、生态学家、健康学家或经济学家中选择一个角色，检验观察中出现的问题。为了更好地和研究小组一起工作，要求你建一个网站详细介绍酸雨造成的问题，并提供一些减轻污染问题的方案。

以小组为单位分配好角色后，还要参考每个成员研究中出现的问题以支持自己的研究。在完成相应部分的研究报告时，要求你尽可能提出更多的建议，以更好地和小组中的其他成员一起与污染问题做斗争。

（1）化学家。

- 什么是酸雨？
- 什么物质使雨变酸了？过程是怎样的？
- 这些化学物质来自何处？
- 什么是pH值？
- 描述pH值的变化范围，并根据不同pH值列出相应的现象。
- 正常雨水的pH值是多少？达到什么值时就有害了？

（2）生物学家。

- 酸雨对树木和土壤会产生什么样的影响？

- 被酸雨污染的雨水和土壤又是如何影响人类的?
- 当湖泊和水资源系统变酸时将会发生什么情况?
- 酸性水系统又是如何影响我们的?
- 我们居住地区的水资源环境是否被酸雨污染? 如果是，到什么程度?
- 酸雨对水资源系统影响的突出标志是什么?

(3) 健康学家。

- 酸雨怎样影响人类?
- 酸雨对人类有哪些直接影响? 存在和酸雨有关的健康问题吗?
- 酸雨对人类又有哪些间接影响? 酸雨污染了我们的食物、水和空气源吗?
- 酸雨影响人类的结果是什么?

(4) 经济学家。

- 酸雨影响建筑材料吗?
- 酸雨对建筑有影响吗?
- 酸雨对我们的街道、公路和桥梁有什么影响?
- 酸雨对汽车、火车、公交车等交通工具的腐蚀产生什么后果?
- 为克服酸雨造成的危害，我们投入了多少资金?
- 酸雨对渔业、林业和农业的破坏导致的经济结果是什么?

当你对自己的相关特殊领域进行研究时，不要忘记寻找相应的解决方案。在做结题报告时别忘了根据相应研究提供相应的解决方案。

2) 网络资源

(1) ACE On-Line Fact Sheets - Air Quality and Acid Rain

(2) Environmental Effects Page

(3) Acid Rain

(4) EPA Acid Rain Program

(5) The ABC's of Acid Rain

(6) Persephone's Acid Rain Page

(7) What is Acid Rain?

(8) Environment Canada - Acid Rain Homepage

(9) Acid Rain: A Student's First Sourcebook

(10) Acid Rain

(11) Cabbage Juice - pH indicator

(12) Encyclopedia of the Atmospheric Environment

(13) The National Park Service

(14) Acid Rain - What is it and How is it Measured

3) 学习过程和建议

本次网络学习的最终成果是产生一份关于酸雨形成原因及其危害的“网络报告”。在整个合作研究结果中，凡是在相关领域要用到相应“科学家”的研究成果，如建议和方案，该“科学家”就要对此负责。

(1) 和小组中的其他成员联系，确定各自的身份。为了更好地完成“网络报告”，有必要就问题展开集体自由讨论。制订一个行动计划，“网络报告”的组织形式、内容和样式也就确定下来了。

（2）利用资源部分提供的信息，开始进行各部分的研究。寻找相应信息，以备回答相应角色的问题。撰写报告时，最好找一些图片，以更好地描述酸雨形成的原因和带来的危害。

（3）研究中及时做笔记。对有用的网站做书签以备不时之需。头脑中时刻牢记知识产权问题。在不确定的情况下，使用书本、论文和网站上的信息要谨慎，避免剽窃别人的成果。

（4）研究完成后就可以写研究报告的初稿了。要对自己的研究内容进行介绍，以便于读者了解。记住，我们要做的是写一篇关于酸雨问题的研究报告而不仅仅是回答一些问题。同时，我们也要记住，自己理解所写的东西并不等于读者也理解了。

（5）各部分工作都完成以后，就可以和其他成员进行交流并展示自己的研究成果了。此时，你才可以问本组其他成员一些问题，以进一步修改文稿直到最终完稿。

（6）明确自己的任务。确定自己的报告将要阐述的建议和结论。确定报告各部分内容撰写者的分工。选定成员对报告进行汇总。

4）评价

对学生的学习活动的评价参见表 6-2-1。

表 6-2-1 评价量规

项目	开始——1	发展中——2	完成——3	范例级——4
研究和收集信息	不收集和该主题相关的任何信息	收集少量信息，和主题部分相关	收集一些基本的信息，大部分和主题相关	收集大量信息，所有的都和主题相关
完成小组角色任务	不做任何工作	完成少量任务	几乎完成所有任务	完成所有任务
任务分担情况	依赖性强	几乎不能独立完成，经常需要提醒	经常做自己的任务，几乎不需要提醒	不需要提醒就能完成
小组合作情况	从不合作	很少合作	有时合作	经常合作
介绍	几乎不能提供任何建议	能给出部分信息	能给出足够的信息使读者了解报告的内容	非常简明，表明作者对读者非常了解
角色	不回答网页上提出的任何问题	回答部分问题	回答大部分问题	回答所有的问题并提供很多有趣的事实
任务完成情况	不阐述酸雨造成的问题，不提供任何建议	介绍少量问题但不提供任何建议	阐述大部分问题，提供一些建议	阐述大部分问题，提供大量建议
结论	没有解释	提供一种解释但经常是不明确的	提供合乎逻辑的解释和一些解决方案	提供更科学的解释并能提出多种解决方案
行文流利程度	语法错误和错别字非常多，几乎难以理解	语法错误和错别字较多，给理解造成一定困难	出现的语法错误和错别字不影响理解	语法错误和错别字几乎没有，行文非常清晰

经过研究和报告的撰写，你肯定对酸雨现象相关的问题有了非常明确的了解。然而，认识一个问题是远远不够的。也许你感到应该为解决这个环境问题做点什么。那么，向有关部

门写一封信表达你的观点吧！

2. 我最喜爱的作家

你是一位非常成功的作家的出版经纪人。因为该作者的作品颇受欢迎，所以他收到了许多热心读者的来信，询问各种各样的问题及有关他已出版书籍的相关信息。如果这位作家每天回复所有读者的来信，那么他将没有多少时间创作他的下一部畅销小说。因此作家要你为他设计一个读者可自由访问的网站，该网站将回答读者提出的大部分问题。

1）任务

为了满足许多读者的要求，你设计的网站要包括作者简介和他的作品介绍，这些是每一位读者所关心的内容。你将为网站的访问者写一份网站内容简介说明建立该网站的意图。你将把作者的背景材料告诉读者，并创建一个 FAQ（常见问题库）列表，里面包含大多数有关作者及其作品的常见问题。你可列出作者已出版的小说清单，或链接到包括作家作品列表的某一个站点。你将为作家的小说至少写一篇书评。你的网站要有作家的一幅图片和为其作品宣传的海报。

2）过程

（1）选择你特别喜欢的作家。该作家的作品你已经读过且的确非常喜欢。使用以下材料研究这位作家以发现其生活细节，这些可能会使你和其他的读者感兴趣。你要查询的信息应该包括：

- 他早期的背景经历，如他的出生地和他的成长经历。
- 他作品的相关信息。
- 他的作品如何受欢迎及他曾获得哪些奖励。
- 读者可能会感兴趣的有关生活的其他领域的事情。

（2）在主页的顶部写一段欢迎词和内容简介。向读者问候，感谢他们光临网站，并说明他们将在此得到的资讯。尽量使网站内容有趣，使读者浏览该网站的其他网页而不会很快转移到其他网站。

（3）创建有关作家及其作品的 FAQ 列表。尽量设想到读者可能向作家提出的所有问题，并为每个问题提供准确的答案。

（4）为了使读者能产生兴趣，读完整个故事，为作家的作品至少写一篇书评。

（5）以艺术的形式创建一则有关作家某部作品的海报。如果可能，扫描这张海报并把它放进你的网站中。

3）资源

Examples of FAQ http//www. ipl. org/youth/AskAuthor/Biographies. html

Yahooligans! - Authors http//www. yahooligans. com/School _ Bell/Language _ Arts/Authors/

Internet Public Library Youth Division：Authors

http：//www. ipl. org/youth/AskAuthor/Biographies. html

IPL Youth Division： Author Links http：//www. ipl. org/youth/AskAuthor/AuthorLinks. html

SimonSaysKids - Meet The Brains http：//www. simonsays. com/kids/mtb/index. cfm

Authors & Illustrators on the Web http：//www. ucalgary. ca/～ dkbrown/

authors. html

Author's birthdates

gopher: //lib. nmsu. edu/11/. subjects/Education/. childlit/. authors/. birthdates

Children's Literature http: //www. execpc. com/～tekk/Literature. html

Books for Kids http: //www. booksforkidsfoundation. org/authors. htm

Just For Kids Who Love Books http: //www3. sympatico. ca/alanbrown/kids. htm

Popular Authors and Illustrators ～ Brief Bios and Direct Links to Their Own Web Sites!

http: //teacher. scholastic. com/authorsandbooks/index. htm

Childrens Authors http: //www. nhusd. k12. ca. us/Pioneer/ppc/pages/authors. html

Author's and Illustrators http: //www. orion. lib. mi. us/childrens/authors. htm

Author and Illustrator Websites

http: //www. lib. washington. edu/subject/Childrens/authors. htm

Childrens' Authors Hot List http: //www. kn. pacbell. com/wired/fil/pages/listauthorhel. html

4）评价

依据学生作品的质量和网站的内容评定他们的等级。你修改过你的作品使它成为你深思熟虑的产品吗？你的欢迎词信息丰富吗？能引发读者继续浏览该网站的好奇心吗？你的书评有趣吗？它有没有落下一些有损于故事情节的细节？FAQ 列表有趣吗？准确吗？你的海报在视觉上吸引人吗？

学生的“自我评价表单”提供了一种学生对自己的学习负责任的好方法。见表 6-2-2 和表 6-2-3。

当一些同学选择以两个或更多人组成小组一起学习时，记住最终产品的内容必须体现出是几个同学共同努力的结果。

表 6-2-2 学生的自我评价表

姓　名：____________

作者名：____________

评价	量规				分数
	开始	发展中	完成	范例级	
具有欢迎信息	1	2	3	4	/20
FAQ	1	2	3	4	/20
图书内容概述	1	2	3	4	/20
海报	1	2	3	4	/20
行文流利	1	2	3	4	/20
总分：					/100

表 6-2-3　附加的学生评价表

☞ 你的欢迎信息是否有关于作者的有趣逸事的介绍？
☞ 列出三个逸事，并说明为什么你觉得这些逸事是有趣的。
☞ 在 FAQ 部分，你是怎样选择问题的？
回顾一下，还有没有其他好问题？
☞ 在下面的问题中任选两个进行回答。 你是否通过引入主要部分以及作者的行为来引入故事？对这种安排你是否写了什么东西？
通过这本书你想让读者了解什么？为什么你认为他们会借此获得这些了解？
看看你在 FAQ 答案部分的第一行。它是否提纲挈领地说明了大意，下面的句子是否支持它？
下次需要提高的部分：

如果你完成了该项目，你将比以前更了解作家及他的作品。除此之外，你的网站将对作家的作品产生影响，并吸引其他人阅读他的作品。

6.2.3　设计 Webquest 学习

一个标准形式的 WebQuest 学习设计包括介绍、任务、资源、过程描述、学习建议、评价和总结七个部分，各部分的设计要点如下：

(1) 介绍：对所“探究”问题的简要描述。在这一部分中，教师可以向学生们简要介绍此 WebQuest 的大致情况，以进行先期的组织和概述工作。如果在此 WebQuest 中包括角色扮演或闯关游戏（如“你现在是一个鉴别神秘诗人的间谍”），还应在这一部分中设置相应的情境。

(2) 任务：对学生们要做的事情的描述。在这一部分中，教师应该清晰明了地描述学习者行为的最终结果将是什么。WebQuest 中涉及的“任务”可以是：一系列必须解答或解决的问题；对所创建的事物进行总结；阐明并为自己的立场辩护；具有创意的工作；任何需要学习者对自己所收集的信息进行加工和转化的事情等。

(3) 资源：指向网上相关站点的链接。在这一部分中，教师指出一些可以被学习者用于完成任务的网址，并且应该在每一个链接中嵌入对此资源的描述，以便学习者可以在点击前知道自己将通过点击获得什么。

(4) 过程描述：要做些什么才能完成指定的任务。学习者将遵循哪些步骤才能完成任务？这一部分是探究学习的关键所在。一定要使这些步骤简明清晰。

(5) 学习建议：指导学习者如何组织信息。在此处，教师要为学生提供一些建议，以帮助他们组织收集到的信息。“建议”可以包括使用流程图、总结表、概念地图或其他组织结构，也可以采用由复选框组成的问卷形式，其中的问题旨在分析信息或提请对要考虑事物的注意。如果将“学习建议”部分嵌入“过程描述”部分中，可能效果会更好。不过如果建议很多，或者数据的收集和分析过程不是几步就可以完成的事情，那么还是将这两个部分分开为好。

(6) 评价：创建量规来展示如何评价最终的成果。另外，教师还可以创建一个自我评价表，这样学生可以用于对自己学习的评价和反思。

(7) 总结：对将要完成或学习事物的简要总结。通过简短的一两句话，概述一下学生通过完成此 WebQuest 将会获得或学到什么。

6.3 基于问题的学习

6.3.1 问题与问题解决

问题解决（Problem Solving）是由一定的情景引起的，按照一定的目标，应用各种认知活动、技能等，经过一系列的思维操作，使问题得以解决的过程。提出问题是解决问题的先决条件。

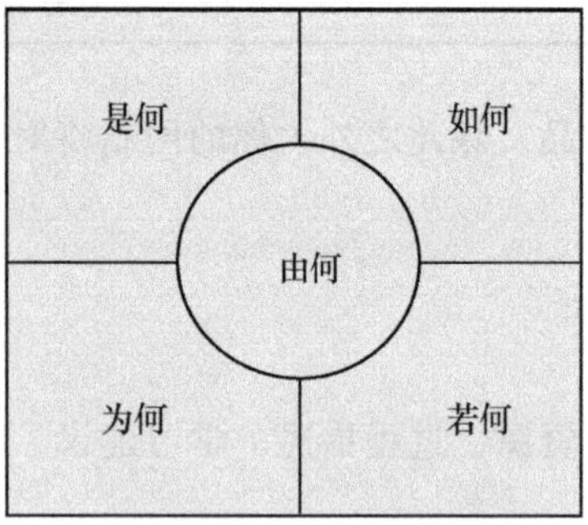

图 6-3-1 问题的五何分类图

在 Bernice McCarthy 的 4MAT 模式中，曾采用“四何”问题分类法：是何、为何、如何、若何。祝智庭教授将“由何”概念引入问题归类之中，形成“五何”分类法（图6-3-1）：

(1) 是何：通常指以 What、Who、When、Where 为引导，指向一些表示事实性内容的问题。这类问题主要涉及事实性知识的回忆与再现，或者是通过说明、解说、转述来阐明某种事实性的意义，它的解决通常对应着获取事实性的知识。

(2) 为何：通常指以 Why 为引导，指向一些表示目的、理由、原理、法则、定律和逻辑推理的问题。这类问题侧重于探寻事物之间，以及事物内部各部分之间的原理和逻辑关系，以便对事件、行为、观点、结果等进行合理的解释和推理。这类问题的解决通常对应着获取原理性的知识。

(3) 如何：通常指以 How 为引导，指向一些表示方法、途径与状态的问题。这类问题主要侧重于关注各类过程与活动中事关技能、流程性的知识解答，通常蕴含于人们的技能与实践流程之中。这类问题的解决通常对应着获取策略性的知识。

(4) 若何：通常是以 If…then…为引导的，指向一些表示条件发生变化，可能产生新结果的问题。这类问题侧重于要求学习者推断或思考，如果原有问题或事件的各种要素和属性发生了相应变化，会产生什么样的新问题和新结果。若何类问题复杂多变，易于产生思维迁移，通过解决若何问题，易于使学习者获得创造性的知识。若何问题包括两类典型：角色迁移——人物角色的换位迁移，其典型的映射是元认知相关的问题；情境迁移——事件的情境发生了变化。

(5) 由何：通常指以 From…引导的问题。由何问题的重要作用表现为，它可以作为情境（Context）的依附对象，强调与事物对象相关的各种情境要素的追溯与呈现。因此，在问题设计中，通常是把由何与其他四何问题进行融合设计，展示出相应的问题情境。

问题总是由问题情境引起的。问题情境就是在生活中出现在我们面前，使我们感到困惑又不能利用经验直接解决的情况。正是这种情境性才能促使我们进行思考，开动脑筋，并采取相应的策略去改变这种困境。问题解决的过程就是问题情境消失的过程。当一个问题解决之后，再遇到同类情境时就不会再感到困惑。

6.3.2　基于问题的学习案例

基于问题的学习是信息化教学的基本策略，基于问题的学习模式因此也成为信息化教学设计的经典方法。

环境问题

1）任务

（1）关键问题：人和环境之间如何进行相互协调？

（2）指定任务：研究以下的一个环境问题或者与你的老师对其中一个问题进行讨论。

①河水泛滥；

②含盐度；

③臭氧层；

④污染；

⑤土壤侵蚀；

⑥水质及水量；

⑦排水设备；

⑧废物管理与回收；

⑨海滩污染；

⑩垃圾；

⑪有毒废物。

2）说明

你在进行专题调查时应注意对以下几个方面的问题做出回答：

（1）主题：主题是什么？它涉及了什么内容？涉及了哪些人物？

（2）描述：问题发生在哪里？是否有相应的位置图？问题是什么？可否提供图解或草图？人们怎么看待这个问题？利益冲突是什么？

（3）解释：为什么会发生这个问题？影响了谁？为什么？它是如何影响国家/地域的自然/社会/经济系统的？为什么看待同一问题会有不同的观点？它是如何影响你我以及其他人的？

（4）措施：问题将如何解决？有什么可替换的解决方案？最有可能的结果是什么？为什么？

（5）反应：你怎么想？你将怎么做？你认为结果会怎样？你是否会通过自己或其他人对问题采取相应措施？如果会，你将采取何种措施？

3）展示

（1）写出你已完成的研究。

（2）以你的研究为基础准备一个班级演示文稿。

4）评价

（1）计划的依据（5 分）。

(2) 找到合适的信息(5分)。

(3) 做笔记(5分)。

(4) 研究的范围(5分)。

(5) 参考书目(5分)。

(6) 报告(5分)。

(7) 口头报告(5分)。

6.3.3 设计基于问题的学习

基于问题的学习能够促进学生的理解，支持有意义地投入学习。基于问题的学习的特点是，以拟真的问题引导学习者开展合作的、交互的、探究的学习任务，在基于问题的学习过程中，学习者的角色成为积极的探究者，通过对世界的探究，学习者能够“发现”问题的答案并且学会应用所学技能解决问题。在探究的过程中，学习者能够获得足够的支架，跨越自己的经验，解决更具挑战性的问题。学习者通过投入的学习，成为策略性的学习者，成为知识的建构者，成为合作的、终身的学习者。因此，基于问题的学习的主要特点可以概括为：以问题为学习导引，以活动展开学习过程，以信息技术提供学习支架。

1. 设计要点

1) 问题

问题实际上是学习目标的另一种表现形式，问题多是劣构的，包括三个子要素：

(1) 问题情境——情境是问题的主要部分(如真实情境下的学习、情景认知)。

(2) 问题呈现——问题必须有趣味性且具感染力，能够吸引学习者的注意(如真实情境下的学习、情景认知)。

(3) 问题解决空间——投入性的活动是进行有意义学习的一个重要组成部分。为了使学习者能够积极参与活动，学习者必须能操控一些活动(如创造一种产品、综合某些因素、做出决策)以及在某方面影响环境。问题解决空间有赖于建构主义学习环境的活动结构，必须提供一个真实世界的任务环境(微世界)模拟。对于学习者来说，简单地生成一个假设或试着去执行，然后论证这种观点，就足够了。

2) 相关的案例

为学习者提供与学习任务相关的经验(案例)，以此作为参考的途径。理解问题需要经验，这也正是初学者最缺乏的(如基于案例的学习和认知弹性理论)。

3) 信息资源

学习者在进行问题研究的过程中，需要信息来构建他们的智力模式，形成问题解决的假设，从而驱动问题解决活动。

4) 认知工具

在建构主义学习环境中，需要提供综合的、新颖的、真实的任务，学习者在完成这些任务的过程中需要支持。因此，要为学习者提供认知工具，以拓展学习者的能力，从而使学习者完成这些任务(如视觉化工具、静态知识呈现工具、造型工具、建构工具、绩效支持工具、信息收集工具)。

5) 合作交流工具

通过使用以计算机为介质的交流工具支持协作和交流，建构主义学习环境能培养和支持学习共同体，或者建立知识共同体。

6）社会/情境支持

提供适宜的环境和情境支持，从而影响建构主义学习环境的有效性。

为了有效地支持学习，在建构主义学习环境中，教学支持，如模仿、指导和支架是必需的。模仿（Modeling）以两种方式存在：显性的行为模仿、认知过程中隐性的认知模仿。指导（Coaching）是一个激发学习者的过程，分析学习者的行为，在学习过程中提供反馈以及调节学习者关键技能的发展（激励、激发、唤醒焦虑水平）。支架（Scaffolding）是一种支持学习者学习的系统方法。

2. 基于问题的学习设计模板①

信息化教案标题

一、学科领域

本教案所适用的学科领域。如果在教案中涉及多个学科，建议不要超过四门学科。

二、适用年级

本教案所适用的学生年级，建议不要跨度过大。

三、教学/学习内容概述

在此处对学习内容进行简要的概述，如果涉及角色扮演等，还应在此处设置情境。

四、学习目标/学习成果

先要写上一两句话，概述学生通过此次学习将会获得或学到什么。然后清晰明了地描述学习者行为的最终结果将是什么。这些最终结果可以是：

①学到了一系列知识；

②解答了一系列问题；

③培养了高级思维能力和信息处理能力；

④总结了所创建的事物；

⑤阐明并为自己的立场进行了辩护；

⑥进行了具有创意的工作；

……

五、学习过程

学生将遵循哪些步骤才能完成任务？这一部分是教案的关键所在。一定要使这些步骤简明清晰。你还可以在此处为学生提供一些建议，以帮助他们组织所收集到的信息或发展高级思维能力。“建议”可以采用由复选框组成的问卷形式，其中的问题旨在分析信息或提请对要考虑的事物的注意。如果有必要，可以在此处考虑对不同层次学生的个别化教学问题。

（1）第一步……

（2）第二步……

……

六、所需材料及资源

利用这一部分点明可以被学习者用于完成任务的材料或参考网址（建议在每个网址后写上一句话简要介绍通过该网址可以获得的信息）。

---

① 资料来源：http://www.intel.com/education/teachtech/lessonplan/index.htm。此模板是在Intel Teach to the Future的单元计划模板的基础上改造而成的。

七、评价方法或工具

创建量规、自我评价表或其他评价工具，以便使学生知道他们将如何被评价。

拓展阅读

拓展阅读1　网络协作学习

随着人们对教育和学习内涵的理解不断深入，协作学习（Cooperative Learning，简称CL，也称合作学习）受到越来越广泛的重视，学会协作已成为21世纪教育的四大支柱之一。黄荣怀教授将协作学习定义为："协作学习是学生以小组形式参与、为达到共同的学习目标、在一定的激励机制下最大化个人和他人习得成果，而合作互助的一切相关行为。"与此同时，计算机及网络技术迅速发展，在教育教学中的应用也引起了人们的普遍关注，计算机支持的协作学习（Computer Supported Cooperative Learning，简称CSCL）正是代表了这两种趋势的汇合点，即一种新的协作学习方式与普遍渗透于社会的计算机技术的汇合。

协作学习包含五个基本要素：正互赖（Positive Interdependence），面对面的促进性交互作用（Face-to-Face Promotive Interation），个人责任（Individual Accountability），社交技能（Social Skills），小组自加工（Group Processing）。

从学习者角度来讲，协作学习行为应该包括下列五个方面的内容：明确任务和学习目标、团体设计、成员设计、进行作业、总结性评价。

网络协作学习设计模板

1. 明确任务

这一阶段是整个方法的关键，主要内容是教师根据一定的前测信息对学生进行分组，并创设问题情景，指导学生选择研究课题。在这一阶段中，主要内容有：

1）分组

教师在分组之前有必要进行学习者特征分析，从学习者的认知能力、知识水平、学习方式等几个方面采集资料。根据研究课题、资源环境的不同，采取异质分组，使小组成员在性别、成绩、能力方面具有一定的差异，具有互补性。

2）训练社交技能

社交技能是协作学习的五要素之一。社交技能不仅可以提高成绩，还有助于在小组成员之间建立更深入的互利关系。教师可以对学生进行一些基本的社交技能的训练，增强学生个体之间的沟通能力，使学生之间能够相互信任和支持，建立正互赖的协作关系。

3）创设问题情境

网络协作学习的一个关键是对研究课题的选择，因此教师要为学生创设一定的问题情景，使学生积极思维，能够从中找出有意义的研究课题。同时，教师也应当注意使学生的研究课题能够细化为若干个子任务，以便于以后协作学习的开展。

4）明确任务和学习目标

学生在接受教师的分组、确定研究课题后，应当明确集体共有的目标是什么，成功的评判标准是什么。即学生对于所选的研究课题，要明确经过研究调查，最后能得出什么结果或结论。

2. 小组计划

从分组到任务学习需要经过一个准备阶段，使学习者融入协作小组当中。协作小组在明确了任务目标后，小组成员要一致对研究课题进行讨论，设计小组工作的进程、规则，并为每个人分配相应的角色，明确每个成员的任务职责，将成员个人的成果和小组的成果统一起来。

问题分解：研究课题包括哪些内容，需要做哪些工作，将课题细分成若干个相互独立的子任务，制定出小组的工作计划安排、规则。

角色分配：为每个小组成员分配相应的角色。学生要明确自己、他人以及整个协作小组的目标，了解自己以及他人所扮演的角色。

个人责任：协作学习的目的是使每个小组成员以其自己的方式成为一个更强的个体，而个人责任是确保这一点的关键。因此，每个小组成员都要承担部分工作，明确自己的工作与小组的成绩是息息相关的。

协作环境：协作学习是在一定的情境中进行的。良好的协作学习环境有利于提高协作学习的效果和效率。协作环境是为协作小组共同学习准备的，并不是独立的个人化的环境。因此，教师必须创设这样的协作学习环境，包括协作小组工作、交互的空间，协作小组成员完成任务所需的一切可利用或可获得的资源。

教师指导：向学习者呈示或介绍相关资料，并对学习者进行必要的培训，使他们能够正确地、充分地使用各种相关工具、资源。

3. 协作学习

这一阶段的主要内容是：收集资料、获取信息；对资料进行加工处理；在小组内发布成果。这是学生协作研究的实施阶段，在这一阶段，根据学生研究课题和研究方法的不同，协作也有不同的协作内容和协作形式。协作的基本手段是问题解决和角色之间的交流。在组织与实施协作研究的过程中：

(1) 教师是组织者、观察者和指导者，学生是协作研究的主体。

(2) 在协作研究的过程中，教师也可以参与交互，但只是作为辅导者。

(3) 小组成员之间要保证有充分的交互，充分的交互是协作学习成功的一个必要条件。对于小组的工作，也要进行必要的讨论和修改。明确小组成员的哪些活动是必要的，哪些是不必要的；小组的哪些活动可以继续，哪些需要修改，最终提高小组成员的工作效率。

(4) 教师要指导学生的协作活动，引导学生采用多种协作手段，鼓励学生进行交流。教师在学生活动中的作用是相当重要的。教师必须及时地对学生活动给予相应的反馈，促进学生之间的协作。

4. 成果汇总

协作小组以小组名义展示研究成果，并汇报小组完成任务的情况，包括小组各成员的贡献的描述。具体内容包括：

(1) 小组成果展示。

(2) 小组活动的计划任务安排。

(3) 小组各成员是如何完成自己任务的。

(4) 小组是怎样开展协作活动的。

5. 最终评价

评价根据所提出的评价标准，针对不同的评价对象和评价主体，采用不同的形式进行评价。根据评价内容，大致有以下几项评价：

(1) 对总的研究过程情况的评价。

(2) 对协作小组完成任务情况的总体评价。

(3) 对协作小组内部各成员完成相应角色任务情况的评价。

(4) 对协作小组总的协作行为的评价。

根据评价主体、形式不同，评价过程应包括以下几项内容：

(1) 所有学生对自己完成任务情况做出自评。

(2) 小组内部不同角色之间进行互评。

(3) 各协作小组对自己小组完成任务情况做出自评。

(4) 各协作小组之间对小组完成任务情况做出互评。

(5) 教师对所有学生的表现分别进行评价。

(6) 教师对各协作小组的表现分别进行评价。

(7) 教师引导学生或教师本人对总的协作式研究性学习活动情况进行总结性评价。

拓展阅读 2　问题设计

1. 问题“五何”分类法举例

(1) 是何：苹果是什么种类的植物？它的外形是什么样的？(果树，圆形)

(2) 为何：为什么苹果熟了后会从树上掉到地上？(万有引力定律)

(3) 如何：怎样知道一个苹果的质量？(弹簧秤或天平称质量/质量的使用方法)

(4) 若何：在没有大秤或起重机，而只有船和石头的情况下，怎样知道一头大象的质量？(曹冲称象的创造性解决方法。注：这个若何问题中暗含了由何情境。)

(5) 由何：万有引力的典故是从哪里来的？(牛顿发现万有引力的故事)

2. 问题设计通用模板（表 6-4-1）

表 6-4-1　问题设计通用模板

由何	是何	如何	为何	若何
识记				
理解				
应用				
分析				
综合				
评价				

如表 6-4-1 所示，横向维度（是何—如何—为何—若何）分别代表着问题所指的知识的类型；纵向维度（内容—单元—基本；老—新—难；识记—理解—应用—分析—综合—评价）分别代表着知识的认知程度；斜方向切入的“由何”则为整个教学问题集的设计提供了情境化的导向。由此设计模板为导向的教学问题集设计，能有效地保证问题类型的系统性和情境性，以及学习者对主题单元内容的认知广度和深度。

3. 问题设计注意事项

在基于问题的学习模式中，问题的设计是最为重要的部分。问题的设计应注意：

(1) 基于问题的学习直接从实际问题入手来组织教学，把学科知识隐含在问题的解决过程中，让学科知识为培养解决实际问题的能力服务。

（2）问题是基于问题的学习的核心，问题设计必须能引出与所学知识领域相关的概念、原理或事实，问题设计要精，能举一反三、触类旁通。

（3）问题设计应该具有一定的复杂性，考虑选取一些劣构开放和真实的问题，并让学生直接接触原创性的问题，从而能够在学习者的经验世界中产生共鸣。

（4）问题设计要具体考虑学习目标以及学习者的知识、技能水平和动机态度等因素，即符合学生的知识背景、思想现状和思维特点。

（5）问题设计应该贴近学生的生活情境。教师要敏锐观察学生世界，因为他们的生活经验和成年人有所不同。

（6）问题设计要有适当的难度和梯度。教师要考虑如何站在稍稍超前于学生智力发展的边界上（邻近发展区），通过提问来引导思维，既要让学生有成功的可能，同时更要具有引发进一步思考的价值。例如，一些能引起认知冲突的问题，能引起争论的问题，或一些能将认知引向深层次的后续问题等。

（7）问题设计的针对性要具体明确，避免出现问题大而无当、内涵外延不明确等现象，以致学生无从下手。

（8）在新旧知识的连接点上设计问题，是联系旧知引出新知的有效方法；在知识的拓展处设计问题，也是培养学生的发散型思维能力的好时机；在知识的难点重点处设计问题，也是提高教学效果的方法。

（9）基于问题的学习中的问题设置是为了完成课程目标、培养学生的知识和能力，绝不可为问题而问问题，流于形式，耗费时间。

训练 1：头脑风暴

说明：在信息化教育中，要求教师具备进行信息化教学设计的能力，这也是本模块将要涉及的内容。在这个活动中，你将与同学们以小组形式（4～5 人为宜）研究本章提供的信息化教案范例中所提供的某一范例，并尽量归纳出信息化教学的特点。

1. 了解活动如何进行

全班同学将以小组形式完成此次活动，每个小组的人数为 4～5 人。在按照要求研究了教师指定的范例后，小组将指派代表上台按照下面评价的要求介绍该教案。

小组的讲解将从以下几个方面被评价：

（1）讲解时间不超过 10 分钟（1 分）；

（2）清晰明了地讲解了该教案的整个学习过程（5 分）；

（3）恰当地概括了该教案的特点（4 分）；

（4）加分：主动发言（0.5 分）；

（5）加分：归纳出信息化教学特点（0.5 分/个）；

（6）加分：提出令人信服的修改建议（1 分）。

2. 小组研讨

以小组方式针对教师指定的教案进行研究，注意考虑评价中所涉及的各个事项，并从以下几个方面考虑信息化教学的特点：①学习结果；②目标制定者；③教学策略；④教师角色；⑤学生角色；⑥评价；⑦形式；⑧教学周期；⑨教学模式。

提示：考虑时应与传统的教学设计相比较，并从中得出结论。讨论也可以课前在虚拟社区中进行。

3. 讲解与评价

小组选派代表上台讲解，班上的其他同学对他的讲解按照第一步中的评价标准进行评价，给出分数。

4. 总结信息化教学的特点

根据刚才同学们的讲解，全班同学共同总结信息化教学的特点。

训练 2：学习信息化教学设计

说明：在这段时间里，教师将会向学生介绍信息化教学设计的特点、基本原则、评价标准，以及典型开发模式的有关情况。在此过程中，请关注以下问题：

（1）信息化教学设计的特点有哪些？

（2）信息化教学设计的基本原则是什么？

（3）从哪些方面来评价一个信息化教学设计是否成功？

（4）一个信息化教案计划包一般包含哪些内容？

训练 3：访问 Intel 未来教育网站

Intel 未来教育的网站 http://www.teachfuture.com.cn/提供了参加过英特尔未来教育培训的中小学教师的信息化教学设计案例。访问这个网站，从中选出两个你认为有参考价值的信息化教案，并将其中的单元计划包下载到本机上进行仔细研究。

在研究过程中，请关注这些问题：单元计划包是如何组成的？各文件夹中分别放置了什么文件？技术在其中起到什么作用？

应用与思考

设计自己的信息化教案模板

说明：信息化教案及其相应的电子支持文件（即单元计划包）是本课程的重点考查内容，信息化教案的设计以及单元计划包的制作将贯穿整个后续学习。学习并研究本章提供的三个信息化教案模板中所提供的三个模板，并考虑以下问题：

1. 这几个模板各有什么特点？
2. 你的信息化教案模板包括哪些部分？
3. 你的信息化教案主题是什么？
4. 你的信息化教案的学习目标是什么？

单元7　信息化教学评价

学习目标

◎ 了解教学评价的分类及功能。

◎ 了解信息化教学评价的特点。

◎ 学会利用信息化评价工具进行教学评价。

信息化社会中需要具有信息处理能力的、独立的终身学习者，这样的培养目标对教学的方方面面都提出了新的挑战，作为教学中的重要环节——教学评价也不例外。本单元重点介绍信息化教学评价的特点、评价工具及评价方法。

7.1　信息化教学评价概述

1. 关于教学评价

教学评价是依据教学目标对教学过程及结果进行价值判断并为教学决策服务的活动。教学评价是研究教师的教和学生的学的价值的过程。教学评价一般包括对教学过程中教师、学生、教学内容、教学方法手段、教学环境、教学管理诸因素的评价，但主要是对学生学习效果的评价和教师教学工作过程的评价。教学评价的两个核心环节：对教师教学工作（教学设计、组织、实施等）的评价——教师教学评估（课堂、课外）；对学生学习效果的评价。评价的方法主要有量化评价和质性评价。

1）教学评价的类型

根据评价在教学活动中发挥作用的不同，可把教学评价分为诊断性评价、形成性评价和总结性评价三种类型。

（1）诊断性评价。诊断性评价是指在教学活动开始前，对评价对象的学习准备程度做出鉴定，以便采取相应措施使教学计划顺利、有效实施而进行的测定性评价。诊断性评价的实施时间，一般在课程、学期、学年开始或教学过程中需要的时候。其作用主要有二：一则，确定学生的学习准备程度；二则，适当安置学生。

（2）形成性评价。形成性评价是在教学过程中，为调节和完善教学活动、保证教学目标得以实现而进行的确定学生学习成果的评价。形成性评价的主要目的是改进、完善教学过程，步骤是：

①确定形成性学习单元的目标和内容，分析其包含要点和各要点的层次关系。

②实施形成性测试。测试包括所测单元的所有重点，测试后教师要及时分析结果，同学生一起改进、巩固教学。

③实施平行性测试。其目的是对学生所学知识加以复习巩固，确保掌握并为后期学习奠定基础。

（3）总结性评价。总结性评价是以预先设定的教学目标为基准，对评价对象达成目标的程度即教学效果做出评价。总结性评价注重考查学生掌握某门学科的整体程度，概括水平较高，测验内容范围较广，常在学期中或学期末进行，次数较少。

2）教学评价的功能

教学评价对教学具有明显的促进作用，具体体现在以下几个方面：

（1）导向功能。按照教育方针，课程计划规定的学校培养目标，各科教学大纲规定的教学目的、任务、内容，是教学评价的基本依据，它们是通过教师的教和学生的学的具体活动实现的。在评价过程中，把师生的活动分解成若干部分，并制定出评价标准。根据这些标准判定师生的活动是否偏离了正确的教学轨道，偏离了教育方针和教学目标，有无全面完成各科教学大纲规定的目的和任务，从而保证教学始终沿着正确的方向发展。教学评价有利于各级各类学校端正教学指导思想和办学方向。

（2）鉴别和选择功能。教学评价可以了解教师教学的效果和水平、优点、缺点、矛盾和问题，以便对教师进行考查和鉴别。这有助于学校和教育行政领导决定教师的聘用和晋升，有助于在了解教师状况的基础上，安排教师的进修与提高。教学评价能对学生在知识掌握和能力发展上的程度做出区分，从而分出等级，为升留级、选择课程、指导学职业定向提供依据，为选拔、分配、使用人才提供参考。同时，也是向家长、社会、有关部门报告和阐释学生学习状况的依据。

（3）反馈功能。通过教学评价，能使教师和学生知道教学过程的结果，及时地提供反馈信息。反馈信息在教学中具有重要的调节作用。信息工程学表明，只有通过反馈信息来调节行为，才有可能达到一定的目标。教师获得评价的反馈信息，能及时地调节自己的教学工作，能使教师了解自己的教学方法和教学过程组织中的某些不足，诊断出学生在学习上存在的问题与困难；可使教师明确教学目标的实现程度，明确教学活动中所采取的形式和方法是否有利于促进教学目标的实现，从而为改进教学提供依据。学生获得反馈信息，能加深对自己当前学习状况的了解，确定适合自己的学习目标，从而调整自己的学习。此外，还能起到激发学生学习动机的作用。研究表明，经常对学生进行记录成绩的测验，并加以适当的评定，可以有效地激发并调动学生的学习兴趣，推动课堂学习。

（4）咨询决策功能。科学的教学评价是教学工作决策的基础。只有对教学工作有全面和准确的了解，才能做出正确的决策。例如，1981 年美国教育部组织了一次历经 18 个月的教育评价活动。教育部在教学方面评价后，明确指出：由于学校课程平淡，学生学习时间短，鼓励学生学习的措施减少，教学质量下降，培养出越来越多的庸才。教育部对教学工作的这个评价结果，在美国引起了强烈反响，50 个州对学校教学进行了决策，采取了以下措施：提高教学要求，延长学生学习时间，改革课程设置、教学内容和方法，有计划地培训教师，提高教师水平。教学决策实践表明，任何科学的教学决策都是建立在教学评价提供的具有说服力的评价结果基础上的。

（5）强化功能。教学评价可以调动教师教学工作的积极性，激发学生学习的内部动因，维持教学过程中师生适度的紧张状态，可以使教师和学生把注意力集中在教学任务的某些重要部分。实验证明，适时地、客观地对教师教学工作做出评价，可使教师明确教学中取得的成就和需要努力的方向，可促使教师进一步地研究教学内容、教学方法，以提高自己的教学水平。对于学生来说，教师的表扬、鼓励、学习成绩测验等，可以提高学习的积极性和学习效果。同时，评价能促进学生根据外部获得的经验，学会独立地评价自己的学习结果，即自我评价。自我评价有助于学生成绩的提高。

(6) 竞争功能。教学评价尽管不要求排名次等级，但其结果的类比性是客观存在的。如通过学生的学习成果评价，就能引起任课教师之间、学生之间、班级之间、学科之间的横向比较，从而了解教师、学生、本班、本学科的优势和劣势，看到差距，认识到自己在总体中的相对地位，客观上能起到竞争的作用。

2. 信息化教学评价与传统教学评价的比较

为了达到信息化教育的培养目标，其教学评价必须要与各种相关的教学要素相适应，从而也必然与传统的教学评价有所不同，其区别可以概括为以下五点。

1）评价目的不同

传统的教学评价侧重于评价学习结果，以便给学生定级或分类。评价通常包含根据外部标准对某种努力的价值、重要性、优点的判断，并依据这种标准对学生所学到的与没有学到的进行判断。为了评价学习结果，传统的评价往往是正规的、判断性的。而在信息化教学中，评价是基于学生表现和过程的，用于评价学生应用知识的能力。关注的重点不再是学到了什么知识，而是在学习过程中获得了什么技能。这时的评价通常是不正规的、建议性的。

2）评价标准的制定者不同

传统评价的标准是根据教学大纲或教师、课程编制者等的意图制定的，因而对团体学生的评价标准是相对固定且统一的；而信息化教学强调学生的个别化学习，学生在如何学、学什么等方面有一定的控制权，教师则起到督促和引导的作用。卡赛特和詹特里甚至建议使用名词“学生控制的教学”（Iearner Controlled Instruction）来代替这种以学为中心的教学，学生所“控制”的要素中也包括对“评价”的控制。为此，在信息化教学中，评价的标准往往是教师和学生根据实际问题和学生先前的知识、兴趣和经验共同制定的。

3）对学习资源的关注不同

在传统教学中，学习资源往往是相对固定的教材和辅导材料，因而对学习资源的评价相对忽视，往往只是在教材和辅导材料等成为产品前，才有特定学生与教师所实施的检验或实验性质的评价出现。而在信息化教学中，学习资源的来源十分广泛，特别是互联网在学习中的介入，更使学习资源呈现了取之不尽之势。然而这些资源的质量跨度是很大的，有一流的精品，也有纯粹的垃圾。在这种情况下，如何选择适合学习目标的资源不仅仅是教师的重要任务，也是学生终身学习所要获得的必备能力之一。因而，在信息化教学评价中，对学习资源的评价受到更广泛的重视。

4）学生所获得的能力不同

在传统的教学评价中，学生的角色是被动的。他们通过教师的评价被定级或分类，并从评价的反馈中认识自己的学习是否达到预期。然而，在信息化社会中，面对不断更新的知识，指望他人像传统教学中的教师一样适时地对自己的学习提供评价是不可能的。因而，作为一个合格的终身学习者，自我评价将是一个必备的技能，培养学生的这种技能本身就是信息化教学的目标之一，也是评价工作的任务之一。

5）评价与教学过程的整合性不同

在信息化教学中，培养自我评价的能力和技术本身就是教学的目标之一，评价具有指导学习方向、在教学过程中给予激励的作用，正是由于有了评价的参与，学生才有可能达到预期的学习效果。因此，评价是镶嵌在真实任务之中的，评价的出现是自然而然的，是一个进行之中的、嵌入的过程，是整个学习中不可分的一部分。应该指出的是，虽然信息化的教学评价与传统教学评价有种种不同之处，但在应用上并不是对立的。

3. 信息化教学评价的原则

在信息化教学中，以下一些评价原则将有助于达到评价目的，进而实现整个教学的目标。

1）在教学进行前提出期望达到的目标

在信息化教学中，学习的任务往往是真实的，而学生又具有较大的自主权和控制权。为避免学生在学习过程中迷失，在教学进行前，预先通过提供范例、制定量规、签订契约等方式可使学生对自己要达到的目标有一个明确的认识。这样一来，学生们就会主动地使自己的工作与任务的预期要求看齐。

2）评价要基于学生在实际任务中的表现

在信息化教学中，教学的组织者要尽可能地从“真实的世界”中选择挑战和问题，并在评价时关注学生在实际任务中所表现出来的提问的能力、寻求答案的能力、理解的能力、合作的能力、创新的能力、交流的能力和评价的能力。评价的重点要放在如何使学生的这些能力得到发展和提高上，而不仅仅是判断学生的能力如何。

3）评价是随时并频繁进行的

信息化教学中的评价的目的是衡量学生的表现与教学目标之间的差距，进而改变教学策略，或者要求学生改变他们的学习方法或努力方向。因此，它应该是随时并频繁进行的。事实上评价是促进整个学习发展的重要工具。

4）学生对评价进程和质量承担责任

学生应该知道如何回答与解决“需要解决的问题是什么”、“我们怎样才能知道自己已经取得了进步”、“我们如何能得到提高”、“我们怎样才能达到优秀”等问题。因此，要鼓励学生进行自评与互评，并使他们对评价的进程和质量承担责任。

7.2 信息化教学评价工具的设计

7.2.1 电子学习档案袋的设计

1. 电子学习档案袋概述

“电子学习档案袋”，简称“电子档案袋”或“电子学档”。电子学档是在学档的基础上发展而来，是学档的电子化。国外一般将电子学档称为 Electronic Learning Portfolio 或 Digital Learning Portfolio、E-Learning Portfolio。其实三种说法在本质上并无区别，国外使用最多的是 Electronic Learning Portfolio 或 Digital Learning Portfolio。电子档案袋和数字式档案袋两个概念往往被当做同义词使用，不过两者略有区别：电子档案袋装有的作业制品也许以模拟式录像带的形式存在，也许以一种计算机可读的形式存在；在数字式档案袋中，全部典型制品都已经转换成了计算机可读的形式。电子档案袋具有低存储空间、可长时间保存、管理便捷等特点，随着信息技术的发展和普及，其在教育教学中的研究和应用也日益广泛。

根据以上分析，电子档案袋（E-Portfolio）是一种能记录学生成长过程的网络工具，它记录了一个人完整的成长过程，主要包括个人履历、主要作品、评价（课程评价、自我评价、他人的评价）、学习过程记录、反思、评价等。具体来说，如学习过程、主要包括登录次数、网上学习时间及时间的分配、活动记录（发表帖子的数量和质量）、退出学习页面的记录、小组间的协作过程记录（交流的时间、频度和个人贡献等）。

2. 电子学习档案袋内容

电子学习档案袋是基于信息技术的一种学生知识、技能、学习过程的数字化表达方式，因此，从评价要求出发，电子学习档案至少应该包括：学习目标；作品选择的原则；明晰的作品评价标准；教师反馈与指导；学生自我反思；好作品的范例。

3. 电子学习档案袋评价特点

电子学习档案袋评价的主要特点可归纳为以下几点。

(1) 是基于现代信息技术的学习档案袋评价，具有数字化表达形式和开放性的特点。

(2) 是学习者独立思考和创新学习活动，具有学生自主性创作和创新性思维构思的特点。

(3) 把学生看作一个全面发展的人，具有明显的人文特征。

(4) 把学习看成一个整体，把评价嵌入整个学习过程，具有过程性评价的特点。

(5) 评价主体多元化，评价角度多元化，评价具有多元性。

(6) 提供了详细而真实的资料，评价具有真实性。使用电子学习档案袋评价使学生的学习和反思相结合。它的一个主要价值，在于使学生学会自己判断自己的进步。学生们清楚地知道对他们的期望是什么。学生成了所提交内容质量和价值的最终仲裁者。这种评价方式和课堂教学具有相容性，这种学习和反思的结合十分有利于学生的成长，这是使用电子学习档案袋评价的主要特点。

4. 电子学习档案袋的平台

使用电子学习档案袋的前提是架设操作平台。要根据不同平台方案的优缺点，并结合自身技术水平及物质条件来选择合适的电子学习档案袋平台。最简单的就是使用文件传输（FTP）服务器。安装服务器后，使用给定的用户名和密码，就可以登录到指定的服务器进行资料传输。按照权限设置，用户可以在自己的私有目录下进行上传和下载的读写操作，还可以对其他人的目录进行只读的浏览操作，使用起来如同资源管理器一样，操作方便。缺点是功能比较简单，并且不能在其他用户目录内传输内容（如发表评论），基本上只适合保存搜集到的以文件形式存储的资料。

博客（Blog），这种形式的主体内容是由不断更新的反映自己所思所得的众多“帖子”组成的。典型代表是“教育博客”，非常适合记录个人教育、学习的经历和思想变化。博客属于典型的Web2.0应用形式，对使用者的技术要求比较低，可以说只要会录入就可以使用；同时因国内各大网站纷纷提供免费的博客空间，因而在国内比较受推崇。但博客通常只适合单人使用，如果是若干人结为一个小组共同研究某个课题，则操作不太方便，因为只能使用同一个用户名和密码，在管理方面非常容易出现问题。如果组内每个成员各自申请自己的博客，虽然可以解决密码泄露或遗失的问题，但是又使得组内成员各自为政，自成一家，常常出现一份资料同时转载在多个网站的重复现象；此外，如果要汇集该课题的所有资料，则需要单独访问各个成员的博客，无形中带来了很多麻烦。

Wiki的协作性使得它非常适合进行合作课题的研究。如果用作电子学习档案袋平台，为克服各人资料混杂的缺点，可以在一个总页面中设置分页面链接到组内各成员的独有的页面，既能体现合作，又能保留个性。

内容管理系统（CMS）近来也得到了广泛的应用，许多站点纷纷用它做站点的基础构架。使用中一般把用户分为系统管理员、专栏管理员和参与者三种角色。系统管理员可以随时增加、修改专栏栏目；指定的专栏管理员负责管理专栏栏目，也就是开展某一类活动，还可以根据情况更进一步划分出构成该活动的具体子项目；参与者经专栏管理员批准后，随时可以将自己的作品添加上去（提交作品），并可以随时修改已经发表过的内容，直到满意为止。内容管理系统最大的特点就是可以随意增加、修改文章，而且操作简便，对用户的技术要求也不高，基本等同于博客或 Wiki。据专家预测，内容管理系统的使用会逐渐得到普及。

5. 电子学习档案袋教学应用策略

1）对学生进行前期培训

在过程性评价实施前对学生进行相应的思想教育和培训是很有必要的。培训内容包括平台的使用方法及评价的标准，使学生明确记录的目的和意义，培养学生记录学习过程的积极性和主动性。

2）收集学生学习过程的相关资源及作品

在学习过程中，学生根据学习目标和学习内容规划自己的档案袋结构，并通过评价系统创建各类文件夹，持续地将相关的学习资料及作品上传到文件夹中。例如，在高中信息技术必修模块“多媒体信息的加工与表达”的学习中，教师给学生布置了制作“佛山粤剧节”多媒体作品的任务，学生在放置学习资料的“资料收藏夹”里创建了“佛山粤剧节”的文件夹，并将通过网络收集到的相关文字、图片、声音、视频等素材，以及对资料进行初步处理后的各类文件存放在文件夹里，最后将各类素材用 PowerPoint 制作成多媒体作品，上传到收藏个人作品的“作品收藏夹”中。其他章节也采取同样的方法，到了学期末学生就积累了整个学期所有学习内容的各类学习资料及作品。这种动态的、基于网络的资源收集过程为开展过程性评价提供了依据。

3）收集学生的计划和反思记录

新课标鼓励学生自我反思，并强调学生规划能力和反思能力的培养，制作电子学习档案袋可以让学生积极地做学习计划和进行反思，并收集反思记录。反思的内容包括个人学习方法是否得当、个人作品存在的优缺点、信息道德与行为规范的遵守情况等。

电子学习档案袋为学生提供了观察学习和成长过程的重要依据，同时也给学生的反思提供了物质依据。学生可以根据自己档案袋中不同阶段的作品体会自己的进步，可以从计划表中了解自己的学习计划和任务的完成情况，也可以通过反思记录对问题进行梳理，寻找问题的原因，回顾自己的情感态度与价值观的变化等。

4）协作交流

在学习过程中，教师和学生充分利用网络进行讨论交流、留言和文件公示，以方便教师做课堂和课外的个别辅导，让师生间的交流协作变得更为便利。教师可以对平台上学生发布的疑问进行解答，对作品进行评价并提出修改意见，对学生的反思内容进行指引。

5）开展多样性评价

评价主要采用质性评价与量化评价相结合的多主体评价方式。评价主体包括教师和学生，他们通过评分系统对学生的学习过程、学习态度等不同项目进行评分和写评语，系统会根据用户所选等级转化成相应的分数。学生成绩由“自我评价”、“小组评价”和“教师评价”的分数组成。

6）收集学生学习过程的成绩

通过评价系统保存的个人不同时期的成绩及评语，学生可以清楚地看到自己在不同阶段所取得的成绩及评语，从而分析自己取得的进步。电子学习档案袋为学生进行交流共享和反思活动提供了支持环境，学生不但可以上传、查看、修改、整理作品和相关资料，而且可以从平台上了解教师和同伴对自己的评价，甚至回顾自己不同时期的评价。由于这个支持环境的存在，学生的记录反思活动也突破了时空限制，其信息的存储、归类整理和交流传递等突出优点是传统手段无法比拟的。学生不但利用网络在围绕问题解决的过程中，记录了其信息素养的形成过程，并进行过程性评价，更培养了他们的问题解决能力、自我评价能力、交流协作能力及反思能力。

7.2.2 评价量规的设计

评价量规（rubric）是一个真实性评价工具，它是对学生的作品、成果、成长记录袋或者表现进行评价或者等级评定的一套标准。同时也是一个有效的教学工具，是连接教学与评价的重要桥梁。

1. 量规类型

1）核查表

最简单的量规类型是核查表，它是一个包含了学生表现的各种特征的简单列表。它们通常用“是”或“否”来判断，或提供一个地方给评价者做记号以表明某种特征的出现。它没有制定关于表现质量水平的判断，这些特征或特性可能呈现出来，也可能不出现。当评价简单的表现时，如同伴观察或学生自我观察，核查表是很有用的。它们也可以用于评价学生日志，因为日志不要求教师对日志内容的质量做出判断，而是要看学生是否按照教师提供的写作提示，表达了真情实感。

核查表相对比较容易编制，也比较容易管理。它们很容易被理解（表上呈现了评价内容的几个特征），因为核查表常用于及时评价，所以也要求简洁紧凑。它们对过程或表现质量（如关键要素）的评价是非常有用的。

运用核查表时，应注意的第一个问题是，核查表上的所有元素都是同等重要的，因为它没有用某种方法表明所评价的内容的这个特征比另一个特征更重要。运用核查表时应注意的第二个问题是，在最初的学习阶段，没有一种方法能表明哪一个特征会最早出现，除非在表现性评价标准中规定了要有某一个特征的呈现，否则哪个特征最先被检查核实，我们一般无从知晓。最后，核查表几乎不可能用来评定分数等级，因为对于教师来说，只有有了能够严格区分不同能力的每一条评分标准，才能判断学生的分数等级。

2）分值系统

另一种量规类型是分值系统。它很像一个核查表，但一个重要的区别是，描述的每一条评分指标都分配了具体的分值，评价者能通过给予更多的分值来表明哪一条评分指标更重要。

如果和核查表相结合，分值系统量规是很容易编制的。因为每条评价细目都指定有分值，所以分值系统量规能用来评定分数等级。描述的每一条评分指标哪一条更重要，能通过赋予更多的分值而得到强调。

当教师运用分值量规评定其中某个特征每条指标的得分时，如果没有描述依据怎样的表现得到某一具体的分值，分值系统量规的运用就会出现问题。当试图开发一个更清晰的评价时，教师可能会凭着经验列出几个包含在被赋予分值的表现特征之下的组成部分，如果漏掉某一特征之下的某些要素，教师在标示那个特征的分值时，就已经出现了问题。避免这一问题的方法是采用教师团队的形式，集体开发评分量规。

3）分析性量规

分析性量规与核查表和分值系统量规不同。它要求评价者对描述的每一条评分指标的质量做出判断。以前，只有当某个特征完全展示出来才给予评分，但现在，只要一个特征和特性的基本面貌呈现出来就可以给予评分了。因为对所描述的每一条评分指标的呈现程度做出判断太费时间，所以一些特征通常采用分析性量规。分析性量规有两种类型：定量的分析性量规和定性的分析性量规。定量的分析性量规用数量表示所描述的每一条评分指标的呈现程度，这个数量应当用词和短语来界定，这样，这个数量就更有意义，关于这个数量表示什么能给评价的人一些暗示，这样也就能提高可靠性。定性的分析性量规用言语描述不同的水平，虽然任何水平都能用数字描述，但通常这只是一个数字。而运用定性的分析性量规，评价者被迫对表现质量的水平做出决定，而不是简单地判定中间分数。

分析性量规在形成性评价中是非常有价值的，学生能看到它们的表现是怎样被当作所描述的每一条评分指标评定的。这种描述和定性的分析性量规结合，能提供给学生提高学习水平的机会，让他们看到进入下一个水平必须做什么。因为学生知道评分的标准，他们能进行自我评价，这样通常能激励学生努力学习，进入高一级水平。

但分析性量规很难用于评定分数等级。例如，在一个分析性量规中确定有四个特征，如果一个学生在两条评分指标上得到2，在一条评分指标上得到3，在最后一条评分指标上得到1，它是很难转换成分数等级的。分数等级不应基于所有得分平均数，因为这四个特征并不是同等重要。

4）整体性量规

整体性量规也是用言语描述表现特征的评价标准。相对于分析每一个特征并单独地给予评分，整体性量规把学生的表现看作一个整体，给表现和结果（作品）判定一个单一的得分。整体性量规为量规的每个水平编写了一段包含有不同特征的描述，所有的表现特征都达到某一质量水平，才能得到该水平的得分。如果一条或两条评分指标没有达到该水平，只能给予低一级水平的得分。

整体性量规典型地用于总结性（终结性）评价，评价后学生没有机会返回并改进自己的表现。它们通常适用于学期结束时的期末评价，或只需给予单个得分的分数等级评定。正因为只需做出单一的判断，所以，它们比分析性量规使用起来更加快捷。

使用整体性量规的不足之处在于学生很少处在每个特征或所描述的评价细目的单一的水平之上。对教师来说，当他们知道学生的部分表现实际上已处于高一级水平时，很难给予学生低一级水平的得分，这不太真实、也不太公平。整体性量规对学生解释起来也较困难，当学生得到一个分数时，他们不知道自己的部分表现是否已高于所给予的得分，这就是整体性量规通常不用于形成性评价的原因。

2. 量规设计

通常，在量规设计的过程中，需要根据学习目标和学生水平设计评价指标，并根据学习目标的侧重点确定各评价指标的权重，用具体的、可操作的描述语言来说明量规中各个指标的评价要求。一般地，评价量规的设计包括以下六个步骤。

1）确定主要评价要素

对学习计划的内容进行分析，然后确定影响学习计划执行的主要学习环节或要素，从中选择某些要素作为评价要素，选择评价要素时要考虑其总体涵盖的范围及其在单元学习计划中的地位。

2）确定主要评价指标

评价主要指标应该符合以下要求：

（1）主要指标应该与学习目标紧密结合；

（2）主要指标要尽可能用简短的词语进行描述；

（3）一个有效量规中的每个主要指标通常是一维的，它可以被分解成几个二级指标，但却与其他一级指标并列构成了评价的主要方面；

（4）所确定的主要指标整体要能够涵盖影响评价要素的各个主要方面。

每个评价要素的主要指标数目不必相同，但每个指标都应该是构成评价要素的主要影响成分。每个评价要素还可以拥有多级指标，但指标级数并不是越多越好，而应根据实际需求来确定。

3）设计评价指标权重

对所选定评价要素的主要评价指标进行综合权衡，为每个主要评价指标分配权重，并对量规中各评价指标的权重（分数）进行合理设置。

首先，评价指标的权重设计与教学目标的侧重点有直接的关系，并与评价的目的相关，反映主要考查目的的评价指标，权重应该高些。如对学生电子作品的评价，如果教师的主要目的是教会学生学习制作电子作品的有关技术，那么赋予技术、资源利用评价指标的权重则应该高些；如果教师的主要目的是为了让学生通过电子作品展示自己的调查报告，那么赋予选题、内容、组织等评价指标的权重则应该高些。

其次，在设计指标权重时要保证某个一级评价指标的所有二级评价指标权重之和等于该一级指标的权重。

4）描述评价的具体要求

在设计描述评价的具体要求时，应该使用具体的、可操作性的描述语言，避免使用概括性的语言。如在评价学生的信息收集能力时，“学生具有很好的信息收集能力”就会显得很含糊，而“从多种电子和非电子的渠道收集信息，并正确地标明出处”这样的描述就显得明确得多。

5）设计量规的水平

在设计评价量规的水平时，需要注意以下两点。

（1）同一部分必须出现在每个量规水平里。如设计研究性学习量规，水平 1 中涉及“信息收集”项，则水平 2、3、4 也应该包括此项。

（2）量规水平必须尽可能接近等距离。例如，水平 1 与水平 2 间的间距应当和水平 3 与水平 4 间的间距相等。

6）修改和完善评价量规

可以采用以下两种方法对评价量规进行修改和完善。

（1）用设计出的量规对学习计划进行试评价，以便发现量规在主要指标、权重分配、等级描述中存在的不足，根据试用结果进行首次完善。

（2）使用元量规对自己设计的量规进行质量评价，在评价的过程中对量规进行再次完善。元量规即用来评价量规质量的量规。

3. 量规案例

合作学习评价量规参见表7-2-1。

表7-2-1 合作学习评价量规

指标	优	良	中	差
小组成员的参与性	所有的学生都积极地参与小组活动	至少3/4的学生积极地参与小组活动	至少一半的学生参与小组活动，为小组活动献计献策	仅有一两个人参与小组活动
小组责任的分配	任务被平均分配给小组的每一个成员	任务被小组的绝大部分成员分担	任务仅被小组中1/2的成员分担	任务仅由小组中的某一个人承担
交互的质量	小组成员显示出了极好的倾听能力和领导能力，小组成员通过讨论的方式共享他人的观点和想法	小组成员显示出了娴熟的交互能力，他们能够围绕任务中心进行生动的讨论	小组成员显示出了一定的交互能力，他们能认真地倾听他人的观点，显示出了一定的讨论和选择能力	小组成员之间很少进行交互，他们仅进行简短的会谈，部分学生对交互不感兴趣，不专心
小组成员的角色扮演	每个小组成员都有自己明确的角色；小组成员有效地扮演自己的角色	每个小组成员都被分配了特定的角色；但是角色定义不明确或者小组成员没有坚持扮演自己的角色	小组成员被分配了一定的角色，但是他们没有坚持扮演自己的角色	小组成员并没有进行角色分配

多媒体教学软件评价量规参见表7-2-2。

表7-2-2 多媒体教学软件评价量规

评分指标		权重	等级与分值			
			优4	良3	中2	差1
科学性20分	1. 描述概念科学性：取材适宜，内容科学、正确、规范。	0.3	4	3	2	1
	2. 问题表述的准确性：课件中所有表述的内容要准确无误。	0.3	4	3	2	1
	3. 引用资料的正确性：引用的资料正确。	0.2	4	3	2	1
	4. 认知逻辑的合理性：课件的演示符合现代教育理念。	0.2	4	3	2	1
教育性40分	1. 直观性：制作直观、形象，利于学生理解知识。	0.2	4	3	2	1
	2. 趣味性：有利于调动学生学习的积极性和主动性。	0.2	4	3	2	1
	3. 新颖性：设计新颖，进一步调动学生的学习热情。	0.2	4	3	2	1
	4. 启发性：在课堂教学中具有较大的启发性。	0.2	4	3	2	1
	5. 针对性：针对性强，内容完整。	0.2	4	3	2	1
技术性30分	1. 多媒体效果：制作和使用上是否恰当运用多媒体效果。	0.2	4	3	2	1
	2. 交互性：交互性较高。	0.1	4	3	2	1
	3. 稳定性：在调试、运行过程中不应出现故障。	0.1	4	3	2	1
	4. 易操作性：操作简便、快捷。	0.1	4	3	2	1
	5. 可移植性：移植方便，能在不同配置机器上正常运行。	0.1	4	3	2	1
	6. 易维护性：可以被方便地更新，利于交流、提高。	0.1	4	3	2	1
	7. 合理性：是否恰当地选择了软件的类型。	0.1	4	3	2	1
	8. 实用性：是否适用于教师日常教学。	0.2	4	3	2	1
艺术性10分	1. 画面艺术：画面制作具有较高艺术性，整体标准相对统一。	0.4	4	3	2	1
	2. 语言文字：所展示的语言文字应规范、简洁、明了。	0.3	4	3	2	1
	3. 声音效果：声音清晰，无杂音，对课件有充实作用。	0.3	4	3	2	1
总分			100			

拓展阅读

网络课程评价量规参见表 7-2-3。

表 7-2-3 网络课程评价标准

一级指标	二级指标	主要观察点		建设标准	评价等级（Ki） A	B	C	D
教学团队（5 分）	教师资料	教师信息（1 分）3 分		教师简介包含姓名、性别、职称、院（部）、联系电话、联系地址、个人照片、电子邮箱等。				
		教师介绍（1 分）		能对本课程负责人和主讲教师做详细介绍，包括基本简历、研究方向及成果、教学成果、教学特色、以往承担的课程等。				
	成员分工合作（3 分）	课程团队 3 分		拥有课程建设团队，成员不少于 3 人；职责明确；团队协作精神强，有专职教师负责课程网上答疑。				
教学内容（50 分）	教学内容及教学资源建设（46 分）	课程内容完整性（36 分）	课程介绍 1 分	能对本课程做详细介绍，包括本课程的教学目的、教学条件、教学内容、教学方法、课程名、开课院系、教学模式、学分数、考核方式、课程概况等基本信息。				
			教学大纲 1 分	具有以充分体现学生能力培养为目标的教学大纲，大纲内容完整，能体现网络远程教育的特点。 理论教学以应用为目的，专业课程教学内容先进、实用、注重应用和职业能力的培养。				
			教学计划 2 分	与大纲相匹配的课程教学计划，在课程教学模式探索和学习模式引导方面有所创新。				
			授课教案 10 分	有完整的以教学单元或项目任务为单位的电子教案或多媒体课件，能解决学生网络学习过程中的难点、重点。				
			作业习题 2 分	提供与课程各章节/项目模块/任务相应的习题及思考题，习题体现能力培养。				
			授课实况 15 分	课程理论部分应有所有教学实况录像；有典型实践环节操作或指导视频教学录像；软件操作部分有完整的操作过程屏幕录像。				
			学习方法 2 分	结合网络教育的特点，能对如何学好本课程给出指导性意见，如本课程学习要求、学习难点、学习特点和具体的学习方法。				
			试题库 3 分	有完整规范的试题库、并提供参考答案，试题库以考核学生能力为主。				
		课程内容设计（10 分）	设计合理 8 分	基于工作过程或岗位能力进行课程设计及单元设计，课程设计和单元设计合理、完整，便于实施。				
			课程内容框架 2 分	节点框架整齐，逻辑层次清晰，便于学生自学。				
	课程资源（4 分）	课程资源扩展	参考文献（2 分）	提供与课程内容配套的参考书目。				
			网络资源（2 分）	提供和本课程有关的、有利于学生素质提高和知识拓展的相关网络资源链接。包括论文链接、网站链接及本课程前沿问题和热点问题讨论的链接等。要求国内、外相关资源链接不得少于 5 个。				

续表

一级指标	二级指标	主要观察点	建设标准		评价等级（Ki）			
					A	B	C	D
教学管理及应用（30分）	教学应用（26分）	师生互动（21分）	在线交流（6分）	能跟学生进行在线讨论或答疑（每周不低于2次）。				
			在线作业6分	能在线布置作业，每学期至少有1/3的作业量一定要通过网络课堂的“作业”模块来布置，并要求学生网上递交，教师网上批阅，并做好下载保存。学生可看到批阅情况。				
			在线测试（6分）	学生能根据学习进程，自主进行在线阶段测试或课程终结性测试。				
			在线服务满意3分	及时解答学生疑问，投诉率低。				
			课程平台的应用（5分）	能充分运用网络课程平台，发布课程学习的相关信息，课程网站内容更新及时。				
	教学管理（4分）	网络课程的应用（5分）	教学档案（2分）	采用合适方式，能保留完整的教学档案，包括课程公告、课程更新情况、课程内容、教学大纲执行情况等相关信息。				
			学生学习档案（2分）	采用合适方式，能保留完整的学生学习档案，包括学生讨论聊天记录、作业完成情况、测试成绩、学生访问课程情况记录信息等。				
网络课程建设技术实践（15分）	技术要求规范（10分）	基本技术规范	文本格式（3分）	字体、段落等格式统一，除PPT可上传外，其他的文本类素材都采用HTML文档编辑规范。				
			视音频格式4分	视音频资源能在线正常播放。视频推荐使用MPG、ASF/WMV、RM格式；音频类素材推荐使用MP3、RM或ASF/WMV格式。				
			图片格式3分	图片类素材能在线正常显示和浏览。推荐格式为JPEG、GIF。				
	页面效果（5分）	页面效果（5分）		课程网站页面清晰美观，适合自主学习，无链接错误及明显内容错误。				
	总分							

注：评价等级系数（A表示1.0、B表示0.8、C表示0.6、D表示0.4）；总分80分以上为验收合格。

应用与思考

1. 什么是教学评价？实施教学评价的意义何在？
2. 什么是信息化教学评价？它与传统的教学评价有何异同？
3. 什么是电子学习档案袋？在实践教学中如何建立和使用电子学习档案袋？
4. 应用量规评价有什么优点？如何设计量规？
5. 运用本单元提供的学习资源评价量规，对自己或同学开发的教学软件进行评价。
6. 结合实践谈谈如何有效发挥现代教育技术在教学评价中的作用。

参考文献

Adobe公司 Adobe Flash CS3中文版经典教程［M］．冯晓艳译．北京：人民邮电出版社，2009.
陈娴，邓华，李茹．美国高中物理课程中档案袋评价的研究［J］．外国中小学教育，2007（4）．
甘永成．虚拟学习社区中的知识建构和集体智慧研究——以知识管理和 e-Learning 结合的视角［M］．北京：教育科学出版社，2005.
韩晓峰．网络环境下自主探究性学习模式的构建［J］．当代教育科学，2009（11）．
何克抗．从信息时代的教育与培训看教学设计理论的新发展［J］．中国电化教育，1998（10）．
何克抗．教育技术学［M］．北京：北京师范大学出版社，2005.
何国星．《基于网络环境的协作学习模式探讨》．郑州教育信息网
胡小勇．问题化教学设计——信息技术促进教学变革．华东师大博士学位论文，2005.
黄荣怀．CSCL 的理论与方法［J］．电化教育研究，1999（6）．
黄荣怀．一种基于 WEB 的协作学习系统模型［J］．中国远程教育，2001（2）．
教育部．中小学教师教育技术能力标准（试行）．2004.
雷万云等．云计算：技术、平台及应用案例［M］．北京：清华大学出版社，2011.
黎加厚．Moodle 课程设计［M］．上海：上海教育出版社，2007.
黎加厚．信息化课程设计——Moodle 信息化学习环境的创设［M］．上海：华东师范大学出版社，2007.
李杰．电子白板演绎数学课堂的精彩［J］．中国现代教育装备，2013（4）．
李运林，徐福荫．教学媒体的理论与实践［M］．北京：北京师范大学出版社，2009.
李兆君．现代教育技术［M］．北京：高等教育出版社，2012.
李志河．网络课程的类型分析［J］．中国教育信息化［J］，2009（13）．
刘清堂，王忠华，李书明．网络教育资源设计与开发［M］．北京：北京大学出版社，2009.
刘同昌．网络学习：崛起、挑战与应对［M］．青岛：青岛出版社，2006.
马启龙．当代中小学教师学习现代教育技术的必要性分析［J］．中小学电教，2012，（3）．
沙景荣，贺相春．专题网站的设计与技术实现［M］．北京：北京大学出版社，2010.
孙春玲．论教师在探究性学习中的作用［J］．教育探索，2009（11）．
田俊华．现代教育技术实践教程［M］．北京：科学出版社，2009.
汪基德．现代教育技术［M］．北京：高等教育出版社，2011.
汪琼．网上教学成功四要素［M］．北京：北京大学出版社，2007.
王以宁．教学媒体理论与实践［M］．北京：高等教育出版社，2007.
魏志春，季磊．美国教师档案袋应用实践及其启示［J］．外国中小学教育，2007（8）．
武丽志．现代教育技术——学科教师应用指南［M］．广州：华南理工大学出版社，2009.
谢幼如，尹睿．专题学习网站的教学设计［J］．电化教育研究．2003，（1）．
杨改学．现代远程教育（第2版）［M］．北京：国防工业出版社，2006.
张豪锋，葛晨光．信息技术及其教育应用［M］．北京：科学出版社，2008.
张景生，杨凤梅．现代教育技术概论［M］．北京：电子工业出版社，2007.
张为民，唐剑峰，罗治国，等．云计算深刻改变未来［M］．北京：科学出版社，2009.
祝智庭，王陆．网络教育应用（修订版）［M］．北京：北京师范大学出版社，2004.
祝智庭．现代教育技术：走向信息化教育［M］．北京：教育科学出版社，2002.
祝智庭，顾小清，闫寒冰．现代教育技术——走进信息化教育［M］．北京：高等教育出版社，2010.
http://olp. swlauriersb. qc. ca/webquest. htm
http://olp. swlauriersb. qc. ca/webquest
http://www. ozemail. com. au/～pledgerp/dorlen. html